U0534485

• 2020年度国家社会科学基金一般项目"恩格斯晚年关于马克思哲学的阐释及其对马克思主义哲学中国化的影响研究"（20BKS013）

恩格斯晚年的
马克思哲学阐释研究

于桂凤 ○ 著

中国社会科学出版社

图书在版编目（CIP）数据

恩格斯晚年的马克思哲学阐释研究 / 于桂凤著.
北京：中国社会科学出版社，2024.10. -- ISBN 978-7-5227-3905-2

Ⅰ.B0-0

中国国家版本馆 CIP 数据核字第 2024567H6V 号

出 版 人	赵剑英
责任编辑	刘　艳
责任校对	陈　晨
责任印制	郝美娜

出　　版	中国社会科学出版社
社　　址	北京鼓楼西大街甲 158 号
邮　　编	100720
网　　址	http://www.csspw.cn
发 行 部	010-84083685
门 市 部	010-84029450
经　　销	新华书店及其他书店

印　　刷	北京君升印刷有限公司
装　　订	廊坊市广阳区广增装订厂
版　　次	2024 年 10 月第 1 版
印　　次	2024 年 10 月第 1 次印刷

开　　本	710×1000　1/16
印　　张	25
插　　页	2
字　　数	360 千字
定　　价	148.00 元

凡购买中国社会科学出版社图书，如有质量问题请与本社营销中心联系调换
电话：010-84083683
版权所有　侵权必究

目录 Contents

导　论 / 1
　　一　研究缘起 / 1
　　二　研究意义 / 5
　　三　研究结构 / 8
　　四　几点说明 / 12

第一章　恩格斯晚年的马克思哲学阐释的多重动因 / 14
　　第一节　拓展与深化：在整理和出版马克思遗稿
　　　　　　过程中有新思考和新认识 / 14
　　第二节　批判与捍卫：驳斥各种反对和歪曲
　　　　　　马克思哲学的错误思潮 / 27
　　第三节　宣传与教育：提升无产阶级运动的
　　　　　　自觉性与科学性 / 39
　　第四节　辨识与批判：积极回应资本主义
　　　　　　新变化及其意识形态挑战 / 56

第二章　恩格斯晚年的马克思哲学阐释的主体内容 / 71
　　第一节　唯物史观价值的科学定位 / 72
　　第二节　唯物史观思想的深度阐释 / 89

第三节 唯物史观运用的开创探索 / 118

第三章 恩格斯晚年的马克思哲学阐释的方法论特色 / 135
　第一节 文本与历史相统一 / 136
　第二节 哲学与科学相统一 / 146
　第三节 学派维度的多重比较相统一 / 162
　第四节 学术话语与大众话语相统一 / 184
　第五节 坚持和发展相统一 / 199

第四章 恩格斯晚年的马克思哲学阐释对早期马克思主义哲学中国化的影响 / 212
　第一节 奠定马克思主义哲学中国化的多重依据 / 213
　第二节 形塑中国早期马克思主义者唯物史观研究理路 / 229
　第三节 影响中国早期马克思主义者的哲学观及相关哲学论争 / 270
　第四节 指引中国马克思主义哲学体系化大众化探索 / 291
　第五节 启导创造性运用和发展马克思主义哲学 / 303

第五章 恩格斯晚年的马克思哲学阐释对当代推进马克思主义哲学中国化的启示 / 321
　第一节 合理拓展马克思主义哲学中国化的研究视域 / 321
　第二节 多维挖掘马克思主义哲学中国化的思想资源 / 333

第三节 主动深耕马克思主义哲学中国化的
　　　　实践场域 / 349
第四节 有效提升马克思主义哲学大众化的
　　　　价值功能 / 361

结束语 / 379

参考文献 / 382

后　记 / 395

导 论

一 研究缘起

恩格斯晚年在理论与现实的互动中开创了马克思哲学的阐释传统，也开启了马克思哲学的理解史，并深深影响了"马克思的哲学在理解中的命运"[①]。马克思和恩格斯之间近40年的友谊关系，使晚年恩格斯在阐释马克思哲学问题上具有其他阐释者所不具备的优势。一方面，马克思和恩格斯不仅是朋友、战友，还是学术上"最完美的合作者"。马克思主义哲学的宏伟大厦是他们共同奋斗的思想结晶，《神圣家族》《德意志意识形态》《共产党宣言》等蕴含着重要哲学思想的著作是他们合作完成的。即使他们的工作任务有相对明确的分工，但"这种工作领域方面的划分不是死板的；他们经常共同创作，不断交换意见"[②]。这种合作优势使恩格斯对马克思的理论活动有较为切近的了解，因而也比其他人能更为准确地把握马克思的哲学思想。另一方面，恩格斯是马克思遗稿的"监护人"。马克思的哲学思想不仅存在于已经公开发表的文章和著作中，还存在于马克思留下的大量遗稿中。由于受托整理这些遗稿，恩格斯掌握了相对比较完整的第一手的文献资料，这使得他有条

---

① 王金福：《马克思的哲学在理解中的命运：对马克思主义哲学史的解释学考察》，苏州大学出版社2003年版，序第3页。

② 《马克思恩格斯全集》第28卷，人民出版社2018年版，第672页。

件"概览"马克思思想的全貌。这些优势使恩格斯晚年所描绘出的马克思哲学思想画像更准确、更形象,并深刻影响了后世马克思哲学的研究者和阐释者。在这个意义上,马克思逝世之后,在理解、阐释马克思哲学思想方面,恩格斯无疑是最具权威性和影响力的人物。他晚年所刻画的马克思哲学思想画像是当代的我们探究整体的马克思哲学思想世界的最重要的中介。马克思主义哲学在东方世界出场并产生重大影响,也离不开恩格斯晚年的哲学阐释活动。可以说,没有恩格斯晚年对马克思哲学的拓展性阐释,就"没有马克思主义哲学后来的传奇故事"[①]。

但是,恩格斯晚年遭遇的质疑、非难、攻击大多数都与他晚年对马克思哲学的阐释相关,甚至有人把马克思被误解也归因于恩格斯的阐释。一些西方学者认为,恩格斯晚年对马克思哲学的经典性诠释是一种"误读"或"修正",甚至提出了"恩格斯反对马克思"和"马恩对立"的观点。例如,澳大利亚学者尼克·奈特认为,"恩格斯在《反杜林论》、《路德维希·费尔巴哈和德国古典哲学的终结》和《自然辩证法》等著作中的哲学冒险在一些基本方面偏离了马克思的思路"[②]。俄罗斯的乌拉尔学派认为,正是恩格斯"通过形式逻辑和辩证法保存有关思维及其规律学说的独立性,使唯物主义丧失了哲学性"[③],变成了类似于自然科学的学说。法国学者汤姆·洛克曼不但强调马克思和恩格斯在哲学观点上的"决定性差异",而且为还原马克思哲学的本来面目,还主张把马克思从马克思主义中剥离出来。在他看来,恩格斯才是马克思主义的创立者,也正是恩格斯开创的马克思主义遮蔽、扭曲了马克思的哲学洞见。阿塔利甚至把恩格斯纳入马克思思想的"简化者"

[①] 胡大平:《回到恩格斯:文本、理论和解读政治学》,江苏人民出版社2011年版,作者的话第3页。

[②] [澳]尼克·奈特:《李达与马克思主义哲学在中国》,汪信砚、周可译,人民出版社2018年版,第28—29页。

[③] 陈学明、吴晓明、张双利、李冉主编:《世界马克思主义研究前沿理论追踪》(第一辑)(上),天津出版传媒集团、天津人民出版社2022年版,第9页。

和"伪造者"之列①。按此说法，恩格斯删减了马克思思想中的一些内容，同时又增加了一些本不属于它的东西。这种不实之说完全曲解了恩格斯阐释马克思哲学的理论意图和思想贡献。美国学者诺曼·莱文则彻底否定了马克思与恩格斯之间思想的一致性，认为他们创立了两个相互对立的思想流派，并依据二者的名字分别将其称为"马克思主义"和"恩格斯主义"②。

如果深度研读恩格斯晚年的重要文本，就会发现上述观点皆不成立，且易引发诸多负面理论后果。其一，在马克思和恩格斯学术关系问题上制造"对立论"，有否定、解构、割裂马克思主义逻辑的一致性、内容的整体性、发展的连续性之弊。因为这种"对立论"很有可能把马克思的某些哲学思想和恩格斯晚年的一些哲学思想均排除于整体的马克思主义理论体系之外。实际上，洛克曼企图把马克思从马克思主义中剥离出来，莱文制造所谓的相互矛盾的马克思主义流派和恩格斯主义流派，已经破坏了马克思主义的整体性，造成了马克思主义的断裂，特别是他们把辩证唯物主义看作恩格斯个人的独创思想。其二，恩格斯对马克思主义哲学的生成与发展发挥了重要作用，歪曲恩格斯晚年误读、修正或背离了马克思哲学，不仅制造马克思和恩格斯的对立，还有可能制造两个恩格斯，造成恩格斯本人整体思想的"认识论断裂"。其三，曲解恩格斯晚年阐释、发展马克思哲学的理论贡献，必然不能客观公正地评价恩格斯晚年哲学探索在马克思主义发展史上的独特地位和作用。要么抬高恩格斯的理论贡献，要么贬低恩格斯的理论贡献。循史可知，后一种倾向更为突出，其中一个表现是："恩格斯的著作几乎从未被作为恩格斯的著作而调查过，取而代之的是，这些著作要么被作为了马克思观点的代表（而且在某种意

---

① 参见［英］埃里克·霍布斯鲍姆《如何改变世界：马克思和马克思主义的传奇》，吕增奎译，中央编译出版社2014年版，第11页。
② ［美］诺曼·莱文（Norman Levine）：《马克思主义与恩格斯主义中的黑格尔》，臧峰宇译，北京师范大学出版集团、北京师范大学出版社2018年版，第3页。

上说，作为马克思的著作），要么被忽略掉。"① 有些学者贬低恩格斯学术贡献的理由是他对马克思主义发展产生了"消极"影响。如科莱蒂指责恩格斯无批判地把黑格尔辩证法搬入马克思主义中，结果导致了马克思主义的衰落。戴维·麦克莱伦则把马克思主义最终被描绘成苏联教科书式的"教条主义形而上学体系"②之"原罪"归于恩格斯。无论是从逻辑上分析，还是从历史上考察，都会得出："一旦恩格斯的贡献被认为不值一顾，马克思本身遗产的局限性就显得比以前更加明显，对它加以补充也就更成为当务之急了。"③ 为应对此问题，有些西方学者往往求助于马克思之前的哲学权威，如黑格尔哲学、康德哲学，对马克思哲学进行"补充"。这样做的结果是使马克思哲学在理论水平上退到前马克思哲学。其四，弱化马克思哲学的实践意义，特别是对现代无产阶级运动实践的意义。恩格斯是把现代无产阶级运动实践与马克思哲学理论联结起来的桥梁，他对马克思哲学的阐释使工人阶级政党与群众更容易掌握马克思主义的世界观和方法论，进而更为自觉、科学地开展无产阶级运动。否认恩格斯晚年阐释马克思哲学的正向价值，就会忽视马克思主义对于现代无产阶级运动所发挥的现实指导作用，进而影响现实中的无产阶级运动实践。西方马克思学就无视马克思学说理论与实践相统一的品格，"逆反性地借助理论上的和纯粹的马克思思想而试图把全部马克思主义实践"④ 与马克思主义理论研究完全割裂开来。

从根本上说，晚年恩格斯对马克思哲学的阐释，紧密联系无产阶级运动发展，在保持二人思想一致性的前提下，拓展和深化了其核心思想，进一步论证和捍卫了其真理性，提升了其在世界的传播力、影响力

---

① ［美］特雷尔·卡弗（Terrell Carver）：《马克思与恩格斯：学术思想关系》，姜海波、王贵贤等译，中国人民大学出版社2008年版，中文版序言第2页。
② ［英］戴维·麦克莱伦（David McLellan）：《马克思以后的马克思主义》（第3版），李智译，中国人民大学出版社2008年版，第7页。
③ ［英］佩里·安德森：《西方马克思主义探讨》，高铦、文贯中、魏章玲译，人民出版社1981年版，第78页。
④ 胡大平：《回到恩格斯：文本、理论和解读政治学》，江苏人民出版社2011年版，第37页。

和话语权,且对20世纪马克思主义哲学的世界发展图景尤其是对中国马克思主义哲学的自我理解、大众化探索和体系化建构产生了深远影响。这种贡献不可低估,更不容忽视。因此,有必要利用新近出版的MEGA² 中恩格斯晚年文献,对恩格斯晚年关于马克思哲学的阐释做系统深入的探讨,把这一问题研究推向新的、更高的层次。为此,尤其需要重点探讨恩格斯晚年阐释马克思哲学的目的论、方法论特征及其中国效应等问题。

二 研究意义

当恩格斯晚年对马克思哲学的阐释被视为"经典性"诠释时,并不代表恩格斯晚年关于马克思哲学的每一个观点和论断都是最准确的,而是意味着他的阐释应该成为人们理解马克思哲学的重要坐标。推进恩格斯晚年关于马克思哲学的阐释的研究,对于深入而全面地理解马克思哲学,大力推动哲学的自我发展,充分发挥哲学的理论功能,具有重要意义。

第一,为勾绘马克思哲学整体图景提供思想资源。恩格斯是马克思思想的第一个解释者,他们的关系决定了恩格斯是解码马克思哲学奥秘的最合适的人选。要全面理解马克思哲学,"我们应当而且必须'回到'马克思的最亲密的战友——恩格斯——对这位'最伟大的思想家'及其'思想'的理解和评价"[①]。不回到恩格斯,不阅读恩格斯晚年的著作,就不可能完整地描绘马克思哲学。恩格斯晚年对马克思哲学的阐释始终是后世学者系统把握马克思哲学整体图景最重要的参考资源。恩格斯晚年利用自己所掌握的丰富的第一手资料,在文章、书信和著作等多种形式的文本中,论及了马克思哲学的思想来源、科学基础、基本思想、发展逻辑、阶级立场、革命意义、理论贡献、价值确证等。深入研

---

① 孙正聿:《哲学观研究》,吉林人民出版社2007年版,第213页。

究这些方面的内容，将为立体地塑造和呈现马克思哲学思想形象的整体性奠定基础。此外，研究恩格斯晚年对马克思哲学发展的历史语境和历史轨迹的回溯，对马克思哲学与无产阶级运动发展、马克思哲学与资本主义发展之关联的分析，为人们理解马克思哲学与时代同行、与人类共命运的进步图景提供了资源支撑。概括来说，恩格斯晚年对马克思哲学的阐释有助于形塑马克思哲学整体图景：一是形塑马克思哲学主要思想来源的整体图景；二是形塑马克思哲学创立史和发展史的整体图景；三是形塑马克思哲学思想精华的整体图景；四是形塑马克思哲学具体运用的整体图景；五是形塑马克思哲学与世界、时代互动的整体图景。

第二，回应并澄清马克思和恩格斯哲学研究中长期存在的一些质疑、论争和分歧，尤其是有力回击各种形式的马克思和恩格斯"对立论"。这些质疑、论争和分歧涉及多个方面。例如，马克思和哲学之间的关系是对立的吗？马克思学说或马克思主义有无哲学？马克思主义是社会学还是哲学？恩格斯晚年对马克思哲学的阐释是否有西方马克思主义所批判的那种实证化倾向？或者说恩格斯晚年开辟的马克思哲学阐释路向是否是一种实证化道路？恩格斯的两种生产理论是否"更正"了唯物史观？是否代表恩格斯的观点发生了"本质的变化"？马克思和恩格斯在历史发展根源问题上是对立的吗？本书以恩格斯晚年的马克思哲学观阐述，即以马克思逝世之后恩格斯对马克思哲学的理解与解释为研究对象，本身就是对马克思学说与哲学关系的肯定性回答，是对那种否认马克思学说有哲学内容的观点的否定。本书通过深入分析恩格斯晚年阐释马克思哲学的动因、主体内容和方法论原则，从思想观点、价值理想、理论立场、政治导向、实践旨趣等多个方面，论证马克思和恩格斯哲学内在的一致性，揭露马克思和恩格斯"对立论"等谬论及其产生的思想根源。

第三，从方法论和"中国化"视角发掘恩格斯作为马克思哲学阐释者的独特贡献。对于恩格斯晚年阐释马克思哲学的理论贡献问题，以往学界曾从历史视角做过深入探讨，如从马克思主义发展史视角研究恩格斯晚年对马克思哲学进行阐释的意义及启示；从哲学自我理解史、马克思哲学理解史和辩证法理解史等多视角挖掘恩格斯晚年的马克思哲学阐释的理解史效应；从马克思主义传播史和文化传播史视角剖析恩格斯对马克思哲学的定义及诠释对马克思主义在我国传播的影响；从国际共产主义运动史视角分析恩格斯关于马克思哲学的通俗化阐释对无产阶级解放事业的重大现实意义。可以说，这些探讨通过"重读"马克思，"发现"恩格斯，多维度展现了恩格斯晚年的马克思哲学阐释的理论贡献，极有启发性。但有两点不足：一是缺乏对恩格斯晚年哲学阐释的方法论特征及意义的系统而深入的反思，使恩格斯晚年哲学探索的方法论贡献被遮蔽或低估。二是关于恩格斯晚年所开辟的马克思哲学阐释道路对马克思主义哲学中国化的影响的研究相对不足，不利于全面理解中国马克思主义哲学研究范式、知识体系、话语特征形成的思想本源。针对上述不足，本书从马克思和恩格斯思想关系史视域下对恩格斯的学术贡献进行再反思，重点分析恩格斯晚年阐释马克思哲学的方法论特色及意义，特别是对马克思主义哲学中国化的影响与启示。这些影响和启示是恩格斯晚年哲学探索的独特理论效应及贡献的一个重要表现和有力证明，而且可以为探寻当代中国马克思主义哲学话语体系建构及大众化的合理路径提供借鉴指导。

第四，对提高马克思主义理论自信、推动马克思主义理论创新具有指导意义。本书非常重视思想与历史、思想与实践的动态交互关系，既认识到了现代无产阶级革命的实践诉求对恩格斯晚年的马克思哲学阐释的深刻影响，又关注到了恩格斯的阐释对马克思哲学现实作用的发挥所具有的重大意义。基于此，一方面，深入分析恩格斯坚持研究和运用马克思哲学要同时代及各国经济社会的现实发展相联系的思想，对于今天进一步推进马克思主义哲学中国化时代化大众化，提高哲学回应现实、武装群众的力度，具有借鉴意义。另一方面，总结恩格斯晚年对马克思哲学之真理性的论证与捍卫，对于应对反马克思主义思潮、增强马克思主义理论自信、坚定共产主义信仰，具有指导意义。

三　研究结构

本书的逻辑进路如下图所示：

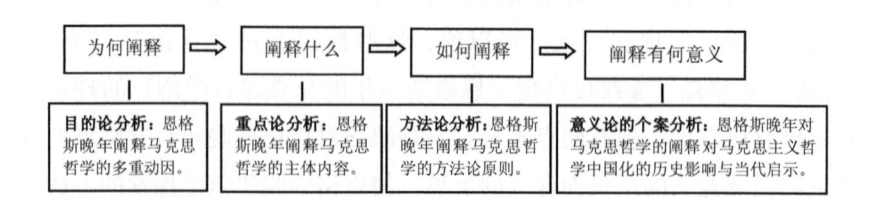

```
┌──────────┐   ┌──────────┐   ┌──────────┐   ┌──────────────┐
│ 为何阐释 │ ⇒ │ 阐释什么 │ ⇒ │ 如何阐释 │ ⇒ │ 阐释有何意义 │
└──────────┘   └──────────┘   └──────────┘   └──────────────┘
```

| **目的论分析**：恩格斯晚年阐释马克思哲学的多重动因。 | **重点论分析**：恩格斯晚年阐释马克思哲学的主体内容。 | **方法论分析**：恩格斯晚年阐释马克思哲学的方法论原则。 | **意义论的个案分析**：恩格斯晚年对马克思哲学的阐释对马克思主义哲学中国化的历史影响与当代启示。 |

按此逻辑进路，本书主体结构分为五个部分。

第一部分：恩格斯晚年马克思哲学阐释的目的论分析。此处的目的论概念不是神学目的论意义上的，而是意在表达恩格斯晚年阐释马克思哲学的目的和动因。可以概括为以下四个方面：一是依据在整理和出版马克思遗稿过程中的新思考、新认识，拓展和深化对马克思哲学的认识。这种拓展和深化的意义主要表现为对马克思哲学思想形象的整体性塑造和呈现，对马克思哲学历史叙事的建构和开拓，对马克思哲学真理价值的确证与强化，开启了马克思哲学发展的新篇章。二是驳斥各种反对和歪曲马克思哲学的错误思潮，捍卫马克思哲学的真理性和科学性。主要是对经济决定论的"反拨"、对机会主义的持续批判、对"青年派"的教条主义的批驳。与这些错误思潮作斗争，有助于澄清认识、增强与一切反马克思主义思潮作斗争的主动性和能力。三是向无产阶级宣传马克思哲学，提升无产阶级运动的自觉性与科学性。马克思哲学并没有随着马克思的逝世而退出工人运动的场域，反而在恩格斯的努力下使其在工人阶级中的传播力和影响力都有所提升。无论是无产阶级的自我认识，还是无产阶级政党的健康发展，都需要马克思哲学提供科学解释和正确引导。通过这种科学解释与正确引导，建构起革命主体的主体性、同一性和革命性，提升现代无产阶级运动的自觉性与科学性。这也彰显了恩格斯晚年阐释马克思哲学所承载的政治使命。四是积极回应资本主义新变化及其意识形态挑战。恩格斯晚年所处的"世界历史"大场景已经有所变化，资本主义出现了一些新变化，包括应对工人的策略的调整。但资本主义的本质规定没有变，资产阶级与工人阶级之间关系的对抗性没有变。只有充分认识资本主义的变与不变，才能准确判断资本主义社会的发展趋势，进而明确无产阶级运动的任务，制定正确的策略。因此，需要运用马克思哲学辨识资本主义的变与不变，回应资本主义新变化带来的挑战。上述四个方面构成了恩格斯晚年对马克思哲学进行多维度、多视角阐释的理论动因、实践动因和政治动因。这些动因规范着恩格斯晚年阐释马克思哲学的着力点和方法论原则。

第二部分：恩格斯晚年马克思哲学阐释的重点论分析。上述恩格斯晚年阐释马克思哲学的政治动因、实践动因和理论动因决定了他对马克思哲学的阐释是有选择性和针对性的，重点是唯物史观。恩格斯晚年把唯物史观作为阐释重点，还与以下三个方面有关：其一，恩格斯对马克思的理论贡献的认知和定位。他把唯物史观看作马克思最重要、最伟大的两个发现之一。其二，马克思逝世后，马克思哲学所遭受的攻击、非难和误解主要集中于唯物史观方面。其三，唯物史观普及范围的日益扩大提出了清晰化的要求。恩格斯晚年对唯物史观的阐释理路包括三个层面：一是对唯物史观价值的科学定位。恩格斯高度肯定了唯物史观发现的划时代贡献，尤其是科学评价了唯物史观在人类科学思想史或认识史中的地位，在马克思主义理论体系中的价值，在无产阶级运动中的意义。二是对唯物史观思想的深度阐释。主要包括对唯物史观思想起源的宏观阐释、对唯物史观思想内容的深度阐释和对唯物史观思想特质的多维阐释。三是对唯物史观运用问题的开创性探索。主要表现为对唯物史观运用问题的自觉、对唯物史观运用前提的反思和对唯物史观运用原则的探索。恩格斯晚年对唯物史观所作的这些拓展性阐释具有重要的启示意义。第一，恩格斯晚年对唯物史观的拓展性阐释，不是对马克思哲学的修改或背离，而是对马克思哲学的自我反思、自我提升和自我发展。第二，恩格斯晚年对唯物史观的拓展性阐释，使唯物史观以更为完整、系统的面目呈现于世人面前，为形塑唯物史观整体理论形象作出了独特贡献。第三，恩格斯晚年对唯物史观的拓展性阐释生动诠释了马克思哲学的开放性和发展性的理论品格，为如何推进马克思哲学的理论创新提供了重要参考和范本。

第三部分：恩格斯晚年马克思哲学阐释的方法论分析。恩格斯晚年开启了一种马克思哲学阐释范式，体现了鲜明的方法论自觉。恩格斯的理论家与革命家、马克思哲学的参与者与阐释者的双重身份，使其晚年关于马克思哲学的阐释，既不同于古人对传统经典的纯考证性的诠释，也不同于今人对马克思哲学的纯学术性的解读。总体来看，恩格斯晚年是在多重关系的辩证统一中阐释马克思哲学。第一，在文本与历史的关系中阐释马克思哲学。主要表现为对马克思的文本及思想的多维历史阐释：一是从马克思文本写作或发表的原初的历史语境中，理解马克思哲学思想的出场逻辑、核心议题和本质内涵。二是从马克思文本自身的传播史、发展史中，揭示文本思想的命运与历史发展的关联性，阐释马克思哲学主要是唯物史观的真理价值。三是从当下历史的现实境遇中，阐发马克思的文本及其蕴含的哲学思想的理论贡献、当代价值与运用原则，并拓展马克思哲学的研究和运用领域。第二，在哲学与科学的关系中阐释马克思哲学。恩格斯以哲学史与科学史为依托，在历史考察具体哲学与自然科学的互动发展中揭示哲学与科学的相互关系，并在此关系框架下分析马克思哲学的科学基础、历史科学性质、科学世界观功能和贡献。第三，在马克思学派与其关联学派的比较中阐释马克思哲学。《反杜林论》出版之后马克思主义开始作为一个学派发挥作用。恩格斯晚年把马克思的哲学思想提升到一个新学派的高度，在马克思学派与黑格尔学派、马克思学派与蒲鲁东主义、马克思学派与李嘉图学派、马克思学派与"马克思派"的多重比较中，阐释了马克思哲学的独特价值以及范式革命意义。从马克思学派与其他学派的比较视角阐释马克思哲学，是对马克思哲学的学术价值的理性认知与充分肯定，为回应、批驳西方学者对马克思哲学的学术贡献的误读甚至否定提供了一个新思路。同时，也为我们理解马克思与德国古典哲学、马克思与国民经济学的学术思想关系，理解马克思哲学实现的学术思想转向，特别是理解马克思和恩格斯的学术关系，反驳"马恩对立论"，提供了一个新视角——学术共同体的视角。第四，在学术话语与大众话语的关系中阐释马克思哲学。作为一个学派，马克思哲学有其自身独特的话语体系。恩格斯晚年自觉在学术话语与大众话语的张力运动中阐释马克思哲学，开启了马克思哲学的大众化和体系化两个维度。无论是马克思哲学的大众化还是体系化，都有助于培养工人的马克思主义"理论感"，为这个理论的广泛传播并产生深远影响奠定了话语基础。第五，在坚持和发展的关系中阐释马克思哲学。从内生动力看，恩格斯晚年坚持和发展马克思哲学，既源自对共产主义的坚定信仰，又内蕴于为无产阶级谋解放的崇高使命。从核心内容看，恩格斯晚年对马克思哲学的坚持和发展，主要聚焦于其立场、观点和方法。从发展路径看，恩格斯晚年重在将马克思哲学创造性运用于理论、历史和现实的批判性研究中。

第四部分：恩格斯晚年马克思哲学阐释对早期马克思主义哲学中国化的影响研究。由于受传播渠道和文本译介状况的双重制约，恩格斯晚年关于马克思哲学的阐释对早期马克思主义哲学中国化的影响，具有直接性与间接性、隐性与显性有机统一的特点。这种影响主要表现在：一是奠定马克思主义哲学中国化的理论依据、文化依据和价值依据。二是形塑中国早期唯物史观研究理路，包括唯物史观理论内容的多视角阐释，唯物史观的历史学、社会学和经济学价值的挖掘，唯物史观真理的多维辩护。三是影响哲学观及相关哲学论争，如影响早期马克思主义者的哲学观、马克思哲学观阐释和唯物辩证法论战及其他哲学论争。四是指引中国马克思主义哲学体系化、大众化探索。瞿秋白的《社会哲学概论》是对中国马克思主义哲学体系化的初步探索，李达的《社会学大纲》是对中国马克思主义哲学体系化的拓展创新，艾思奇的《大众哲学》是对中国马克思主义哲学体系化与大众化的有机融合。这些著作都不同程度地受恩格斯晚年哲学活动的影响。五是启导创造性运用和发展马克思主义哲学。从毛泽东的哲学运思来看，教条主义批判是创造性运用和发展马克思主义哲学的基本前提；理论和实践的统一是创造性运用和发展马克思主义哲学的根本遵循；传统文化转向现代文化是创造性运用和发展马克思主义哲学的文化自觉。

第五部分：恩格斯晚年马克思哲学阐释对当代推进马克思主义哲学中国化的启示研究。恩格斯晚年阐释和发展马克思哲学的方法论原则为我们进一步推进马克思主义哲学中国化提供了重要启示。一是合理拓展马克思主义哲学中国化的研究视域，即突破传统单一视域局限，拓展马克思主义哲学中国化的历史视域、理论视域、范式视域。二是多维挖掘马克思主义哲学中国化的思想资源。从传统与现代的统一来看，需要深入挖掘中华优秀传统文化资源，深度融合现代"部门"科学知识。从本土与非本土的统一来看，需要辩证汲取中西哲学思想精髓，包括部门哲学在内。三是主动深耕马克思主义哲学中国化的实践场域。从学理上说，这是由马克思主义哲学中国化的实践规定性所决定的。从现实上说，重点是全面、深刻、准确地把握中国人民的创造性实践。在当代语境下，重点聚焦中国式现代化实践。四是有效提升马克思主义哲学大众化的价值功能。为此，需要深切体悟马克思主义哲学大众化价值的整体性，积极拓展马克思主义哲学大众化主体的多元性，努力提升马克思主义哲学大众化中介的契合性。

四　几点说明

一、关于恩格斯晚年时段界定的说明

关于恩格斯晚年时段，学界有多种划分方法。第一种是从1883年到1895年，即从马克思逝世到恩格斯逝世的12年。第二种是从1890年到1895年，即恩格斯在世的最后5年。第三种是从1885年到1895年，即恩格斯生前最后10年。第四种是从1870年到1895年，恩格斯生命最后的25年。特雷尔·卡弗认为，要厘清马克思和恩格斯的学术关系，马克思逝世的日子是一个值得关注的日子。理由是在这天之后"恩格斯便可以更加自由地说他所喜欢的关于马克思的观点以及'我们'的观点"①，而且恩格斯关于马克思的观点的更具影响力的叙述都存在于这个期间。本书并不认同卡弗提出的恩格斯"可以更加自由地说他所喜欢的关于马克思的观点以及'我们'的观点"的论断，但也认为恩格斯关于马克思的观点的更具影响力的叙述集中于马克思逝世到恩格斯逝世这个时段。而且学界关于二者哲学之间的关系的论争，也主要与这个时段有关。此外，由于本书内含澄清马克思和恩格斯学术关系之意，且主要探讨马克思逝世之后恩格斯的哲学思想。因此，本书主要采用第一种划分方法，个别地方由于论述需要，也会涉及其他三种划分方法所划定时段内的相关内容。

二、关于使用术语的说明

在理论发展的不同时期，根据理论和现实的需要，恩格斯曾用不同的术语表述唯物主义历史观，如"历史唯物主义""唯物史观""新历史观""马克思的历史观""共产主义世界观"等。本书根据论述语境的需要，采取灵活使用这些术语的原则。同样，对于马克思哲学和马克思主义哲学两个概念的使用，也遵循这一原则。

三、关于引用文献的说明

为文献使用统一起见，在本书的引文和注释中，凡是出自马克思和恩格斯的文献的，都优先选用《马克思恩格斯文集》，如果不在《马克思恩格斯文集》中的，则另选其他文献。

---

① ［美］特雷尔·卡弗（Terrell Carver）：《马克思与恩格斯：学术思想关系》，姜海波、王贵贤等译，中国人民大学出版社2008年版，中文版序言第1页。

第一章

恩格斯晚年的马克思哲学阐释的多重动因

马克思逝世后,恩格斯面临多重任务:既要整理、出版马克思的遗稿,又要继续自己的历史研究;既要独自承担指导无产阶级运动的使命,又要应对资本主义新变化及其带来的新挑战。这些任务都直接或间接涉及对马克思哲学的阐释。一些西方学者在探讨恩格斯晚年关于马克思哲学的阐释时,过于注重对恩格斯晚年文本的注释和考证等静态分析,忽视了文本与历史、文本与实践的动态交互关系,尤其是忽略了恩格斯的革命实践诉求对马克思哲学阐释的影响,致使某些思想内容的研究脱离具体的历史和实践语境,呈现抽象性。恩格斯晚年重要文本涵盖著作、书信、导言、讲话等多种体裁,且写作于不同时期。深入考察这些文本产生的具体语境,透过文本的历时性差异可以发现一个共时性目标:传播、捍卫、发展并践行马克思哲学。深入分析此目标蕴含的多重动因,对于深刻理解马克思的哲学之精神实质与革命意义,纠正西方学者对他和恩格斯学术关系的不正确理解、不合理论断,具有重要意义。

第一节 拓展与深化:在整理和出版马克思遗稿过程中有新思考和新认识

整理、出版马克思遗稿是恩格斯晚年的重要任务。马克思遗稿包括文稿、书信、手稿、藏书书页边上的批语等,恩格斯首先要对它们进行整理和分类，这使他有机会接触马克思的大量文本，包括一些以前从未出版、他也未曾知道和读过的文本，如《关于费尔巴哈的提纲》《人类学笔记》。在整理、阅读这些新发现的文本的过程中，恩格斯对马克思哲学有了新思考和新认识，并将其及时融入自己的文章、著作、书信等不同形式的文本中。在出版和再版马克思的著作时，恩格斯所作的不同功能性的阐释，如回顾性的说明、注释性的补充、修订性的完善、论证性的分析、解惑性的阐述、扩充性的解释，也是其新思考和新认识的结晶。这些新思考和新认识是对马克思哲学的拓展和深化，具有多重意义。

一 马克思哲学"思想形象"的塑造与呈现

马克思没有直接全面系统阐述自己哲学思想观点的著述，其哲学思想散存于各个时期、不同形式的文本中。其中，只有非常少量的文本在马克思生前得到发表，如《〈黑格尔法哲学批判〉导言》《哲学的贫困》、与恩格斯合著的《神圣家族》和《共产党宣言》等。而像《1844年经济学哲学手稿》《德意志意识形态》《关于费尔巴哈的提纲》等蕴含大量哲学思想的文本均在马克思离世多年后才得以公开发表。这种文本境况制约了马克思哲学思想整体性的呈现，进而为人们描绘其完整思想形象带来了困难。没有一个完整的思想形象，就难以全面把握马克思哲学，特别是难以准确辨识马克思哲学独特的思想标识。这也是马克思哲学招致诸多误解、歪曲的一个原因。恩格斯晚年在整理、出版马克思遗稿的过程中，由于大量新的文本资料的发现而形成的新认识，实际上是对马克思哲学本有的思想观点的补充性、拓展性的阐释，为塑造和呈现马克思哲学整体思想形象提供了可能。

这些新认识，一方面，存在于恩格斯晚年为整理、出版马克思的文本而作的序言、导言或注释中。据卡弗统计，从马克思逝世到恩格斯逝世期间，"恩格斯写作了不少于17篇关于马克思著作的序言，以及五篇关于他们共同写作的《共产党宣言》的序言；共计22篇介绍性的论文，差不多一年两篇"①。根据安德烈斯（Andréas）的说法，在此期间，仅《共产党宣言》就至少以15种语言出版了75个版本。②在这些新版或再版著作的序言或导言中，恩格斯不仅阐释了相关文本的写作背景、主要内容、理论贡献、现实意义等，而且根据新的时代特点作了一些补充性的说明或校订，表达了自己的一些认识和评价。另一方面，存在于恩格斯自己发表的新著或再版的著作的导言、序言、补充注释以及书信等其他形式的文本中。在《反杜林论》1885年版序言中，恩格斯特别说明他根据理论与现实发展需要，对这一版本的内容作了相应的"增补"和"删减"。如对马克思写的第二编第十章《〈批判史〉论述》作了"重要的增补"，理由是："在原定作为报刊文章的初稿上，我不得不把马克思的手稿大加删节，而恰恰在删掉的部分里，他对经济学史的独立的阐述比起对杜林主张的批判要重要得多。这些阐述恰恰又是手稿当中甚至直到现在还具有重大意义和长远意义的部分。"③ 而"凡是专门涉及杜林先生著作的地方，只要不影响上下文的联系"，都被恩格斯"删减"了。对"增补"与"删减"内容的选择本身反映的是恩格斯对马克思相关思想及其意义的认识和判断。恩格斯为《社会主义从空想到科学的发展》1892年英文版所写的导言，于同年6月被翻译成德文，并以标题《论历史唯物主义》发表在《新时代》杂志上。它是恩格斯晚年丰富和发展历史唯物主义的重要文献，在其中，恩格斯不仅使用"历史唯物主义"这个术语表达唯物史观，而且强调此书所要捍卫的东西正是"历史唯物主义"。这一理论本质定位及对唯物史观基本原理的进一步阐释和运用，清晰体现出恩格斯对唯物史观整体认识的深化。

根据曼·克利姆的说法，在整理马克思遗稿的过程中，恩格斯萌生

---

① ［美］特雷尔·卡弗（Terrell Carver）：《马克思与恩格斯：学术思想关系》，姜海波、王贵贤等译，中国人民大学出版社2008年版，第133页。

② 参见［英］埃里克·霍布斯鲍姆《如何改变世界：马克思和马克思主义的传奇》，吕增奎译，中央编译出版社2014年版，第167页。

③ 《马克思恩格斯文集》第9卷，人民出版社2009年版，第17页。

第一章　恩格斯晚年的马克思哲学阐释的多重动因

了要写许多文章的想法，其中有一些想法被付诸计划并实施。《家庭、私有制和国家的起源》就是执行"第一个计划"的产物。① 晚年马克思非常重视原始社会历史的研究，曾打算运用唯物史观的观点、方法研究美国人类学家摩尔根的《古代社会》一书所提供的成果，进一步发展历史唯物主义的基本原理，但生前未能如愿。恩格斯认为自己有义务完成"马克思的遗愿"。《家庭、私有制和国家的起源》就是恩格斯完成这一遗愿之作，本身就包含马克思哲学思想及其发展。在此书中，恩格斯利用马克思对《古代社会》一书的批注、摘要和一些补充材料，充实了他本人的古希腊罗马史、古代爱尔兰史、古代德意志史研究成果，扩展了他的古代历史研究内容。1890年，恩格斯利用他掌握的有关原始社会史的新材料，特别是利用考古学和民族学的最新材料，又对其进行了修订和补充，1891年底《家庭、私有制和国家的起源》第四版出版。在这里，恩格斯提出了关于两种生产、文明时代、婚姻制度、妇女解放等问题的新观点，丰富、拓展了马克思的史前史研究，例如，关于个体婚制的新认识，就是恩格斯对马克思原有研究成果的补充性阐释。恩格斯指出，在他们合写于1846年的一个没有发表的手稿中，他"发现了如下一句话：'最初的分工是男女之间为了生育子女而发生的分工。'现在我可以补充几句：在历史上出现的最初的阶级对立，是同个体婚制下夫妻间的对抗的发展同时发生的，而最初的阶级压迫是同男性对女性的压迫同时发生的。个体婚制是一个伟大的历史的进步，但同时它同奴隶制和私有制一起，却开辟了一个一直继续到今天的时代，在这个时代中，任何进步同时也是相对的退步，因为在这种进步中，一些人的幸福和发展是通过另一些人的痛苦和受压抑而实现的。个体婚制是文明社会的细胞形态，根据这种形态，我们就可以研究文明社会内部充分发展着的对立和矛盾的本质"②。从中可以看到，他先从马克思讲的最

---

① ［德］曼·克利姆编著：《恩格斯文献传记》，中央编译局译，湖南人民出版社1986年版，第511页。

② 《马克思恩格斯文集》第4卷，人民出版社2009年版，第78页。

初的男女分工,引申出最初的阶级压迫,再上升到文明社会内部的矛盾本质,拓展了历史唯物主义的基本理论,也是创造性运用历史唯物主义基本理论的体现。

在《路德维希·费尔巴哈和德国古典哲学的终结》中,恩格斯总结、提出了一些新的思想观点,如唯物主义的道德观、思维观、哲学基本问题,辩证唯物主义自然观与历史观的统一性,社会发展史与自然发展史不同,等等。其中,恩格斯对道德问题的论述,包括之前在《反杜林论》中对道德问题的相关分析,借用凯·尼尔森的说法,比"马克思先前所提供的更加广泛、更加系统"[①]。在《在马克思墓前的讲话》中,恩格斯科学定位了马克思的革命家和理论家于一体的双重身份,概括总结了马克思一生的主要理论贡献,特别是高度评价了唯物史观这一划时代发现的伟大意义。在"历史唯物主义通信"中,恩格斯用确凿的事实和周密的论证回击了来自不同方面的对历史唯物主义的攻击、诋毁和歪曲,并在这个过程中拓展性地阐释了历史唯物主义的一系列重要思想,如上层建筑对经济基础的反作用,政治、法、哲学、宗教等上层建筑的各种因素之间的相互作用及其相对独立性,社会历史发展的决定性与能动性的辩证法等。同时,针对"青年派"和工人阶级政党内的一些人把唯物史观教条化和庸俗化的倾向,阐明了马克思哲学的方法论特质、功能及对待它应有的科学态度。

通过上述著作和书信中表达的新认识可以看出,恩格斯晚年对马克思哲学精神实质的把握更为深入和透彻。结合这些新认识,恩格斯试图为马克思哲学提供一幅连贯和完美的图像。[②] 这幅"连贯和完美的图像"使恩格斯从成熟的学派高度阐释和总结马克思哲学成为可能。事实证明,离开这个"图像",就不可能有统一、系统和完善的马克思主

---

① [加]凯·尼尔森:《马克思主义与道德观念:道德、意识形态与历史唯物主义》,李义天译,人民出版社2014年版,第88页。

② [英]埃里克·霍布斯鲍姆:《如何改变世界:马克思和马克思主义的传奇》,吕增奎译,中央编译出版社2014年版,第168页。

义哲学世界观。①

二　马克思哲学"历史叙事"的建构与开拓

"历史研究是达到对思想的本质认识的最好途径。"② 由此推论，要达到对马克思哲学思想的本质认识，就有必要加强对马克思哲学的历史研究。恩格斯晚年在整理、出版马克思遗稿过程中对马克思哲学的阐释体现出鲜明的历史自觉，为建构马克思哲学的"历史叙事"、开拓马克思哲学形成史和发展史叙事研究、发掘这一哲学思想的历史价值奠定了基础。

提供关于马克思哲学生成与发展的诸多"历史信息"。恩格斯晚年为出版或再版马克思的著作而作的序言、导言、前言及相关书信，往往内在包含相关著作及其思想观点的一些"历史信息"，如某一著作写作的特定历史背景、原因、产生的历史影响、意义，某一思想观点的历史生成和发展。这一点在多个版本的《共产党宣言》的序言中表现得尤为明显。这些序言，第一，为人们理解这一"历史文件"形成的历史背景、命名的历史考量、承载的历史使命、思想的历史起源和历史价值，提供了宝贵的"历史资料"。第二，描绘了《共产党宣言》在全世界的传播史及其产生的历史影响。正是这种世界性的传播和影响奠定了《共产党宣言》在当今时代不可撼动的经典著作地位。第三，揭示了《共产党宣言》的历史与现代工人阶级运动的历史之间的内在关联。这也表明，恩格斯阐释马克思哲学的历史自觉深植于马克思哲学本身与现实历史发展的本质联系中。马克思的重要文本都是在特定的历史形势下、为了特定的历史任务而写的，恩格斯回顾性的说明和阐释成为人们获取这方面"历史信息"的重要参考，有助于人们深入领会马克思哲学思想发展的历史逻辑及其与现实的历史运动逻辑的"本体论"关联。

---

① 黄楠森、庄福龄、林利主编：《马克思主义哲学史》（修订本）（第三卷），北京出版社2005年版，第475页。

② 郝立新主编：《马克思主义发展史》第一卷，人民出版社2018年版，总序第1页。

重视马克思哲学历史价值和历史贡献的挖掘。如1884年在为《哲学的贫困》德文第一版而写的序言《马克思和洛贝尔图斯》中，恩格斯说在本书完成时，马克思已经弄清了自己"新的历史观和经济观的基本特点"，而蒲鲁东的《贫困的哲学》的出版，使他有机会在批驳蒲鲁东的过程中阐述这些"基本特点"。此中传递出的信息表明，马克思在写作《哲学的贫困》时已经对自己建构的唯物主义历史观形成了清晰认识。恩格斯揭露了蒲鲁东、洛贝尔图斯的经济理论的资本主义意识形态本质，进而阐释了此书对批判洛贝尔图斯的资本主义经济理论、创立科学社会主义的理论贡献。在《路易·波拿巴的雾月十八日》德文第三版序言中，恩格斯充分肯定了这部著作的历史价值，认为它是一部"天才的著作"，强调："在初版问世33年后还需要印行新版，证明这部著作就是在今天也还丝毫没有失去自己的价值。"① 在恩格斯看来，马克思之所以在事变刚刚发生之时就能够对其形成"透彻的洞察"和"卓越的理解"，关键在于两点：一是他对法国历史的熟知；二是他"最先"发现了历史运动的规律即唯物史观的基本原理。"最先"二字无疑表达了马克思的发现的划时代意义，而且恩格斯明确把马克思所发现的历史运动规律对于历史的意义等同于能量转化定律对于自然科学的意义。他还进一步指出，这一规律是马克思用以理解法兰西第二共和国历史的钥匙，而这一段历史又检验了这个规律，证明了这个规律的真理性。在《马克思和〈新莱茵报〉（1848—1849）》《关于共产主义者同盟的历史》等文章中，恩格斯阐述了马克思哲学对无产阶级运动实践的重要历史贡献，尤其是高度评价了贯穿于《共产党宣言》的唯物史观思想对世界无产者联合的重要意义："整个无产阶级运动的最牢固的国际纽带。"②

开创了构建马克思哲学"历史叙事"的新视域。在《路德维希·费尔巴哈和德国古典哲学的终结》中，恩格斯从思维和存在的关系史

---

① 《马克思恩格斯文集》第2卷，人民出版社2009年版，第468页。
② 《马克思恩格斯文集》第4卷，人民出版社2009年版，第226页。

演进出发理解哲学史，并在此哲学史视野下梳理马克思哲学与黑格尔哲学、费尔巴哈哲学的历史关系，总结马克思哲学发展规律以及它在哲学史上的地位。这不仅为人们把握马克思哲学新世界观的生成史和发展史提供了重要史料，而且开启了新思路和新视域。在人类思想史上，恩格斯第一次明确地把思维和存在的关系概括为哲学的基本问题。他对思维和存在关系历史演进逻辑的深入分析，为正确把握哲学发展规律，尤其是马克思哲学发展规律，"提供了科学的总体性的方法论原则"[①]。根据恩格斯的论述，哲学基本问题可以分解为两个问题：一个是所有哲学家都必须回答的"什么是本原"的本体论问题。由此形成了哲学史上的唯物主义和唯心主义，哲学史的发展既展现为这两大派别之间的斗争，又展现为这种斗争所推动的唯心主义"特殊形式"与唯物主义"特殊形态"的历史演进。另一个是思维和存在是否具有同一性的认识论问题。哲学史上的可知论与不可知论即是依据对此问题的不同回答而划分的。黑格尔和费尔巴哈都是可知论者，但黑格尔的整个认识论都建立在唯心主义本体论之上，尽管他把辩证法引入认识论。费尔巴哈的"自然认识论"以唯物主义本体论为基础，"历史认识论"则立足于唯心主义本体论，并且抛弃了辩证法。因此，黑格尔和费尔巴哈都没能科学理解和解决思维与存在的关系问题。

马克思虽然没有明确提出哲学的基本问题，但他一直关注思维和存在的关系问题，形成了自己独特的思考理路，并开启了新的解决思路。在哲学思想探索之初，马克思从康德、费希特的理想主义出发探寻法律与现实生活的关系，当他发现理想主义方法行不通时，转向了黑格尔的思维与存在同一的思想。在《博士论文》时期，马克思从自我意识出发探讨哲学与世界的相互关系，阐发了哲学的世界化与世界的哲学化的辩证运动。在《〈黑格尔法哲学批判〉导言》中，马克思揭示了宗教与现实、作为"副本"的德国国家哲学、法哲学与作为"原本"的德国

[①] 张云飞主编：《马克思主义发展史》第三卷，人民出版社2018年版，第502页。

现实的真实关系。在《1844年经济学哲学手稿》中，马克思强调思维和存在虽然有差别，但又处于统一中。在批判黑格尔哲学的"两重错误"中，进一步探讨了思维和存在的"区别"和"统一"。在《神圣家族》中，马克思批判了"批判的批判"对工人的迷惑和误导：一切祸害只存在于他们的"思维"中，可以用"纯粹的思维"方式摆脱它们。但是，工人却悲切地感受到思维和存在之间的差别，逐渐认识到使他们遭受祸害的东西，如财产、资本、金钱、雇佣劳动等"决不是想象中的幻影"①，只有用具体而实际的方式才能消灭掉。从理论上看，这里突出的还是思维与存在的异质性。在揭穿黑格尔哲学"思辨结构的秘密"时，马克思则不仅阐述了思维与存在的非同一性，而且把被黑格尔颠倒了的思维与存在的关系重新颠倒过来。在《关于费尔巴哈的提纲》中，马克思从实践观点出发探讨人的思维的现实性、真理性，提出人的思维是否具有真理性是一个实践问题，应该在实践中证明思维的现实性、真理性，并以此为基础揭示了费尔巴哈的感性直观无力对抗抽象思维的根源所在。在《德意志意识形态》中，马克思通过分析意识与生活的关系，德国的"意识形态"与德国现实的关系，哲学、道德、神学、法等具体意识形式与物质生产的关系，表达了他对思维与存在之间关系的认识的深化。他不仅把思维与存在的内涵具体化，而且强调存在对于思维的本体论意义。在《〈政治经济学批判〉序言》中，马克思进一步强调了这种意义，提出了社会存在决定社会意识②的创造性论断。恩格斯不仅认同马克思提出的这一原理，而且高度赞扬了这一原理的革命性意义："关于一切历史的东西的全部传统的和习惯的观点都被这个原理否定了。政治论证的全部传统方式崩溃了。"③

上述分析表明，马克思对思维与存在关系问题的探索经过了一个发展的过程。这个过程实际上反映的也是马克思哲学发展的过程，从中可

---

① 《马克思恩格斯文集》第1卷，人民出版社2009年版，第273页。
② 《马克思恩格斯文集》第2卷，人民出版社2009年版，第591页。
③ 《马克思恩格斯文集》第2卷，人民出版社2009年版，第598页。

以洞悉马克思哲学如何通过批判地扬弃并超越整个旧哲学传统,发展出一个"真正结出果实"的新哲学派别。正是基于对这个新哲学派别形成和发展的历史总结,基于对思维与存在关系史的考察,恩格斯在《路德维希·费尔巴哈和德国古典哲学的终结》中正式提出哲学基本问题是思维与存在的关系问题。从思维和存在的关系史演进出发理解哲学史,并在此哲学史视野下阐释马克思哲学形成史、发展史,为后世把握这一哲学新思潮产生、变革的规律和创新经验,提供了独特视角。同时,哲学基本问题为评判一种哲学体系的学派归属和本质特征提供了一个新尺度。施达克就是因为不知道如何区分唯物主义和唯心主义而造成了思想混乱。当然,这一独特视角本身就是马克思哲学观革命的一种呈现,特别彰显了马克思哲学在本体论、认识论和方法论等层面所实现的变革及其哲学史意义。

三 马克思哲学"真理价值"的确证与强化

卡弗认为,在恩格斯关于马克思的叙述中,更具影响力的叙述在马克思逝世(1883年)到恩格斯逝世(1895年)期间。他特别指出,"恩格斯自己著作的标志性地位在此也是关键,特别是他声称在自己的著作中是在叙述马克思的观点,强化它们,更简要地介绍它们,补充它们,系统化它们"[1]。卡弗的分析是有道理的。恩格斯晚年关于马克思哲学的叙述,特别是在整理马克思遗稿和自己的理论研究中形成的一些新认识和新理解,的确是为了介绍、补充、系统化、强化马克思哲学,而这其中的深意在于确证和强化马克思哲学的真理性与价值性。

如前所述,在整理、出版马克思遗稿的过程中,恩格斯确实形成了一些新认识。但是,不能因为这些认识之"新",就独断地说恩格斯歪曲、误解、篡改甚至破坏了马克思哲学,特别是不能因为恩格斯对马克思著作中个别地方所作的"改动",就断定恩格斯偏离了马克思本人的

---

[1] [美]特雷尔·卡弗(Terrell Carver):《马克思与恩格斯:学术思想关系》,姜海波、王贵贤等译,中国人民大学出版社2008年版,中文版序言第2页。

理论构想。这也有悖恩格斯"改动"的本意。例如,马克思逝世后,恩格斯着手出版《资本论》第一卷第三版,他完全是根据马克思"留下的提示"对该卷作了修订、增补并加了注释。在《资本论》第二卷序言中,恩格斯说他"只是把这些手稿尽可能逐字地抄录下来;在文体上,仅仅改动了马克思自己也会改动的地方,只是在绝对必要而且意思不会引起怀疑的地方,才加进几句解释性的话和承上启下的字句"①。他所作的改动仅仅是"形式上的改动"。1891年,恩格斯说明了对《哥达纲领批判》个别地方进行修改的原因和选择依据:在不影响内容的情况下,"把一些涉及个人的尖锐的词句和评语删掉了,而用省略号来代替。如果马克思今天发表这个手稿,他自己也会这样做的。……还由于新闻出版法的缘故,有些语句也只用省略号暗示出来。在我不得不选用比较缓和的说法的地方,加上了方括号"②。无论是"形式上的改动"还是"语气"上的变化,都意味着恩格斯并没有根本性改变马克思哲学思想观点的本然之意。恩格斯晚年在整理、出版马克思遗稿过程中对一些文本的改动、修订、增补,不是对马克思哲学原有思想观点的背离和否定,而是在坚持的前提下作出进一步阐释,包括角度、深度和广度的延展。由此,也可以理解为一种思想的拓展和深化,带有解惑释疑、便于读者理解的考量,体现了丰富和完善马克思哲学的理论自觉,也包含确证和强化马克思哲学的真理性和价值性的深层意蕴。

恩格斯的新认识不但没有遮蔽马克思哲学的学术创见,反而起到了解蔽的作用。恩格斯晚年的"历史唯物主义通信",有一些就是为了解惑释疑而写的。例如,1894年1月致瓦尔特·博尔吉乌斯的信,就是回答他提出的关于唯物史观的一些问题,如经济关系的内涵,科学与技术发展的动力,经济条件对历史发展的制约作用,经济基础与政治、法、哲学、宗教、文学、艺术等发展的相互关系,伟大人物出现的历史必然性,等等。这些认识对澄清有关唯物史观的模糊认知具有重要意

---

① 《马克思恩格斯文集》第6卷,人民出版社2009年版,第3页。
② 《马克思恩格斯文集》第3卷,人民出版社2009年版,第423—424页。

第一章　恩格斯晚年的马克思哲学阐释的多重动因

义。恩格斯版本的《关于费尔巴哈的提纲》也体现出更为清晰、顺畅地呈现马克思哲学思想的作用和特征。众所周知，《关于费尔巴哈的提纲》有两个版本，一个是马克思写于1845年的稿本，另一个是恩格斯于1888年发表的稿本。根据中文版本，通过比对可以发现，恩格斯的版本对马克思的原始版本的每一条都进行了"微修改"。从一定意义上说，这种"微修改"代表了恩格斯对马克思哲学相关观点的一种解读。这种解读既有他对马克思哲学的认同，也有对马克思哲学的注释和解析，而且这种注释和解析更有助于人们理解马克思在此处所要表达的东西。如在第一条中，恩格斯对唯心主义的分析，"只是抽象地发展了"加上的"只是"二字具有双重意义，一方面是对唯心主义发展人的能动方面的肯定，另一方面又指出其发展的有限性和存在的突出问题。在"唯心主义是不知道现实的、感性的活动本身"①之前加上"因为"二字，则非常清楚地指出了唯心主义之问题产生的根源。在第二条中，把"关于思维——离开实践的思维——的现实性或非现实性的争论"②这句话中的破折号及"思维"去掉了，修改为"关于离开实践的思维的现实性或非现实性"，这样更直接、更易于理解。在第五条中有两处变动，一是用"诉诸"一词代替了"喜欢"一词，二是给直观加了一个定语"感性的"，即马克思那里是"喜欢直观"，到了恩格斯那里变成了"诉诸感性的直观"，突出了费尔巴哈的直观的感性特征，"诉诸"一词则更能体现出费尔巴哈用感性直观对抗抽象思维之意。在第十一条中，"问题在于改变世界"前面加了一个"而"字，这样前后两个方面的逻辑关系更明晰，读起来也更通顺。两个版本相差40余年，恩格斯对一般哲学的理解，对马克思、费尔巴哈各自哲学的认识都已经有所深化。他在这里所做的"微修改"正是这种认识深化的结果和表现，同时更为清晰、通俗化的表达也便于工人阶级理解和掌握马克思的新世界观。

---

① 《马克思恩格斯文集》第1卷，人民出版社2009年版，第499页。
② 《马克思恩格斯文集》第1卷，人民出版社2009年版，第500页。

恩格斯的以科学或事实为支撑的新认识，不但充实了马克思哲学的思想内容，而且证明了其正确性和合理性，彰显了其真理的力量和价值。一种理论产生后需要对自身的真理性进行论证，对其价值性进行澄明。恩格斯明确指出，为了争取无产阶级拥护他们的信念，他们"有义务科学地论证"① 其观点。在《共产党宣言》的多个序言中，恩格斯不止一次强调："这个《宣言》中所阐述的一般原理整个说来直到现在还是完全正确的。"② 这种正确性不是恩格斯的主观断定，而是由科学和实践所证明了的。他们一直密切关注自然科学和社会科学的新进展，也极善于利用它们批判旧哲学、论证和丰富自己的新哲学。例如，恩格斯用自然科学的成就批判了不可知论，论证了可知论的正确性，阐明了认识源于实践并受实践检验这一马克思主义认识论的基本观点。在《卡·马克思〈1848年至1850年的法兰西阶级斗争〉一书导言》中，恩格斯称这部著作是"马克思用他的唯物主义观点从一定经济状况出发来说明一段现代历史的初次尝试"③。实际上，这部著作也是马克思运用唯物史观阐释重大政治事件的初次尝试，而且他对当时事变的叙事、对其内在联系的分析直到今天都是无人能及的，而且还"光辉地经受住了后来由马克思自己进行的两度检验"④。马克思的检验来自经济史和法国史的研究，因而完全是根据历史事实作出的。恩格斯晚年之所以重视摩尔根的人类学研究成果，一个重要原因就是摩尔根"重新发现了40年前马克思所发现的唯物主义历史观，并且以此为指导，在把野蛮时代和文明时代加以对比的时候，在主要点上得出了与马克思相同的结果"⑤。根据所掌握的材料，恩格斯对摩尔根的论述作了补充，论证了唯物史观的一些观点，如阶级斗争与阶级对立的普遍存在，生产方式的决定作用。在《新发现的一个群婚实例》一文中，恩格斯又以

---

① 《马克思恩格斯文集》第4卷，人民出版社2009年版，第233页。
② 《马克思恩格斯文集》第2卷，人民出版社2009年版，第5页。
③ 《马克思恩格斯文集》第4卷，人民出版社2009年版，第532页。
④ 《马克思恩格斯文集》第4卷，人民出版社2009年版，第535页。
⑤ 《马克思恩格斯文集》第4卷，人民出版社2009年版，第15页。

人类学家的新发现证实了唯物史观的一些结论。

恩格斯运用唯物史观展开的史学研究，如在《论德意志人的古代历史的提纲（最初的计划）》和《论德意志人的古代历史》中对德意志人史前社会的演进轨迹的分析，在《马尔克》中对马尔克公社的出现、结构和性质的论述，在《法兰克时代》中对封建经济关系、政治制度、军事制度的成因、发展进程的揭示，在《论封建制度的瓦解和民族国家的产生》中对西欧封建制度解体的原因、民族国家生成根源与特点的阐述，在《关于普鲁士农民的历史》中对普鲁士农民奴化的历程、境遇与趋势的研究，在《论原始基督教的历史》中对原始基督教的历史生成、演变过程和社会本质的剖析，既是对唯物史观基本原理的真理性的验证，也是对其方法论价值的确证。而且，这些研究特别是关于史前史的研究，也使马克思主义的历史研究更为完整，唯物史观的论证更为充分。

总之，恩格斯晚年根据掌握的新材料，不仅对马克思哲学的思想观点进行了论证，而且拓宽了论证的思路、视角。相比之下，这后一点对于我们今天研究和发展马克思哲学所具有的启示意义更有现实性和重要性，值得总结和借鉴。

第二节　批判与捍卫：驳斥各种反对和歪曲马克思哲学的错误思潮

"保卫马克思"和"保卫马克思主义"是作为无产阶级革命家的恩格斯的神圣使命。自从马克思哲学成为一种思想力量，诋毁、攻击、批评它的声音就从未停止过。马克思哲学是在同诸多错误、敌对思潮的斗争中成熟起来的。这些错误思潮成为人们正确理解马克思哲学、广泛传播马克思哲学的思想阻碍，并对工人运动产生不利影响。因此，他们非常重视对错误思潮的批判。根据二者之间的分工，批判错误思潮、同各种论敌作斗争、正面阐述并捍卫他们的观点的任务主要由恩格斯来完成。在马克思哲学发展的不同时期,由于它所面对的错误思潮不同,恩格斯理论批判的焦点、理论阐释的重点也会有所不同。马克思逝世之后,诋毁、歪曲和误用唯物史观的错误思潮成为恩格斯批判的主要对象,如对把唯物史观歪曲为"经济唯物主义"甚至"经济决定论"的错误认识的批判,对形形色色的机会主义的批判,对把历史唯物主义公式化、教条化的德国"青年派"的批判。

一 认识纠偏:对经济决定论的"反拨"

唯物史观是马克思的伟大理论创造,也是非马克思主义者、反马克思主义者攻击马克思哲学的主要靶标,并产生了种种歪曲唯物史观的错误观点。19世纪90年代,恩格斯重点批判了将唯物史观歪曲为"经济唯物主义"甚至是经济决定论的错误观点。德国资产阶级学者、莱比锡大学教授保·巴尔特是持此种观点的代表人物,由此他也成为恩格斯批判的重点对象。在巴尔特的《黑格尔和包括马克思及哈特曼在内的黑格尔派的历史哲学》一书中,恩格斯发现了许多"浅薄和轻率的东西"[1],其中就包括巴尔特对马克思的歪曲——"把某些不正确的东西强加给了马克思"[2]。按照恩格斯的说法,在这本使他大失所望的书中,巴尔特对马克思哲学的歪曲不止一处。但他着重批判了巴尔特对唯物史观的"经济唯物主义"、经济决定论的误读。巴尔特污蔑马克思和恩格斯"完全否认"政治对经济运动的反作用,又在《作为社会学的历史哲学》一书中主张可以直接把马克思和恩格斯的观点看作"经济观点",因为他们根本不讲政治等上层建筑在历史发展中的作用。在恩格斯看来,巴尔特的论断完全是错误的,他对马克思的批评"荒唐可笑",讽刺他"简直是跟风车作斗争"[3]。恩格斯认为从马克思的著作中可以找到充分的论据推翻巴尔特的论断,如《路易·波拿巴的雾月十

---

[1] 《马克思恩格斯文集》第10卷,人民出版社2009年版,第616页。
[2] 《马克思恩格斯文集》第10卷,人民出版社2009年版,第616页。
[3] 《马克思恩格斯文集》第10卷,人民出版社2009年版,第600页。

八日》里面"谈到的几乎都是政治斗争和政治事件所起的特殊作用"①，《资本论》第一卷第八章《工作日》中则表明了作为一种政治行动的立法的重大作用。巴尔特的错误不仅在于他从庸俗社会学去理解唯物史观，把唯物史观歪曲为经济决定论，鼓吹社会历史发展的机械决定论和宿命论，而且他制造马克思和恩格斯的"对立论"，捏造恩格斯自身观点的"矛盾论"。巴尔特"杜撰马克思只承认纯粹生产、技术的决定作用"，认为恩格斯从《反杜林论》开始，特别是在《家庭、私有制和国家的起源》中到处扩张"经济结构"的概念，使其超出了纯粹生产、技术的理解界限。②巴尔特不仅把某些不正确的东西强加给了马克思，也强加给了恩格斯。

恩格斯认为，巴尔特对唯物史观不是"一般的无知"，而是"故意歪曲"。其理由是：巴尔特在论述马克思时所犯的"极其严重的错误"，对于一个读过《路德维希·费尔巴哈和德国古典哲学的终结》和《反杜林论》的人来说是不可理解的，因为恩格斯在这两部著作中对这些错误都"充分予以防止"③。尽管巴尔特故意把唯物史观歪曲为经济决定论，但其背后也反映出认识论或方法论上的局限性。经济决定论的产生和流行是理论和认识问题，恩格斯揭示了以巴尔特为代表的"先生们"的错误观点产生的认识论根源，即这些人不懂辩证法：他们一般把原因和结果视为"僵硬对立的两极"④，没有看到二者的相互作用。正因为在形而上学的两极对立中理解原因和结果的关系，所以这些"先生们"把经济基础与上层建筑看作僵化对立的两极，完全忘记了彼此的相互作用，甚至常常是"故意地忘记"了上层建筑对经济基础的反作用。⑤当然，恩格斯还谦逊地把这种理解上的失误归因于自己和马

---

① 《马克思恩格斯文集》第10卷，人民出版社2009年版，第600页。
② 黄楠森、庄福龄、林利主编：《马克思主义哲学史》（修订本）（第三卷），北京出版社2005年版，第440页。
③ 《马克思恩格斯全集》第39卷，人民出版社1974年版，第373页。
④ 《马克思恩格斯文集》第10卷，人民出版社2009年版，第659页。
⑤ 《马克思恩格斯文集》第10卷，人民出版社2009年版，第659页。

克思——理论创作者自身的"过错"：他们"把重点放在从基本经济事实中引出政治的、法的和其他意识形态的观念以及以这些观念为中介的行动"①，结果却忽略了这些观念以何种方式方法被生产出来的问题。巴尔特等敌人就是利用这一点故意诋毁马克思的唯物史观。但是，恩格斯辩护性地指出："根据唯物史观，历史过程中的决定性因素归根到底是现实生活的生产和再生产。……如果有人在这里加以歪曲，说经济因素是唯一决定性的因素，那么他就是把这个命题变成毫无内容的、抽象的、荒诞无稽的空话。"②他晚年对唯物史观的阐释，特别是对上层建筑与经济基础的辩证法的分析，对社会意识形式的相对独立性的阐发，对上层建筑之反作用的强调，就是为了回击巴尔特之流对唯物史观所作的错误的经济决定论理解，证明巴尔特对马克思的批评是不合理的。

根据弗洛姆的分析，实证主义机械论思想统治着从马克思逝世到20世纪20年代这段时期的哲学思想。从思维方式角度看，这意味着这个时期的哲学被机械决定论的思维方式主宰。恩格斯晚年对经济决定论的批判也是对机械决定论思维方式的批判和否定，因为经济决定论蕴含的思维方式与机械决定论的思维方式是一致的。把唯物史观歪曲为经济决定论，隐含着把马克思哲学作为机械决定论解读的理论危险。机械决定论反对一切偶然性，并否定一切形式的自由。但是，马克思从其哲学启程之时就不是机械决定论者，这从他对伊壁鸠鲁哲学的肯定态度就可以看出来。正如福斯特所言，正是马克思最先发现了伊壁鸠鲁主义"并不是一种纯粹的机械论体系；正是伊壁鸠鲁在物理学领域的独创，才捍卫了作为进化产物的人的意志自由"③。更值得一提的是，马克思的这个发现已经为现代学术界所证实。马克思不但不是机械决定论者，反而是机械决定论的坚定批判者，这主要在于机械决定论不能反映历史

---

① 《马克思恩格斯文集》第10卷，人民出版社2009年版，第657页。
② 《马克思恩格斯文集》第10卷，人民出版社2009年版，第591页。
③ [美]约翰·贝拉米·福斯特（John Bellamy Foster）：《马克思的生态学：唯物主义与自然》，刘仁胜、肖峰译，刘庸安校，高等教育出版社2006年版，第61页。

第一章 恩格斯晚年的马克思哲学阐释的多重动因

发展的真实性，而且具有宿命论倾向。按照葛兰西的分析，机械决定论是"从属者"的哲学，在任何时候都有证明机械决定论之无益的必要性，"因为虽然可以把机械决定论解释成是群众的一种朴素哲学，而且只有如此它才能成为力量的内在要素"①，但如果它被提升为知识分子的思虑周密而融贯一致的哲学，则会引向"愚蠢的自满"。这种"愚蠢的自满"对无产阶级革命及其主体性的建构具有消极影响，因此有必要对经济决定论进行彻底批判。

巴尔特歪曲马克思哲学为经济决定论，这种理解实际上把经济在社会发展中的作用绝对化、唯一化，并由此忽略、贬低甚至否定政治的功能。巴尔特的这种认识在当时的德国流传较广，影响很大，特别是被许多刚刚"涌入党内"的德国青年青睐。马克思的女婿拉法格也认为马克思哲学是"经济唯物主义"、经济决定论。在恩格斯看来，经济决定论具有脱离实践、停留于观念的弊端。在当时，把唯物史观曲解为经济决定论的一大实践后果是误导青年轻视或拒斥政治行动，理论后果则是使其醉心于体系的构造，消解唯物史观的价值维度，肢解唯物史观的整体性。在其后的历史发展中，如在第二国际时期，对马克思学说的经济决定论解读助长了"革命者的观望等待"②心理。美国学者R. W. 米勒深刻指出，经济决定论者的解释妨碍了人们去理解马克思在道德哲学和政治理论方面的洞见，甚至得出马克思是反政治的错误结论。为纠正此种错误解读，米勒试图运用分析哲学方法对马克思哲学作更加政治化的解读，认为"更加政治化的马克思作为一种解读会更加精确"③，而且会使马克思在哲学上更为重要。不过，米勒并不完全否定对马克思哲学的经济决定论解读的合理性。他主张："认为马克思在其晚期著作中表

---

① [意] 安东尼奥·葛兰西：《狱中札记》，曹雷雨、姜丽、张跣译，河南大学出版社2014年版，第388页。
② [德] 沃尔夫冈·弗里茨·豪格主编：《马克思主义历史考证大辞典》第二卷，俞可平等编译，商务印书馆2021年版，第550页。
③ [美] R. W. 米勒（Richard W. Miller）：《分析马克思：道德、权力和历史》，张伟译，高等教育出版社2009年版，第8页。

现为一个经济决定论者,这种观点在许多重要方面是正确的,但总体来说是错误的。"① 也有西方学者不但认为晚年马克思是决定论者,而且把其中的原因归咎于恩格斯,认为晚期马克思"不言而喻地同意、倾向或容忍了"恩格斯的"决定论"的观点。② 但正如卡弗所反驳的:"这个观点最惊人之处在于,没有用来证明它的实际的证据;关于其真实性仅仅是一种断言,而这并非从来就是自明的。"③

在马克思主义哲学发展史上,始终存在着马克思哲学的决定论与非决定论之争,恩格斯晚年对经济决定论的"反拨"是化解这种理论纷争的不可或缺的思想资源,也为自我辩护提供了有力证据。恩格斯对经济决定论的批判在后世产生了一定的理论回响,如雷蒙德·威廉斯从文化唯物主义视角论证了经济基础与上层建筑之间存在着相互依存、相互决定的错综复杂关系,拓宽了经济决定论批判的理论视域。

二 方向守正:对机会主义的全面批判

到马克思晚年时期,马克思的哲学对世界工人运动的影响日益扩大。在1881年10月致伯恩斯坦的信中,恩格斯指出,"马克思由于在理论上和实践上的成就已经赢得了这样的地位,各国工人运动的最优秀的人物都充分信任他"④,且在关键时刻都会向他请教。当然,这些"最优秀的人"也信任恩格斯并向他请教。正是在马克思和恩格斯的指导和帮助下,一批工人阶级政党纷纷建立,并有一些资产阶级和小资产阶级等非无产阶级力量涌入其中,这也使各种机会主义思潮有机会进入工人阶级队伍中并流行开来。这些思潮冲击了马克思主义思想,有腐蚀

---

① [美] R. W. 米勒 (Richard W. Miller):《分析马克思:道德、权力和历史》,张伟译,高等教育出版社2009年版,第6页。
② [美] 特雷尔·卡弗 (Terrell Carver):《马克思与恩格斯:学术思想关系》,姜海波、王贵贤等译,中国人民大学出版社2008年版,第3页。
③ [美] 特雷尔·卡弗 (Terrell Carver):《马克思与恩格斯:学术思想关系》,姜海波、王贵贤等译,中国人民大学出版社2008年版,第3页。
④《马克思恩格斯文集》第10卷,人民出版社2009年版,第467—468页。

第一章 恩格斯晚年的马克思哲学阐释的多重动因

工人阶级的革命意志、阻碍无产阶级革命的风险。为了消除机会主义思潮的不利影响和潜在危害，马克思和恩格斯同各种机会主义进行了长期而坚决的斗争。

拉萨尔主义对 19 世纪德国工人运动产生较大影响，是马克思和恩格斯着力批判的机会主义思潮之一。这一思潮坚持唯心史观，同唯物史观相抗衡，严重危害党内团结和统一。但是，梅林、普列汉诺夫等马克思主义者在很长时间内都没有认清拉萨尔主义的真面目，没有看到它与马克思主义的本质区别，甚至还为其辩护。1875 年，拉萨尔派与爱森纳赫派在哥达城召开合并大会，李卜克内西不但没有听从马克思和恩格斯之前的告诫，即以科学共产主义原则改造拉萨尔派而不是以拉萨尔主义改造爱森纳赫派，反而"靠损害马克思来维持和重新宣扬拉萨尔的虚假声誉"，使"爱森纳赫派事实上已成了拉萨尔派"[①]。正是这种妥协，这次大会最终通过了充满拉萨尔主义色彩的《哥达纲领》。在这种情况下，如果不揭露拉萨尔主义的实质，不清除其影响和危害，德国社会民主党和工人阶级就难以顺利沿着马克思主义指引的革命道路前进，而且还有可能走向歧途。为此，马克思撰写了《哥达纲领批判》，恩格斯也在这一年 3 月给倍倍尔的信中表明了自己的观点。在这些文本中，他们彻底清算了拉萨尔主义的遗毒，集中批判了拉萨尔主义的"反动的一帮"理论、国家帮助工人建立合作社理论、"铁的工资律"、否定工人的阶级性质、抛弃工人运动的国际主义原则。为维护党的统一和团结，《哥达纲领批判》在马克思生前并未公开发表，只是寄给了德国党的领导人。直到 1891 年，为批判复活了拉萨尔主义的"爱尔福特纲领"，进一步肃清"拉萨尔的神话"及其消极影响，纠正一些错误的说法和论断，恩格斯力排众议将其公开发表于《新时代》杂志上。恩格斯高度评价了这一重要文献的"另外的""更广泛的"意义，认为它第一次"明确而有力"地表明了马克思对拉萨尔的态度，主要是对他开

[①] 《马克思恩格斯文集》第 10 卷，人民出版社 2009 年版，第 611 页。

始"从事鼓动工作以来所采取的方针"的批判态度。① 机会主义思潮在马克思逝世后继续在各国工人阶级政党中蔓延。包括拉萨尔主义者在内的机会主义者配合资产阶级攻击唯物史观,"宣扬超阶级的国家观,鼓吹绝对民主和绝对自由等错误观点。……宣扬一些非历史主义观点,宣扬私有制、阶级、国家永恒不变,否认家庭的历史演变,替男权作辩护,认为母系社会、母权制的遗迹是神话传说和陋习,等等"②。为批判机会主义和资产阶级意识形态,有必要科学地阐明并论证关于家庭、私有制和国家起源的学说,揭示人类社会早期形成的机理和发展的逻辑。这也成为恩格斯写作《家庭、私有制和国家的起源》的动因之一。

机会主义思潮不是只有拉萨尔主义一种,其表现形式具有多样性。由此,恩格斯的批判也不是单一的,而是指向形形色色的机会主义,如杜林主义、以苏黎世"三人团"为代表的机会主义、英国费边社的机会主义、以福尔马尔为代表的机会主义。从1876年到1878年,恩格斯在马克思的支持下完成了《反杜林论》,系统批判了"杜林主义"。1879年,恩格斯和马克思全面批驳了由赫希柏格、伯恩斯坦和施拉姆组成的"三人团"发表的《德国社会主义运动的回顾》一文的右倾机会主义实质,严厉批判了他们妄图把党变成改良主义政党的主张。恩格斯也坚决反对由资产阶级"社会主义者"组成的英国费边社。他在1892年致考茨基的信中深刻分析了费边社的本质:"一个由形形色色的资产阶级'社会主义者'——从钻营之徒到感情上的社会主义者和慈善家——拼凑起来的集团,他们只是由于害怕工人要取得统治权而联合起来,他们尽一切力量通过保障自己的即'有教养的人'的领导权的办法来防止这种危险。"③ 费边社企图通过改良主义方法实现社会主义,这也是恩格斯批判它的根源所在。1894年,恩格斯撰写了《法德农民

---

① 《马克思恩格斯文集》第3卷,人民出版社2009年版,第423页。
② 黄楠森、庄福龄、林利主编:《马克思主义哲学史》(修订本)(第三卷),北京出版社2005年版,第378页。
③ 《马克思恩格斯文集》第10卷,人民出版社2009年版,第633页。

第一章 恩格斯晚年的马克思哲学阐释的多重动因

问题》一文，批判了德国社会民主党的改良派领袖福尔马尔为代表的机会主义，集中批判了德法等国的工人阶级政党对农民问题的错误认识。他晚年强调的无产阶级在夺取政权和创建社会主义的斗争中必须建立巩固的"工农联盟"的思想，是对唯物史观基本原理的创造性贡献，并在中国革命中现实化和具体化。

各种形式的机会主义在本质上都具有改良主义性质，严重腐蚀工人阶级的革命精神和阶级意识。但是，许多工人阶级政党领袖并没有看透其实质，分不清它与马克思主义之间的原则界限，对之采取了妥协、调和主义的态度。这种态度，无论是对无产阶级运动的进展还是对马克思主义的发展都是不利的。因此，恩格斯对机会主义给予更为彻底和严厉的揭批。他指出，"为了眼前暂时的利益而忘记根本大计，只图一时的成就而不顾后果，为了运动的现在而牺牲运动的未来，这种做法可能也是出于'真诚的'动机。但这是机会主义，始终是机会主义，而且'真诚的'机会主义也许比其他一切机会主义更危险"[1]，因为它更容易把党引入迷途。那么，工人运动中为什么容易滋生机会主义？为什么许多工人阶级政党领袖也被其迷惑、向其妥协？主要有三个方面的原因：第一，队伍构成。在工人阶级及其政党的构成中，既有无产阶级力量，又有非无产阶级力量，队伍的成分比较复杂。其中的非无产阶级力量，如城市小资产阶级、手工业者和自由职业者等，把资产阶级和小资产阶级的思想观念带入到党内与工人运动中来，成为机会主义滋生的源头。第二，社会基础。在资本主义从自由资本主义向垄断资本主义过渡时期，资本家调整了与工人斗争的手段，通过收买的方式拉拢部分工人。这使各种社会不良习气、资产阶级的阶级偏见和错误思想渗透到工人阶级队伍中，为机会主义在工人运动中抬头提供了社会条件。第三，领导因素。工人阶级政党的部分领导人"对待党内各种派别分歧的温和的甚至妥协的立场，助长了机会主义的泛滥"[2]。正是上述因素的综合作

---

[1] 《马克思恩格斯文集》第4卷，人民出版社2009年版，第414—415页。
[2] 张云飞主编：《马克思主义发展史》第三卷，人民出版社2018年版，第619页。

用，使机会主义思潮在马克思去世之后在各国工人阶级政党中继续蔓延。为了推进无产阶级事业顺利发展，使之沿着马克思主义指导的正确方向前进，恩格斯不得不继续对之展开批判，揭露其产生的原因、实质和危害。在这种批判中，马克思哲学既是批判的工具，又是捍卫的对象，并得到进一步的丰富和发展。

三 方法自觉：对"青年派"教条主义的批驳

随着资本主义和工人运动的发展，适合于无产阶级状况的马克思哲学新世界观和代表资产阶级诉求的旧世界观的斗争，不仅在两个冲突、对立的阶级之间进行，而且在"自由思考"的工人和"受旧传统支配"的工人之间展开。旧世界观维护者攻击马克思哲学新世界观的一种方式就是批评、歪曲和诋毁它。马克思哲学作为一种新世界观，自产生伊始就不断遭到批评。不过，"自从马克思的体系深入人心，批评家再也不能利用公众的无知以来，要批评马克思早已不是一件容易的事情了。只剩下一个办法：为了诋毁马克思，把他的功绩归之于那些无人关注、已经退出舞台、政治上和学术上再也没有什么意义的社会主义者。他们希望用这种办法来驳倒无产阶级世界观的创立者以及这种世界观本身"[①]。博学又严格的法学家安东·门格尔使用的就是这种方法，他立足于法学世界观诋毁马克思及其新世界观，由此受到恩格斯和考茨基的严厉批判。对马克思的新世界观的诋毁，不仅影响到它作为无产阶级运动的指导思想的合法性问题，而且关涉到它的实际运用问题。从逻辑上说，对马克思哲学世界观的错误理解必然导致对它的错误运用。"青年派"就是最好的明证，晚年恩格斯批判了其把唯物史观教条化、公式化的错误，并在这个过程中重点阐发了唯物史观的方法论特质和作用。

"青年派"是19世纪90年代初期德国社会民主党内形成的小资产阶级半无政府主义反对派，其主要核心是那些以党的理论家和领导者自

[①] 《马克思恩格斯全集》第28卷，人民出版社2018年版，第620页。

第一章　恩格斯晚年的马克思哲学阐释的多重动因

居的年轻的大学生、著作家和一些地方党报的编辑。①主要代表人物有保·恩斯特、保·康普夫迈耶尔、汉·弥勒、布·维勒等。他们自称是马克思主义者，并在报纸上宣称恩格斯支持他们的立场。但实际上恩格斯对"青年派"持批判和否定态度，因为他们表面上看似是马克思新世界观的支持者、拥护者，实质上却完全歪曲了它。恩格斯的批判重点指向"青年派"在理解和对待马克思的新世界观问题上的错误，特别是对唯物史观的歪曲和教条主义运用。

保尔·恩斯特是"青年派"的重要代表人物，从恩格斯对恩斯特的批判，可以进一步把握"青年派"的上述特点，进而理解其错误所在及危害。在1890年发表于《柏林人民报》第232号的《答保尔·恩斯特先生》一文中，恩格斯围绕恩斯特对马克思主义的错误理解和错误运用问题展开了批判。恩斯特的重大错误在于把唯物主义方法当作现成的公式，并以之剪裁社会现实。针对海尔曼·巴尔在《现代生活自由论坛》上发文责备恩斯特在研究斯堪的纳维亚半岛的妇女运动时误用了马克思的历史研究方法，恩斯特写信给恩格斯，希望恩格斯能够为他辩护。恩格斯在回信中不仅明确表示拒绝介入两人的争论，而且特别强调："如果不把唯物主义方法当做研究历史的指南，而把它当做现成的公式，按照它来剪裁各种历史事实，那它就会转变为自己的对立物。"②恩斯特就犯了这种错误，在这个意义上，恩格斯认为巴尔对恩斯特的指责是有道理的。恩格斯通过指出恩斯特在分析挪威小市民阶层问题上的方法论逻辑，揭示和论证了恩斯特运用唯物主义方法的教条主义错误。其一，恩斯特"把整个挪威和那里所发生的一切都归入小市民阶层的范畴"③；其二，恩斯特把他对德国小市民阶层的看法强加于挪威小市民阶层身上，即把以德国为样本的小市民阶层的公式套用于挪威的小市民阶层。恩斯特的做法有悖于历史事实，他没有看到德国小市

---

① 《马克思恩格斯全集》第29卷，人民出版社2020年版，第747页。
② 《马克思恩格斯文集》第10卷，人民出版社2009年版，第583页。
③ 《马克思恩格斯文集》第10卷，人民出版社2009年版，第583页。

民阶层与挪威小市民阶层实际上存在具体的、历史的差异。这也进一步印证了恩格斯在《给〈萨克森工人报〉编辑部的答复》中所揭露的"青年派"的两大"特点"：一是对马克思世界观"完全理解错了"；二是"对于在每一特定时刻起决定作用的历史事实一无所知"①。恩斯特对马克思世界观的教条化理解和运用，与他把马克思的世界观与杜林对这个世界观所作的歪曲相混淆有关。恩格斯指出，恩斯特"直截了当地重复他从形而上学者杜林那里学来的荒谬论断，说什么在马克思那里历史是没有（正是创造历史的）人的参与而完全自动地演进的，人完全像棋子一样受经济关系（而它们本身就是人创造的！）的摆布。这个人竟能把杜林这样的敌人对马克思理论所作的歪曲同这个理论本身混为一谈"②。杜林把马克思世界观歪曲为"无人"或否定人之力量的经济决定论，以恩斯特为代表的"青年派"也被经济决定论迷惑，不理解经济基础与上层建筑之间的相互作用，不懂得历史辩证法，当然也就看不到人在历史发展中的主体能动性。

"青年派"对马克思世界观的误解和误用充分表明了他们在两个方面的"无知"：一方面，他们根本不懂马克思的理论，尽管他们读过一些马克思的书；另一方面，他们根本不懂历史发展的决定力量，不了解无产阶级斗争的性质、条件和方式。正是因为这种无知，"他们在理论上宣扬的是被歪曲得面目全非的'马克思主义'，在实践上奉行的是完全不顾党的实际斗争条件的冒险主义"③。由于对马克思理论、历史发展规律和无产阶级运动现实的无知，他们连最简单的事物都认不清，也不能客观地权衡现存各种事实的轻重和参与斗争的各种力量的强弱，他们甚至想强迫党接受一种极其轻率的策略。④ 因此，在恩格斯看来，"青年派"比小资产阶级的国会党团危险得多。从上述分析中，可以理

---

① 《马克思恩格斯文集》第4卷，人民出版社2009年版，第396页。
② 《马克思恩格斯全集》第29卷，人民出版社2020年版，第102页。
③ 《马克思恩格斯全集》第29卷，人民出版社2020年版，第749页。
④ 《马克思恩格斯全集》第29卷，人民出版社2020年版，第103页。

解恩格斯为什么不愿意替恩斯特辩护,为什么极力反对把自己和"青年派"分子混为一谈的做法。恩格斯对"青年派"的批判,彰显了历史唯物主义的方法论意蕴,对于批驳当代世界对马克思主义哲学的教条主义理解与运用也具有借鉴意义。在马克思主义哲学发展史上,各种各样的"教条"始终困扰着人们正确地理解和运用马克思主义哲学。克服教条主义是科学认识和践行马克思主义哲学的内在要求,也是推进马克思主义哲学创新的必要条件。

为捍卫马克思的理论,恩格斯晚年还批判了其他错误思潮或错误观点,如企图复活德国古典哲学中的消极因素的新康德主义和新黑格尔主义,讲坛社会主义,蒲鲁东主义,费尔巴哈的唯心主义的宗教观和道德观,等等。在对这些错误思潮和错误观点的批判中,恩格斯澄清了关于马克思哲学的模糊认识和错误理解,捍卫和发展了马克思哲学。

第三节 宣传与教育:提升无产阶级运动的自觉性与科学性

现代无产阶级运动并没有随着马克思的逝世而画上休止符。同样,这一哲学也没有因为其创立者的逝世而"退场"——退出工人运动的场域,反而在恩格斯的努力下使其在工人阶级中的传播力和影响力都有明显提升。在《共产党宣言》1892年波兰版序言中,恩格斯指出:"某一国家的大工业越发展,该国工人想要弄清他们作为工人阶级在有产阶级面前所处地位的愿望也就越强烈,工人中间的社会主义运动也就越扩大,对《宣言》的需求也就越增长。"[①] 这表明,资本主义大工业越发展,无产阶级越需要清醒的自我认识、自我定位。资本主义从自由竞争阶段走向垄断阶段,不但没有缓解无产阶级与资产阶级的矛盾,反而使这种矛盾日益激化,引发英国、法国、俄国和美国等国家的工人运动如

---

① 《马克思恩格斯文集》第2卷,人民出版社2009年版,第23页。

火如荼地开展起来①，推动工人阶级政党纷纷成立并渐趋在工人运动中发挥主导作用。无论是无产阶级的自我认识、自我定位，还是无产阶级政党的不断壮大、健康发展，都需要马克思哲学提供科学解释和正确引导。通过这种科学解释与正确引导，建构起革命主体的主体性、同一性和革命性，提升现代无产阶级运动的自觉性与科学性。这也凸显了恩格斯晚年阐释马克思哲学所承载的政治使命。

一 哲学与无产阶级运动的关联性

葛兰西指出："如果说每种哲学确实是一个社会的表现的话，那么，它就应当反作用于那个社会并产生一定的效果，既包括积极的效果又包括消极的效果。它所发生的反作用的程度恰恰就是衡量其历史重要性的尺度。"② 按此逻辑，马克思哲学的历史重要性就表现在它不仅反作用于社会，而且产生了积极的效果——改变了世界，影响了历史。正如伊格尔顿所言："历史上从未出现过建立在笛卡尔思想之上的政府，用柏拉图思想武装起来的游击队，或者以黑格尔的理论为指导的工会组织。"③ 这意味着历史上很少有思想家可以真正地指导人类改变历史进程，但是，被后世评为"千年思想家"的马克思做到了这一点。他开创了历史研究的新方法，不但彻底改变了人们对人类历史的理解，而且指导无产阶级推进了人类历史的进程。马克思哲学是通过无产阶级这一中介来改变世界、影响历史进程的，也正是他把哲学自身的发展与无产阶级的命运直接联系起来。

人类解放是马克思哲学探索始终不变的主题，虽然这一主题在不同时期的哲学活动中的呈现会有所不同。在《〈黑格尔法哲学批判〉导

---

① 参见张云飞主编《马克思主义发展史》第三卷，人民出版社2018年版，第12—13页。

② [意]安东尼奥·葛兰西：《狱中札记》，曹雷雨、姜丽、张跣译，河南大学出版社2014年版，第404页。

③ [英]特里·伊格尔顿：《马克思为什么是对的》，李扬、任文科、郑义译，新星出版社2011年版，英文版出版前言第2页。

第一章　恩格斯晚年的马克思哲学阐释的多重动因

言》中，通过对现实中的"德国人"的解放问题的独到解析，马克思把哲学、无产阶级和人类解放关联在一起。按他的分析，当时的德国是一个理论发展与实践发展没有达到同频共振的国家：一方面，德国在实践上落后于法国等现代国家的发展水平，德国制度聚集并展现了现代国家之一切"隐蔽的缺陷"，包括现代政治领域的"文明缺陷"和旧制度的"野蛮缺陷"。另一方面，德国又是这些国家的"理论良心"，德国的国家学说是现代国家的机体本身之缺陷的抽象表达，德国思辨的法哲学反映了现代国家无视"现实的人"或者仅仅以虚构的方式满足"整个的人"的客观现实[①]。这种无法同频共振也体现出德国革命的理论需求与现实发展不能满足这种理论需求的矛盾。德国的理论、实践与现代国家之间的这种关系，决定了"如果不摧毁当代政治的普遍障碍，就不可能摧毁德国特有的障碍"[②]，如果不摧毁一切奴役制，就不可能摧毁德国的任何一种奴役制。由此，对于德国而言，普遍解放是部分解放的必要条件。离开普遍解放，任何部分解放都无现实的可能性。普遍解放与部分解放的这一关系，直接反映在"德国人的解放就是人的解放"[③]这一命题之中。在这一解放活动的关键要素构成中，无产阶级被视为解放的"心脏"，哲学被喻为解放的"头脑"。"心脏"与"头脑"之喻，一方面表明了无产阶级、哲学对于人类解放的极端重要性；另一方面则揭示了无产阶级、哲学在人类解放中作用的差异性。正是这种差异性，使哲学与无产阶级的统一、合作成为必要。在此，这种合作关系可以进一步理解为："哲学把无产阶级当做自己的物质武器，同样，无产阶级也把哲学当做自己的精神武器；思想的闪电一旦彻底击中这块素朴的人民园地，德国人就会解放成为人。"[④] 从这段表述中，不难领会哲学与无产阶级各自在人类解放中的具体作用：前者是精神武器，后者

---

① 《马克思恩格斯文集》第1卷，人民出版社2009年版，第11页。
② 《马克思恩格斯文集》第1卷，人民出版社2009年版，第14页。
③ 《马克思恩格斯文集》第1卷，人民出版社2009年版，第18页。
④ 《马克思恩格斯文集》第1卷，人民出版社2009年版，第17—18页。

是物质武器。

那么，作为人类解放的"头脑"与"心脏"，哲学与无产阶级为什么只要相互认同并掌握、利用好对方这一武器，就有可能真正携手实现人类普遍解放的目标？此中缘由或依据就在于："理论一经掌握群众，也会变成物质力量。理论只要说服人［ad hominem］，就能掌握群众；而理论只要彻底，就能说服人［ad hominem］。所谓彻底，就是抓住事物的根本。"① 理论作为一种"批判的武器"，属于精神武器。但只要这个精神武器掌握群众就可以转变为具有强大物质力量的"武器的批判"。从哲学的理论本性来看，真正的哲学应该是能够"抓住事物的根本"的理论。由此层层推演，真正的哲学也是能够说服、掌握群众进而最终能够化为物质力量的理论。正是基于此，无产阶级有必要主动利用哲学这个"精神武器"。但是，作为精神武器，哲学不是现实的物质力量，也不能直接变成现实的物质力量，而是需要通过一定的中介才能实现这种转换。这个中介就是群众，就是无产阶级。换言之，真正的哲学是需要借助于无产阶级这一物质武器确证自身的现实力量的，以实现自我价值。根据马克思的精辟分析，哲学并不超然于现实世界之外，而是它就"在"这个现实世界，是现实世界的"观念的补充"。因此，无产阶级批判并变革现实世界的解放运动，就其彻底性而言，必然内在包含着对哲学的否定。德国的"理论政治派"没有看到这一点，因此对哲学采取了肯定的、非批判的态度。德国的"实践政治派"提出了否定哲学的正当要求，但却把对哲学的否定停留于"口头否定"，即"背对着哲学，并且扭过头去对哲学嘟囔几句陈腐的气话"②。就其与现实世界的真实关系而言，对哲学的真正否定要诉诸现实的行动变革哲学本身所属的那个现实世界。在这个意义上，哲学的否定是"消灭哲学"，也是哲学的现实化或世界化。

---

① 《马克思恩格斯文集》第1卷，人民出版社2009年版，第11页。
② 《马克思恩格斯文集》第1卷，人民出版社2009年版，第10页。

第一章　恩格斯晚年的马克思哲学阐释的多重动因

总之，只有借助无产阶级的革命行动，哲学才能现实化或世界化；只有依靠哲学的理论指导，无产阶级才能抓住事物的根本。它们二者彼此相互"掌握"、相互结合是人类解放的可能性条件，所谓"思想的闪电"彻底击中"素朴的人民园地"正是这种结合的最高境界的表达。一旦达到这种境界，"德国人"就会解放成为"人"。从上述分析可见，马克思对哲学与无产阶级及其解放之间关系的认识已经达到了理性自觉。恩格斯晚年对德国工人运动和德国古典哲学之间关系的阐释，也是这种理性自觉的体现和确证。

无产阶级要解放不能没有哲学，但不是所有的哲学都能够成为其解放的精神武器。资产阶级哲学不但不能为无产阶级的解放提供积极的"精神武器"，反而成为阻碍无产阶级解放的"反动武器"。这恰恰成为了马克思批判资产阶级哲学、开创代表无产阶级利益的新哲学的重要原因。雷夫·M.考夫曼认为，马克思是"纯粹的理论家"，从未尝试把他的理论付诸实践。这种观点本质上割裂了马克思学说与无产阶级运动的关联。事实证明，考夫曼的判断是极其错误的。马克思从来不是一位纯粹的理论家，他的理论探索从未游离于无产阶级解放的价值目标之外。马克思的哲学本身就是无产阶级的世界观，就是无产阶级的精神武器。在此，还要批判另外一种错误观点。这种观点认为："马克思主义自身的理论萌生是自成一类的独特过程——其动力是单独由理论内省所驱使的。只是在理论业已形成以后才与无产阶级运动相结合，然后无产阶级运动再传播这些新思想。"[①] 这种观点虽然承认马克思主义与无产阶级运动之间的关联性，但否定了马克思主义创建生成的阶级基础和动力。马克思主义是现代文明与现代无产阶级运动共同结出的果实。借用本·阿格尔的说法："马克思主义是一个与无论是在办公室还是在工厂都不能支配其劳动过程和劳动产品，而仅仅是雇佣劳动者的工人密切相

---

① 转引自黄楠森、庄福龄、林利主编《马克思主义哲学史》（修订本）（第八卷·上），北京出版社2005年版，第241页。

关的充满生机的理论体系。"① 这个理论体系自创构伊始就与无产阶级运动具有天然的联系，其哲学是地地道道的无产阶级的精神武器。

但是，只有被工人阶级理解、掌握，马克思主义哲学才能有效发挥出这一精神武器应有的功能。但是，工人阶级及其政党当时所具备的理论素养与马克思主义哲学本有的理论深度不相匹配，二者之间存在一定的"理论差距"。而马克思哲学的术语使用特征无疑又加大了这种差距："马克思使用'哲学''科学''唯物主义'以及'唯心主义'等术语所用的是自己的特殊方式，不能与他同时代以及我们时代惯常的用法互相混淆。"② 由此，恩格斯晚年对马克思哲学的简要阐释就显得非常必要和重要。

二 马克思主义哲学与无产阶级运动的自觉性

青年时期的恩格斯就密切关注工人阶级的命运和工人运动的发展。为此，他"把自己的空闲时间几乎全部用来和普通工人交往"③。1875年6月30日脱离"曼彻斯特欧门-恩格斯"公司之后，恩格斯有条件也有意愿"把全部时间和精力贡献给革命的工人运动，促使马克思主义的继续发展"④。恩格斯非常注重把马克思主义科学理论与工人运动具体实际相结合，并把实现这种结合当成一个持久性的而非临时性的任务。因此，马克思逝世后，恩格斯依然竭尽全力推动这项"结合"工作，甚至在70岁的时候还"发誓"要以自己的余生积极地为无产阶级服务。⑤ 积极为无产阶级事业服务的恩格斯给此项事业带来了积极的变化，即推动无产阶级运动从自发走向自觉。在《弗里德里希·恩格斯》

---

① ［加］本·阿格尔：《西方马克思主义概论》，慎之等译，中国人民大学出版社1991年版，第1页。
② ［美］罗伯特·C.塔克：《卡尔·马克思的哲学与神话》，刘钰森、陈开华译，天津出版传媒集团、天津人民出版社2018年版，第174页。
③ 《马克思恩格斯文集》第1卷，人民出版社2009年版，第382页。
④ ［德］曼·克利姆编著：《恩格斯文献传记》，中央编译局译，湖南人民出版社1986年版，第453页。
⑤ 《马克思恩格斯全集》第29卷，人民出版社2020年版，第105页。

第一章　恩格斯晚年的马克思哲学阐释的多重动因

这篇传记性的文章中，考茨基指出："他帮助现代无产阶级运动走向自觉，使它立足于科学基础之上。他近半个世纪投身这场运动，积极参与这场运动的各种重大理论活动。"① 恩格斯积极参与同无产阶级运动相关的各种重大理论活动，目的就是使这一运动走向自觉。霍克海默指出，任何逃避理论的努力只能使群众更加盲目、更加软弱。而恩格斯所进行的一切理论努力就是为了帮助无产阶级群众摆脱盲目、走向自觉，进而使其蕴藏着的巨大革命潜力发挥出来。

马克思和恩格斯对现代无产阶级运动的重大贡献之一就是指导无产阶级运动从自发走向自觉，这种工作自他们1844年开始合作之时就已经开启。1844年，当马克思和恩格斯都旅居布鲁塞尔时，"他们两人积极开始了共同工作，很快就确定了行动的理论基础。他们一方面要根据这个基础建立新的科学体系，另一方面又要让正在进行的无产阶级运动立足于这个基础，使它成为自觉的行动"②。在马克思和恩格斯看来，立足于他们建构的科学体系是使无产阶级走向行动自觉的一个重要条件。无产阶级运动史证明，没有科学理论的指引，就不会有自觉的行动，理论的科学性与行动的自觉性是有机统一的。恩格斯晚年倾注大量精力向工人阶级传播、阐释马克思哲学的基本思想，就是为了用这个思想教育工人、联结工人，使其达到思想与行动上的自觉统一。这种统一，既是马克思哲学理论和实践相统一的理论品格的内在要求，也是保证无产阶级运动健康发展的客观需要。

根据霍布斯鲍姆的分析，"劳工运动的历史可以追溯到工业革命之前。但19世纪劳工运动的新现象，是阶级觉悟和阶级抱负"③。这种新现象的出现与马克思主义哲学的引领作用和驱动作用密不可分。换言之，世界无产阶级运动经历了一个从自发走向自觉的过程，这种转变发

---

① 《马克思恩格斯全集》第28卷，人民出版社2018年版，第654页。
② 《马克思恩格斯全集》第28卷，人民出版社2018年版，第662页。
③ [英]艾瑞克·霍布斯鲍姆（Eric Hobsbawm）：《革命的年代：1789—1848》，王章辉等译，中信出版集团2017年版，第239页。

生的理论逻辑在于马克思主义哲学的科学指导。无产阶级与资产阶级相伴而生，自存在之始就开展反对资产阶级的斗争。在《共产党宣言》中，马克思和恩格斯描述了最初阶段工人反对资产阶级斗争的特点。从斗争的工人主体来看，经历了从最开始的单个工人到"某一工厂的工人"再到"某一地方的某一劳动部门的工人"①的发展。在这个阶段，各地的工人之间由于竞争关系彼此还处于分裂状态。即使他们"偶尔"会有大规模的联合，也不是出于他们自身觉醒后的自觉行动，反而是其对立面即资产阶级为实现政治目标主动联合的结果。从斗争的对象来看，主要同剥削他们的单个资本家进行斗争。从斗争的内容来看，工人主要攻击生产工具，还没有认识到占统治地位的具有剥削性质的资本主义生产关系才是真正要推翻的东西。从斗争方式来看，工人捣毁机器，烧毁工厂，毁坏与之竞争的外国商品。从斗争的目标来看，工人希望通过斗争"力图恢复已经失去的中世纪工人的地位"②。从最初斗争的工人的构成和地域分布、斗争的对象、斗争的内容、斗争的方式、斗争的目标、联合的动力等方面来看，最初阶段的无产阶级运动带有明显的自发性特征。根据恩格斯对19世纪40年代英国工人阶级精神状况的分析，"资产阶级在生活上只满足工人起码的需要，……只允许工人接受符合资产阶级本身利益的那一点点教育"③。这种符合资产阶级利益的教育无助于无产阶级的自我认识，甚至对无产阶级的自我认识还起到一定程度的遮蔽作用，使无产阶级存在诸多认识上的局限。例如，无产阶级群众不清楚造成自身悲惨处境的真正根源，不知道本阶级的利益与全人类利益的根本一致性，不了解无产阶级运动的最终目的、必要条件、基本进程、一般结果和巨大意义。无产阶级运动的历史证明，不克服这些认识上的局限，不摆脱自发性，不走向自觉性和科学性，无产阶级运动是难以成功的。而要使无产阶级运动变成"自觉的行动"，就需要无

---

① 《马克思恩格斯文集》第2卷，人民出版社2009年版，第39页。
② 《马克思恩格斯文集》第2卷，人民出版社2009年版，第39页。
③ 《马克思恩格斯文集》第1卷，人民出版社2009年版，第423页。

第一章 恩格斯晚年的马克思哲学阐释的多重动因

产阶级及其政党达到认识上和理论上的自觉。这一理论自觉的过程展现为两个方面：一是无产阶级掌握马克思主义哲学的过程；二是马克思主义哲学掌握无产阶级的过程。毛泽东的分析可以帮助我们深刻理解马克思哲学对无产阶级从自在阶级走向自为阶级的伟大贡献。毛泽东认为，在破坏机器和自发斗争的实践初期，无产阶级对资本主义社会的认识还处在感性认识阶段，只能认识资本主义各个现象的表面及其外部联系。这个时期的无产阶级属于"自在阶级"。但是到了采取有组织的政治斗争、经济斗争时期，"由于长期斗争的经验，经过马克思、恩格斯用科学的方法把这种种经验总结起来，产生了马克思主义的理论，用以教育无产阶级，这样就使无产阶级理解了资本主义社会的本质，理解了社会阶级的剥削关系，理解了无产阶级的历史任务"[①]。这个阶段的无产阶级已经发展到了"自为的阶级"。

马克思和恩格斯哲学探索的共同目标是为无产阶级运动提供科学理论指导。《共产主义原理》和《共产党宣言》就是为无产阶级运动提供科学理论指导而写的。在《共产主义原理》中，恩格斯以二十五个"问答题"的形式，阐明了共产主义理论的本质，比较分析了无产阶级的内在规定性、历史生成性与阶级特性，总结了工业革命、商业危机的后果，剖析了废除私有制的可能性、方式方法和产生的后果，探讨了无产阶级革命的发展过程和世界性，描绘了未来共产主义社会制度的"应然"之态及其对家庭的影响，表达了共产主义组织对待现有的民族、宗教和其他政党的态度，区分了共产主义者和社会主义者的不同。这些认识无疑为无产阶级运动走向自觉奠定了理论基础。但正如前文所言，理论只有掌握群众，才能化为现实的力量。由此，马克思哲学要化为现实的力量，它就必须掌握无产阶级。但是，从逻辑上说，无论是无产阶级掌握马克思哲学，还是马克思哲学掌握无产阶级，前提都是要让无产阶级了解和拥护这个学说。为此，向无产阶级群众宣传和阐释马克

---

① 《毛泽东选集》第一卷，人民出版社1991年版，第288—289页。

思哲学就成为恩格斯重要的任务。到了恩格斯晚年，资本主义和无产阶级运动都有了新进展，无产阶级队伍及其政党的规模有所扩大，资产阶级应对无产阶级的方式方法也有了变化。为帮助和指导欧美各国无产阶级政党提高思想理论水平，根据新的历史条件制定新的斗争策略，恩格斯及时总结无产阶级运动的新经验，不断丰富和发展马克思哲学。据此，英国学者 G. S. 琼斯认为，恩格斯对于马克思主义哲学生成中的独特贡献在于"能把工人运动中所发展出的思想和实践以恰当的形式加以传播，使之成为新理论的一个固有结构"[①]。琼斯的评价是恰当的，也是深刻的。

无产阶级运动自觉是理论自觉和行动自觉的统一。这种统一不仅体现为对指导无产阶级运动的科学理论的领会、掌握和发展，而且表现为按照这种科学理论的指导统一行动。后一点更为重要。具体来说，就是工人阶级能够按照马克思主义哲学的指导行动。但是，工人运动还不同程度受非马克思主义和反马克思主义理论的干扰。为工人运动做指导的马克思学说，"证明现代制度由于经济的发展必然要被新的制度所代替，因此这一学说在其生命的途程中每走一步都得经过战斗"[②]。其中还包括同影响工人运动的非马克思主义或反马克思主义错误思潮的斗争。工人运动中存在非马克思主义或反马克思主义思潮，与工人队伍构成复杂性，特别是工人队伍中的非无产阶级力量有很大关系，也与工人阶级理论上的不成熟有关。当时有一些反映马克思哲学思想的著作并未发表，工人阶级对马克思学说的理解、认识不全面、不深入，有些人还看不清非马克思主义和反马克思主义理论的本质及危害。

要防止错误思潮侵蚀和分裂工人、把工人运动引向歧途，需要运用马克思主义哲学的世界观和方法论教育工人、武装工人。一方面，要有力回击各种误导工人的非马克思主义和反马克思主义的错误思潮，如前

---

① 黄楠森、庄福龄、林利主编：《马克思主义哲学史》（修订版）（第八卷·上），北京出版社 2005 年版，第 241 页。

② 《列宁专题文集·论马克思主义》，人民出版社 2009 年版，第 148 页。

第一章 恩格斯晚年的马克思哲学阐释的多重动因

文分析过的"经济决定论"和机会主义思潮等;另一方面,要采取正确的策略同资产阶级继续作斗争。作为无产阶级运动的"理论领袖",恩格斯为向工人阶级传播马克思哲学进而提升无产阶级运动的自觉性,作出了巨大贡献。此种贡献,从考茨基的描述中可见一斑:"在我们看来,没有什么比恩格斯的历史更具有教益和鼓舞作用,因为他的历史让我们清楚地了解到,无产阶级在这段时间已学到如此多的东西,得到如此迅猛的发展,产生如此强大的影响。与恩格斯的历史相联系的是工人政治组织的发展,从密谋俱乐部发展为宣传团体,再从宣传团体发展为政党;与这相联系的还有社会主义从空想到科学的发展。"[1] 科学社会主义的历史必然性在马克思哲学中得到了合乎逻辑的论证。事实上,只有"在马克思将社会主义理论的重心从其合理性或合意性转至其历史必然性之后,社会主义才获得其最为可怕的精神武器,为了对抗它,人们至今仍在构筑论战防线"[2]。马克思和恩格斯不仅使社会主义获得了"可怕的精神武器"——马克思主义哲学,而且获得了强大的物质武器——工人阶级。恩格斯从早年就开始关注社会主义运动和工人运动的结合问题。考茨基认为,《国民经济学批判大纲》第一次试图用政治经济学来论证社会主义,《英国工人阶级状况》则第一次明确阐述了社会主义同工人运动相结合的必要性:"工人运动应当成为给社会主义开辟道路的力量,社会主义应当成为工人运动的既定目标。"[3] 同其他社会主义相比,使社会主义同工人运动创造性地结合起来,是科学社会主义拥有的一个独特的本质规定。正是凭借这种创造性的结合,"填平了理论上的社会主义和实际的政治的工人运动之间的人为的鸿沟,从而为将来改造社会准备了一支当之无愧的、足以完成这一使命的力量"[4]——为争取自身解放而斗争的无产阶级。但是,要使这支力量认

---

[1] 《马克思恩格斯全集》第28卷,人民出版社2018年版,第654页。
[2] [英]艾瑞克·霍布斯鲍姆(Eric Hobsbawm):《革命的年代:1789—1848》,王章辉等译,中信出版集团2017年版,第280页。
[3] 《马克思恩格斯全集》第28卷,人民出版社2018年版,第658页。
[4] 《马克思恩格斯全集》第28卷,人民出版社2018年版,第679页。

识到自身的力量进而发挥出自身的力量，离不开马克思哲学的激励和指引。

三 无产阶级革命主体同一性建构

"群众一旦登上了历史舞台，他们早晚会做一个具有自主性的正式演员，不会永远像个单纯的临时演员，在戏剧中扮演精心设计的不重要角色。"① 历史证明，无产阶级一旦登上历史舞台，不仅早晚要做一个正式演员，而且注定要成为历史的主角。通过对资本主义社会发展规律和无产阶级运动规律的双重分析，马克思和恩格斯得出："社会的改造只能是各国有觉悟的无产者的共同一致行动的结果。"② 无产阶级是社会改造的主体，由此也成为资产阶级的掘墓人。但是，资本主义是一种"世界历史"现象，"无产阶级的解放只能是国际的事业"③，这决定了解放的事业需要"国际"的无产阶级的团结合作。然而，不是所有的无产者都能够认识到自己的革命主体地位并充分发挥出自身的主体性，也不是所有的无产者都能够自觉地联合起来。恩格斯晚年向工人阐释、宣传马克思哲学的目的之一主要是帮助他们达到革命主体自觉，并在此基础上建构革命主体的同一性。离开这种革命主体的同一性建构，就难以实现不同民族地域的无产阶级的团结合作和统一行动。

无产阶级的革命主体自觉是提升无产阶级运动自觉性的内在要求。在马克思主义理论视野中，无产阶级是唯一真正革命的阶级。由农民、手工业者、小商人等构成的中间等级同资产阶级斗争仅仅是为了使自己这个等级免于灭亡，且力图使历史开倒车，因而他们是保守的、非革命的，甚至是反动的。流氓无产者也不是革命的，他们代表了旧社会最下层中消极腐化的部分，他们甘愿被人收买去干反动的勾当。④ 因此，中

---

① ［英］艾瑞克·霍布斯鲍姆（Eric Hobsbawm）：《资本的年代：1848—1875》，张晓华等译，中信出版集团2017年版，第125页。
② 《马克思恩格斯全集》第28卷，人民出版社2018年版，第679页。
③ 《马克思恩格斯文集》第10卷，人民出版社2009年版，第656页。
④ 《马克思恩格斯文集》第2卷，人民出版社2009年版，第42页。

第一章　恩格斯晚年的马克思哲学阐释的多重动因

间等级和流氓无产者不是无产阶级革命能够完全依靠的力量。通过比较分析可以得出，无产阶级是唯一的革命主体，也只有以无产阶级为主体的革命，才能产生实质性的结果。由此观之，现代西方激进左翼试图用多元主体取代无产阶级的革命主体地位，已经与马克思主义的理论精神相去甚远。根据恩格斯的分析，无产阶级的解放只能依靠自身及其内部联合："欧洲工人阶级的胜利不是仅仅取决于英国。至少需要英法德三国的共同努力，才能保证胜利。"① 其中任何一个国家的工人阶级仅凭一己力量"都不能单独赢得消灭资本主义的光荣"②。这表明，无产阶级革命要取得彻底胜利，就需要把全世界工人阶级组织起来联合行动。世界各国工人阶级只有达成理论共识，才能形成实践合力。为此，需要借助理论教育建构无产阶级革命主体的同一性。有些批判家认为，既然资本主义的灭亡和社会主义的到来是历史的必然，那么致力于革命主体的"组织化"就是自相矛盾的。这实际上是片面地理解了无产阶级运动的条件，尤其是忽视了无产阶级运动的主观条件及其整体性。无产阶级革命不单是社会的革命，还包含人的革命。人的革命既是无产阶级革命的内容，也是无产阶级革命的条件。

从立的方面讲，无产阶级革命主体的同一性建构，也可以理解为无产阶级的阶级意识的建构，是无产阶级革命的主观条件。马尔库塞指出："一切解放都有赖于对奴役状态的觉悟"③。建构无产阶级的阶级意识就包括对自身奴役状态的觉悟，但又不止于此。从总体上看，阶级意识是"各个不同群体的劳动人民之间的利益认同以及它与其他阶级利益对立的意识"④。从内容上看，无产阶级的阶级意识既包括"自我意识"，又包括"对象意识"。"自我意识"指对无产阶级自身的阶级本

---

① 《马克思恩格斯文集》第3卷，人民出版社2009年版，第522页。
② 《马克思恩格斯文集》第10卷，人民出版社2009年版，第655页。
③ [美]赫伯特·马尔库塞：《单向度的人：发达工业社会意识形态研究》，刘继译，上海世纪出版集团2008年版，第7页。
④ [英] E. P. 汤普森：《英国工人阶级的形成》（上），钱乘旦等译，译林出版社2013年版，第211页。

· 51 ·

质、阶级处境、阶级地位、阶级利益、历史使命和发展前途等方面的认识。"对象意识"指对斗争对象即与自身相对立的资产阶级的认识。"自我意识"与"对象意识"的区分也意味着阶级意识既使工人意识到工人之间的统一性，即工人阶级自身内在性的"同"，又把自己与资本家区分开，意识到自己与资本家的对立性或本质性的"异"。从功能上看，无产阶级的阶级意识"不是一面扛着去进行战斗的旗帜，不是真正目标的外衣，而就是目标和武器本身"①。阶级意识自觉是工人阶级摆脱盲目性或"自发性"进而从自在的阶级组织成为自为的阶级的前提条件，阶级意识的自觉程度将直接影响到无产阶级革命的结果。这里所说的"自发性"对于工人而言是一个消极的因素，"因为这种'自发性'会导致工人由于工会的活动把他们的痛苦略为减轻而感到心满意足"②，从而腐蚀、弱化工人阶级的斗争或革命意志。没有无产阶级的阶级意识的生成，即使各国工人能够超越民族性、地域性的局限而形成世界性的联合，这种联合也不可能持久牢固。无产阶级的阶级意识的建构内在包含无产阶级共同体意识的建构。这种共同体意识帮助工人认识到工人之间不是竞争、对立的关系，而是一个拥有共同的解放目标的利益共同体、命运共同体、革命共同体。英国著名历史学家 E. P. 汤普森指出："工人阶级并不像太阳那样在预定的时间升起，它出现在它自身的形成中。"③ 同样，工人阶级的阶级意识也不是在预定的时间出现，而是生成于自身的运动发展中，且需要诉诸先进的外在力量。根据列宁的观点，工人阶级内部不可能自发地形成阶级意识，需要从工人阶级外部由一些职业的领袖慢慢灌输给他们。正因如此，共产党人非常重视工人的教育。恩格斯晚年把马克思哲学的新理论观点及时传递给工人阶

---

① [匈] 卢卡奇:《历史与阶级意识》，杜章智、任立、燕宏远译，商务印书馆1999年版，第132页。
② [美] L. J. 宾克莱:《理想的冲突：西方社会中变化着的价值观念》，马元德、陈白澄、王太庆、吴永泉等译，商务印书馆1983年版，第87页。
③ [英] E. P. 汤普森:《英国工人阶级的形成》（上），钱乘旦等译，译林出版社2013年版，前言第1页。

第一章　恩格斯晚年的马克思哲学阐释的多重动因

级，也是为了帮助工人阶级形成自觉的阶级斗争意识，并将这种阶级斗争意识外化为阶级斗争的革命行动。

无产阶级的阶级意识的建构直接关联无产阶级的革命性自觉。基于对人类社会发展规律和资本主义社会现实的科学分析，马克思和恩格斯得出：革命是无产阶级实现自身解放的唯一途径。恩格斯晚年投入大量精力向无产阶级宣传马克思的学说，就是为了使无产阶级坚定革命意志，同资产阶级斗争到底。但是，有西方学者根据恩格斯重视利用普选制、强调争取民主的、合法的、和平的斗争方式而歪曲恩格斯晚年放弃革命走向了改良，并把这个作为马克思和恩格斯对立的一个根据。例如，麦克莱伦认为晚年的恩格斯因为"社会民主党人在选举中节节胜利"[①] 开始偏重于改良而非革命。麦克莱伦的论点是站不住脚的。恩格斯在强调争取合法斗争的同时，从未说过要放弃革命权，反而提出："须知革命权是唯一的真正'历史权利'——是所有现代国家无一例外都以它为基础建立起来的唯一权利。"[②] 在《〈卡尔·马克思在科隆陪审法庭面前〉一书序言》中，恩格斯不仅重申了马克思的辩护词所体现的革命立场，而且批判了德国官方舆论和小市民要求社会民主党永远尊重法制、放弃革命的荒谬观点。[③] 在《英国工人阶级状况》美国版附录中，恩格斯还批判了调和阶级对立、鼓动工人放弃阶级斗争的改良主义观点。在《资产阶级让位了》一文中，恩格斯认为在已经实行普选制的法国，工人要取得胜利，除了暴力革命，几乎别无他法。这些都表明恩格斯晚年并没有放弃革命的立场。恩格斯晚年不但没有从革命走向改良，反而以理论介入的方式教育工人、鼓励工人为自己的解放积极地斗争，并无情、彻底地批判那些腐蚀工人革命意志和热情的错误思潮。还有西方学者认为恩格斯晚年从共产主义者变成了社会民主主义者。这种

[①] [英] 戴维·麦克莱伦（David McLellan）：《马克思以后的马克思主义》（第3版），李智译，中国人民大学出版社2008年版，第12页。
[②] 《马克思恩格斯文集》第4卷，人民出版社2009年版，第550—551页。
[③] 《马克思恩格斯全集》第28卷，人民出版社2018年版，前言第10页。

观点也是错误的，必须给予批驳。

从破的方面讲，建构无产阶级革命主体的同一性，促进世界各国工人阶级的团结和联合，就要消解工人阶级内部的对立和分裂。恩格斯在1887年致弗洛伦斯·凯利—威尔士涅威茨基的信中谈到美国工人运动时说："个人之间的纠纷和地方上的争论必然要使运动大为失色。真正能够阻碍运动向前发展的唯一的东西，就是这些分歧的加剧并从而导致宗派的形成。"① 工人阶级内部的分裂是无产阶级运动面临的一大障碍。"几乎所有观察过工人阶级情况的人，都同意所谓的'无产阶级'绝不是一个均质的群体，即使在一国之内也不是。"② 非均质性源于工人之间存在着自然的或社会的差异，这使工人阶级不容易统一成具有牢固凝聚力的社会群体。造成工人内部分裂的原因是多方面的。从宏大的时代境况来看，这种分裂是现代性的后果之一。现代性的一大特征是"个体化"，不断延展的"个体化"逐渐斩断了传统社会中把人们凝聚在一起的共同体纽带，使"社会将成为一个为自利目的而进行合作的外在结合体并因此而丧失内在的统一性"③。这一点在资本主义社会得到了淋漓尽致的呈现。从消极方面来说，"个体化"对工人团结是一种"破坏的力量"。从工人之间对立的具体实际来看，多个维度的"差异"是起主导作用的因素。不同国家工人之间的对立主要出于民族地域的差异，如英国工人和爱尔兰工人之间的对立。他们的对立也是"美国和英国之间的冲突的隐秘的基础"，从而使这两个国家的工人阶级之间的真诚合作变得不可能，甚至会采用战争的手段来缓和社会冲突。就一国内部而言，不同行业、不同职业、不同等级的熟练技工面对的处境和问题会有差异，而且同一个群体内部的工人彼此之间还有竞争。不同群体之间的差异，如技工与力工、男工与女工、码头工人与建筑工人、泥水

---

① 《马克思恩格斯文集》第10卷，人民出版社2009年版，第562页。
② ［英］艾瑞克·霍布斯鲍姆（Eric Hobsbawm）：《帝国的年代：1875—1914》，贾士蘅译，中信出版集团2017年版，第134页。
③ 贺来：《马克思哲学的当代性研究》，中央编译出版社2021年版，第224页。

第一章　恩格斯晚年的马克思哲学阐释的多重动因

匠与油漆匠之间的差异，甚至不同等级的熟练工人、不同行业的工人，彼此之间还存在歧视。这些都是造成工人内部分裂的因素。总之，地域、社会、国籍、语言、文化和宗教的差异都有可能使他们陷入对立。而统治阶级又利用报刊、教堂讲坛、滑稽小报等一切可以利用的工具人为地保持和加深这种对立。工人阶级的分裂也包括工人阶级政党内部的分裂。例如，19世纪80年代，德国工人运动走在世界前列，随着社会民主党的日益壮大，各种小资产阶级分子、机会主义分子大量涌进党内，对党的团结统一造成不利影响。工人阶级内部的对立也会削弱工人政党的力量。由此，消除工人阶级内部的对立，建构革命主体的同一性就变得非常必要和迫切。"单靠那种认识到阶级地位的共同性为基础的团结感，就足以使一切国家和操各种语言的工人建立同样的伟大无产阶级政党并使它保持团结。"① 那么，如何能够使无产阶级认识到阶级地位的共同性进而形成团结感？答案就是："共产主义者同盟在1847年的《共产主义宣言》中写在旗帜上的理论原则……是目前欧洲和美洲整个无产阶级运动的最牢固的国际纽带。"② 这个理论原则就是马克思主义哲学的基本原理。作为工人运动的思想领袖和革命导师，恩格斯非常重视总结工人运动史和革命史的经验，并自觉运用革命传统教育工人阶级，同时更注重运用马克思主义哲学理论教育和武装他们。通过这种教育，使工人自己所从属的这个阶级获得明确的自我意识，意识到自己是一支独立的政治力量，意识到构成这支政治力量的群体的同质性与普遍性，在此基础上形成统一性，增进世界各国无产阶级之间的国际联合与团结。

恩格斯运用马克思主义哲学理论教育和武装工人阶级，也有助于工人阶级抵制宗派主义、机会主义、无政府主义等错误思潮，使其摆脱不切实际的幻想，坚定共产主义信仰，锤炼其革命意志。如前文所分析过的，由于工人队伍构成的复杂性，工人阶级不仅以马克思主义为精神旗

---

① 《马克思恩格斯文集》第4卷，人民出版社2009年版，第246页。
② 《马克思恩格斯文集》第4卷，人民出版社2009年版，第226页。

帜、指导思想，还受其他非马克思主义思想的干扰，包括麻痹和瓦解工人的革命意志的资产阶级的阶级意识和社会思潮。例如，在美国"这样一个从未经历过封建主义、一开始就在资产阶级基础上发展起来的年轻的国家里，资产阶级偏见在工人阶级中也那样根深蒂固"①。工人中流行的这些偏见成为无产阶级运动的意识形态障碍，影响其对资本主义本质的认识，动摇他们的共产主义信仰，诱导工人阶级对资产阶级产生一些不切实际的幻想，腐蚀工人阶级的革命意志。"只要人们还没有学会透过任何有关道德、宗教、政治和社会的言论、声明、诺言，揭示出这些或那些阶级的利益，那他们始终是而且会永远是政治上受人欺骗和自己欺骗自己的愚蠢的牺牲品。"② 那么，什么能够让工人阶级穿透意识形态的迷雾，洞见资本主义的本质，放弃对资产阶级的幻想，不做"愚蠢的牺牲品"？答案是马克思哲学。这一哲学给工人阶级指明了摆脱精神奴役、摆脱空洞幻想的出路，也是帮助年轻的工人阶级政党摆脱传统的资产阶级偏见的工具。恩格斯在谈到英国工人政党时指出："它的成员正在摆脱种种传统的偏见——资产阶级的、旧工联主义的、甚至空论社会主义的偏见，以便他们最后有可能在共同的基础上团结起来。"③ 英国工人政党摆脱传统偏见、在共同的基础上团结起来，依靠的不仅仅是"令人信服的实例"和"把他们团结起来的本能"，更有马克思哲学世界观的指导。马克思哲学在思想和行动两个方面影响政党成员：唤醒他们的阶级意识，使其把工人本能的阶级兄弟感情上升为革命共同体自觉，并为共同的目标、远景紧密团结、不懈奋斗。

第四节　辨识与批判：积极回应资本主义
新变化及其意识形态挑战

　　推动无产阶级运动发展，需要工人阶级对人类历史作总体性把握，

---

① 《马克思恩格斯文集》第 10 卷，人民出版社 2009 年版，第 640 页。
② 《列宁专题文集·论马克思主义》，人民出版社 2009 年版，第 71 页。
③ 《马克思恩格斯文集》第 1 卷，人民出版社 2009 年版，第 379 页。

包括对本阶级在资本主义社会整体结构中的阶级地位的准确认知。这就关系到对资本主义社会的本质结构、运行规律和发展趋势等问题的理性把握。但作为个体，囿于狭小活动空间的工人，受生活状况、认知能力等因素所限，对资本主义社会总体很难形成全面而深刻的认识，当然也就难以准确把握自身所处的地位。马克思的哲学则为工人阶级全面系统地理解人类社会发展规律特别是资本主义社会发展规律提供了认识工具，尤其是科学的方法论原则。无论是马克思和恩格斯的革命实践事业，还是他们的哲学理论事业，无不与资本主义的发展相关联。对资本主义的历史考察、系统审视及彻底批判构成整个马克思理论研究的"重中之重"，当然也是马克思哲学探索一以贯之的现实内容。马克思逝世后，特别是恩格斯晚年所处的"世界历史"大场景已经发生变动，资本主义出现了一些新变化，包括应对工人的策略的变化。但处于变动中的资本主义始终包含一些稳定的、静态的因素，尤其是资本主义社会的本质规定没有变，基本矛盾没有变，资本扩张的逻辑没有变，资产阶级与工人阶级之间关系的对抗本质没有变。只有充分认识资本主义的变与不变的辩证法，才能进一步明确无产阶级运动的任务、制定适合于新形势的策略。因此，运用马克思哲学辨识资本主义的变与不变，分析资本主义新变化的原因、趋势及其对现代无产阶级运动前途的影响，成为恩格斯晚年理论活动的重要论域。在这个过程中，恩格斯丰富、完善了他和马克思共同建构的"资本主义认识论"。同时，为回应资本主义新变化及其带来的意识形态挑战，恩格斯晚年又推进和拓展了资本主义批判，从多个方面继承和丰富了马克思留下的资本主义批判理论遗产。

一　资本主义新变化的理性阐释

"生产的不断变革，一切社会状况不停的动荡，永远的不安定和变动"[①]，是资本主义时代的根本特征，也是资本主义生存发展的内在要

---

① 《马克思恩格斯文集》第 2 卷，人民出版社 2009 年版，第 34 页。

求。这意味着资本主义时刻处于动态变化中。马克思和恩格斯深谙资本主义的这一特质，并及时追踪其新发展、新变化，不断拓展、深化他们对资本主义的认识与分析。根据资本主义新变化，不断吸纳新的材料丰富自己的理论是马克思和恩格斯理论创新的一个重要特征。恩格斯晚年敏锐地洞察到了资本主义的变化动态及其实质，并根据所掌握的新材料，提出了许多颇具思想创见和启发意义的新论断，修正、补充和完善了既有的观点和看法，对马克思主义的"资本论"进行了"守正"基础上的创新。

在恩格斯看来，马克思逝世之后的资本主义，与1867年《资本论》第一卷发表时相比，已经出现了一些新变化。就宏观的发展趋势而言，"垄断组织有了广泛的发展，自由竞争的资本主义向垄断资本主义过渡的征兆愈发明显和公开"[1]。恩格斯机敏地观察到了资本主义的这一新变化及其产生的理论和实践效应，不但对此进行了深入研究，而且将这些研究成果以增补或注释的形式适当添加到《资本论》第二、第三卷以及其他文本之中，从而丰富和发展了《资本论》及相关内容。其中，恩格斯对《资本论》第三卷"所作的各种增补和注释共有六十多处，其中多处是对资本主义经济中新现象的理论上的概括和辩证分析"[2]。此外，在《保护关税制度和自由贸易》、《社会主义从空想到科学的发展》1891年德文第四版序言、《关于英国的经济和政治发展的若干特点》、《美国的总统选举》等文本中，恩格斯对垄断产生的必然性、发展特征、组织形式、发展趋势等问题也进行了深刻分析。在这种分析中，恩格斯注意到了股份公司和交易所对资本主义发展的意义。他在整理《资本论》第三卷时，在增补中着重分析了股份公司在垄断资本主义发展中的地位和作用。在1865年以前，股份公司在资本主义体系中还不是一个重要的因素，但是到《资本论》第三卷出版时，已经涌现

---

[1] 张云飞主编：《马克思主义发展史》第三卷，人民出版社2018年版，第568—569页。
[2] 黄楠森、庄福龄、林利主编：《马克思主义哲学史》（修订本）（第三卷），北京出版社2005年版，第360页。

第一章 恩格斯晚年的马克思哲学阐释的多重动因

出大批的股份公司,且发展规模不断扩大。恩格斯发现,股份公司的出现及其发展使资本主义生产从私人生产转向由许多人联合负责的生产。这种转变的意义在于"为将来由整个社会即全民族来实行剥夺做好了准备"①。同样是在《资本论》第三卷的增补中,恩格斯还分析了交易所在整个资本主义生产中地位和作用的变化及特殊性。1865年以来,交易所在整个社会生产中的作用已经日益增强,恩格斯把它比喻为"像蒸汽机那样的革命的因素",称之为"资本积聚的最强有力的杠杆",并指出在进一步的发展中交易所将成为"资本主义生产本身的最突出的代表"②。为了研究交易所作用的发展变化及其意义,恩格斯曾拟定了一个纲领性的研究大纲即"七点研究纲要",准备写书加以阐述,但还没有来得及实施这个计划,就去世了。在这个"七点研究纲要"里,恩格斯分析了资本主义从自由向垄断转化的辩证发展过程,探讨了资本输出和瓜分殖民地问题。这些新认识,不仅丰富和发展了《资本论》的思想观点,而且为帝国主义研究奠定了理论基础,对列宁的帝国主义论产生了深远影响。

从自由竞争转向垄断,加之科技革命的新发展,在一定时期内促进了美英等国资本主义经济的快速发展,美国成为经济发展最快的国家。与各国经济发展相适应,资本主义世界格局发生了变化。法国、德国尤其是美国工业发展迅速,摧毁了英国保持了近一个世纪的工业垄断地位。恩格斯在《英国工人阶级状况》初版中预见到的"美国的竞争将引起英国工业的危急状态,现在也真正到来了"③。资本主义"虽然不乏惊慌、出轨,仍不失为一个政治上的稳定时期"④。整体来说,世界资本主义进入了相对稳定、和平发展的时期。资本主义的新变化展现的不仅是历史之变,而且是时代之变。恩格斯清醒地意识到,随着这种历

---

① 《马克思恩格斯文集》第7卷,人民出版社2009年版,第497页。
② 《马克思恩格斯文集》第7卷,人民出版社2009年版,第1028页。
③ 《马克思恩格斯文集》第1卷,人民出版社2009年版,第371页。
④ [英]艾瑞克·霍布斯鲍姆(Eric Hobsbawm):《帝国的年代:1875—1914》,贾士蘅译,中信出版集团2017年版,第122页。

史之变与时代之变的出现，原有的一些看法已经不符合当下的实际，如"关于无产阶级与资产阶级的大决战已经开始的看法"①，关于资本主义制度会迅速崩溃的观点。在恩格斯看来，对于资本主义社会这样一座陈旧腐朽的大厦而言，即使它内部实际上已经坏掉，但如果不遭受足以动摇其存在的外部冲突的话，还是可以支撑数十年的。在经济快速发展的同时，政治制度也得到了进一步的发展，议会民主制和普选制在德国、法国等国家得到广泛推行。恩格斯非常重视工人阶级对普选权的使用和利用问题。在《家庭、私有制和国家的起源》中，恩格斯把普选制看作测量工人阶级成熟性的标尺。在1892年致奥·倍倍尔的信中，恩格斯说："只要工人们合理地使用普选权，就能够迫使当权者破坏法制，就是说，使我们处于进行革命的最有利的地位。"② 他还从多个方面阐述了普选权对于无产阶级运动的好处。但是实行普选权、利用普选权，并不意味着两个对立阶级间的矛盾、对抗得到了缓解，也不意味着它们之间的本质关系发生了根本性的调整。

随着资本主义的新发展，资产阶级为追求更高利润率，对待无产阶级的手段、掩饰工人阶级灾难的手法也有所调整。恩格斯在《英国工人阶级状况》1892年德文版序言中指出，英国现在已经度过了资本主义剥削的"青年时期"，资产阶级剥削、统治工人的手段已经有所变化，早期阶段那些"小的哄骗和欺诈手段"已经不再使用。在德国，随着大工业的发展，"商业道德"也发展到一定水平。那些哄骗和欺诈等手段对于拥资百万的大工厂主来说已经"不合算"了，企业规模越大同工人发生冲突就越"不合算"，因为其遭受的损失就越大。因此，资本家为获取更高的剩余价值，避免遭受更大的经济损失，尽量以"道德"和"文明"的方式处理与工人阶级的矛盾。此外，为了资本家本身及其家人的健康，城市卫生状况也有所改善。不过，恩格斯认为，工人阶级广大群众的状况只是"有时"或"暂时"得到改善，只有那

---

① 《马克思恩格斯全集》第29卷，人民出版社2020年版，前言第5页。
② 《马克思恩格斯全集》第38卷，人民出版社1972年版，第513—514页。

第一章 恩格斯晚年的马克思哲学阐释的多重动因

些对资本家有利、享有特权的少数工人阶级中的"贵族",如工厂工人和工联的状况才有可能得到长期的改善。但从整体上看,广大工人群众的悲惨处境并没有得到根本改善,其"穷困和生活无保障的情况"依旧十分严重。正如汤普森所说:"在工业主义得到最充分发展的半个世纪里,虽然并非全体工人,但绝大多数工人的生活水平仍然处在生存线上。"① 只不过资本家剥削奴役工人的方式似乎"文明化"了。不过"所有这些对正义和仁爱的让步,事实上只是一种手段"②,一种既能够打压竞争者又可以获取更多资本的手段。这表明,试图通过道德说教消除资本家对无产者的剥削和压迫,必定是无效的,也是可笑的。

资本主义经济的新发展使资本主义上层建筑也发生了变化,引发资产阶级新的社会思潮的泛起,向马克思主义理论及其指导的无产阶级运动提出了新挑战,出现了多种质疑马克思主义真理性的声音。恩格斯对资本主义新变化的本质分析,实质上也是对这种挑战和质疑的积极回应。在恩格斯看来,资本主义的新变化并没有根本改变资本主义内在的质的规定性。第一,资本主义生产方式追求剩余价值的绝对规律没有变,"它必须增长和扩大,否则必定死亡"③。稍有缩减,就意味着停滞、贫穷,这也是资本主义生产的"阿喀琉斯之踵"。第二,资本主义制度的固有缺陷和危机隐患依然没有消除,资本主义的结构性矛盾依然没有被克服,资本主义危机仍然会周期性地出现。以英国工业危机为例,虽然恩格斯关于这个危机的周期长短的预测有所变化,但危机本身照例会周期性地爆发。即使是在英国保持其工业垄断地位的时期,每隔10年就会出现一次危机,以至于这种危机在人们眼中已经成为"自然的、不可避免的事情"或"无法逃脱的遭遇"④。第三,资产阶级奴役剥削工人阶级的本质没有变。更为重要的是,正像马克思早已指出的那

---

① [英] E. P. 汤普森:《英国工人阶级的形成》(上),钱乘旦等译,译林出版社 2013 年版,第 229 页。
② 《马克思恩格斯文集》第 1 卷,人民出版社 2009 年版,第 368 页。
③ 《马克思恩格斯文集》第 1 卷,人民出版社 2009 年版,第 377 页。
④ 《马克思恩格斯文集》第 1 卷,人民出版社 2009 年版,第 374 页。

样，这种剥削已经丧失了历史合理性，因为"不论以什么形式继续保存下去，已经日益妨碍而不是促进社会的发展，并使之卷入越来越激烈的冲突中"①。总之，尽管资本主义发生了一些新变化，但资本主义的基本矛盾、阶级矛盾依然存在，且本质上没有发生根本性的变化。因此，马克思和恩格斯提出的"两个必然"和"两个决不会"的思想论断依然科学有效。

二 资本主义批判的深化拓展

按照伊格尔顿的理解，马克思是提出"资本主义"历史现象的第一人，不仅分析了资本主义如何兴起、如何运行及可能的结局②，而且揭示了资本主义的罪恶、弊端和矛盾，对资本主义进行了最全面、最彻底、最严厉的批判。资本主义批判是马克思和恩格斯的理论批判活动的重要内容，并且持之以恒、与时俱进地推进这一批判的深度和广度。马克思逝世后，尽管资本主义进入了一个新的阶段，但资本主义内在的本质没有变，资本主义社会的种种问题依然没有得到彻底解决——资本主义框架下这些问题永远也不可能得到彻底解决。因此，恩格斯在理性阐释资本主义新变化的同时，继续展开对资本主义经济社会现实矛盾的批判，在新的历史条件下深化拓展了马克思的资本主义批判理论。

从资本主义批判史上看，马克思主义是"所有对资本主义制度的批判中理论上最丰富、政治上最坚定的"③。沿着马克思开辟的批判道路，恩格斯晚年资本主义批判的重点依然指向资本主义制度。之所以把资本主义制度批判作为重点，就在于这个制度是造成资本主义社会一切灾难的根源，资本主义的生态危机、经济危机、工人阶级的生存危机的根源最终都可以追溯到这个制度上来。他指出："工人阶级处境悲惨的

---

① 《马克思恩格斯全集》第28卷，人民出版社2018年版，第621页。
② [英]特里·伊格尔顿：《马克思为什么是对的》，李扬、任文科、郑义译，新星出版社2011年版，英文版出版前言第3页。
③ [英]特里·伊格尔顿：《马克思为什么是对的》，李扬、任文科、郑义译，新星出版社2011年版，英文版出版前言第3页。

第一章 恩格斯晚年的马克思哲学阐释的多重动因

原因不应当到这些小的弊病中去寻找,而应当到资本主义制度本身中去寻找。"① 马克思早就认识到了这一"重大的基本事实",只不过英国资本主义的发展变化使这一事实更为鲜明地"显示出来"。这也有力证明了马克思的认识的准确性与科学性。恩格斯进一步批判了资本主义制度所造成的社会分裂。据恩格斯分析,人类社会的第一次大分裂发生于奴隶制出现之时,形成了剥削阶级和被剥削阶级。之后出现的中世纪的农奴制、近代的雇佣劳动制继续使社会处于分裂状态。资本主义制度则愈发加剧了这种分裂:一方面是少数"全部生产资料和消费资料的所有者;另一方面是广大的雇佣工人,他们除了自己的劳动力之外一无所有"②。这种极端的分裂也是马克思所说的"世袭的富有"和"世袭的贫困"的对立,破坏了人的真正的独立、自由和幸福。使整全的民族分裂为两个敌对的阵营是资本主义的痼疾,暴露了处于"文明时代"的资本主义"不文明"的一面。恩格斯所理解的"文明时代"始于商品生产阶段。总的来看,在私有制条件下,"文明时代"越是向前发展,它就越是"实行流俗的伪善"——美化、粉饰剥削阶级对被剥削阶级的剥削,美其名曰这种剥削完全是为了被剥削阶级本身的利益。资本主义制度下这种阶级剥削及其粉饰都发展到了极致。蒲鲁东和洛贝尔图斯都是资本主义剥削制度的粉饰者和辩护者。在《马克思和洛贝尔图斯》一文中,恩格斯以马克思的相关分析为基础,进一步揭露了蒲鲁东和洛贝尔图斯的小资产阶级经济理论为资本主义剥削制度辩护的实质。恩格斯认为,"有偏见的经济学家"洛贝尔图斯与"劳动货币的交换经济论者"的区别在于:后者要求实行这种交换制度是为了废除资本对雇佣劳动的剥削,而洛贝尔图斯则是要保留这种剥削。

恩格斯指出,资产阶级对工人阶级的剥削与两条规律直接相关:"把劳动力的价值限制在必要的生活资料的价格上"③ 和 "把劳动力的

---

① 《马克思恩格斯文集》第1卷,人民出版社2009年版,第368页。
② 《马克思恩格斯文集》第1卷,人民出版社2009年版,第368页。
③ 《马克思恩格斯文集》第1卷,人民出版社2009年版,第375页。

平均价格照例降低到这种生活资料的最低限度上"[1]。恩格斯形象地说它们像"自动机器"一样"以不可抗拒的力量"对工人发挥着作用——"用它们的轮子碾压着工人"[2]。正是在这两条规律的绝对宰制下，劳动工人拿到的是最低限度的工资。但是，他们又不能不接受这种工资，否则将失掉工作，无法生存。例如，在德国，工人的工资压得低于西欧各国工人的工资水平。因此，这里工人的情况变得更加糟糕。最低限度的工资，使工人或被贬低为机器，或被当作"牲畜般的存在"，或被看作"最廉价的商品"，但就是不被当作人来看待。当然，在资本主义社会，遭受压榨和剥削的不只是工人阶级，还包括农民。在《论住宅问题》第二版序言中，恩格斯指出："德国几乎一半小农被剥夺……意味着一场牺牲农民而有利于资本和大地产的工农业革命。"[3]从消极方面看，机器大工业给德国农村家庭工业带来毁灭性打击，造成大量农民的破产。从积极方面看，被机器剥夺的农民也被机器强制地推上了反抗的道路。资本主义社会不断加剧的社会分裂既是阶级矛盾不可调和的重要表现，也是无法克服的资本主义社会基本矛盾的必然结果。在《保护关税制度和自由贸易》一文中，恩格斯进一步指出，随着现代资本主义生产制度的发展，摧毁这个制度的经济现象和阶级基础也必将发展起来。生产过剩，一方面造成广大群众的贫困，使无产者人数不断增长；另一方面则"不是引起周期性的市场商品充斥和与恐慌相伴随的抽逃资金，就是引起贸易的长期停滞"[4]。资本主义制度使一些人成为社会的寄生虫，安逸而奢侈，同时又使绝大多数人遭受剥夺，而且长期遭受剥夺，特别是使工人阶级被剥夺了一切生产资料，劳碌而贫困。这个制度是工人阶级所遭受的一切苦难的源头，但在这个社会内部根本找寻不到医治这种苦难的万应灵药。因此，按其本质来说，资本主

---

[1] 《马克思恩格斯文集》第1卷，人民出版社2009年版，第375页。
[2] 《马克思恩格斯文集》第1卷，人民出版社2009年版，第375页。
[3] 《马克思恩格斯文集》第3卷，人民出版社2009年版，第248页。
[4] 《马克思恩格斯文集》第4卷，人民出版社2009年版，第349页。

第一章 恩格斯晚年的马克思哲学阐释的多重动因

义制度是不公正的,是应该被消灭的。只有彻底推翻这个制度本身,整个社会占有一切生产资料,无产阶级才能彻底摆脱被剥削被奴役的命运。即使资本主义出现了新变化,但也不可能改变其最终被取代、被消灭的历史命运。恩格斯对资本主义制度的这种批判集中体现了事实批判与价值批判相统一的原则。

遵循唯物史观的社会存在与社会意识、经济基础与上层建筑的辩证法,恩格斯晚年既批判了资本主义制度,又批判了维护资本主义制度的资产阶级意识形态。他指出,"迄今存在过的联合体……实质上都是为经济目的而存在的,但是这些目的被意识形态的附带物掩饰和遮盖了"[1]。资本家联合体即资产阶级的经济目的也被资本主义意识形态掩饰和遮盖了,资产阶级需要利用这种意识形态为自己的统治服务。借用卢卡奇的说法,资产阶级的统治是一种为了少数人并由少数人执行的统治,但这种统治实际上要扩展到整个社会。为使自己的统治具有合法性,进而巩固这一统治,资产阶级需要"创立一种能自圆其说的关于经济、国家和社会等等的学说"[2]。这种学说起着世界观的功能,更重要的是帮助资产阶级掩饰自己的统治目的,欺骗其他的阶级。对于资产阶级的统治者而言,这种掩饰和欺骗是维护其统治绝对不可或缺的条件,但对于革命的工人来说却绝对是意识形态障碍。在无产阶级意识形态与资产阶级意识形态的斗争中,需要工人阶级能够辨识资产阶级意识形态的实质,这样才有可能认清自己的真实生活状况,摆脱欺骗。例如,在《法学家的社会主义》一文中,恩格斯指出,资本主义生产机制使代代贫困的工人阶级不能在资产阶级的法学幻影中充分表达自己的生活状况。这一法学归根结底是以资产阶级的生产方式、经济关系为基础的资产阶级意识形态,它不可能客观真实地反映工人阶级的生活状态,反而起到遮蔽和掩饰的作用。因此,"只有当工人阶级不是带着有

---

[1] 《马克思恩格斯全集》第28卷,人民出版社2018年版,第208页。
[2] [匈]卢卡奇:《历史与阶级意识》,杜章智、任立、燕宏远译,商务印书馆1999年版,第126页。

色的法学眼镜，而是如实地观察事物的时候，它才能亲自彻底认清自己的生活状况"①。恩格斯强调唯物史观对于启蒙工人阶级、使之明白这个道理具有重要意义，因为唯物史观科学揭示了经济生活条件、生产方式和交换方式对法律、政治、哲学和宗教等观念上层建筑的决定性作用。这也表明，只有同无产阶级的生活和阶级状况相适应的无产阶级的世界观，才能帮助工人阶级认清自己的生活状况，找到正确的革命运动的方向。

恩格斯晚年的资本主义意识形态批判包含丰富的内容，关涉对资本主义法律、哲学、道德、宗教、政治经济思想等多个方面的批判。其中，关于各种非科学的社会主义的辨识与批判一直是马克思哲学意识形态批判的重要内容和显著特色，恩格斯晚年推进了这一批判。在对工人阶级的生活状况之贫困事实的分析中，恩格斯比当时的社会主义者高明的地方在于他"看到了贫困中所蕴含的高级社会形态的萌芽"②，而后者仅仅看到了贫困本身。据考茨基考察，当时在社会政治研究领域，有些著作家和大学教员往往依据"警察局的报告"而非科学社会主义先驱的著作来研究社会主义。这也决定了这些研究者所理解的社会主义不可能是具有无产阶级性质的科学社会主义，而只可能是具有资产阶级意识形态性质的社会主义。根据恩格斯的考察研究，在英国工业垄断地位被打破后，社会主义在英国重新出现，而且是"大规模"的出现。所谓"大规模"就是出现了多种多样的社会主义，如"自觉的社会主义和不自觉的社会主义，散文中的社会主义和诗歌中的社会主义，工人阶级的社会主义和资产阶级的社会主义"③，等等。在这些复数的社会主义中，恩格斯所说的"穿上了燕尾服"且"大模大样地躺在沙龙里的沙发上"④的社会主义或"掺了水的社会主义"，都属于具有资产阶级

---

① 《马克思恩格斯全集》第28卷，人民出版社2018年版，第611页。
② 《马克思恩格斯全集》第28卷，人民出版社2018年版，第660页。
③ 《马克思恩格斯文集》第1卷，人民出版社2009年版，第378页。
④ 《马克思恩格斯文集》第1卷，人民出版社2009年版，第378页。

意识形态性质的社会主义。这些社会主义对工人阶级及其政党具有很大的迷惑性，将消解工人阶级的革命意志、误导工人放弃阶级斗争，因此需要工人阶级能够准确辨识。费边派的"市政社会主义"、门格尔的"法学家的社会主义"等都有这种消极作用。因此，必须对之进行揭露与批判，并在这个过程中大力宣传科学社会主义。

三 资本主义分析的方法论自觉

恩格斯晚年分析、批判资本主义的工具依然主要是唯物史观。这种方法论自觉使恩格斯对资本主义的认识始终保有科学性与前瞻性。

恩格斯晚年运用唯物史观，从彻底的唯物主义观点出发考察资本主义及其历史。恩格斯的资本主义分析以大量可靠的客观事实为依据，他反对抽象思辨的逻辑推演。例如，在《保护关税制度和自由贸易》一文中，恩格斯关于保护关税制度从刺激资本主义发展的因素转变为阻碍资本主义发展的因素的分析，关于实行自由贸易对资本主义制度发展的影响的论述，都以欧美国家资本主义发展的事实为依据。前文所探讨过的他对资本主义新变化的认识，也建立在对英国、美国、德国、法国等资本主义国家经济社会发展现实的历史考察基础之上。从物质生产方式入手考察、分析资本主义的本质、特征、矛盾、走向是马克思哲学开辟的阐释资本主义的新范式。恩格斯晚年对资本主义发展变化的认识，对资本主义私有制历史演进的考察，对资本主义经济危机、生态危机的探讨，对资本主义社会人与自然、人与人、人与社会的关系的分析，都以物质生产方式及其变革研究为基础。由于重视研究物质生产在人类社会发展中的作用，恩格斯晚年非常关注新科技革命，发展了"两种生产"理论，拓展了马克思主义的劳动思想。只有从物质生产方式这一存在论前提出发考察资本主义，才能突破感性表象，抓住资本主义的本质。

恩格斯晚年运用唯物史观对资本主义的分析体现了一种历史辩证法的方法论自觉。

从历史主义原则考察资本主义。历史主义原则是唯物史观考察事物的根本原则。恩格斯晚年批判了机械唯物主义的非历史主义观点,即它"不能把世界理解为一种过程,理解为一种处在不断的历史发展中的物质"①。这种非历史主义的观点不仅表现在对自然的研究中,而且表现在对历史本身的研究中。由于资产阶级意识形态家的最终目的是为资本主义的现存秩序作辩护,竭力证明这一秩序的天然合理性和永恒性,所以他们必然会以非历史主义的观点阐释资本主义。如鼓吹资本主义的民主是超历史的绝对民主,资本主义的自由是超历史的绝对自由。唯物史观则超越了这种非历史主义观点,从过程性和历史性去理解历史领域的一切现象。马克思和恩格斯的资本主义研究首先是一种历史的研究。无论是《共产党宣言》,还是《资本论》,都把资本主义理解为历史性存在,历史地追溯资本主义形成和发展的过程,历史地评价资本主义的进步意义、矛盾局限及其发展趋势。站在人类历史整体性视野和高度,既承认资本主义存在的历史合理性,又坚持资本主义灭亡的历史必然性。恩格斯晚年对资本主义新变化的考察也坚持了历史主义的观点,而且是从双重历史视野分析这种新变化:一是把资本主义新变化置于人类历史发展整体中进行分析;二是把资本主义新变化置于资本主义自身历史中进行考察。这种历史主义的观点特别重视历史过程的考察。例如,在《关于〈农民战争〉》和《论封建制度的瓦解和民族国家的产生》中,恩格斯揭示了15—16世纪西欧资本主义生产关系和社会关系在封建制度解体过程中初步生成和演进发展的历史过程。

从经济基础与上层建筑的辩证运动中把握资本主义的社会结构及社会现象,是马克思运用唯物史观进行资本主义研究的一大鲜明特征。恩格斯晚年对资本主义的分析也反映出这种特征。他对资本主义的批判,往往侧重对资本主义生产方式等经济基础层面的批判,但又不停留于经济基础批判,而是上升到对资本主义政治经济学说、宗教、道德等上层建筑层面的批判。反过来,对资本主义上层建筑的分析最终又总是追溯

---

① 《马克思恩格斯文集》第4卷,人民出版社2009年版,第282页。

第一章 恩格斯晚年的马克思哲学阐释的多重动因

到经济基础层面,从而使其"资本主义认识论"呈现出深刻性、全面性和彻底性。恩格斯对英国资产阶级的宗教执迷和大陆资产阶级的皈依宗教问题的深入剖析,就鲜明地体现了这些特征。恩格斯认为,资产阶级打着宗教的旗帜联合无产阶级战胜了国王和贵族,从而打败了封建制度,取得了统治地位。但这之后,资产阶级又利用宗教的影响控制人民大众,镇压工人运动。不过,宗教并不能阻挡无产阶级运动的高潮,也不能永葆资本主义社会的平安,因为宗教观念是一定社会内占统治地位的经济关系的反映,这种观念"终究不能抵挡因这种经济关系的完全改变所产生的影响"①。为纠正把唯物史观歪曲为经济决定论的错误认识,也出于指导无产阶级根据变化了的形势制定正确的斗争策略的政治需要,恩格斯晚年特别注重阐释上层建筑对经济基础的反作用,突出分析上层建筑的作用,进一步深化和拓展了马克思主义的历史唯物主义理论。例如,他对国家的起源、本质和发展的探讨,丰富了马克思主义的国家学说;对宗教史的研究,充实了马克思主义的宗教思想;对暴力在历史中的作用的阐述,发展了马克思主义的革命学说和阶级斗争理论;对如何改造资产阶级军队的讨论,扩展了马克思主义的军队建设思想;对各国工人阶级政党斗争策略、原则的指导,丰富了马克思主义的政党理论。

总之,恩格斯分析资本主义的主要思想武器是唯物史观。这个思想武器有利于指引无产阶级更为深刻地洞见到资本主义的本质、病症和命运。"对反映了资产阶级长期垂死挣扎的社会本质的越来越深刻的洞见,对无产阶级来讲就意味着是力量的不断增长。"② 正因如此,"资产阶级的科学以绝望的愤怒反对历史唯物主义"③,资产阶级统治者极端敌视马克思主义。由此,"马克思逝世以后的历史就是资产阶级不断企

---

① 《马克思恩格斯文集》第3卷,人民出版社2009年版,第521页。
② [匈]卢卡奇:《历史与阶级意识》,杜章智、任立、燕宏远译,商务印书馆1999年版,第129页。
③ [匈]卢卡奇:《历史与阶级意识》,杜章智、任立、燕宏远译,商务印书馆1999年版,第129页。

图从理论上和实践上消灭工人运动中的马克思思想的历史。成百的野心勃勃的资产阶级辩护士把在理论上战胜马克思当作他们毕生的使命,当作一生事业的跳板"①。基于此,这些辩护士必将不遗余力地否定马克思哲学的科学性,竭力证明马克思哲学的片面性、非科学性。而为了捍卫马克思哲学的科学性,打击敌人,指导"新人",恩格斯晚年也不遗余力地同各种攻击马克思哲学的资本主义学说作斗争。

综上所述,恩格斯晚年对马克思哲学的阐释展现出适应以下几个"新发展"的理性自觉:国际无产阶级运动的新发展;现代资本主义社会的新发展;自然科学的新发展,马克思主义哲学自身的新发展。进一步说,阐明在整理、出版马克思遗稿过程中的新思考、新认识,批驳反马克思主义错误思潮以捍卫马克思主义的真理性,指导国际共产主义运动,应对资本主义新发展及其意识形态带来的新挑战,构成了恩格斯晚年对马克思哲学进行多维度、多视角阐释的理论动因、实践动因和政治动因。这些动因规范着恩格斯晚年阐释马克思哲学的着力点和方法论原则。

---

① 陈学明、王凤才主编:《20世纪上半期马克思主义在西方国家的发展》第四卷,中国人民大学出版社2020年版,第126页。

第二章

恩格斯晚年的马克思哲学阐释的主体内容

作为一种新世界观,马克思哲学包含丰富的创新性内容。恩格斯晚年哲学阐释活动的理论动因、实践动因和政治动因决定了他对马克思哲学的阐释不可能"面面俱到",而是有选择性和针对性的,重点是唯物史观①。恩格斯晚年把唯物史观阐释作为重点,还与以下三个方面有关。一是恩格斯对马克思的理论贡献的深刻认知和科学定位。他把唯物史观看作马克思最重要、最伟大的两个发现之一,但遗憾的是,关于唯物史观,马克思没有留下内容详尽、系统完整的体系化、专门化的著作。唯物史观思想或隐或显地分散于不同的文本中,而且有些文本在马克思生前并未公开发表。这无疑给后人把握唯物史观的全貌带来了困难。二是马克思逝世后,马克思哲学所遭受的攻击、非难和误解主要集中于唯物史观方面。例如,德国的"讲坛社会主义"者、拉萨尔主义者与资产阶级学者联合攻击唯物史观。为批驳这些攻击者,有必要对唯物史观进行深度阐释。三是唯物史观普及范围的日益扩大提出了清晰化的要求。正如戴维·麦克莱伦所描述的,在生命即将走向终点之际,恩

---

① 恩格斯晚年对马克思哲学的阐释,从内容上看,并不局限于唯物史观,还包括自然观、实践观、辩证法等多个方面。但结合阐释的目的与思想的有机整体性来看,唯物史观是阐释的重点,且在对唯物史观的阐释中,既关涉实践观、辩证法等其他内容,又使这些内容之间建立起一定的逻辑关联。

格斯发现自己有义务对唯物史观基本原理做出系统阐述，因为"随着这一理论日益得到普及，它需要提供一种比以往更清晰的构想"①。这也是为了满足工人运动对系统世界观的需求。总之，恩格斯晚年对马克思哲学的阐释聚焦于唯物史观是基于以上多个方面的综合考量。从内容上看，恩格斯晚年的唯物史观阐释包含三重论域：一是对唯物史观价值的科学定位；二是对唯物史观思想的深度阐释；三是对唯物史观运用问题的开创性探索。通过这三个层面的阐释，恩格斯不仅描画了唯物史观的"原像"，捍卫了唯物史观的"原本"，而且进一步论证和发展了唯物史观的"原理"。

第一节　唯物史观价值的科学定位

根据霍布斯鲍姆的说法，博纳（Bonar）把17世纪的思想家哈林顿（Harrington）看作唯物史观的先驱，否认马克思是唯物史观的发现者。②霍布斯鲍姆也认同博纳的观点。恩格斯晚年关于马克思的唯物史观发现及其价值的阐述不仅证明了博纳与霍布斯鲍姆的观点是错误的，而且拓展了唯物史观的意义空间和发展图景。恩格斯在世时，也有人不承认唯物史观是马克思的发现，例如，存在着"极力把唯物史观的发现归功于历史学派当中的普鲁士浪漫主义者的主张"③。对此，恩格斯不无讥讽地说："对我来说确实是新闻。"④ 在1890年4月12日致康拉德·施米特的信中，恩格斯批评阿基尔·洛里亚"把马克思的唯物史观当做他自己的最新发现来宣扬"⑤。学界对恩格斯思想历史地位与贡

---

① [英]戴维·麦克莱伦（David McLellan）：《恩格斯传》，臧峰宇译，中国人民大学出版社2017年版，第48页。
② [英]埃里克·霍布斯鲍姆：《如何改变世界：马克思和马克思主义的传奇》，吕增奎译，中央编译出版社2014年版，第190页。
③《马克思恩格斯文集》第10卷，人民出版社2009年版，第637页。
④《马克思恩格斯文集》第10卷，人民出版社2009年版，第637页。
⑤ 中共中央马克思恩格斯列宁斯大林著作编译局编译：《恩格斯论历史唯物主义书信选编》，人民出版社2021年版，第4页。

第二章 恩格斯晚年的马克思哲学阐释的主体内容

献的评价大多立足于其在唯物史观创立和发展中的作用。恩格斯不仅参与了唯物史观的创立,推动了唯物史观的发展,而且高度肯定了唯物史观发现的划时代贡献,尤其是科学评价了唯物史观在人类科学思想史或认识史中的地位,在马克思主义理论体系和哲学史上的重要价值,在无产阶级革命和国际共产主义运动中的重大意义。对唯物史观价值的理性认知和科学定位也是恩格斯晚年之所以重视唯物史观阐释的重要依据。

一 唯物史观在社会科学史上的划时代贡献

唯物史观是马克思的发现,也可以说是马克思的"发明"。在恩格斯眼中,这一发现或"发明"在社会历史认识史上实现的变革,可以与达尔文的进化论在自然认识史上所实现的变革相媲美[1]。在梁启超看来,进化论的影响不仅仅限于自然科学,而是为全球思想界忽开一新天地,从有形科学到史学、政治学、经济学、社会学、宗教学、伦理学等无一不受其影响。阿尔比恩·斯莫尔(Albion Small)把马克思的这一发现对于社会科学的贡献与伽利略在自然科学的贡献相提并论。在他看来,"马克思是社会科学史上少数真正伟大的思想家之一……在历史的最终判断中,马克思将会在社会科学中拥有一席之地,就像伽利略在自然科学中获得一席之地那样"[2]。普列汉诺夫则认为:"按其对科学的重要性来说,这个发现可以勇敢地和哥白尼的发现以及一般的最有效果的科学发现平立。"[3] 事实上,把马克思的社会科学发现与达尔文、伽利略、哥白尼的自然科学发现相"平立",是对唯物史观的科学理论价值和地位的高度认同,是对其原创性贡献的充分肯定。

唯物史观是马克思对社会科学做出的原创性贡献的集中体现。正是凭借这种原创性贡献,确立起马克思在社会科学史上不可动摇的地位。

---

[1] 《马克思恩格斯文集》第2卷,人民出版社2009年版,第14页。
[2] 转引自 [英] 埃里克·霍布斯鲍姆《如何改变世界:马克思和马克思主义的传奇》,吕增奎译,中央编译出版社2014年版,第226页。
[3] 《普列汉诺夫哲学著作选集》第一卷,生活·读书·新知三联书店1959年版,第706页。

在社会科学领域，马克思在批判地利用政治学、经济学、历史学、人类学等社会科学知识的基础上，"最先"发现了人类历史的发展规律。在不同的文本中，恩格斯对马克思所发现的这个规律的具体表述略有不同，但核心思想本质上是一致的。在《在马克思墓前的讲话》中，恩格斯将其概括为："人们首先必须吃、喝、住、穿，然后才能从事政治、科学、艺术、宗教等等；所以，直接的物质的生活资料的生产，从而一个民族或一个时代的一定的经济发展阶段，便构成基础，人们的国家设施、法的观点、艺术以至宗教观念，就是从这个基础上发展起来的，因而，也必须由这个基础来解释，而不是像过去那样做得相反。"[①]这个伟大发现如进化论一般取千年旧学之根底而摧弃之，标志着唯物史观颠覆了以往社会科学解释社会历史的范式，开创了一种新的社会历史解释范式。从恩格斯的分析中，可以清晰地得出：以往社会科学的社会历史解释范式是用上层建筑解释经济基础，用社会意识解释社会存在，而唯物史观开启的新的历史解释范式则恰恰相反，把经济基础作为决定性的"基础"用以解释派生性的上层建筑，把社会存在作为先在性的"存在"用以解释后发性的社会意识。这一具有颠覆性、原创性的历史解释范式必将带动整个社会科学的系统性变革。这种变革在马克思和恩格斯那里也可以理解为历史科学的革命。恩格斯明确指出，唯物史观的基本原理对于经济学以及一切历史科学都是一个"具有革命意义的发现"[②]。这种"革命意义"可以从以下三个方面来进一步理解。

第一，社会历史分析的逻辑起点的变革。从历史上看，社会科学的进步不仅在于消解老问题、提出新问题，还在于提出问题、考察问题和解决问题的逻辑起点的变化。以往所有的唯心主义流派都把精神性、意识性的存在视为社会历史的本源。与之相应，所有的唯心史观都坚持社会意识决定社会存在，由此，社会意识也成为唯心主义者社会历史分析的逻辑起点，其内部差别只在于所选择的社会意识形式相殊。因此，唯

[①]《马克思恩格斯文集》第3卷，人民出版社2009年版，第601页。
[②]《马克思恩格斯文集》第2卷，人民出版社2009年版，第597页。

第二章 恩格斯晚年的马克思哲学阐释的主体内容

心史观所刻画的历史往往展现为文化的历史、政治的历史、法律的历史、宗教的历史、道德的历史,以及从事精神活动的少数英雄人物的历史,等等。在这样的历史观中,历史实质上被描绘为精神发展的历史,非精神性的存在被排除于历史分析之外,由此历史的整体性消失了。换言之,唯心史观所确立的历史观念是不完整的,因为物质生产是不受重视、被排除在外的,从事物质生产的劳动人民也是没有地位的。不懂得物质生产在社会历史发展中的决定作用,不懂得劳动人民在社会历史发展中的主体地位,就找不到社会历史变迁、发展的真正动力,因而也就难以真正破解历史之谜。唯物史观并不否认精神力量和意识因素在社会历史发展中的作用,但它以雄辩的历史事实证明了人类的精神生活是受物质生活制约的。从"存在论"上看,真正具有"第一性"的意义的并不是精神力量和意识因素,而是物质生产。由此,唯物史观坚持社会存在决定社会意识,并以之作为社会历史分析的逻辑起点。在唯物史观视野中,历史"去形而上学化"[①],其整体性得到了恢复。对于这一点,李大钊给予高度评价。他指出:"一方面,把历史与社会打成一气,看作一个整个的;一方面把人类的生活及其产物的文化,亦看作一个整个的,不容以一部分遗其全体或散其全体,与吾人一个整个的活泼泼的历史的观念,是吾人不能不感谢马克思的。"[②]

第二,社会历史分析的实质内容的变革。唯物史观在社会科学史上的革命意义,不仅表现为颠倒了以往社会历史分析的逻辑起点,而且表现为社会历史分析的实质内容的变革。逻辑起点的变化反映的是社会历史本体论的变革,而这种意义上的本体论变革必然带来社会历史分析内容重心的变化。一般来说,社会科学研究都从具体的社会现象开始,但是由于确立的本体论基础不同,不同流派关注的社会现象的范围和重点也会不同。根据唯物史观,生产方式和交换方式是一切社会制度的基

---

① 张文喜:《历史唯物主义的功能与影响——基于政治哲学视域的思考》,《哲学动态》2019年第8期。
② 《李大钊全集》第四卷,人民出版社2013年版,第521—522页。

础，一切社会变迁和政治变革的终极原因都应当到生产方式和交换方式的变更中去寻找，到有关时代的经济中去寻找。① 因此，生产方式、交换方式等经济因素不仅成为马克思和恩格斯考察人类社会历史的立足点和突破口，也成为他们一切社会历史分析的重中之重——无论是对史前史的分析，还是对成文史的分析，无论是对西欧社会的分析，还是对东方社会的分析，都始终把物质生产、生产方式等方面的考察置于首要地位。而在唯心史观占主导的时代的社会科学中，这些对人类发展最重要的因素往往被研究者有意无意地忽视和遮蔽了。内容决定形式，关注重心的变化，也带来了表达社会历史分析的基础概念和核心范畴的变化。马克思和恩格斯建构了一个立体的、有机地分析人类社会及其历史发展的独特的概念和范畴体系。就拿他们对资本主义社会的分析来说，这个体系的基本概念和范畴大部分都是一些动态的概念，且与生产相关，如生产方式、生产力、生产关系、生产资料、商品、商品生产、社会化生产、交换方式、资本、劳动、雇佣劳动、分工、占有、剩余价值、危机等。这些概念和范畴并不是马克思随意杜撰和想象出来的，而是扎根于资本主义社会现实，源于资本主义的实践，并被赋予时代内涵。通过这一深植于现实的概念体系，马克思恩和格斯避免了资本主义经济学那种只关注抽象概念演绎的研究方式，揭示了被资本主义意识形态掩盖的资本主义的真相和本质。像生产方式、交换方式、占有、剩余价值、资本、危机等这些具有持久生命力的概念，依然是我们今天认识和研究当代资本主义的不可替代的"权威"概念。

第三，社会历史分析的理论旨趣的变革。所有历史唯心主义者的社会历史分析归根结底都是替现存社会作辩护的。由此，他们的理论旨趣往往停留于认识、解释人类生存世界，维持生存世界的现状，即使有改变也是不触动现有社会制度根基的细枝末节的改变。马克思和恩格斯从社会存在决定社会意识出发揭示人类社会历史发展的客观规律，不仅仅

---

① 《马克思恩格斯文集》第9卷，人民出版社2009年版，第283—284页。

第二章　恩格斯晚年的马克思哲学阐释的主体内容

是为了认识和解释人类生存世界，更是为了彻底改变这个生存世界；不仅仅是批判只利于少数人生存的旧世界，更是要建设一个有利于大多数人生存的新世界。因此，唯物史观视角下的社会历史分析是理论性与实践性的统一、批判性与建构性的统一、解释性与规范性的统一。唯物史观为人们理解社会历史发展问题提供了一种新的范式，表征着社会历史解释范式的革命性变革。这种变革意味着以一种新的视角重新理解社会历史进程和社会秩序，重新诊断社会历史发展中的问题。正是在这个意义上，诺曼·莱文称赞马克思完全打破了以往一切社会科学的诊断，"引发了社会科学诊断方案的哥白尼式革命"[①]。马克思运用唯物史观对资本主义社会弊病的诊断，与其他历史观的诊断不同，开出的药方也就不同。这个药方不是让资本主义永生，也不是助它重生，而是彻底推翻消灭它，用新的更高的社会形态取代它。这不是马克思的主观臆想，而是建立在客观的科学分析的基础之上的。

唯物史观使社会科学同唯物主义的基础协调起来，从而赋予社会科学一个坚实根基。列宁指出，"历史唯物主义是科学思想中的最大成果。过去在历史观和政治观方面占支配地位的那种混乱和随意性，被一种极其完整严密的科学理论所代替"[②]。凭借开创出一个新的、具有强大解释力和生命力的社会历史研究范式，唯物史观弥补了以往社会科学理论的不足，特别是对历史学产生了重大影响。在恩格斯看来，唯物史观的基本思想"对历史学必定会起到像达尔文学说对生物学所起的那样的作用"[③]。达尔文学说对于生物学的意义在于"第一次把生物学放在完全科学的基础之上"[④]。这意味着唯物史观对历史学也有第一次将其置于科学的基础之上的意义。唯物史观对于历史学的这种贡献，得到

[①] [美]诺曼·莱文（Norman Levine）：《马克思主义与恩格斯主义中的黑格尔》，臧峰宇译，北京师范大学出版集团、北京师范大学出版社2018年版，中文版序言第7页。
[②] 《列宁专题文集·论马克思主义》，人民出版社2009年版，第68页。
[③] 《马克思恩格斯文集》第2卷，人民出版社2009年版，第14页。
[④] 《列宁专题文集·论辩证唯物主义和历史唯物主义》，人民出版社2009年版，第162页。

了诸多中外马克思主义者或马克思主义理论研究者的认同。如李大钊认为，正是唯物史观把历史学提升到科学的地位，才造成学术界一大伟业。即使后来由于德国"西南学派"的崛起而引发的历史学与自然科学对立的运动，也不能撼动历史学的科学地位，这不能不归功于马克思。[1] 霍布斯鲍姆则称"马克思正在尝试获得正确类型的历史学"[2]。他们的肯定与认同为驳斥那种否定马克思对历史学的原创性贡献的观点提供了支撑。如特雷弗－罗珀（Trevor-Roper）认为，马克思对历史学没有作出任何原创性的贡献，因而对严肃的历史学家也没有产生重大影响，"那些自称是马克思主义者的人要么编写'马克思和列宁所说的资产阶级社会史'，要么是'一群对彼此的注解随意指手画脚的愚笨的注释学家'"[3]。事实证明，罗珀的说法过于独断。事实上，作为一种新的社会科学，马克思的唯物史观的确影响了后世的思想家。而且，它不仅仅影响了历史学家，还影响了经济学家、社会学家、政治学家、伦理学家、人类学家、生态学家等，只不过有些思想家没有意识到而已。正如波普尔所言："他以各种方式开拓了我们的眼界，使我们的目光更敏锐。退回到前马克思的社会科学，是不可想象的。所有现代的著作家都受惠于马克思，尽管他们并不知道这点。"[4] 唯物史观使社会科学既摆脱了传统形而上学的支配，又同自然科学分离开来。唯物史观是全人类的思想财富，无论人们是否认识到它对于社会科学的原创性贡献，其价值都是不容否认的，任何其他社会历史理论都必须认真对待它。

二 唯物史观在哲学史上的原创性价值

唯物史观不仅对后世的历史学、经济学、社会学等社会科学产生了

---

[1] 《李大钊全集》第四卷，人民出版社2013年版，第424—425页。
[2] 转引自［英］埃里克·霍布斯鲍姆《如何改变世界：马克思和马克思主义的传奇》，吕增奎译，中央编译出版社2014年版，第191页。
[3] 转引自［英］埃里克·霍布斯鲍姆《如何改变世界：马克思和马克思主义的传奇》，吕增奎译，中央编译出版社2014年版，第186页。
[4] ［英］卡尔·波普尔：《开放社会及其敌人》（第二卷），郑一明等译，中国社会科学出版社1999年版，第140页。

第二章 恩格斯晚年的马克思哲学阐释的主体内容

积极的影响,而且对马克思主义理论本身也意义重大。在《卡尔·马克思〈政治经济学批判。第一分册〉》中,恩格斯指出,马克思主义的政治经济学"这种德国的经济学本质上是建立在唯物主义历史观的基础上的"①。也是在这同一个文本中,恩格斯说:"这个划时代的历史观是新的唯物主义世界观的直接的理论前提,单单由于这种历史观,也就为逻辑方法提供了一个出发点。"② 唯物史观也是科学社会主义的理论基础。正如广松涉所分析的,唯物史观和科学社会主义具有"相即不离性",正是唯物史观使马克思主义的社会主义超越了早期社会主义的思想地平。③ 在这个意义上,可以把唯物史观理解为马克思主义的思想基础。布哈林甚至认为,唯物史观是马克思主义理论的"基础的基础",美国学者罗伯特·C.塔克则把唯物史观提升到马克思"思想的母体"的高度。唯物史观的理论影响力并不仅仅局限于马克思主义理论自身,也不局限于经济学等社会科学领域,它在哲学领域也产生了一定的理论效应。从恩格斯的分析来看,唯物史观终结了社会历史领域内的哲学,超越了以头脑中臆造的联系代替从事实中发现的现实联系的历史哲学、法哲学、宗教哲学等。④ 那么,唯物史观所终结的社会历史领域内的哲学是指何种哲学?它是如何终结这个领域内的哲学的?它为何能够终结这个领域内的哲学?这种终结在哲学史上又有何种意义?

唯物史观终结社会历史领域内的哲学并不意味着终结一切哲学,而是终结社会历史领域内的唯心主义哲学。哲学研究事物之间本质的、必然的联系是为了抓住事物的根本性质,探寻事物存在的终极根据,揭示事物发展的一般规律。恩格斯认为,以往的哲学,无论是自然领域的哲学还是社会历史领域的哲学,基本上都不是到外在的客观事物本身内部探寻联系,而是从自己的头脑中主观地臆造出可能根本不存在的联系。

---

① 《马克思恩格斯文集》第2卷,人民出版社2009年版,第597页。
② 《马克思恩格斯文集》第2卷,人民出版社2009年版,第602页。
③ [日]广松涉:《唯物史观的原像》,邓习议译,南京大学出版社2009年版,第115页。
④ 《马克思恩格斯文集》第4卷,人民出版社2009年版,第301页。

自然哲学家在理解自然界时，"用观念的、幻想的联系来代替尚未知道的现实的联系，用想象来补充缺少的事实，用纯粹的臆想来填补现实的空白"①。在18世纪的历史场域下，这种理解方式与自然科学发展处于"搜集材料"阶段有直接关系。但是到了19世纪，自然科学进入"整理材料"阶段，发展为关于过程、关于事物的发生和发展、关于联系的科学。②涉及过程研究的生理学、胚胎学和地质学，特别是生物进化论、能量守恒与转化定律、细胞学说这"三大发现"，使人们能够依靠自然科学本身提供的事实认识到自然界中各个领域之间、各个领域内部的联系。当这种联系的辩证性质被受过形而上学训练的自然科学家不得不承认的时候③，具有唯心主义或形而上学性质的自然哲学也就终结了。像这种最终被排除的自然哲学一样，以往的历史哲学、法哲学、道德哲学、宗教哲学等社会历史领域内的哲学在理解历史时，也用臆造的联系代替现实的联系。在这种理解中，历史被看作某种观念的逐渐实现。例如，在黑格尔哲学中，绝对观念被理解为世界的根基和灵魂，历史则被看作它的逐渐实现，而努力实现它的"意向"则构成了"历史事变中的内在联系"④。这实际上就是用"虚构的联系"代替"现实的联系"。恩格斯认为，要扭转这种状况，需要依靠"发现现实的联系"来消解那些臆想出来的"虚构的联系"。此处所谓发现"现实的联系"，从根本上说就是发现那些在人类社会发展史上起支配作用的客观的一般规律。唯物史观独特的认识论价值就在于：它发现了人类社会发展的一般规律，提供了能够引导人们去探索这些规律的正确途径，即在历史本身中探究隐藏在历史人物和广大群众行动动机背后的最终动因或"动力的动力"。这样，唯物史观也就终结了社会历史领域内的一切唯心主义哲学。

---

① 《马克思恩格斯文集》第4卷，人民出版社2009年版，第300—301页。
② 《马克思恩格斯文集》第4卷，人民出版社2009年版，第299页。
③ 《马克思恩格斯文集》第4卷，人民出版社2009年版，第301页。
④ 《马克思恩格斯文集》第4卷，人民出版社2009年版，第301页。

第二章 恩格斯晚年的马克思哲学阐释的主体内容

恩格斯分析指出，旧唯物主义从行动的精神动机出发去理解历史人物的活动及其性质，在社会历史领域内自己背叛了自己——在历史观上走向了自己的对立面唯心主义。旧唯物主义的问题"不在于承认精神的动力，而在于不从这些动力进一步追溯到它的动因"①。就是旧唯物主义没有继续追溯到精神动力背后的物质动因，没有把唯物主义原则贯彻到底。唯心主义历史哲学倒是承认历史人物的表面动机背后还有别的动力，不过它是"从哲学的意识形态把这种动力输入历史"②，即从历史之外而非历史自身内部的联系寻找这种动力。唯物史观超越旧唯物主义历史观和唯心主义历史哲学的地方就在于：第一，唯物史观不仅探究隐藏在精神的动力之背后的动力，而且到历史本身中去探寻这个动力。马克思主义认为，事物的内在矛盾是事物发展的根本动力。从这一前提出发，唯物史观从社会历史本身的矛盾探寻其变迁发展的原动力。社会历史本身的基本矛盾就是生产力与生产关系、经济基础与上层建筑的矛盾，也是社会发展的根本动力。第二，唯物史观的历史研究以承认自然发展史与社会发展史的根本差异为前提。唯物史观看到了自然界的发展与社会历史的发展的同一性，如合规律性。但同时也看到了二者之间的差异性，揭示了社会历史活动是合目的性与合规律性的统一。历史哲学也承认社会历史活动的目的性，但这种目的性与唯物史观视野中的目的性是有本质区别的。如前文所述，黑格尔的历史哲学把社会历史发展理解为实现绝对观念的目的，人是实现这一目的的工具。这是典型的神学目的论。唯物史观则把历史理解为追求自己目的的人的活动，历史活动的实践主体与历史活动的目的主体是一致的——统一于"现实的人"而非抽象的神或观念。第三，唯物史观始终站在历史的现实基础上，从实践论而非观念论立场理解历史。历史哲学、宗教哲学和法哲学等所有社会历史领域内的唯心主义哲学都坚持观念的逻辑先在性，从而用观念解释整个世界，包括解释人类的一切实践活动。这些哲学的存在论本质

---

① 《马克思恩格斯文集》第4卷，人民出版社2009年版，第303页。
② 《马克思恩格斯文集》第4卷，人民出版社2009年版，第303页。

上是一种观念论。唯物史观则认为人类的第一个历史活动不是观念活动，而是生产满足基本生存需要的生活资料的物质性的实践活动。这一实践活动也是人类创造的各种观念的最终基础，因而唯物史观用物质实践来解释各种观念，否定了观念之"第一性"的意义。这也表明，对于马克思哲学来说，"哲学的存在论追问，不是概念的自我抽引和演绎，而是唯物史观的社会存在论追问：关注需要、生产、交换和交往的四大社会存在原理，深究人类历史实践活动的前提与规律，发现历史活动的主体和生产实践的主体的一致性"①。

唯物史观终结以往的历史哲学，无论是对于唯物主义自身，还是对于整个哲学，都具有非凡的意义。

唯物主义哲学疆域的全面拓展。列宁指出，马克思把唯物主义"贯彻到底，把它对自然界的认识推广到对人类社会的认识"②。罗素充分肯定了马克思的这一伟大贡献。他认为马克思复兴了唯物主义，使人类历史和唯物主义建立起新的关联。③ 而这种关联正是通过唯物史观建立的。马克思是西方哲学史上第一次对唯物主义世界观采取"真正严肃"态度的人，也是哲学史上最先将唯物主义世界观拓展运用到社会历史领域的人。唯物史观就是这种拓展运用的理论结晶。正是有了唯物史观，才实现了唯物主义自然观和唯物主义历史观的真正统一，从而使唯物主义在疆域范围上达到最大的普遍性、全面性和彻底性。可以说，唯物史观使唯物主义发展为"把社会生活领域也包括在内的彻底的唯物主义"④，从而"彻底"克服了旧唯物主义的"不彻底性"。

唯物主义哲学人学向度的充分开显。旧唯物主义所指涉之"物"更多地指向物质的自然界，即使关注人也是从抽象自然的意义上去看待人——纯粹的"自然人"。恩格斯在追溯唯物主义起源和发展时揭露了

---

① 张雄：《"数字化生存"的存在论追问》，《江海学刊》2022年第4期。
② 《列宁专题文集·论马克思主义》，人民出版社2009年版，第68页。
③ ［英］罗素：《西方哲学史》下卷，马元德译，商务印书馆1976年版，第336页。
④ 《列宁专题文集·论马克思主义》，人民出版社2009年版，第5页。

第二章　恩格斯晚年的马克思哲学阐释的主体内容

旧唯物主义对人的疏离。他指出，唯物主义在它的创始人培根那里对人还比较友好，"物质带着诗意的感性光辉对整个人发出微笑"①。但到了霍布斯那里，唯物主义变得"敌视"人了，它为了能够在"漠视人的、毫无血肉的唯灵论的领域制服这种唯灵论……不得不扼杀自己的肉欲，成为禁欲主义者"②。随着唯物主义之"物"从"感性之物"变成"理智之物"，人也被理解为同自然一样服从机械运动规律的存在，甚至认为"人的一切激情都是有始有终的机械运动"③。到了费尔巴哈那里，虽然唯物主义对人的理解又回到了感性向度，但他只把人理解为感性的对象而非感性的活动。这样理解的人依然是"抽象的人"。那么如何使其转变为"现实的人"？马克思给出的答案是把其"作为在历史中行动的人去考察"④。唯物史观就是把人看作在历史中行动的人去考察的，是"关于现实的人及其历史发展的科学"⑤。

哲学领地的重新划定。唯物主义自然观和唯物主义历史观的真正统一，一方面标志着唯物主义哲学疆域从自然领域到历史领域的扩展，另一方面又意味着传统唯心主义哲学领地的缩小。对此，恩格斯指出："对于已经从自然界和历史中被驱逐出去的哲学来说，要是还留下什么的话，那就只留下一个纯粹思想的领域：关于思维过程本身的规律的学说，即逻辑和辩证法。"⑥ 恩格斯实际上是把"逻辑"和"辩证法"视为了传统哲学中有价值的思想遗产，并重新划定了哲学的领地。哲学领地的重新划定也代表着哲学观念的重塑。不言而喻，在这种重塑中，辩证法占据着重要地位。对恩格斯来说，唯物史观的实践应用价值的实现也离不开辩证法："唯物主义历史观及其在现代的无产阶级和资产阶级

---

① 《马克思恩格斯文集》第3卷，人民出版社2009年版，第503页。
② 《马克思恩格斯文集》第3卷，人民出版社2009年版，第503页。
③ 《马克思恩格斯文集》第3卷，人民出版社2009年版，第504页。
④ 《马克思恩格斯文集》第4卷，人民出版社2009年版，第294页。
⑤ 《马克思恩格斯文集》第4卷，人民出版社2009年版，第295页。
⑥ 《马克思恩格斯文集》第4卷，人民出版社2009年版，第312页。

之间的阶级斗争上的特别应用，只有借助于辩证法才有可能。"① 恩格斯的这一论断也表征着唯物史观与现代无产阶级运动之间的意义关联。

三 唯物史观在现代无产阶级运动中的指导性意义

根据恩格斯的理解，唯物史观不仅在哲学社会科学发展史中占据重要地位，而且对现代无产阶级运动有着极其重要的意义。在《在马克思墓前的讲话》中，恩格斯把马克思首先定位于"一个革命家"。从其一生所从事的重要活动来看，马克思不仅是理论上的革命家，也是实践上的革命家。作为革命家，马克思毕生的使命聚焦于推翻资本主义、解放无产阶级的事业。马克思理论的革命服务于这一革命的实践，指导这个"一体两面"的事业是马克思创建科学的革命理论或革命的科学理论的实践旨归。正因为这种理论与实践的统一性，所以马克思的逝世，不仅给现代的历史科学带来了无法估量的损失，也给现代无产阶级运动带来了无法估量的损失。这两种损失实际上是相互交织的，因为马克思在历史科学中的新发现——唯物史观——恰恰是无产阶级运动的行动指南和价值指引。

现代唯物主义与无产阶级运动之间的意义关联并不是自发生成的。根据恩格斯的分析，无论是在英国兴起的唯物主义，还是在法国发展的唯物主义，最初都不代表无产阶级的利益，反而敌视广大的无产阶级大众。恩格斯指出，在英国兴起的唯物主义，"自称是一种只适合世上有学问的和有教养的人们的哲学"②。这种哲学为了维护至高无上的王权，呼吁专制君主制镇压人民。这种"贵族的唯物主义"不但遭到无产阶级的敌视，也遭到资产阶级的仇视。法国唯物主义最初也完全是维护贵族专制统治的"贵族的学说"，但在其发展中很快就演变为革命的理论。法国唯物主义者不仅批判宗教信仰问题，而且批判一切科学传统、政治体制，并把唯物主义学说应用于所有的知识对象。这样，这个

---

① 《马克思恩格斯文集》第3卷，人民出版社2009年版，第495—496页。
② 《马克思恩格斯文集》第3卷，人民出版社2009年版，第513页。

第二章　恩格斯晚年的马克思哲学阐释的主体内容

"革命的唯物主义"就成为法国"有教养的青年信奉的教义",甚至成为"法国革命的信条"①。在德国,费尔巴哈的"纯粹的唯物主义"一触及社会历史领域的问题,如宗教、道德问题,就转向了唯心主义。恩格斯异常敏锐地发现:"费尔巴哈的道德是完全适合于现代资本主义社会的。"② 尽管这可能也会让费尔巴哈本人出乎意料。由此可见,上述几种唯物主义,不是代表封建贵族的利益,就是代表资产阶级的利益。因此,对于无产阶级运动而言,这些唯物主义不是一种能够推动其健康发展的积极力量,反而是一种起着阻碍作用或破坏作用的消极力量。真正使唯物主义与无产阶级运动之间建立起积极的意义关联的是唯物史观。

据恩格斯回忆,唯物史观在制定形成时期就对工人运动有着"直接的意义"。这主要表现在:否认法国、德国和英国的工人运动的纯粹偶然性,而是承认其必然性:"被看做他们反对统治阶级即资产阶级的历史上必然的斗争的或多或少发展了的形式,被看做阶级斗争的形式,而这一阶级斗争和过去一切阶级斗争不同的一点是:现代被压迫阶级即无产阶级如果不同时使整个社会摆脱阶级划分,从而摆脱阶级斗争,就不能争得自身的解放。"③ 这段论述表明,根据唯物史观:第一,作为被压迫阶级的无产阶级反对资产阶级的斗争具有历史的必然性和合理性;第二,无产阶级反对资产阶级的斗争不是一般的斗争,而是两个完全对立的阶级间的斗争;第三,无产阶级只有通过阶级斗争彻底消灭阶级对立,才能真正实现自身的解放。由此可见,唯物史观对于当时的工人阶级认识其运动的历史必然性、正当性、性质、特点和意义等方面具有特殊而重大的意义。就19世纪40年代以来工人运动发展的现实要求来说,工人运动和社会主义运动亟须从历史唯物主义理论中找到对人类历史规律的说明,以此证明它们的科学性和历史合理性、正义性。唯物

---

① 《马克思恩格斯文集》第3卷,人民出版社2009年版,第514—515页。
② 《马克思恩格斯文集》第4卷,人民出版社2009年版,第294页。
③ 《马克思恩格斯文集》第4卷,人民出版社2009年版,第233页。

史观既是指导论证资本主义灭亡之必然性的方法论视域，又是"对取代资本主义生产方式社会形态，实现以生产资料社会占有为基础的社会形态的现实性和必然性的展望"①。这就使得唯物史观成为工人运动、社会主义运动直接的理论依据。这也是《共产党宣言》《法兰西内战》《资本论》《反杜林论》《家庭、私有制和国家的起源》等包含大量唯物史观思想的著作在不同时期的工人运动中广泛传播的原因。恩格斯本人也投入大量精力指导帮助无产阶级及其政党掌握唯物史观这一思想武器。佩里·安德森认为，恩格斯"对历史唯物主义作出了第一次系统的阐述，使之成为欧洲人民的政治动力，他在七十多岁时还主持了第二国际的建立并使历史唯物主义成为欧洲大陆各主要工人阶级政党的正式理论"②。在恩格斯看来，无产阶级政党的一大优势或优点就是有一个科学的唯物主义世界观作为理论基础，而唯物史观又是这个科学世界观的"直接的理论前提"③。恩格斯还曾谈到，随着德国无产阶级政党的出现，"科学的、独立的、德国的经济学也就产生了"④，而这一科学的经济学也是以唯物史观为基础的。

唯物史观以及以之为理论基础的经济学、历史学等社会科学为工人阶级提供了一个科学的知识体系，帮助他们认清社会现实，认清自己，从而明确无产阶级运动的道路与方向。认清社会现实，要了解整个人类社会存在与运动的规律，也要把握当下资本主义社会的整体状况和本质规定，进而认清自己所处的现实环境和社会条件。以往的历史理论并不关注工人具体的生活状况，"只有历史唯物主义才第一次使我们能以自然科学的精确性去研究群众生活的社会条件以及这些条件的变更"⑤。

---

① [日]广松涉：《唯物史观的原像》，邓习议译，南京大学出版社2009年版，第114页。
② [英]佩里·安德森：《西方马克思主义探讨》，高铦、文贯中、魏章玲译，人民出版社1981年版，第8页。
③ 《马克思恩格斯文集》第2卷，人民出版社2009年版，第602页。
④ 《马克思恩格斯文集》第2卷，人民出版社2009年版，第597页。
⑤ 《列宁专题文集·论马克思主义》，人民出版社2009年版，第14页。

资本主义意识形态有意识地掩盖工人群众真实的生存状况，掩饰资本主义社会的现实矛盾。从否定性角度看，资本主义意识形态拒不承认资本主义社会矛盾的客观现实性。即使这种矛盾已经真切地体现于社会生活的方方面面，资本主义意识形态家们却告诉工人阶级这些矛盾不过是错觉，只存在于人们的观念、意识、思想中。从肯定性角度看，资本主义意识形态以各种形式的"唯心主义的怪想"制造出资本主义社会无矛盾的幻象，以此表明维持资产阶级统治和资本主义社会存在的合理性和正义性。资本主义社会占统治地位的世界观是资产阶级的世界观，资本主义意识形态表达的就是资产阶级的世界观。戴着这种有色的世界观眼镜，工人阶级是不可能认清资本主义社会现实的。作为工人阶级的世界观，唯物史观就是要帮助工人摘掉一切有色的世界观眼镜直面事物本身，如实地观察事物。这里所说的直面事物本身也包括直面工人阶级自己本身，这也是工人阶级认清自我的前提。唯物史观的创立者"教会了工人阶级自我认识和自我意识，用科学代替了幻想"①。这种自我认识和自我意识，不仅包括认清自己当下的地位、需要和使命，还包括要认清自己是从哪里来的，应该向哪里去。也就是说，工人阶级不仅要清楚自己的来路，更要知道自己的出路。马克思和恩格斯运用唯物史观揭示出："工人阶级及其要求是现代经济制度的必然产物，现代经济制度在造成资产阶级的同时，也必然造成并组成无产阶级。"② 唯物史观还让工人阶级认识到，要摆脱他们现在所遭受的奴役和剥削而成为自由的人——成为自己的主人，成为社会的主人，必须组织起来进行推翻资本主义社会制度的革命。

唯物史观不仅为工人阶级提供了一个科学的知识体系，而且提供了一个建立在此知识体系之上的信仰体系，进而坚定无产阶级革命的信念和信心。这个信仰体系就是社会主义和共产主义。唯物史观的社会历史分析包括三个时间向度：过去、现在和未来。解释过去、认识现在，最

---

① 《列宁专题文集·论马克思主义》，人民出版社2009年版，第53页。
② 《列宁专题文集·论马克思主义》，人民出版社2009年版，第51页。

终都指向未来,指向对人类未来命运的思考,对未来社会形态的构想和展望。这体现了唯物史观既从过去的观点又从将来的观点来理解资本主义社会的矛盾运动。从将来的观点看,资本主义的内在矛盾决定了资本主义必然灭亡的命运。但是,在唯物史观的理论视野中,资本主义的必然灭亡不是历史的终结,而是标识着历史将进入一个新的更高的阶段即社会主义,并最终走向共产主义。对资本主义灭亡的必然性、社会主义胜利的必然性的论断,并不是马克思天才头脑的偶然发现,而是对现代社会经济事实进行科学分析的必然结果。这一科学分析让无产阶级坚信:其一,社会主义和共产主义是他们唯一的出路。其二,他们自己是实现从资本主义转向社会主义之"思想上精神上的推动者和实际上的执行者"①。反过来,无产阶级只有把社会主义作为明确而坚定的奋斗目标,才会成为一种现实的力量——一种使世界各民族、各地域的无产阶级组织、团结和行动起来的力量。共产主义的价值信仰自觉有助于无产阶级摆脱资产阶级个人主义的狭隘视界,主动担负起代表本阶级乃至人类整个利益的使命,培育友爱互助的集体主义精神和胸怀全人类的国际主义精神,从而为全世界无产阶级自觉而真正地联合起来提供了牢固的精神纽带。

唯物史观为无产阶级革命的斗争策略提供理论指导。以唯物史观为理论基础的科学社会主义,超越了包括空想社会主义、费尔巴哈的"真正的社会主义"在内的其他一切社会主义世界观的地平,是革命的社会主义、唯物主义的社会主义。空想社会主义虽然批判了资本主义制度,但"对政治权力的现实抱回避态度,并力图绕开财产权问题"②。拒绝正视所有制和阶级权力问题的弱点,使空想社会主义无法超出资本主义世界观的视域,不能说明这个制度的本质和发展规律,更提不出代替、战胜这个制度的建设性方案——只是"谴责它,咒骂它,幻想消

---

① 《列宁专题文集·论马克思主义》,人民出版社2009年版,第29页。
② [英] E. P. 汤普森:《英国工人阶级的形成》(下),钱乘旦等译,译林出版社2013年版,第949页。

第二章　恩格斯晚年的马克思哲学阐释的主体内容

灭它，臆想较好的制度，劝富人相信剥削是不道德的"①。不涉及所有制和阶级权力的变革是不可能消灭剥削和压迫的，因而也是无法彻底改变工人的命运的。因此，空想社会主义的乌托邦式的社会改良方案，不但无法为工人阶级找到真正的出路，反而容易把工人运动引向令人迷茫之境。费尔巴哈的"真正的社会主义"主张用"爱"而不是经济变革的方式实现解放，也没有为工人阶级提供真正的通向社会主义的道路。无论是空想社会主义，还是"真正的社会主义"，都不能给无产阶级的斗争策略问题以正确的指导。马克思和恩格斯毕生都十分注意无产阶级斗争的策略问题，最重要的是，"马克思是严格根据他的辩证唯物主义世界观的一切前提确定无产阶级策略的基本任务的"②。这个"一切前提"中就包含唯物史观的基本原理。恩格斯晚年就是继续运用这些原理根据形势的变化指导无产阶级政党制定正确的斗争策略。

综上所述，正是基于对唯物史观在理论上和实践上的双重价值的真切理解，恩格斯晚年把马克思哲学阐释的重点放在唯物史观。

第二节　唯物史观思想的深度阐释

唯物史观的价值实质上表征的是唯物史观思想的意义。恩格斯晚年从宏观与微观相统一、理论与实践相统一、历史与逻辑相统一的辩证原则出发，对唯物史观思想作了深度阐释。这种阐释的基本理路可以概括为三个层面：一是对唯物史观思想起源的提示性阐释，为人们理解唯物史观思想的生成逻辑提供了重要线索；二是对唯物史观思想内容的深度阐释，包括对其基本原理、核心观点和重要范畴的深化、拓展和升华，有力证明了恩格斯哲学并没有背离马克思哲学，二者依然保持着内在一致性；三是对唯物史观思想特质的多维度阐释，主要是对其历史科学性质、共产主义世界观功能、现代唯物主义特征等问题的探讨，有助于人

---

① 《列宁专题文集·论马克思主义》，人民出版社2009年版，第70页。
② 《列宁专题文集·论马克思主义》，人民出版社2009年版，第33页。

们把握唯物史观的理论性质、价值立场、理论意义。这三个层面的阐释深刻反映了恩格斯晚年对唯物史观的深度理解，为多维挖掘唯物史观的思想内涵作出了重大理论贡献。

一 唯物史观思想起源的文本阐释

全面系统地阐释一种思想，必然首先要了解此种思想的起源，尤其是像唯物史观这种形成过程较为复杂但又影响深远的思想。晚年恩格斯在一些文本中谈到了唯物史观的起源问题，就其生成、出场给出了一些提示性说明。这种提示性说明主要表现在提供了一些有助于把握唯物史观起源的重要文本。1893年2月4日，俄国流亡社会主义者弗拉基米尔·雅柯夫列维奇·施穆伊洛夫致信恩格斯说，他打算应邀写一本篇幅为6个到8个印张的关于马克思的传记，请求恩格斯提供有关马克思的三个方面的材料，分别是马克思的简历、马克思的实际活动（特别是1847—1849年和国际工人协会时期）和马克思主义的起源。[①] 恩格斯在同年2月7日给施穆伊洛夫的回信中提出："关于历史唯物主义的起源，在我看来，您在我的《费尔巴哈》（指《路德维希·费尔巴哈和德国古典哲学的终结》——引者注）中就可以找到足够的东西——马克思的附录其实就是它的起源！其次，在《宣言》的序言（1892年柏林新版）和《揭露共产党人案件》的引言中也可以找到。"[②] 由此可见，在恩格斯眼中，两个关于费尔巴哈的文本即《关于费尔巴哈的提纲》《路德维希·费尔巴哈和德国古典哲学的终结》，以及《共产党宣言》的序言（1892年柏林新版）和《揭露共产党人案件》，既是理解马克思主义起源的重要文本，也是理解唯物史观起源的重要文本。从中也可以看出唯物史观在整个马克思主义中的意义和地位。

根据上述恩格斯的说法，就其实质来说，《关于费尔巴哈的提纲》就是唯物史观的起源。这个观点与恩格斯1888年对这一文献的价值定

---

① 《马克思恩格斯文集》第10卷，人民出版社2009年版，第823—824页。
② 《马克思恩格斯文集》第10卷，人民出版社2009年版，第647页。

第二章 恩格斯晚年的马克思哲学阐释的主体内容

位具有一致性,即"包含着新世界观的天才萌芽的第一个文献"①。恩格斯对于马克思为何要写作这个提纲,只是说"这是匆匆写成的供以后研究用的笔记,根本没有打算付印"②。除此之外,没有提供更多的信息。由于缺少直接证明材料,后世学者对于写作原因只能是"猜测"。一种观点认为是受到赫斯两篇著作的影响,即《论德国的社会主义运动》和《晚近的哲学家》。在这两篇著作中,赫斯"首次"且"全面"地批判了费尔巴哈。另一种观点认为,布鲁诺·鲍威尔在回应马克思和恩格斯合著的《神圣家族》一书时,曾指责作者是"费尔巴哈式的教条主义者"。为证明这一指责的虚妄性,马克思写下了这个提纲。如果是第一种原因,则意味着尽管赫斯的批判已经很"全面",但马克思不满意或不完全认同,因此他要进行"再批判"。如果是第二种原因,则意味着马克思要证明自己同费尔巴哈的根本不同。无论是哪一种原因,都表明马克思不是随意写作这个提纲的,提出的新观点也是有针对性的。"新世界观""天才萌芽"和"第一个文献"这几个词汇鲜明地表达了《关于费尔巴哈的提纲》具有为新思想奠基的意义。从这一文献所表达的实质内容来看,也的确可以发现新唯物主义思想的"天才萌芽"。

这个提纲虽然是对费尔巴哈的哲学的批判,但实际上是以费尔巴哈为中介批判黑格尔及整个传统哲学、建构新世界观。那么,马克思为什么要以费尔巴哈为中介批判黑格尔及整个传统哲学?在马克思看来,费尔巴哈是"唯一"对黑格尔哲学中的"合理内核"辩证法采取"严肃的、批判的态度"③之人,而且"继黑格尔的《现象学》和《逻辑学》之后包含着真正理论革命的唯一著作"④是费尔巴哈的著作。还有一点就是这一哲学在许多方面充当了马克思哲学与黑格尔哲学之间的中介。

---

① 《马克思恩格斯文集》第4卷,人民出版社2009年版,第266页。
② 《马克思恩格斯文集》第4卷,人民出版社2009年版,第266页。
③ 《马克思恩格斯文集》第1卷,人民出版社2009年版,第199页。
④ 《马克思恩格斯文集》第1卷,人民出版社2009年版,第112页。

由此，马克思对费尔巴哈的批判必然最终指向黑格尔及整个传统哲学。实践是马克思新哲学世界观的核心范畴，整个"提纲"都贯穿着"实践的观点"，即以"实践的观点"为中心而展开问题分析。我们在前面的章节中已经分析过，唯物史观超越以往唯心主义历史观的关键之处就在于它始终站在现实历史的基础上，从实践论而非观念论立场理解社会历史。实践论视域下的社会历史是具体而非抽象的，涵盖与人类社会生活实践相关的方方面面的问题。马克思在《关于费尔巴哈的提纲》中谈论的哲学问题大多都是社会历史领域的问题，或者与社会历史相关，如人与（社会）环境的关系问题，宗教问题，人的本质问题，旧唯物主义的立足点"市民社会"问题，等等。思维的真理性与现实性虽然是一个认识论问题，但在马克思哲学中，具体的思维及其主体都是有社会历史性的。最后一条中的认识世界和改变世界之"世界"，也是现实的人所寄居或生活的具有社会历史性的世界。

　　仔细研读会发现，《关于费尔巴哈的提纲》中的每一条几乎都或隐或显地谈到了实践，切实突出了实践在马克思新世界观中的基石作用。马克思强调"应该"从实践去理解上述提到的宗教、人的本质等诸问题，就是要为正确理解社会历史确立一个科学的理论立场和基本原则。但对"应该"的理由或依据没有作出充分的解释。对实践概念的规定性的说明也没有展开，只限于"感性的人的活动""现实的、感性的活动""对象性的活动""真正人的活动"等一般规定性。这些局限都是由"提纲"本身的载体性质所决定的。由于费尔巴哈哲学在马克思哲学发展中的独特地位，对于"德国古典哲学的终结"乃至整个传统哲学发展转向的特殊意义，所以《关于费尔巴哈的提纲》的意义远远超出对费尔巴哈哲学本身的批判。这个文献表明，马克思哲学不仅仅同旧唯物主义哲学彻底划清了界限，而是同整个西方传统哲学彻底划清了界限，代表着一种哲学转向的开启，特别是社会历史领域内的哲学转向的开启。戴维·麦克莱伦指出，在《关于费尔巴哈的提纲》中，马克思"概略地"写出了在《德意志意识形态》中得到详细论证的"思想纲

第二章　恩格斯晚年的马克思哲学阐释的主体内容

要"。以往研究大多都主张唯物史观形成于《德意志意识形态》的"费尔巴哈"一章。正是在这一章中，马克思和恩格斯集中阐述、详细论证了唯物史观新思想。这些新思想在《关于费尔巴哈的提纲》中已经萌发，只不过是马克思并未展开充分的阐述和论证。正是在这个意义上，《关于费尔巴哈的提纲》也就有了唯物史观起源的意义。这也提示我们要注意两点：一是不能丢掉唯物史观视角，即不能仅仅从一般世界观的视角去解读这个提纲的思想内涵与理论意义；二是要全面理解唯物史观的"发生学"，不但不能忽略这个提纲，而且必须深入研究它。

在《揭露科隆共产党人案件》的引言①中，马克思回顾了自己关于共产主义者同盟分裂问题的一段说明："少数派用教条主义观点代替批判观点，用唯心主义观点代替唯物主义观点。少数派不是把现实关系、而仅仅把意志看作革命的动力。我们对工人说：不仅为了改变现存条件，而且为了改变自己本身，使自己具有进行政治统治的能力，你们或许不得不再经历15年、20年、50年的内战和国际斗争，而你们却相反地对工人们说'我们必须马上夺取政权，要不然我们就躺下睡大觉'。我们特别向德国工人指出德国无产阶级不够成熟，而你们却非常笨拙地向德国手工业者的民族感情和等级偏见阿谀逢迎，当然这样做是比较受欢迎的，正像民主派把人民这个词变成圣物一样，你们用无产阶级这个词来玩这套把戏。你们像民主派一样，用革命的空话代替革命的发展。"② 这段说明清晰反映了马克思的观点与"少数派"即从共产主义者同盟分裂出来的"维利希—沙佩尔派"在革命认识问题上的根本差异，即一方面直接揭露了这个"少数派"教条的唯心主义世界观和方法论本质及其对工人革命的错误引导；另一方面表达了马克思一派所建构的唯物主义世界观和方法论及其指导下的革命认知。在这些革命认知中，如从现实关系把握革命的动力，认识到无产阶级夺取政权的条件性

---

① 在中文版的《揭露科隆共产党人案件》一文中，恩格斯所说的这个引言被翻译为前言。参见《马克思恩格斯全集》第11卷，人民出版社1995年版，第475页。
② 《马克思恩格斯全集》第11卷，人民出版社1995年版，第479页。

和过程性，阶级斗争的长期性，都闪耀着唯物史观的思想之光。在1852年发表于《纽约每日论坛报》的《最近的科隆案件》一文中，恩格斯阐述了共产主义者同盟关于阶级斗争的认识，即"社会的阶级对抗是一切政治斗争的基础"①。基于这种认识，共产主义者同盟"致力于研究这样的一些条件：在这些条件下，一个社会阶级可能和必然要担负起代表民族的整体利益的使命，从而担负起在政治上统治该民族的使命"②。共产主义者同盟的这种"认识"与"研究"是根据《共产党宣言》的基本原则得出的，所表达的核心内容也是《共产党宣言》中已经表述过的阶级斗争思想。由此也可以看出无产阶级革命运动现实与唯物史观思想的生成发展之间的关联性。

在《反杜林论》第二版即1885年版的序言中，恩格斯说他和马克思的共产主义世界观首先在《哲学的贫困》和《共产党宣言》中问世。如果仔细研读这两个文本，不难读出其中所蕴含的丰富而深刻的唯物史观思想。这些思想已经在之前的《德意志意识形态》等著作中得到了比较系统的阐述，如恩格斯明确指出，《德意志意识形态》所要阐明的"我们的见解"是"主要由马克思制定的唯物主义历史观"，其中"关于费尔巴哈的一章"中已经写好的部分是"阐述唯物主义历史观的"③。但不无遗憾的是，由于当时德国书报检查机关的阻挠，以及出版商对书中所批判的对象的同情，这一著作在当时没能公开发表。按照恩格斯的说法，直到《哲学的贫困》和《共产党宣言》的发表，才使唯物史观的基本思想正式公开"面世"。根据马克思本人的回忆，他和恩格斯的见解中"有决定意义的论点"在《哲学的贫困》中首次"作了科学的、虽然只是论战性的概述"④。在《共产党宣言》中，马克思"以天才的透彻而鲜明的语言描述了新的世界观"⑤，并把这个新世界观首先理解

---

① 《马克思恩格斯全集》第11卷，人民出版社1995年版，第564页。
② 《马克思恩格斯全集》第11卷，人民出版社1995年版，第564页。
③ 《马克思恩格斯文集》第4卷，人民出版社2009年版，第266页。
④ 《马克思恩格斯文集》第2卷，人民出版社2009年版，第593页。
⑤ 《列宁专题文集·论马克思主义》，人民出版社2009年版，第5页。

第二章　恩格斯晚年的马克思哲学阐释的主体内容

为一种"彻底的唯物主义"——把社会生活领域融入在内。因此，新的世界观包含着一种新的历史观。恩格斯在《共产党宣言》多个版本的序言中，对贯穿其中的这个新历史观的基本原理进行了"明确地申述"。其中，在1888年英文版序言中恩格斯指出："到1845年春我在布鲁塞尔再次见到马克思时，他已经把这个思想考虑成熟，并且用几乎像我在上面所用的那样明晰的语句向我说明了。"① 这里所说的考虑成熟的"思想"就是唯物史观的基本思想，而《关于费尔巴哈的提纲》恰恰撰写于这一年的春天。由此，不难理解恩格斯为何会做出这个提纲就是历史唯物主义的起源的论断。如果进一步考察这个提纲写作的时代背景、理论语境和现实境况，就可以领会唯物史观起源、出场的历史逻辑、理论逻辑和现实逻辑。

二　唯物史观思想内容的拓展阐释

在学界关于马克思和恩格斯学术思想关系的争论中，在坚持"对立论"的学者中，有人提出二者之间对立的表现之一是唯物史观方面的对立。如伯恩斯坦认为马克思和恩格斯在历史发展根源问题上是对立的，并以恩格斯晚年的论述来说明马克思的片面性，用抬高恩格斯贬低马克思，用恩格斯反对马克思。霍布斯鲍姆批驳了种种主张他们二人观点对立的论调，他指出："马克思逝世后，恩格斯作出系统的努力，出版了他自己的和马克思的主要著作，确立了其中具有永久价值的东西，形成了一个理论和解释的连贯整体并阐明了某些问题"[2]。而"理论和解释的连贯整体"的表述充分肯定了马克思和恩格斯理论的一致性。另外，所谓经恩格斯"系统的努力"所确立的"具有永久价值的东西"，就包括唯物史观的思想精华。此处所说的"阐明了某些问题"，就包括对唯物史观的重要概念范畴、核心观点和基本

---

① 《马克思恩格斯文集》第2卷，人民出版社2009年版，第9页。
② 转引自黄楠森、庄福龄、林利主编《马克思主义哲学史》（修订本）（第八卷·上），北京出版社2005年版，第234页。

原理等内容的深度解释和强调说明。恩格斯进行这些解释和说明的具体原因不尽相同，但都体现了恩格斯晚年对唯物史观思想内容的拓展性阐释。马克思和恩格斯以往的理解是考察这种拓展性阐释的参照系，这种拓展性阐释也是作为开放的理论的唯物史观自我发展的一个重要环节。

概念、范畴是构成科学理论体系的基本单位。唯物史观作为一种科学理论体系，也是由一系列概念、范畴构成的。恩格斯晚年对唯物史观思想内容的拓展性阐释就包括对唯物史观的基本概念与范畴的深入理解和解释，如生产、生产方式、生产力、生产关系（私有制）、劳动、分工、（社会）革命、国家、阶级、阶级斗争等概念的深化、拓展与升华。这既出于捍卫和发展马克思主义理论之需，也有指导无产阶级运动的实践之需。就前者而言，这些概念和范畴是勾连起马克思主义思想之面的关键之"点"；就后者而论，对无产阶级运动来说首要问题是关系到工人阶级生存的政治行动问题，必然要关注国家、阶级、阶级斗争、社会革命问题。恩格斯对这些概念和范畴的拓展性阐释，或者表现为阐释视角的转换与创新，或者表现为本质内涵的丰富，或者表现为价值意义的提升，或者是这三个方面的统一。恩格斯对劳动概念的阐释就体现了这三个方面的统一，我们这里就以劳动概念为例，简要分析恩格斯对唯物史观概念和范畴的拓展性阐释。

第一，劳动概念的阐释视域的综合创新。恩格斯晚年批判洛贝尔图斯"把劳动、资本、价值等等经济学范畴，按经济学家们传授给他的那种粗糙的、拘泥于表面现象的形式不加考虑地接受下来，而不深入研究它们的内容"[①]。与之相反，马克思以批判的观点看待这些经济学范畴，对之进行了深入研究，并且为揭示其本质规定，他的研究视域没有完全囿于经济学。在马克思主义理论中，劳动既是一个经济学概念，又是一个哲学概念，还是一个人类学概念。这也代表了马克思和恩格斯理

[①]《马克思恩格斯文集》第4卷，人民出版社2009年版，第203页。

第二章 恩格斯晚年的马克思哲学阐释的主体内容

解劳动概念的三种视域：经济学、哲学和人类学。经济学视域揭示了劳动在经济活动中的地位和意义，但不能充分澄明劳动的本质以及劳动在整个人类存在中的地位、作用与意义。哲学视域与人类学视域的分析则可以弥补这种不足，哲学视域的分析意在正确理解和阐释劳动的本质及其与人的此在本质生成的内在关联，人类学视域的分析则进一步从人类历史经验层面阐明了劳动在人类社会历史发展中的决定性作用和本体论意义。人类学是马克思恩格斯晚年开启的研究视域。"到了19世纪第三个25年末期……与社会学性质相似但外延更为广阔的人类学却迅速崛起，在法学、哲学、人种学和游记文学、语言和民俗研究以及医学之外，成为一门公认的学科。"① 在这种背景下，马克思和恩格斯的理论研究也呈现出人类学转向的特征。从人类学视域探讨劳动及其相关问题，既展现了马克思和恩格斯理论视野的开阔性，也反映了他们善于及时吸纳社会科学最新研究成果的自觉性。不同研究视域下的劳动，既有关联又呈现出不同的面相和关注点。早在《劳动在从猿到人的转变中的作用》中，恩格斯就从劳动与手、脑等器官、劳动与语言、劳动与意识、劳动与需要等多个方面，不仅分析了劳动对于人本身的生成的创造性意义，而且阐释了劳动对于文明发展的双重性作用。在《家庭、私有制和国家的起源》中，恩格斯又根据摩尔根提供和他自己所掌握的历史材料，分析了劳动生产对推动人类从蒙昧时代、野蛮时代向文明时代过渡的作用，揭示了劳动发展史与家庭制度发展史、社会制度发展史之间的内在关联。其中，关于蒙昧时代、野蛮时代和文明时代的划分也是以劳动方式、劳动工具、劳动产品等为参照系的。例如，蒙昧时代被理解为以"获取现成的天然产物"为主的时期，野蛮时代被界定为学会了畜牧和农耕即"靠人的活动来增加天然产物生产的方法"的时期，文明时代则是能够对"天然产物进一步加工"的时期。② 从中可以

---

① ［英］艾瑞克·霍布斯鲍姆（Eric Hobsbawm）：《资本的年代：1848—1875》，张晓华等译，中信出版集团2017年版，第305页。
② 《马克思恩格斯文集》第4卷，人民出版社2009年版，第38页。

看出劳动对推动人类历史发展进步的重要意义。正是在这个基础之上，恩格斯发现了劳动发展史与社会史之间的本质性关系，即在《路德维希·费尔巴哈和德国古典哲学的终结》中所表达的一个重要论断："在劳动发展史中找到了理解全部社会史的锁钥。"[1] 由此可见，恩格斯晚年对劳动的人类学视域的研究深化并充实了经济学、哲学研究视域下的劳动理解。

第二，劳动概念的价值意义的提升。物质性劳动在马克思哲学中具有的理论基石作用是由这种劳动在人类社会发展中的基础性地位所决定的。但是，在传统哲学的视野中，精神性劳动的地位高于物质性劳动，这也与当时人们贬低物质性劳动有直接关系。恩格斯指出："奴隶制的盛行已经开始使人认为用劳动获取生活资料是只有奴隶才配做的、比掠夺更可耻的活动。"[2] 但不可否认的是，被统治阶级的物质性劳动本身蕴藏着的革命力量并没有因为得不到统治阶级的认同而消解。例如："当居于统治地位的封建贵族的疯狂争斗的喧嚣充塞着中世纪的时候，被压迫阶级的静悄悄的劳动却在破坏着整个西欧的封建制度，造成封建主的地位日益削弱的局面。"[3] 物质性劳动具有双重力量：一方面具有否定性的瓦解力量；另一方面具有肯定性的创造力量。对于劳动的这种创造力量，马克思曾在多个文本中作过论述，恩格斯的"劳动创造了人本身"命题则是对马克思的论述的升华，简明而深刻地表达了劳动对于人自身和人类社会所具有的生成论或存在论意义，超越了政治经济学家对劳动价值的狭隘性理解——劳动是一切财富的源泉。劳动不仅创造价值，还创造了整个人类社会，是整个历史和文明的现实基础。早在《卡尔·马克思》一文中，恩格斯就指出："历史破天荒第一次被置于它的真正基础上：一个很明显的而以前完全被人忽略的事实，即人们首先必须吃、喝、住、穿，就是说首先必须劳动，然后才能争取统治，从

---

[1] 《马克思恩格斯文集》第4卷，人民出版社2009年版，第313页。
[2] 《马克思恩格斯文集》第4卷，人民出版社2009年版，第184页。
[3] 《马克思恩格斯文集》第4卷，人民出版社2009年版，第215页。

事政治、宗教和哲学等等，——这一很明显的事实在历史上的应有之义此时终于获得了承认。"① 正是因为劳动被承认并确立为历史的"真正基础"，唯物史观"在劳动发展史中找到了理解全部社会史的锁钥"②，全部社会史问题都要结合劳动发展史去理解。值得一提的是，把家庭形式的演变史与社会生产劳动发展史结合起来考察是恩格斯在社会历史认识上的创新，这不仅在马克思主义哲学发展史上，而且在人类思想史上都是创举。

第三，劳动概念的本质内涵的深化和拓展。马克思和恩格斯从不抽象地探讨劳动，他们往往从应然和实然、理想和现实的双重层面理解劳动的本质规定性。恩格斯晚年进一步从实然、现实层面揭示了资本主义制度下劳动（具体说是雇佣劳动）的多重本质规定性：受资本剥削的、分裂的、片面的、孤立的、不自由的劳动。根据恩格斯的阐述，资本主义社会劳动的"分裂的、片面的、孤立的"等规定性都与这个制度下的劳动分工有关。"劳动分工使一切受它影响的人变成畸形，使一部分肌肉发达而其他部分萎缩，而且在每一个劳动部门中这种影响各不相同，每一种劳动都按照自己的方式使人变成畸形。"③ 而且，正是"由于劳动被分割，人也被分割了。为了训练某种单一的活动，其他一切肉体的和精神的能力都成了牺牲品"④。而为了追求资本最大化的劳动分工也使剥削工人的资产阶级本身遭受奴役："精神空虚的资产者为他自己的资本和利润欲所奴役；法学家为他的僵化的法律观念所奴役……一切'有教养的等级'都为各式各样的地方局限性和片面性所奴役，为他们自己的肉体上和精神上的短视所奴役，为他们的由于接受专门教育和终身从事一个专业而造成的畸形发展所奴役。"⑤ 据此，塔克认为，马克思和恩格斯在他们后期的作品中把分工之下的职业专业化表述为

---

① 《马克思恩格斯文集》第3卷，人民出版社2009年版，第459页。
② 《马克思恩格斯文集》第4卷，人民出版社2009年版，第313页。
③ 《马克思恩格斯全集》第29卷，人民出版社2020年版，第474页。
④ 《马克思恩格斯文集》第9卷，人民出版社2009年版，第308页。
⑤ 《马克思恩格斯文集》第9卷，人民出版社2009年版，第309页。

"不自然的和奴役的恶"①。如果就马克思和恩格斯对资本主义私有制条件下分工的批判来说，塔克的分析是可取的。同时，恩格斯又从应然、理想的层面展望了未来共产主义社会劳动的本质规定性：自由的、合作的、社会的、平等的劳动。这从恩格斯描述未来理想劳动所使用的概念，如"自由的劳动""合作劳动""有计划地组织的劳动""社会劳动""劳动的解放""脑力劳动和体力劳动之间的对立将消灭"等就可以看出来。这样的劳动不再是奴役人的工具，而成为解放人的手段。由此，劳动被赋予了人类解放价值和规范功能。

透过劳动概念的个案简析之镜，我们可以深切体会恩格斯晚年对唯物史观基本概念和范畴的拓展性阐释。劳动概念是理解马克思主义及其理论革命的枢纽性概念，也是理解唯物史观的关键性概念。对劳动概念的拓展性阐释，对于深化理解分工、生产、生产关系、国家、阶级斗争、革命、解放、上层建筑等唯物史观其他概念具有辐射效应。这些范畴依然是我们当代人理解历史的重要工具。

唯物史观概念和范畴的深度阐释，既在一定意义上反映了恩格斯晚年对唯物史观思想的核心观点和基本原理的理解的深入，又构成他系统阐释这些核心观点和基本原理的基础的、必要的一环。马克思逝世之后，唯物史观基本原理不断遭到机会主义等错误思潮的歪曲和攻击，并在工人运动中产生不利影响。为捍卫唯物史观的科学性和指导工人运动健康发展，恩格斯结合自己在整理马克思遗稿中形成的新思考和新认识，完善和创造性地拓展了唯物史观的核心观点和基本原理。

第一，为唯物史观赋"新名"即"历史唯物主义"。据西方学者考证，历史唯物主义、唯物主义历史观、唯物史观三个术语都在恩格斯的著作中出现过，而在马克思的著作中则从未出现过。② 在《卡尔·马克

---

① [美]罗伯特·C. 塔克：《卡尔·马克思的哲学与神话》，刘钰森、陈开华译，天津出版传媒集团、天津人民出版社2018年版，第188页。
② [日]大村泉：《关于唯物史观形成时期的考证》，盛福刚译，《国外理论动态》2022年第6期。

第二章　恩格斯晚年的马克思哲学阐释的主体内容

思〈政治经济学批判。第一分册〉》一文中，恩格斯首次使用唯物主义历史观概念来表述唯物史观，提出"德国的经济学本质上是建立在唯物主义历史观的基础上的"①。在1890年8月致康拉德·施米特的信中，恩格斯又使用历史唯物主义概念表达马克思的唯物史观思想，批评"青年派"只是用"历史唯物主义的套语"构造体系。这也是历史唯物主义概念在恩格斯的文本中的首次出场。在同年9月致布洛赫的信中，恩格斯明确表示，他在《反杜林论》和《路德维希·费尔巴哈和德国古典哲学的终结》中对历史唯物主义作了"最为详尽的阐述"②。在1893年致信施穆伊洛夫时又谈到了"关于历史唯物主义的起源"问题。"历史唯物主义"这一表述有助于认清两大区别、划清两大界限：一是认清两种对立的历史观的区别，即划清唯物史观与历史唯心主义的界限。"历史唯物主义"概念的表述鲜明表达了唯物史观不是历史唯心主义，与历史唯心主义有本质区别。这种区别又不仅仅表现在历史唯物主义之"物"与历史唯心主义之"心"的区别上，还在于"历史的"与"非历史的"之间的区别。根据恩格斯自己的说法，"历史唯物主义"这一概念本身所要表达的是一种关于"历史过程"的观点，而历史唯心主义则对历史采取非历史的、超历史的态度。二是认清唯物史观与经济唯物主义的区别，划清唯物史观与经济决定论的界限。米海洛夫斯基曾指出："马克思的第二个我——恩格斯，为了专门论证经济唯物主义这一历史理论，做了更多的工作。"③ 不言而喻，米海洛夫斯基把马克思的唯物史观理解为经济唯物主义。但"历史唯物主义"一词清晰表明了二者的不同：历史唯物主义的"历史"与经济唯物主义的"经济"并不能完全画等号。在唯物史观的理论视野中，"历史"概念所表达的内容远远超出"经济"概念所能容纳的东西。历史唯物主义的"历史"

---

① 《马克思恩格斯文集》第2卷，人民出版社2009年版，第597页。
② 《马克思恩格斯文集》第10卷，人民出版社2009年版，第593页。
③ 《列宁专题文集·论辩证唯物主义和历史唯物主义》，人民出版社2009年版，第168页。

是阐释对象和阐释原则的统一。

第二，对唯物史观基本原理的补充完善。主要表现在两个方面：一是对其进行更为凝练和严谨的表达。如在《共产党宣言》1883年德文版、1888年英文版的序言中，对贯穿其中的基本思想的简要概括，实际上是对唯物史观基本原理的凝练表达。在《共产党宣言》1888年英文版中，关于"至今一切社会的历史都是阶级斗争的历史"这句话，恩格斯在"至今一切社会的历史"后面加了一个注："这是指有文字记载的全部历史。在1847年，社会的史前史、成文史以前的社会组织，几乎还没有人知道。"[1] 而在这一版的序言中，他给出的解释就更为明确和具体："因此人类的全部历史（从土地公有的原始氏族社会解体以来）都是阶级斗争的历史。"[2] 在此之前，如在《共产党宣言》1883年德文版的序言中，他已经作了类似的说明："因此（从原始土地公有制解体以来）全部历史都是阶级斗争的历史。"[3] 这些具体的补充性、拓展性的说明，无疑是对唯物史观基本原理的更为严谨的阐述。这类说明在恩格斯晚年整理出版或再版的马克思的著作中多处可见。二是重点阐释上层建筑对经济基础的反作用以及社会意识形式的相对独立性，拓展了唯物史观的辩证法向度。这主要是为了回击保尔·巴尔特之流和"青年派"攻击、歪曲唯物史观为"经济决定论"的谬论。为此，一方面，恩格斯不仅重申了经济基础决定上层建筑，而且着重分析了上层建筑对经济基础能动的反作用。恩格斯以政治上层建筑的核心即国家权力对经济发展的反作用进行了论证。根据起作用的方向，把这种反作用概括为三种情况：一是沿着同一方向起作用，会推动经济快速发展；二是沿着相反的方向起作用，最终有可能导致经济崩溃或彻底覆灭；三是沿着人为指定的方向起作用，也会妨碍、损害经济的发展，造成大量人力、物力的浪费。此外，恩格斯还以马克思相关文本中的材料作论据说

---

[1]《马克思恩格斯文集》第2卷，人民出版社2009年版，第31页。
[2]《马克思恩格斯文集》第2卷，人民出版社2009年版，第14页。
[3]《马克思恩格斯文集》第2卷，人民出版社2009年版，第9页。

第二章　恩格斯晚年的马克思哲学阐释的主体内容

明政治对经济的反作用，以反驳巴尔特的观点。主要有两个文本：一个是《雾月十八日》——"那里谈到的几乎都是政治斗争和政治事件所起特殊作用，当然是在它们一般依赖于经济条件的范围内"[①]；另一个是《资本论》中关于工作日的那一篇——"那里表明立法起着多么重大的作用，而立法就是一种政治行动"[②]。恩格斯还借助他们的斗争实践进行事实说明，即他们为了无产阶级取得政治权力而进行斗争，而这种政治斗争是服务于经济利益的。从总体上看，一方面，恩格斯的论证很充分，包括历史论证、文本论证和现实论证。但恩格斯的论证并没有走向另一个极端，否则就会陷入唯心史观的陷阱。另一方面，恩格斯在坚持社会存在决定社会意识的前提下，借助于历史分析，探讨了法、哲学、宗教等意识形态的相对独立性，阐发了社会意识对社会存在的反作用。通过分析这些社会意识形式对经济发展的影响，进一步论证了上层建筑对经济基础的能动作用。不过，恩格斯也指出："物质存在方式虽然是始因，但是这并不排斥思想领域也反过来对物质存在方式起作用，然而是第二性的作用。"[③] 因此，不能片面地无限夸大社会意识的反作用。

从上述分析中可以断定以下两种观点都是不成立的。一种观点认为，由于恩格斯强调上层建筑对经济基础的反作用、社会意识对社会存在的反作用而改变了马克思的学说，并由此做出马克思恩格斯对立的结论。如伯恩施坦认为，恩格斯在马克思逝世以后明确反对马克思把历史的发展最终归结为经济的变革的观点。他的理由是：马克思只是强调了经济的决定作用而没有注意到非经济因素的作用，而恩格斯恰恰相反，他更强调非经济因素在社会发展中的作用。这样，伯恩施坦就把马克思与恩格斯对立起来。这完全是错误的，其理由根本不成立。另一种观点认为，恩格斯"轻率"地承认上层建筑同基础之间，意识形态的发展

---

① 《马克思恩格斯文集》第10卷，人民出版社2009年版，第600页。
② 《马克思恩格斯文集》第10卷，人民出版社2009年版，第600页。
③ 《马克思恩格斯文集》第10卷，人民出版社2009年版，第586页。

同经济、政治的发展之间很可能发生所谓的"反作用",因而给这一新的革命原理的基础造成了完全不必要的混乱。这种观点既没有深入研究恩格斯分析、强调上层建筑、社会意识的"反作用"的具体历史语境,又割裂了恩格斯分析的整体性、系统性和辩证性,因而也是要批判的。

第三,对唯物史观基本原理的创新发展。这主要表现为恩格斯提出了一些新的观点,如关于两种生产的观点,历史发展的合力、根本动力的观点,历史发展的必然性与偶然性辩证统一的观点,关于道德的具体性和历史性、相对独立性的观点,等等。正因为这些观点的"新",有些学者据此判断恩格斯晚年背叛了马克思的思想,制造马克思和恩格斯"对立论"。例如,关于两种生产的观点就成为某些学者制造这种"对立论"的"证据"。在《家庭、私有制和国家的起源》1884年版序言中,恩格斯阐述了两种生产理论。根据恩格斯的分析,在"归根结底"的意义上,直接生活的生产和再生产是历史过程中的决定性因素。他把生产本身又进一步分解为两种类型的生产:"生活资料即食物、衣服、住房以及为此所必需的工具的生产"① 和"人自身的生产,即种的繁衍"②。前者可以理解为物的生产,后者可以理解为人的生产或生命的生产。这两种生产制约着社会制度的发展。在此,恩格斯把人(生命)的生产也看作支配社会历史发展的重要力量,而且在物的生产水平和能力越低的时代,社会制度就越受人自身的生产的支配,如古代原始社会。因此,恩格斯对古代社会的研究使用了"两个基本的范畴系列,一个是物质资料生产的范畴系列,一个是人本身生产的范畴系列"③。正是立足于这两个范畴系列,恩格斯深入考察了古代社会的婚姻形式、家庭形式、氏族制度等复杂现象,推进了马克思的古代社会研究,丰富了唯物史观的基本原理。

但是,"两种生产"理论却遭遇了来自马克思主义内部和外部学者

---

① 《马克思恩格斯文集》第4卷,人民出版社2009年版,第15—16页。
② 《马克思恩格斯文集》第4卷,人民出版社2009年版,第16页。
③ 转引自李百玲主编《经典作家著作研究》IV,中央编译出版社2015年版,第382页。

第二章 恩格斯晚年的马克思哲学阐释的主体内容

的不正确的批评,理由是这一理论偏离了马克思的唯物史观思想的"正道",甚至是"破坏"了马克思的唯物史观的原初性质。如有一些学者认为,与马克思的物质生产决定论相比,恩格斯的两种生产理论已经发生了"质变"。如在俄国社会学家米海洛夫斯基看来,恩格斯把人自身的生产即子女生产和物质财富生产都看作历史发展过程中的决定性要素,是对唯物主义历史观的决定论的公式的"更正"[1]。而"更正"的理由是"因为在史前时期没有阶级斗争",还辩称这是根据摩尔根的研究成果得出来的。列宁对米海洛夫斯基的错误观点进行了反驳,批判米海洛夫斯基这位"主观哲学家"没有准确抓住唯物史观的根本,即不知道"这一理论是说,为了'阐明'历史,不要在思想的社会关系中,而要在物质的社会关系中去寻找基础"[2]。根据列宁的分析,米海洛夫斯基的主要问题出在对人自身生产关系的理解上。人自身的生产即子女生产关系本身是物质生产关系,但米海洛夫斯基却把它理解为思想关系。另有一些学者认为,从马克思的一种生产到恩格斯的两种生产,完全破坏了唯物史观一元论的性质,如日本马克思主义者河上肇就持此种观点。甚至还有学者把恩格斯的两种生产理论看成"二元论",这也与对人自身的生产的错误解读直接相关。

早在《德意志意识形态》的"费尔巴哈"一章中,马克思和恩格斯就已经分析过物质生产与生命生产的问题。他们明确提出第一个历史活动就是生产满足人的吃喝住穿需要的资料,即"生产物质生活本身"[3]。在这种生产的基础上,又发展出新的需要的生产、社会关系的生产、生命的生产,最后是意识的产生。从这可以看出,马克思和恩格斯并没有把生命生产与物质生产对立起来,更没有把生命生产与思想生产相混同。在给"意识"所加的边注中,马克思写道:"人们之所以有

---

[1] 《列宁专题文集·论辩证唯物主义和历史唯物主义》,人民出版社 2009 年版,第 168 页。
[2] 《列宁专题文集·论辩证唯物主义和历史唯物主义》,人民出版社 2009 年版,第 171 页。
[3] 《马克思恩格斯文集》第 1 卷,人民出版社 2009 年版,第 531 页。

历史，是因为他们必须生产自己的生命，而且必须用一定的方式来进行：这是受他们的肉体组织制约的，人们的意识也是这样受制约的。"①他不仅认识到了生命生产之于人类历史的重要性，而且认识到了人内在的自然条件对于生命生产的制约性。恩格斯晚年的两种生产理论就建立在马克思的这种认识基础之上，并且通过将之运用于古代社会研究，论证并发展了马克思的认识，同时也弥补了摩尔根的原始社会史研究中"缺失家庭公社这一中间环节"的不足。

唯物史观核心观点和基本原理的完善性阐释推进了唯物史观的系统化和体系化，进而促进了唯物史观的世界传播和运用。

三 唯物史观思想特质的多维阐释

马克思和恩格斯共同创立的唯物史观，无论是作为"唯物主义"的历史观还是作为"历史"的唯物主义，都拥有自身的独特性。这种独特性表现在理论性质、理论内容、实践倾向、价值功能等多个方面，集中展现了唯物史观的质的规定性即思想特质。这也表明，唯物史观是在多重关系的比较中而非单一关系的独白中获得自身质的规定性的。恩格斯晚年对唯物史观思想特质的多维度阐释，为人们把握马克思哲学的整体理论特质打开了一个关键又恰切的窗口。

第一，唯物史观的历史科学和哲学科学相统一的性质阐释。按照国内学界通行的理解，作为马克思主义哲学的构成要素，唯物史观的哲学性质应该是自明的。但在西方学界，学者们关于唯物史观之性质的观点并不统一，准确地说一直存在分歧。有学者认为它属于哲学理论，甚至有学者把它纳入历史哲学谱系。但也有学者将其视为某种形态的社会科学，如社会学、人类学、政治学等。要判断到底哪一种理解才是合理的，还要回到马克思和最理解马克思的恩格斯那里。在《德意志意识形态》手稿删去的一段话中，他们提出："我们仅仅知道一门唯一的科

---

① 《马克思恩格斯文集》第 1 卷，人民出版社 2009 年版，第 533 页。

第二章 恩格斯晚年的马克思哲学阐释的主体内容

学,即历史科学。"① 在关于"历史科学"的初步规定中,他们把历史划分为自然史和人类史。与此相应,历史科学应该包括研究自然史的科学和研究人类史的科学。他们创立的历史唯物主义即唯物史观就是研究人类史的科学。恩格斯认为,这种历史科学终结了以往的历史哲学。之后,他在《卡尔·马克思〈政治经济学批判。第一分册〉》中说:"凡不是自然科学的科学都是历史科学"②,即以自然科学为参照系,界定了历史科学的基本范围。在《在马克思墓前的讲话》中,他把马克思定位于革命家和科学家。恩格斯之所以把马克思看作科学家,就在于马克思的研究涉猎多个科学领域,并且在他所研究的每个领域都不是"浅尝辄止",而是有"独到的发现"③。这些"独到的发现"使马克思的名字"永垂科学史册"。在马克思这些"独到的发现"中,有两个发现在人类思想史上意义极其重大。一个是人类历史的发展规律,属于一般规律;另一个是资本主义的运动规律,属于特殊规律。正因为这两大规律的发现,恩格斯说马克思的逝世对于历史科学是不可估量的损失,这也意味着唯物史观本身具有历史科学性质。在《路德维希·费尔巴哈和德国古典哲学的终结》中,他指出:"人类社会同自然界一样也有自己的发展史和自己的科学。因此,问题在于使关于社会的科学,即所谓历史科学和哲学科学的总和,同唯物主义的基础协调起来,并在这个基础上加以改造。"④ 我们如果对其深入反思和解析,则可以得出以下认识:

首先,唯物史观是关于人类社会的科学,与关于自然的科学有根本区别。恩格斯所理解的历史是"一切属于社会而不是单纯属于自然界的领域的简单概括"⑤。唯物史观是认识和发现人类社会历史发展规律的历史科学,提供了一种新的科学的社会历史解释框架、一套新的概

---

① 《马克思恩格斯文集》第 1 卷,人民出版社 2009 年版,第 516 页。
② 《马克思恩格斯文集》第 2 卷,人民出版社 2009 年版,第 597 页。
③ 《马克思恩格斯文集》第 3 卷,人民出版社 2009 年版,第 601—602 页。
④ 《马克思恩格斯文集》第 4 卷,人民出版社 2009 年版,第 284 页。
⑤ 《马克思恩格斯文集》第 10 卷,人民出版社 2009 年版,第 658 页。

念、话语体系。其次，作为关于人类社会的科学，唯物史观是历史科学和哲学科学的总和。历史科学和哲学科学的表述，一方面意在强调唯物史观不是抽象思辨地提供关于历史的绝对知识的唯心主义历史哲学，突出唯物史观的科学性维度。另一方面又表明唯物史观与纯粹的社会学、历史学、经济学等经验科学、实证科学有别，凸显唯物史观的哲学反思性、批判性维度。经济学等经验科学、实证科学代表的是一种非批判的、非反思的自然主义的思维方式。马克思承认经验科学、实证科学的价值，但是反对固守自然主义的思维方式。最后，从思想史上看，唯物史观实现了人类社会科学的变革。这主要表现在唯物史观赋予关于人类社会的科学以唯物主义基础，并使之在这个基础上得到改造。唯物主义基础也是唯物史观的科学性之源。前面已经分析过，唯心主义的历史哲学用臆造的联系代替现实的联系，本质上是意识形态。唯物史观则从事实中发现联系，本质上是历史科学和哲学科学。当恩格斯把唯物史观定位于历史科学和哲学科学的总和，也意味着从理论性质上看唯物史观首先是一个科学体系。根据弗洛姆的分析，在人们对唯物史观理论性质的误解中，一种比较流行的观点是：历史唯物主义"这种哲学主张人的物质利益、人对不断增加自己的物质福利和使生活日益舒适的愿望是他的主要动力"[1]。他对此种观点进行了批判，揭穿这种理解本质上是把历史唯物主义曲解为探讨"人的动力和激情的心理学理论"[2]。这种"心理学"解释实际上是从伦理原则或价值判断这种意义上理解唯物主义的。按照这种理解，唯物史观本质上从属于一种"感性"的价值论意义上的唯物主义。塔克那种把唯物史观甚至整个马克思学说理解为一个道德体系或宗教体系的观点，与此种"心理学"解释路径殊途同归。这些解释的最大问题在片面强调唯物史观的价值性维度，忽略、遮蔽

---

[1] 复旦大学哲学系现代西方哲学研究室编译：《西方学者论〈1844年经济学哲学手稿〉》，复旦大学出版社1983年版，第26页。

[2] 复旦大学哲学系现代西方哲学研究室编译：《西方学者论〈1844年经济学哲学手稿〉》，复旦大学出版社1983年版，第29页。

第二章 恩格斯晚年的马克思哲学阐释的主体内容

甚至消解了唯物史观的科学性维度。反观分析的马克思主义关于马克思主义与道德的相容问题的论争，哈贝马斯等西方思想家提出的诸种重建历史唯物主义的方案，塔克等关于科学社会主义的道德基础的探讨，莫不与此有关。恩格斯晚年突出唯物史观的科学性维度并不代表他不重视或否定了唯物史观的价值性维度。唯物史观寻求的是人类历史实践的规律和规范，因而它不是冷冰冰的历史科学，而是有着强烈的现实感和人文关怀精神的历史科学。唯物史观一方面探寻人类社会发展的基本规律，另一方面又探讨何谓最好的社会状态。后一方面是典型的规范性、引导性的问题。这也是唯物史观之为哲学科学的向度表征。唯物史观坚持历史"事实"与历史"价值"的统一，进一步说是坚持历史事实判断与历史价值判断的统一，而且历史价值判断以历史事实判断为前提。由此，唯物史观视域下的资本主义批判不是单纯的价值批判，而是科学批判与价值批判的双重统一。科学批判的唯物主义基础表明，"社会主义将实现，不是因为它得到了一种伦理观念的证明，而是因为它是因果进程的结果"[①]。因此，人类不是"应该"过渡到社会主义，而是"必然"进入社会主义，社会主义不是建立在道德必然性上，而是建立在因果必然性上。在这个意义上，恩格斯晚年对唯物史观的历史科学性质的阐释，也为他和马克思的资本主义批判及科学社会主义原则建构的科学性奠定了更为坚实的基础。

第二，唯物史观的"现代性"特征阐释。从恩格斯晚年提出的哲学基本问题视角分析，唯物史观无疑从属于唯物主义谱系。就唯物主义谱系自身的历史发展而言，唯物史观又归于现代唯物主义，具有现代唯物主义的"现代性"特征。那么，现代唯物主义的"现代性"特征来自何处？表现在哪里？现代唯物主义的"现代性"特征根源于现代社会，具体说根源于现代资本主义社会，特别是现代资本主义生产方式。恩格斯明确指出："从 17 世纪以来，全部现代唯物主义的发祥地正是

---

① 转引自［加］凯·尼尔森《马克思主义与道德观念：道德、意识形态与历史唯物主义》，李义天译，人民出版社 2014 年版，第 37 页。

英国。"① 英国是现代大工业的发祥地，也是现代资本主义社会的典型代表。由此，在时代向度上，起源于英国的现代唯物主义自然而然地被赋予"现代性"。学界也大多从时代逻辑这一视域理解马克思和恩格斯的现代唯物主义新哲学的现代性之维。但是，又不能仅仅局限于时代逻辑把握现代唯物主义之"现代性"的获得，还要考虑到哲学自我发展、演变的理论逻辑。"每一种思想体系或多或少地有赖于其所由兴起的文明、以前各种思想体系的性质，及其创始者的个性；它又反过来对当代和后代的思想和制度发生很大的影响。"② 作为一种新的思想体系，现代唯物主义作为一种新哲学也有赖于以往思想体系的性质以及它所处时代的文明传统。恩格斯在对现代唯物主义进行阐释时，注意到了这些问题。他指出，它"不是单纯地恢复旧唯物主义，而是把2000年来哲学和自然科学发展的全部思想内容以及这2000年的历史本身的全部思想内容加到旧唯物主义的持久性的基础上"③。这昭示着在人类2000年的历史和文化发展中生成的精华内容都被保留、吸纳到现代唯物主义的思想体系之中，它以新哲学的姿态站在了那个时代思想的最高峰。这也意味着现代唯物主义的"现代性"内在包含对传统哲学的继承性和超越性。

立足于唯物主义的历时性发展，结合恩格斯关于现代唯物主义的相关论述来看，把握现代唯物主义的"现代性"特征需要抓住四个关键词：辩证性、彻底性、历史性、实践性。这四者综合构成现代唯物主义超越一切旧唯物主义和唯心主义的关键所在，也表明现代唯物主义之现代特质是在同传统哲学的多重比较中彰显出来的。

辩证性是就现代唯物主义的方法论而言的，既展现了现代唯物主义对形而上学唯物主义的全面超越，又揭示了现代唯物主义对以黑格尔哲

---

① 《马克思恩格斯文集》第3卷，人民出版社2009年版，第502页。
② [美] 梯利：《西方哲学史》增补修订版，伍德增补，葛力译，商务印书馆1995年版，第1页。
③ 《马克思恩格斯文集》第9卷，人民出版社2009年版，第146页。

第二章　恩格斯晚年的马克思哲学阐释的主体内容

学为代表的唯心主义哲学的辩证扬弃。这里关涉一个非常重要且影响深远的马克思哲学与黑格尔哲学的"关系问题"。这一问题直接关系到现代唯物主义之辩证性的思想来源问题，也关联着唯物史观与辩证法的深层关系问题。马克思哲学与黑格尔哲学的关系并不是自明的，甚至还存在着误解。对恩格斯来说，马克思最为重要的理论变革就是把黑格尔的"思想的自我发展"的概念辩证法置换为"只是现实世界的辩证运动的自觉的反映"①，将辩证法理解为事物的自我发展。这样，黑格尔哲学中最有价值的辩证法"内容"就被拯救出来了，使之重新用脚立地而不再用头立地。那么，马克思与黑格尔的思想关联或者马克思颠倒黑格尔的辩证法对于哲学到底意味着什么？是一种倒退还是一种进步？当恩格斯把从黑格尔学派解体中产生的马克思哲学称为"唯一的真正结出果实的学派"时，已经表明他把马克思对黑格尔的辩证法颠倒和超越看作哲学的进步。列宁更是赞扬马克思"用德国古典哲学的成果，特别是用黑格尔体系"②的成果推动了哲学的发展，而在这些成果中主要的就是辩证法。但学界有些观点明显与恩格斯的阐释相悖，甚至可以说歪曲了恩格斯的阐释。其中，有两种错误观点必须严肃对待、坚决驳斥。

第一种观点认为，恩格斯晚年关于马克思哲学和黑格尔哲学关系的阐释有把马克思黑格尔化的倾向，并妨碍了后世对马克思和黑格尔的思想关系的正确理解。诺曼·莱文就是此种观点的代表，他认为："恩格斯确实阐明了自己对马克思接受黑格尔的看法，而19世纪黑格尔化马克思主义的形式是在恩格斯的著作中得到发展和普及的。"③ 不可否认，在马克思理解史上不断出现把马克思黑格尔化的现象，如柯尔施所批判的资产阶级哲学教授把马克思哲学看作"黑格尔哲学分解的产物"，洛

---

① 《马克思恩格斯文集》第4卷，人民出版社2009年版，第298页。
② 《列宁专题文集·论马克思主义》，人民出版社2009年版，第68页。
③ [美]诺曼·莱文（Norman Levine）：《马克思主义与恩格斯主义中的黑格尔》，臧峰宇译，北京师范大学出版集团、北京师范大学出版社2018年版，第16页。

克曼把马克思归入黑格尔派。把马克思黑格尔化，既否定了马克思对黑格尔哲学的超越，又会由此贬低马克思哲学的革命及其理论价值，因而必须抵制这种错误观点。但不能把这种错误理解归咎于恩格斯，仅就辩证法问题来说，恩格斯明显强调马克思的辩证法与黑格尔的辩证法是有本质区别的。而且，马克思生前曾明确表明自己的辩证法与黑格尔的辩证法不同，为此他还批判早期新康德主义的重要代表人物朗格不懂得这种不同：" 同一个朗格在谈到黑格尔的方法和我对这种方法的应用时所说的话实在是幼稚。第一，他完全不懂黑格尔的方法；因而，第二，也就更加不懂我应用这个方法时所采取的批判方式。"[①] 由此可见，无论是恩格斯还是马克思，都不可能走向黑格尔化。

第二种观点认为，马克思和恩格斯终生都没有克服和超越黑格尔的辩证法，其理论中出现的错误无不与黑格尔辩证法残余有关。伯恩施坦是此种观点的代表，他认为："黑格尔辩证法是马克思学说中贩卖性因素，是妨碍对事物进行任何推理正确的考察的陷阱。恩格斯不能或者说不愿意超越它。"[②] 在伯恩施坦眼中，马克思恩格斯似乎一生都没有摆脱黑格尔辩证法的残余。伯恩施坦的这种认识，实质上是另一种形式的马克思黑格尔化，是对马克思和恩格斯的双重误解。恩格斯关于马克思哲学与黑格尔哲学关系的深刻分析已经表明，相对于青年黑格尔派对黑格尔哲学的高度依赖，马克思特别注重哲学的创新与超越，但他不是文化虚无主义者，注重哲学创新并不是要切断自身思想与其他优秀文明成果的联系，而是在借鉴继承已有文明成果基础上的"综合创新"。同时，就恩格斯本人而言，他也超越了黑格尔哲学，特别是扬弃而不是摒弃了黑格尔的辩证法。关于这一点，考茨基的分析很有说服力，他指出："由于恩格斯在经济学领域具有实践和理论方面的经验，他没有把黑格尔学说变为简单的辩证法游戏，变为

[①] 《马克思恩格斯文集》第 10 卷，人民出版社 2009 年版，第 338 页。
[②] [德] 爱德华·伯恩施坦：《伯恩施坦文选》，殷叙彝编，人民出版社 2008 年版，第 163 页。

第二章 恩格斯晚年的马克思哲学阐释的主体内容

从观念中推论出现实关系的方法,而是让它成为科学研究的手段,成为从现实关系出发理解观念的方法。"①

现代唯物主义的辩证性内蕴唯物史观与辩证法的关系问题,这一问题关联着唯物史观生成与运用的方法条件问题。恩格斯指出:"黑格尔把历史观从形而上学中解放了出来,使它成为辩证的。"② 正是黑格尔的辩证法使辩证的历史观或历史辩证法成为了可能,也是在这个意义上,恩格斯说唯物史观及其在工人运动中的"特别应用"只有借助于辩证法才有可能。反过来,唯物史观赋予黑格尔的历史辩证法以现实的基础,开创了一种既是唯物的又是辩证的新历史观。根据恩格斯的理解,这种新历史观第一次使历史学成为了真正的科学。马克思将辩证的历史观置于唯物主义的基础之上,不仅代表了哲学的进步,也体现了科学的进步。由此观之,西方那种把马克思学说"看作一个从德国唯心主义的顶点堕入唯物主义地狱的无底深渊的邪恶幽灵"③ 的观点是极其错误的。

彻底性是就唯物主义世界观的运用范围而言的,阐明现代唯物主义把唯心主义驱逐出社会历史领域,由此把唯物主义世界观贯彻运用到所有研究领域——自然领域、思维领域和社会历史领域,从而"占领"了整个世界,使半截子唯物主义发展为彻底的唯物主义。可以说,没有唯物史观,就没有彻底的唯物主义,也就没有唯物主义的全面"世界化"。历史性是就现代唯物主义对待历史的态度而言的,可以从两个方面来理解。一方面,在思想任务上,现代唯物主义要发现人类历史发展运动规律。另一方面,在思想方法上,作为一种新唯物主义,现代唯物主义是一种"把历史进程(其中包含了一个人造的自然)视为具有辩证特性的进程"④ 的历史辩证法。借助于唯物主义的历史辩证法,我们

---

① 《马克思恩格斯全集》第28卷,人民出版社2018年版,第656页。
② 《马克思恩格斯文集》第9卷,人民出版社2009年版,第388页。
③ [德]卡尔·柯尔施:《马克思主义和哲学》,王南湜、荣新海译,张峰校,重庆出版社1989年版,第14页。
④ [美]罗伯特·C. 塔克:《卡尔·马克思的哲学与神话》,刘钰森、陈开华译,天津出版传媒集团、天津人民出版社2018年版,第180页。

不仅可以更好地解释历史，而且能够创造更好的历史。这也体现了现代唯物主义的实践性。这种实践性是就现代唯物主义的理论旨趣与特性来说的，表明现代唯物主义总是与行动、与实践联系在一起的。从一般层面来看，现代唯物主义不仅仅要解释人们生活于其中的世界，更要在此基础上变革这个生活世界而不是与现存的社会秩序和解，目的是使这个重建的生活世界造福更多的人。实践既是现代唯物主义致思的起点，也是其终点。从具体层面来看，现代唯物主义既深植于工人阶级的革命实践，又是指导其革命实践的思想武器。简而言之，现代唯物主义是革命的理论、行动的理论和实践的理论。

这些特征表明："在理论上以辩证的方式，在实践上以革命的方式理解的唯物史观，与那些孤立的、自发的各个知识分支，与作为脱离革命实践的科学上的目标的纯理论考察，都是不相容的。"① 这也提示人们，不能把唯物史观等同于保持价值中立、无批判性、无革命指向性的纯粹科学。辩证性、彻底性、历史性和实践性表征着现代唯物主义之三位一体的特性：既是一种辩证唯物主义，又是一种历史唯物主义，还是一种实践唯物主义。上述现代唯物主义之"现代性"的四个维度，也是唯物史观的"现代性"思想特质的集中表达。

第三，唯物史观的共产主义世界观功能阐释。恩格斯明确指出，现代唯物主义"已经根本不再是哲学，而只是世界观"②。从理论的本质功能来看，唯物史观既是一种历史观，也是一种世界观。在《卡尔·马克思》一文中，恩格斯说："第一点就是他在整个世界史观上实现了变革。"③ 这里所说的"第一点"指唯物史观这一伟大发现。在《关于共产主义者同盟的历史》中，恩格斯回顾性地指出，当1845年春天他和马克思在布鲁塞尔再次会见时，"马克思已经从上述基本原理出发大

---

① [德]卡尔·柯尔施：《马克思主义和哲学》，王南湜、荣新海译，张峰校，重庆出版社1989年版，第25页。
② 《马克思恩格斯文集》第9卷，人民出版社2009年版，第146页。
③ 《马克思恩格斯文集》第3卷，人民出版社2009年版，第457页。

第二章　恩格斯晚年的马克思哲学阐释的主体内容

致完成了阐发他的唯物主义历史理论的工作，于是我们就着手在各个极为不同的方面详细制定这种新形成的世界观了"①。这些论述都表明了唯物史观的世界观性质。在恩格斯那里，马克思的新历史观本身就代表了一种世界观革命，这种世界观革命使"发展一种比从前所有世界观都更加唯物的世界观"②的要求成为了现实。作为世界观，唯物史观与资产阶级世界观相对立，发挥着共产主义世界观功能。恩格斯晚年对唯物史观思想的深度阐释就包括对唯物史观的共产主义世界观功能的分析，揭示了唯物史观鲜明的阶级立场、崇高的政治使命和独特的价值功能。

　　唯物史观是无产阶级共产主义信念的科学基础。从阶级立场和价值目标上看，唯物史观是共产主义世界观，是无产阶级的世界观。马克思和恩格斯对共产主义运动的一大重要功绩就是教会工人阶级"用科学代替了幻想"③。唯物史观不仅为工人阶级提供了一个科学的真理体系，而且提供了一个以此真理体系为基础的共产主义价值体系。在19世纪40年代，无论人们构建的共产主义体系有着怎样的差别，共产主义始终"意味着工人的运动"④。建立在唯物史观基础之上的共产主义根本不同于以往其他类型的共产主义，如以"爱"为基础的基督教的共产主义、法国粗陋的平均共产主义。这些共产主义在早期工人运动中曾起过一定的积极作用，但后来成为工人运动发展的障碍，究其根源在于其空想性和不科学性。如粗陋的平均共产主义的代表人物之一魏特林，完全凭空提出了他的"空想共产主义计划"。按照这个计划，理想的社会应该是一个绝对无矛盾的自由社会，在这个社会中，人人从事劳动，产品平均分配。⑤以唯物史观为基础的共产主义"不再意味着凭空设想一种尽可能完善的社会理想，而是意味着深入理解无产阶级所进行的斗争

---

① 《马克思恩格斯文集》第4卷，人民出版社2009年版，第232页。
② 《马克思恩格斯文集》第2卷，人民出版社2009年版，第601页。
③ 《列宁专题文集·论马克思主义》，人民出版社2009年版，第53页。
④ 《马克思恩格斯文集》第2卷，人民出版社2009年版，第21页。
⑤ 《马克思恩格斯文集》第4卷，人民出版社2009年版，第587页。

的性质、条件以及由此产生的一般目的"①。唯物史观的唯物主义原则使共产主义摆脱了空想的性质，展现出一种独特的实践的可能性特征，坚定了无产阶级为实现共产主义这一美好事业而不懈奋斗的信念和信心。无产阶级革命实践证明，只有这种共产主义世界观才正确地反映了无产阶级的经济利益、精神需求和政治诉求。

　　唯物史观达成了社会主义运动与工人运动的有机融合，这也是共产主义世界观得以发挥作用的前提条件。一般来说，科学社会主义出现之前的各种社会主义往往"意味着资产阶级的运动"②。如德国"真正的"社会主义代表小资产阶级的利益，是德意志专制政府"用来镇压德国工人起义的毒辣的皮鞭和枪弹的甜蜜的补充"③，英法空想社会主义者大多来自资产阶级，他们站在工人运动之外，"激烈地反对工人的一切政治运动"④，不关心罢工，不在意工会。因此，这些空想的社会主义与工人运动是彼此分离甚至是对立的。科学社会主义则实现了社会主义同工人运动的结合，而且这种结合成为科学社会主义的本质规定。在被称为"科学社会主义的开端"的著作《英国工人阶级状况》中，恩格斯首次对社会主义同工人运动结合的必要性作了明确的表述，其理论基础就是"马克思最先明确提出的唯物主义历史观"⑤。以往的社会主义运动通常建立在唯心主义历史观之上，与唯物史观根本不相容。与此相反，科学社会主义与唯物史观具有相容性。正是以唯物史观为基础，马克思和恩格斯论证了科学社会主义的科学性与必然性。早年在《国民经济学批判大纲》中，恩格斯曾试图用政治经济学来论证科学社会主义，但由于当时自己的政治经济学知识比较有限，因而只是提出了科学社会主义的萌芽，并且还存在一些认识上的错误。唯物史观不仅帮助他克服了早年的这些错误，而且认识到社会主义运动与工人运动应当

----

① 《马克思恩格斯文集》第4卷，人民出版社2009年版，第233页。
② 《马克思恩格斯文集》第2卷，人民出版社2009年版，第21页。
③ 《马克思恩格斯文集》第2卷，人民出版社2009年版，第59页。
④ 《马克思恩格斯文集》第2卷，人民出版社2009年版，第64页。
⑤ 《马克思恩格斯全集》第28卷，人民出版社2018年版，第659页。

第二章 恩格斯晚年的马克思哲学阐释的主体内容

联合为一个整体:"工人运动应当成为给社会主义开辟道路的力量,社会主义应当成为工人运动的既定目标。"① 唯物史观使社会主义与工人运动从分离走向融合,具有"双赢"的效果:既为实现社会主义找到了可以依靠的主体力量,又为工人运动指明了前进的方向。

唯物史观的共产主义世界观功能需要依靠共产党人这一中介来实现。在无产阶级运动中,共产党人主要肩负向无产阶级宣传共产主义世界观、利用这个世界观把无产阶级组织起来统一行动的任务。共产党人是连接共产主义世界观与无产阶级运动的桥梁,而其之所以能够起到这种中介作用,主要在于他们自身具备的独特优势。对于这些独特优势,马克思和恩格斯早在《共产党宣言》中就已经做了阐述。一是相对于其他无产阶级政党所具有的品质优势,如共产党人没有自己的私人利益或特殊利益,不分民族和国家始终追求和代表整个无产阶级共同的利益。正因有如此高尚品质与高远格局,共产党人支持一切反对现存资本主义制度的革命运动,"到处都努力争取全世界民主政党之间的团结和协调"②。二是相对于无产阶级群众所具有的理论优势,即他们更为清楚地知道其运动的"条件""进程"及其"一般结果"。这是因为共产党人的理论原理不是以主观的思想或原则为依据,而是现存的阶级斗争和当下的历史运动的"真实关系的一般表述"③。指导共产党人充分发挥自身优势继续做好宣传和组织工作是恩格斯晚年的重要任务之一。他鼓励共产党人:"我们要镇定、果敢,相信我们的美好事业,不受挑衅,不惧恫吓,不懈努力,使无产阶级大众更加紧密一致地团结起来,使他们保持自觉和清醒。同时,我们还要坚持进行自我教育;不仅要教育别人,自己也要学习,要学习许许多多的东西。"④

---

① 《马克思恩格斯全集》第 28 卷,人民出版社 2018 年版,第 658 页。
② 《马克思恩格斯文集》第 2 卷,人民出版社 2009 年版,第 66 页。
③ 《马克思恩格斯文集》第 2 卷,人民出版社 2009 年版,第 45 页。
④ 《马克思恩格斯全集》第 28 卷,人民出版社 2018 年版,第 684 页。

第三节　唯物史观运用的开创探索

马克思和恩格斯不仅创立了唯物史观，而且运用唯物史观研究一切社会历史与现实问题。恩格斯指出，在《共产党宣言》中，马克思和他运用唯物史观"大略地说明了全部近代史"，《1848年至1850年的法兰西阶级斗争》是马克思首次运用唯物史观解释"一段现代历史的初次尝试"，而在他们发表于《新莱茵报》上的文章中，唯物史观则被用来"解释当时发生的政治事件"[①]。恩格斯晚年继续自觉将唯物史观创造性运用于历史及理论与现实问题的分析中。不仅如此，恩格斯还就如何正确运用唯物史观问题做出了开创性的探索，提出了诸多有价值的指导性原则。这些原则对于我们今天研究和运用马克思哲学依然有启示意义。

一　唯物史观运用问题的自觉

开创性探索唯物史观运用问题是恩格斯晚年关于唯物史观的阐释中颇具特色并产生了深远影响的部分。那么，恩格斯晚年为什么会提出并反复强调唯物史观的运用问题？或者说唯物史观的运用何以会成为一个需要严肃对待、反复强调的"问题"？

源于唯物史观实践性的理论特质。马克思和恩格斯都不是纯粹的理论家，他们以参与者而非旁观者的姿态介入现实的社会历史发展中，其理论是要付诸实践的，因而必然会有理论运用的问题。而且，理论运用状况会直接影响到理论的实践效应。理论运用得科学合理，就能实现预期的实践目标。否则，不但难以取得预期的实践成效，还有可能导致极其不利的后果。恩格斯晚年严厉批判恩斯特之流对唯物史观的错误运用，就是因为这种错误运用在理论上和实践上都造成了消极影响。如何

[①]　《马克思恩格斯文集》第4卷，人民出版社2009年版，第532页。

第二章 恩格斯晚年的马克思哲学阐释的主体内容

运用对于唯物史观来说不是一个小问题,而是极其重要的,因为唯物史观是无产阶级在资本主义时代里最重要、最强大、最锐利的武器,它最主要的功能不是"纯粹的科学认识",而是"行动"①。唯物史观何以会成为具有如此强大功能的武器?从方法论上讲,在于它从实践出发,按其真正的本质来理解历史,从而帮助无产阶级掌握实际存在的历史联系,找到推动历史发展的真正动力,认识真实的社会状况,并在此基础上采取正确的行动。作为武器,唯物史观的"锐利"之处就在于对真相和本质的精准揭露,而这又是保证行动正确的必要条件。由此,在无产阶级运动中,唯物史观运用是为了"在资产阶级用各种意识形态成分来修饰和掩盖了真实情况即阶级斗争状况的一切场合,用科学的冷静之光来透视这些面纱,指出这些面纱多么虚伪、骗人,多么同真相不一致"②。从中我们也可以理解为什么恩格斯一再强调唯物史观的行动指南之意。唯物史观与无产阶级运动的内在关联决定了唯物史观的运用将关系到无产阶级的命运和前途问题。此外,检验唯物史观的真理性也离不开唯物史观的运用。在《共产党宣言》1872年德文版序言中,马克思和恩格斯非常谦虚但又十分客观地表达了这个文本中的一些提法已不合时宜的观点,如第二章末尾提出的十大革命措施已经"根本没有特别的意义",第三章关于社会主义文献的批判是"不完全"的,第四章关于共产党人对待各种反对党派的态度的论述就其实际运用来说"已经过时"。但有一点是可以肯定的,即不管世事如何变化,《共产党宣言》所阐述的唯物史观基本原理是完全正确的,其正确性就是在工人运动的运用中被证明的。当然,唯物史观的运用领域是非常广泛的,不仅仅局限于工人运动实践。由此,唯物史观的正确性或科学性的证明也不限于工人运动的运用中。如根据恩格斯在《路易·波拿巴的雾月十

---

① [匈]卢卡奇:《历史与阶级意识——关于马克思主义辩证法的研究》,杜章智、任立、燕宏远译,商务印书馆1999年版,第313页。
② [匈]卢卡奇:《历史与阶级意识——关于马克思主义辩证法的研究》,杜章智、任立、燕宏远译,商务印书馆1999年版,第313页。

八日》德文第三版序言中的分析，马克思既运用唯物史观研究法兰西第二共和国历史，又用这段历史检验了唯物史观。而且，恩格斯强调，即使已经过去了33年（从1852年到1885年——引者注），"我们还是必须承认，这个检验获得了辉煌的成果"①。列宁称唯物史观是"唯一科学的历史观"，认为其科学性已经在《资本论》的运用中得到证明："自从《资本论》问世以来，唯物主义历史观已经不是假设，而是科学地证明了的原理。"②这表明，唯物史观运用内含自我确证真理性的意义。同时，唯物史观也会在实践运用中得到修正、完善和发展。总之，唯物史观运用既是唯物史观实践功能实现的内在要求，又是唯物史观以历史实践证明自身真理性并不断自我完善的必然结果。

鉴于运用唯物史观研究实际问题的重任。根据考茨基的说法，马克思逝世之后，"恩格斯还要继续担负同马克思分工时承担的任务：运用唯物史观研究当前的问题，捍卫马克思和恩格斯的理论免遭攻击和歪曲"③。以问题为导向，面向重大现实问题是马克思和恩格斯的哲学研究活动始终坚守的原则，也是他们的理论与理论创新的鲜明特质。唯物史观就是他们在研究重大现实问题的过程中创立的，其基本原理和观点正是在对现实问题的关注和求解中萌芽、发展和逐渐成熟起来的。例如，恩格斯在对英国工人阶级状况的考察中"异常清晰"地发现，在以往历史著作中根本不起作用或者只起极小作用的"经济事实"在现代世界却是一个"决定性的历史力量"——构成现代阶级对立的基础，进而成为全部政治史的最终基础。④马克思也在解决令其苦恼的物质利益难题的过程中得出："市民社会制约和决定国家，因而应该从经济关系及其发展中来解释政治及其历史，而不是相反。"⑤而且，马克思

---

① 《马克思恩格斯全集》第28卷，人民出版社2018年版，第247页。
② 《列宁专题文集·论辩证唯物主义和历史唯物主义》，人民出版社2009年版，第163页。
③ 《马克思恩格斯全集》第28卷，人民出版社2018年版，第681页。
④ 《马克思恩格斯文集》第4卷，人民出版社2009年版，第232页。
⑤ 《马克思恩格斯文集》第4卷，人民出版社2009年版，第232页。

第二章　恩格斯晚年的马克思哲学阐释的主体内容

明确指出，"我所得到的，并且一经得到就用于指导我的研究工作的总的结果"①，即意味着唯物史观思想一经形成，马克思就把它当作研究工具用于自己当下实际的研究工作中。马克思关于1848年革命及其经验的总结，对资本主义经济关系、生产方式的探究，对中国和印度问题的剖析，对俄国土地问题的探讨，对巴黎公社革命性质、意义和经验的分析，对文化人类学问题的研究，无不闪耀着唯物史观的思想光芒和哲学智慧。恩格斯甚至说："在马克思所写的文章中，几乎没有一篇不是贯穿着这个理论的。"② 他称赞《路易·波拿巴的雾月十八日》是马克思运用唯物史观的"十分出色的例子"。

　　恩格斯也将唯物史观自觉运用于历史和现实问题的研究中，并在这个过程中论证、拓展、深化了唯物史观思想。从恩格斯晚年的革命活动和理论活动可以看出他关注的重要问题，进而把握其唯物史观运用的重点领域和主要成就。其中很重要的一项工作是对无产阶级革命事业的持续关注和指导。恩格斯晚年独自承担起了指导工人运动的历史重任，他不仅密切关注英国、美国等国家工人运动进展，而且身体力行地参加了一些工人运动的活动，如参加"五一"游行活动。"恩格斯在生前最后十年所完成的丰富著作中的大部分，都是为无产阶级斗争的实际需要服务的。"③ 这些著作既是唯物史观运用所取得的成果，也丰富、充实了唯物史观思想。可以说，运用唯物史观准确分析无产阶级运动新发展和资本主义新变化，指导无产阶级及其政党根据新形势提出行之有效的革命策略，成为恩格斯晚年最重要的实践任务。此外，恩格斯晚年也非常重视运用唯物史观研究、阐释历史。关于原始社会的历史即史前史、德国的历史、普鲁士农民的历史、原始基督教的历史等的研究，是恩格斯晚年历史研究的重点内容。而且，这些历史研究最终都是为了理解、说

---

①《马克思恩格斯文集》第2卷，人民出版社2009年版，第591页。
②《马克思恩格斯文集》第10卷，人民出版社2009年版，第593页。
③ [德] 弗·梅林：《德国社会民主党史》Ⅳ，青载繁译，生活·读书·新知三联书店1966年版，第217—218页。

明当代问题的历史逻辑,比如,关于德国历史的研究是为了探究德国当代政治状况的历史根源。恩格斯晚年继续关注东方社会问题,尤其是俄国社会问题,分析的主导工具依然是唯物史观。在《俄国沙皇政府的对外政策》中,恩格斯就运用唯物史观分析了俄国外交成就的物质基础,俄国对德国、英国、法国等国家的外交政策形成的历史背景和内在逻辑。恩格斯对历史与现实问题的唯物史观分析的精辟性与透彻性,既彰显了唯物史观强大的解释力和说服力,又确证了它严谨的科学性和客观的真理性。

将唯物史观运用于具体的历史与现实问题分析的过程也是推动唯物史观"具体化"的过程。唯物史观"具体化"不仅考察唯物史观基本原理在具体历史语境中的表现形式,而且把握唯物史观所揭示的社会基本矛盾如何决定具体对象的历史进程和发展趋势。①"具体化"既体现了马克思和恩格斯的唯物史观运用的鲜明特色,也是其重要贡献所在。

出于纠正错误运用唯物史观现象的现实考量。虽然唯物史观是发现了人类历史发展规律的历史科学,但只有正确地运用它,才能发挥其作为科学的价值和力量。恩格斯特别强调:"只要问题一关系到描述某个历史时期,即关系到实际的应用……就不容许有任何错误了。"②他晚年之所以把唯物史观运用当作一个重要的问题来对待,就是因为在唯物史观的实际运用中出现了错误运用的现象。如海尔曼·巴尔先生指责恩斯特在研究斯堪的纳维亚半岛的妇女运动时错误地运用了唯物史观。恩格斯着重批判了恩斯特之流把唯物史观的方法当作现成的公式并按照其来剪裁各种历史事实的错误做法。根据恩格斯的分析,这种运用可能导致的结果是使这种方法变成与自己相反的东西。主要表现在以下几个方面:其一,唯物史观本身是研究历史的理论,但是把唯物史观公式化的

---

① 唐正东:《青年恩格斯哲学思想的形成与发展》,上海人民出版社2022年版,第347页。
② 《马克思恩格斯文集》第10卷,人民出版社2009年版,第593—594页。

那些"朋友"却把唯物史观"当做不研究历史的借口"①,如在依附于德国社会民主党的青年作家中,很少有人愿意下功夫去研究经济学史、商业史、农业史和社会形态发展史。② 其二,唯物史观本身是发展着的理论,公式化之后却被变成了一成不变的僵死的教条,理论本身及其运用的灵活性不见了。其三,唯物史观本身是辩证法的思维方式,公式化之后却退化到马克思所批判并已经克服了的形而上学思维方式的水平。按照这一形而上学思维方式,马克思主义理论视野中辩证发展的社会主义社会被理解为固定不变的东西。其四,唯物史观本身是整体性的理论,公式化之后变成了碎片化的理论,因为把本不属于唯物史观的不正确的东西强加到它身上,同时又把属于唯物史观的本质规定性的东西又丢掉了。如对唯物史观的经济决定论阐释,就抹杀了唯物史观中的自由、创造性、偶然性和可能性等因素,只看到规律、因果必然性,意义和价值维度被取消了。其五,唯物史观本身是反对黑格尔式构造抽象体系的理论,许多德国青年却利用唯物史观的套语把自己相当贫乏的历史知识尽快构成体系,并以此为傲。

把唯物史观教条化、公式化使之转变为自己的对立面,带来了如下消极后果:一是造成了思想混乱。恩格斯责备那些把唯物史观教条化的所谓的新"马克思主义者"在思想上"造成过惊人的混乱"。这种思想混乱会干扰工人阶级的认知和行动,而且有"可能把一个甚至最强大的、拥有数百万成员的党,在所有敌视它的人的完全合情合理的嘲笑中毁灭掉"③。二是为攻击唯物史观提供了借口,如面对德国青年利用唯物史观的套语构造抽象体系,恩格斯警示他们:"那时就可能有一个巴尔特冒出来,并攻击在他那一圈人中间确实已经退化为套语的东西本身。"④ 三是影响唯物史观功能发挥,既影响其理解历

---

① 《马克思恩格斯文集》第10卷,人民出版社2009年版,第586页。
② 《马克思恩格斯文集》第10卷,人民出版社2009年版,第587页。
③ 《马克思恩格斯文集》第4卷,人民出版社2009年版,第396页。
④ 《马克思恩格斯文集》第10卷,人民出版社2009年版,第587页。

史、解释历史的理论功能，又制约其改变历史、改变世界的实践功能。因为被教条化的唯物史观不再深入研究历史，更无法切中现实，已经变成非历史的、无现实性的抽象的东西。正是由于这些消极后果，恩格斯不得不重视唯物史观运用问题。恩格斯不仅对错误运用唯物史观的做法进行了批判，而且对如何正确运用唯物史观提出了一些建设性的建议和原则。

二 唯物史观运用前提的反思

一般来说，人们错误运用唯物史观的原因是多方面的。在恩格斯看来，主要原因是没有正确地理解唯物史观。对唯物史观的不正确理解，或出于无知和认识上的局限性，或出于偏见和不良动机的故意歪曲。无论出于何种原因，无论是哪种错误理解，都会制约唯物史观的科学运用。科学运用唯物史观，充分、准确地理解它是最基本的认识论前提。

要充分、准确地理解唯物史观必须对它进行全面而深入的研究。恩格斯说："人们往往以为，只要掌握了主要原理——而且还并不总是掌握得正确，那就算已经充分地理解了新理论并且立刻就能够应用它了。"① 恩格斯至少表达了以下两层意思：其一，仅仅掌握了唯物史观的"主要原理"，还不能算作充分地理解了唯物史观。唯物史观的内容是一个有机整体，"主要原理"只是唯物史观的核心内容，还不是也不能代表和反映唯物史观的全部内容。要全面、充分地理解它，还要把握"主要原理"之外的其他内容。其二，在没有正确且充分掌握唯物史观的条件下，就不能贸然或随意地运用它。否则，产生的后果只会弊大于利，这一点已经被"青年派"用实际行动证明。这也意味着科学运用唯物史观是有条件的，即至少要在正确、充分地理解了唯物史观的前提下才能运用它，而这就要求深入研究唯物史观。那些错误理解和运用唯物史观的德国青年作家恰恰没有对唯物史观做进一步研究。对他们而

---

① 《马克思恩格斯文集》第10卷，人民出版社2009年版，第594页。

第二章　恩格斯晚年的马克思哲学阐释的主体内容

言，唯物史观更像是装点门面的饰品，而非研究历史的工具。唯物史观"第一次使人们有可能以严格的科学态度对待历史问题和社会问题"①。如果这些德国青年作家能够深入研究唯物史观，他们就会知道，按照唯物史观的方法去做历史研究的话，他们"必须重新研究全部历史，必须详细研究各种社会形态的存在条件，然后设法从这些条件中找出相应的政治、私法、美学、哲学、宗教等等的观点"②。上述功利性动机却使这些青年作家不可能以严谨的科学态度对待唯物史观和历史问题，他们中很少有人能够真正这样去做，大部分人更愿意做"贴标签"和构造抽象体系的工作。而且，他们天真地以为，只要把唯物史观的标签贴到事物上去，问题似乎就已经解决了。这看似抬高了唯物史观的作用，实则消解了唯物史观的功能，因而错误至极，于理论和实践都毫无积极意义。

要根据原著研究唯物史观。深入研究唯物史观，必须研读原典，即马克思和恩格斯的原著。恩格斯致信布洛赫说："我请您根据原著来研究这个理论，而不要根据第二手的材料来进行研究。"③ 唯物史观思想存在于马克思和恩格斯的诸多原著中，这些原著是唯物史观思想的载体，是理解唯物史观的第一手的材料。虽然根据二手材料可以使研究要容易得多，但无法全面系统地呈现唯物史观的本来面目。不研究第一手的材料，不读马克思和恩格斯的原著，是不可能全面准确地抓住唯物史观的核心要义和精神实质的，也不可能深刻理解唯物史观的理论价值和科学定位它在思想史上的地位。巴尔特和恩斯特就是最好的例子。恩格斯批评巴尔特不从原著出发解读唯物史观，先是制造一种"应当"意义上的唯物主义的历史理论，然后发现这个臆造出来的理论与马克思原著中的东西根本不相符合。但是，巴尔特不但不反思自己的错误，反而

---

① 《列宁专题文集·论辩证唯物主义和历史唯物主义》，人民出版社2009年版，第160页。
② 《马克思恩格斯文集》第10卷，人民出版社2009年版，第587页。
③ 《马克思恩格斯文集》第10卷，人民出版社2009年版，第593页。

批评马克思自相矛盾、不会运用自己的理论。恩斯特虽然没有像巴尔特那样主观臆造出一种唯物主义历史理论,但他完全按照马克思的论敌杜林的观点去理解马克思的历史观,歪曲在马克思那里历史是无人的历史,完全按照自身的逻辑自动演进,人是受经济关系摆布的被动的存在。恩格斯精辟地指出,恩斯特把杜林对马克思的歪曲同马克思的理论本身相混淆。从恩格斯对布洛赫的建议以及他回应其他人围绕唯物史观提出的问题的相关论述来看,关涉唯物史观的著述,既有马克思阐述、运用唯物史观思想的文章和著作,也有他自己阐释唯物史观的著作。

恩格斯认为马克思所写的每一篇文章几乎都贯穿着唯物史观的思想。列宁在回应米海洛夫斯基的莫名的疑问即"马克思在哪一部著作中叙述了自己的唯物主义历史观"时,也表达了类似的观点:"马克思在哪一部著作中没有叙述过自己的唯物主义历史观呢?"[①] 这一反问意味着,马克思的文章与著作是人们掌握唯物史观思想的第一手的资源。在当时的恩格斯看来,被其称为马克思运用唯物史观的"光辉范例"的《路易·波拿巴的雾月十八日》,包含许多关于唯物史观的"提示"的《资本论》,蕴藏着唯物史观起源的《关于费尔巴哈的提纲》,"阐述唯物主义历史观"的《德意志意识形态》,马克思主义世界观首先在其中问世的《哲学的贫困》和《共产党宣言》及其多个版本的序言,他对唯物史观做了详尽阐述的《反杜林论》和《路德维希·费尔巴哈和德国古典哲学的终结》,都是理解唯物史观不能不仔细研读的重要文献。当然,从整体性视角来看,除上述文献之外,马克思和恩格斯其他的"原著",如马克思的《人类学笔记》《古代社会史笔记》,恩格斯的关于历史唯物主义的书信,《家庭、私有制和国家的起源》《论基督教的历史》,为马克思著作的出版或再版而撰写的序言或导言等,也是把握唯物史观思想不可或缺的文本资源。总之,经典文献和非经典文献都是掌握唯物史观的重要参考文献。

---

① 《列宁专题文集·论辩证唯物主义和历史唯物主义》,人民出版社2009年版,第164页。

第二章　恩格斯晚年的马克思哲学阐释的主体内容

作为唯物史观的创立者，马克思和恩格斯不仅是最先运用唯物史观的人，而且是正确运用唯物史观的典范。认真阅读他们的原著，不仅可以读出他们是如何创立唯物史观的，而且能够读出他们是如何运用唯物史观的。创立过程与运用过程实际上是一体两面的关系。如前文已经提到过的，恩格斯明确把《路易·波拿巴的雾月十八日》看作马克思运用唯物史观分析历史的"光辉范例"。实际上，恩格斯自己也有运用唯物史观分析历史与社会问题的"光辉范例"，如他运用唯物史观对家庭的发展史、私有制的形成史和国家的起源的深刻阐述，对德国历史的多视角的深入分析。当然，如果带着主观偏见去阅读马克思和恩格斯的原著，就有可能像米海洛夫斯基那样找不到任何有关唯物史观及其运用的踪迹。列宁在对米海洛夫斯基的批判中，谈到了《共产党宣言》《哲学的贫困》《资本论》中的唯物史观原则与方法的运用问题。在《共产党宣言》中，对现代法律制度、政治制度、家庭制度、宗教制度等的解释，对各种社会主义和共产主义理论的批判，都是唯物主义的，最终都追溯到生产关系的根源。在《哲学的贫困》中，马克思对蒲鲁东社会学的剖析，对他所提出的解决各种历史问题的方法的批判，也都是从唯物主义观点出发的，并在谈到历史问题的解决时"总是举出生产关系"①。《资本论》则是马克思"用唯物主义方法科学地分析一个（而且是最复杂的一个）社会形态的范例"，而且是"大家公认的无与伦比的范例"②。从列宁论述的语境来看，这里所说的唯物主义方法应该是指唯物史观，这里所说的社会形态是指资本主义社会。由此，根据列宁的观点，《资本论》是马克思运用唯物史观分析资本主义社会的范例。列宁还把《资本论》看作唯物史观从假设转变为科学的证明。这也启示我们，唯物史观的创立、运用和论证过程具有整体性和统一性。深入

---

① 《列宁专题文集·论辩证唯物主义和历史唯物主义》，人民出版社2009年版，第163页。
② 《列宁专题文集·论辩证唯物主义和历史唯物主义》，人民出版社2009年版，第163—164页。

理解这种整体性和统一性，对于把握唯物史观运用及其意义具有重要作用。总之，全面把握唯物史观及其运用，必须回到马克思和恩格斯的文本。不完整地阅读他们的文本是造成唯物史观理解偏差的重要根源。

三 唯物史观运用原则的探索

在恩格斯晚年的相关文本中，我们可以读出他关于唯物史观运用原则的灼见。例如，要按照本来面貌运用唯物史观；要把唯物史观看作方法而非教条；要联系工人运动实际运用唯物史观；要推进唯物史观民族化、世界化和时代化；等等。对唯物史观运用原则的开创性探索是恩格斯晚年哲学活动的重要组成部分，也是我们理解恩格斯晚年独特的理论贡献的不可或缺的维度。

要按照唯物史观的本来面貌运用它。根据恩格斯的观点，既要按照本来面貌理解唯物史观，也要按照本来面貌运用唯物史观。这是保证唯物史观理论本色的必然要求，但要真正做到这一点绝非易事。恩格斯在1892年3月致信倍倍尔，指出："二十年来，唯物史观在年轻党员中通常只不过是用来自我吹嘘的辞藻，现在终于开始按其本来面貌得到应用——作为研究历史的主导思想来应用。"[①] 在恩格斯看来，所谓按照唯物史观的本来面貌应用它，实质上就是把唯物史观作为研究历史的主导方法或主导工具，因为唯物史观的本真意义是研究历史的方法。德国的年轻党员没有达到这种认识自觉，他们只是把唯物史观当成"自我吹嘘的辞藻"，而不愿意去研究真正的历史。即使他们去研究历史，其主导思想也不是本真意义上的唯物史观，而是被歪曲的唯物史观或其他唯心主义历史观，结果必然是历史也遭到歪曲。在按照本来面貌应用唯物史观方面，恩格斯对考茨基、爱德和梅林的研究成果给予了肯定。他赞扬考茨基和爱德"写过一些很好的作品"，高度评价梅林的《莱辛传奇》是一篇"出色的作品"，是论述那一段德国历史的"最佳作品"。

[①] 中共中央马克思恩格斯列宁斯大林著作编译局编译：《恩格斯论历史唯物主义书信选编》，人民出版社2021年版，第28页。

第二章 恩格斯晚年的马克思哲学阐释的主体内容

从恩格斯的分析来看，梅林对德国普鲁士历史的研究呈现出以下优势：一是研究内容更为详细；二是研究视野更加开阔；三是表达方式更加果断和明确①；四是研究更加深入和透彻，表现为梅林对"普鲁士历史这一团乱麻进行了清理，并指出了其中真正的联系"②。"真正的联系"也是本质的联系、必然的联系。这反映出用唯物史观方法研究历史可以达到本质、规律层面的认识。这些优势正是要求按本来面貌运用唯物史观研究历史的意义所在。

要把唯物史观作为研究历史的方法而非教义来运用。"马克思的整个世界观不是教义，而是方法。它提供的不是现成的教条，而是进一步研究的出发点和供这种研究使用的方法。"③ 在恩格斯的理解中，就唯物史观的本来面貌来说，它首先是一种研究历史的方法。这种研究方法虽然以历史为研究对象，但"使人有可能展望一个崭新的世界，开辟独立活动的无限远景，激励我们的思想大胆地飞向尚未研究的领域"④。如果把这种研究方法教条化、公式化则不会产生这种效果，而是有可能教条式地预测未来，丧失现实的批判性。这恰恰是马克思和恩格斯所反对的。正因如此，恩格斯反复申明唯物史观的方法论本质，突出唯物史观的研究指南或指导思想的特性，严厉批判那些将唯物史观变成僵化的教条、现成的公式来运用的现象。这种教条式、公式化的运用实际是把唯物史观当成统一的模板应用到历史现象的分析与考察中。梅林认为，只要把唯物史观当作模板滥用，"它就会像一切历史观的模板一样导致到同样的颠倒是非，而且，就是把它正确地作为方法来使用，也会随着使用者的才能和学力的不同，或者随着他们所处理的材料来源的种类和

---

① 中共中央马克思恩格斯列宁斯大林著作编译局编译：《恩格斯论历史唯物主义书信选编》，人民出版社2021年版，第28页。
② 中共中央马克思恩格斯列宁斯大林著作编译局编译：《恩格斯论历史唯物主义书信选编》，人民出版社2021年版，第43页。
③ 《马克思恩格斯文集》第10卷，人民出版社2009年版，第691页。
④ 中共中央马克思恩格斯列宁斯大林著作编译局国际共运史研究室编：《卢森堡文选》上卷，人民出版社1984年版，第472页。

方法的不同，而导致许多见解上的差异"①。历史证明，唯物史观教条化难以形成关于历史的客观的、统一的认识，反而会导致历史认识上的主观主义和相对主义。把唯物史观当作公式生搬硬套到一切历史研究中，逻辑上潜在地预设了历史事物之间的绝对同一性，抹杀了它们之间的客观差异性，必然忽视对历史事物特性的深入研究。唯物史观以生成的观点、发展的观点看待历史，这种生成的观点、发展的观点也适用于唯物史观本身，因为它是不断生成和发展着的理论。把唯物史观当成现成的公式运用，实际上是以现成论思维对待唯物史观，把它视为一成不变的教条，否定了唯物史观的发展性和开放性。这既有悖于唯物史观的理论本性，也有碍于唯物史观的理论创新。

  要联系工人运动实际运用唯物史观。这主要是针对无产阶级政党及其领袖而提出的要求。恩格斯指出："越少从外面把这种理论硬灌输给美国人，而越多由他们通过自己亲身的经验（在德国人的帮助下）去检验它，它就越会深入他们的心坎。"② 恩格斯之所以不建议德国人把马克思主义理论从外面硬灌输给美国，一个关键原因在于美国与德国的工人运动状况是不同的，德国工人运动的经验不一定适合于美国的工人运动。唯物史观是无产阶级的世界观和方法论，但它只有与各国工人运动具体实际相结合，才更容易被工人阶级掌握，进而才有可能发挥其作为科学的世界观和方法论的功能。恩格斯批判北美社会主义工人党的宗派主义和教条主义错误，就在于他们脱离工人运动的实际，把理论强加于工人。世界各国的工人运动既有一般工人运动的普遍性，又有其自身的特殊性。唯物史观运用与各国工人运动具体实际相结合，既要认识到各国工人运动的普遍性，又要考虑到各国工人运动的特殊性。这就要求无产阶级政党正确运用唯物史观指导本国工人运动，一方面，需有对一般工人运动之普遍性的理性自觉，指导本国工人运动遵循工人运动的一般规律，保证其目标的统一性和方向的正确性；另一方面，要有对本国

---

  ① ［德］梅林：《保卫马克思主义》，吉洪译，人民出版社1982年版，第74页。
  ② 《马克思恩格斯文集》第10卷，人民出版社2009年版，第562页。

第二章 恩格斯晚年的马克思哲学阐释的主体内容

工人运动之特殊性的高度自觉，根据本国工人运动具体实际选择适合的革命道路和制定正确的斗争策略，提高本国革命实践的可行性和成功率。早在《共产党宣言》中，关于不同国家共产党人对反对党派的态度的阐述，鲜明体现了唯物史观运用与各国具体实际相结合的原则。就工人运动普遍性的角度来说，共产党人对反对党派的总体态度是：支持一切反对现存资本主义社会的革命运动，努力争取全世界民主政党之间的团结和协作。但从工人运动特殊性的角度来看，不同国家的共产党人对本国反对党派的具体态度是有一定差异的，他们所支持和团结的反对党派是不相同的。例如，在德国，共产党人团结社会民主党反对保守和激进的资产阶级，但对其从传统中承袭下来的空谈和幻想色彩保有批判的权利。在瑞士，共产党人支持激进派，但对这个政党是由相互矛盾的分子组成保持政治清醒。在波兰，共产党人支持发动过1846年克拉科夫起义的政党。只有这种从各国国情和工人运动实际出发的"战略性联合"，才能产生建设性的实践效果。现代无产阶级运动的历史与实践，特别是20世纪中国、俄国及西欧无产阶级运动实践证明，如果无产阶级政党及其领袖的唯物史观运用脱离本国工人运动实际，特别是忽视其特殊性，工人运动是绝对不可能成功的。反之，凡是工人运动最终取得胜利的国家，一定是联系本国工人运动实际正确运用唯物史观及整个马克思主义理论的国家。

要不断推进唯物史观的世界化、民族化和时代化。这是唯物史观与各国工人运动实际相结合的必然结果，也是其客观要求。就历史事实来说，在马克思和恩格斯活着的时候，唯物史观就已经开启了世界化、民族化和时代化的进程，《共产党宣言》在世界各国的出版和不断再版就是证明。可以说，《共产党宣言》的世界传播史是我们理解唯物史观世界化、民族化和时代化的历史的一个重要窗口。在《共产党宣言》1872年德文版序言中，关于唯物史观一般原理及其运用的重要论述，已经表达出唯物史观要世界化、民族化和时代化的思想。一是阐明了唯物史观的真理性和科学性，为唯物史观的世界化、民族化和时代化的可能性奠定了理论前提。他们认为,《共产党宣言》所阐述的唯物史观的一般原理是"完全正确"的。正因如此,唯物史观才可能具有最大的普适性,可以运用于世界各个民族、各个时代。二是提出了唯物史观的实际运用"随时随地都要以当时的历史条件为转移"①的观点,为唯物史观的世界化、民族化和时代化的必要性提供了理论依据。根据马克思的分析,英国的农民被剥夺生产资料之后成为了无产者,最终变成了雇佣工人,与之同时发展起来的是资本主义生产方式,但同样被剥夺了生产资料和生活资料的古代罗马的农民也是无产者,却没有变成雇佣工人,而是成为了"游民",与他们一起发展起来的是奴隶制的生产方式。由此,他得出:即使是极为相似的事变,如果发生在不同的社会历史条件下,产生的结果也将会有所不同。这也成为唯物史观的实际运用要随时随地以当时的历史条件为转移的重要根据。各个民族的历史条件不同,社会发展道路必然也会不同。针对米海洛夫斯基在俄国社会发展道路问题上对自己的歪曲,马克思进行了自我辩护和澄清,批驳了米海洛夫斯基将"特殊"混淆为"普遍"的逻辑错误:"他一定要把我关于西欧资本主义起源的历史概述彻底变成一般发展道路的历史哲学理论,一切民族,不管它们所处的历史环境如何,都注定要走这条道路,——以便最后都达到在保证社会劳动生产力极高度发展的同时又保证每个生产者个人最全面的发展的这样一种经济形态。"②如果按照唯物史观的理论逻辑来分析,西欧有西欧的历史环境,俄国有俄国的历史环境,由于历史环境不同,俄国不可能照搬西欧的社会发展道路。马克思也从来没有说过所有国家都必须走西欧的道路,反倒是认为,如果俄国不顾自身历史环境的变化,"继续走它在1861年所开始走的道路,那它将会失去当时历史所能提供给一个民族的最好的机会,而遭受资本主义制度所带来的一切灾难性的波折"③。米海洛夫斯基歪曲马克思,在认识论根

---

① 《马克思恩格斯文集》第2卷,人民出版社2009年版,第5页。
② 《马克思恩格斯文集》第3卷,人民出版社2009年版,第466页。
③ 《马克思恩格斯文集》第3卷,人民出版社2009年版,第464页。

第二章 恩格斯晚年的马克思哲学阐释的主体内容

源上看,实质上是把唯物史观等同于了一般历史哲学理论。马克思带有讽刺意味地指出,一般历史哲学理论的"最大长处"是超历史的:它分析问题从来不考虑具体历史条件,其运用也绝不会以当时的历史条件为转移。相比之下,唯物史观的理论特质之一恰恰在于它坚持辩证的历史主义原则,批判并终结了超历史的一般历史哲学理论。唯物史观的世界化、民族化和时代化本身就是对超历史的思维方式的否定,这也是唯物史观直到今天依然保持先进性、具有生命力和发挥影响力的奥秘。

上述唯物史观运用原则体现了理论与实践、历史与现实、普遍性与特殊性等多重辩证统一的特征。就唯物史观在马克思哲学中的地位来说,唯物史观的本质规定性在一定意义上也决定着马克思哲学的本质规定性,由此恩格斯提出的唯物史观运用原则也是马克思哲学运用应该遵循的。

综上所述,恩格斯晚年对唯物史观的拓展性阐释呈现出价值(定位)—思想(阐发)—运用(探索)的逻辑理路,反映出恩格斯的唯物史观阐释的整体性和深刻性。恩格斯晚年对唯物史观所作的这些拓展性阐释具有重要启示意义。

第一,这些拓展性阐释不是对马克思哲学的修改或背离,而是对马克思哲学的真理捍卫、论域拓展、思想升华、价值提升。这也要求我们要从发展论和生成论思维出发,把恩格斯晚年对马克思哲学的阐释不仅理解为思想的还原、注释和论证,更把握为思想及其运用的自我反思、深化和拓展。在对唯物史观的阐释中,恩格斯始终与马克思在理论立场、价值立场和革命立场上保持一致性。这种一致性证明了任何形式的"马恩对立论"都是错误的。这种错误产生的思想根源在于以还原论和现成论思维理解恩格斯对马克思哲学的阐释。

第二,这些拓展性阐释使唯物史观以更为完整、系统的面目呈现于世人面前,为形塑唯物史观整体理论形象作出了独特贡献。马克思晚年"很自然地不得不去了解世界其他地方的发展,并逐渐开始批判资本主义对现在所称谓的'外围世界'进行渗透的历史。因此,他尝试着构建一种规模宏大而完整的世界编年史,以打破当时占统治地位的观念"①。马克思构建"宏大而完整"的世界编年史,实际上也是构建唯物史观的整体性逻辑。从这我们也可以理解为什么马克思晚年主要致力于人类学、古代社会史的研究而不是完成《资本论》。恩格斯晚年运用唯物史观研究史前史、俄国社会问题、美国工人运动、自然史、上层建筑等,推进了唯物史观的整体性逻辑构建。如史前史与成文史的整体性逻辑、人类史与自然史的整体性逻辑、东方社会与西方社会的整体性逻辑、社会存在与社会意识的整体性逻辑,等等。总的来说,恩格斯晚年的这些研究聚焦于三大社会逻辑:社会存在(基础)逻辑,社会发展(道路)逻辑,社会演进(形态)逻辑。离开恩格斯晚年对社会逻辑的整体性研究,唯物史观的整体性就构建不起来。这也是恩格斯晚年唯物史观研究对社会认识史、对马克思主义整体性的重大理论贡献,并对后世产生了影响。列宁、毛泽东等对唯物史观东方逻辑、社会主义社会逻辑的拓展、深化和实践,实质上也是对唯物史观整体性逻辑的发展和确证。

第三,这些拓展性阐释生动诠释了马克思哲学的开放性和发展性的理论品格,为如何推进它的理论创新提供了重要参考和范本。恩格斯晚年提出的唯物史观运用原则,如联系工人运动实际运用唯物史观、要把唯物史观看作方法而非教条、推进唯物史观世界化、民族化和时代化,在一定意义上也可以理解为发展和创新马克思哲学的原则,并且直到今天依然有效。这也启示我们,推进马克思哲学创新不能仅仅满足于思想内部的碰撞和对话,而是要在思想与世界、思想与现实、思想与时代的多重互动中激生创新点。

---

① [美]约翰·贝拉米·福斯特(John Bellamy Foster):《马克思的生态学:唯物主义与自然》,刘仁胜、肖峰译,刘庸安校,高等教育出版社2006年版,第245页。

第三章

恩格斯晚年的马克思哲学阐释的方法论特色

莱文认为"恩格斯开创了马克思主义思想的一个重要的解释学派"①，这是对恩格斯晚年阐释马克思哲学的独特贡献的肯定。但他把恩格斯开启的这个解释学派定性为"黑格尔化马克思主义"，则是错误的。恩格斯晚年的确开启了一种独特而重要的马克思哲学阐释范式，体现了鲜明的方法论自觉。以往学界多从哲学的文本、形态、体系、话语等视角，探讨恩格斯晚年关于马克思哲学阐释的传播史和思想史价值，而对其阐释马克思哲学的方法论原则、特征及意义的系统反思相对不足。由此带来的一大后果是使恩格斯晚年哲学探索的方法论贡献被遮蔽或低估，进而不能全面地评价恩格斯的哲学探索在马克思主义发展史上的重大理论和实践价值。分析恩格斯晚年阐释马克思哲学的方法论特色及其意义，对于深度挖掘恩格斯晚年的独特哲学贡献，对于反思后世马克思哲学阐释的方法论局限与价值，推进当代马克思哲学研究方法论创新，具有重要意义。

恩格斯的理论家与革命家、马克思哲学的参与者与阐释者的双重身份，使其晚年关于马克思哲学的阐释，既不同于古人对传统经典的纯考

---

① ［美］诺曼·莱文（Norman Levine）：《马克思主义与恩格斯主义中的黑格尔》，臧峰宇译，北京师范大学出版集团、北京师范大学出版社2018年版，第20页。

证性的诠释，也不同于今人对马克思哲学的纯学术性的解读。恩格斯晚年对马克思哲学的阐释自觉遵循了辩证的关系论思维而非实体性思维。在马克思哲学的视域中，一切存在，无论是精神性的，还是物质性的，都是关系性的存在。因而，关系论思维成为其哲学分析的重要方法论。在这个意义上，恩格斯晚年运用这一方法论原则阐释马克思哲学本身，具有合理性。具体来说，恩格斯晚年是在多重关系中阐释马克思哲学的，可以进一步概括为"五个统一"：文本与历史相统一；哲学与科学相统一；学派维度的多重比较相统一；学术话语与大众话语相统一；坚持和发展相统一。

第一节 文本与历史相统一

美国学者伯尔特·奥尔曼曾总结了后世以非历史性态度对待马克思哲学的三种表现：一是对其思想发展很少关注；二是在其起源问题上花费时间不多；三是"没有试图把马克思主义置于它之前或同时代其他思想的背景中进行考察"①。与这种非历史性的态度不同，恩格斯不仅关注马克思的思想发展，花费时间阐述马克思思想的起源，而且总是把它置于思想史的背景中考察。由此，他晚年对马克思哲学的阐释呈现出鲜明的历史性自觉。马克思的哲学思想凝结于他写于不同时期的文本中，这些文本以笔记、手稿、文章、著作、书信、诗歌等多种形式存在，并且大部分都非纯粹的哲学文本，如他研究政治经济学、人类学、历史学的文本。这种特殊且复杂的文本状况，使马克思的哲学既以新历史观、新唯物主义、合理形态的辩证法的形态而存在，也以资本哲学、经济哲学、社会哲学、历史哲学、人类学哲学的形态存在。这无形中为后世"完整"把握和阐释马克思哲学设置了"障碍"。不过，恩格斯晚年在文本与历史的辩证关系中阐释马克思哲学，又为克服这种"障碍"

---

① ［美］伯特尔·奥尔曼（Bertell Ollman）：《马克思的异化理论》，王贵贤译，北京师范大学出版社集团、北京师范大学出版社2018年版，第一版序言第6页。

第三章　恩格斯晚年的马克思哲学阐释的方法论特色

提供了可能的"出路"。那么，恩格斯晚年是如何在文本与历史的辩证关系中阐释马克思哲学的？他为什么会有这种方法论自觉？根据何在？意义何在？

一　学理与现实：动因的双重考量

恩格斯晚年重视在文本与历史的辩证关系中阐释马克思哲学，既有学理的根据，也有现实的考量。

从文本的产生来看，任何文本都是历史的产物，必然带有历史的印迹。马克思的文本也是如此。恩格斯明确说《共产党宣言》是一个"历史文件"，而且其自身的历史反映着现代工人运动的历史。文本是思想的载体，思想是文本的灵魂。离开文本生成的历史语境，无法准确阐释文本的思想，对于马克思的文本尤其如此。我们面对的马克思的文本是"具有内在矛盾的文本"，主要体现在"我们共时性地面对马克思不同时期的文本，就是面对蕴含在这种共时性结构中的历时性差异"[①]。有鉴于此，只有回到文本产生的原初的历史语境，进行具体、历史的分析，才能准确描绘出马克思哲学的真实形象。

马克思文本中的哲学概念本身就是历史生成的，而且马克思在使用这些概念时又根据历史变化赋予新意。只有结合历史条件，才能深刻理解马克思使用这些概念的特殊性，准确把握这些概念在马克思文本中的特定意涵。如前所述，马克思理论的核心概念劳动，既是一个经济学范畴，又是一个哲学范畴，还是一个人类学范畴。不仅在马克思的不同文本中具体含义不同，即使在同一个文本中，也可能具有多种含义。如在《1844年经济学哲学手稿》中，劳动是个高频词，也是个多义词。如"劳动时间量""奴隶劳动""生产劳动""异化劳动""积累的劳动""抽象的劳动""物化的劳动""外化的劳动""精神的劳动"。在这些表述中，劳动的含义有一致的地方，但也存

[①] 张一兵主编：《马克思哲学的历史原像》，人民出版社2009年版，第35页。

在差异性。这就需要结合具体语境进行分析。历史上对马克思劳动范畴的理解，曾出现的"泛化"与"狭隘化"两种极端倾向，都与脱离马克思使用此范畴的具体语境有关。从总体上看，马克思使用的基本概念，有的是从前人那里直接继承来的，属于"获得性概念"，有的则是自己独创的，属于"原创性概念"。无论对哪类概念的阐释，都不能离开具体的语境。否则，就不能准确把握，甚至会出现误读、歪曲。恩格斯批判费尔巴哈的唯心主义宗教观时，曾批判了与这种宗教观相联的"词源学方法"。他指出："宗教一词是从 religare 一词来的，本来是联系的意思。因此，两个人之间的任何联系都是宗教。这种词源学上的把戏是唯心主义哲学的最后一着。这个词的意义，不是按照它的实际使用的历史发展来决定，而竟然按照来源来决定。"[1]从其批判中可知，"词源学方法"的弊端就在于它仅仅从来源上理解一个概念或词语的意义，而忽略了概念或词语的意义在"实际使用"中是会随着社会历史的发展而变化的。

马克思文本探讨的主题是历史提供的。不仅贯穿马克思文本始终的人类解放的宏大主题来自历史及对历史的反思，而且不同时期文本探讨的具体主题也与历史的发展变化密切相关。如《德意志意识形态》与《资本论》两个文本，虽然都聚焦于人类解放主题，但各自批判的重点和具体问题完全不同。前者侧重资本主义的意识形态批判，后者侧重资本主义的生产方式批判。马克思不同时期文本之间的历时性差异也是马克思哲学思想发展变化的重要标识。割裂文本与历史的关联，难以系统、全面地把握马克思哲学思想本身发展变化的历史过程。此外，文本的历史性也为特定文本的解释划定了界限，即要求人们不能对文本进行肆意的"过度诠释"[2]。

从文本的内容来看，历史始终是马克思重要文本关注和探讨的对

---

[1] 《马克思恩格斯文集》第4卷，人民出版社2009年版，第288页。
[2] 胡大平：《回到恩格斯：文本、理论和解读政治学》，江苏人民出版社2011年版，第23页。

第三章　恩格斯晚年的马克思哲学阐释的方法论特色

象。对此，恩格斯有深切的认识。在《卡·马克思〈1848年至1850年的法兰西阶级斗争〉一书导言》中，恩格斯指出："目前再版的这部著作，是马克思用他的唯物主义观点从一定经济状况出发来说明一段现代历史的初次尝试。在《共产主义宣言》中，用这个理论大略地说明了全部近代史；在马克思和我在《新莱茵报》上发表的文章中，这个理论一直被用来解释当时发生的政治事件。"① 从这段表述中可以看到，仅这三个文本所关涉的历史，就包括"现代历史""全部近代史"以及"当代史"。此外，《德意志意识形态》《1857—1858年经济学手稿》等文本涉及古代史研究，马克思晚年的人类学笔记又关注人类史前史。从史前史、古代史、近代史、现代史一直到当代史，充分表现了马克思的大历史观及其整体性。这种大历史观及其整体性，从纵向维度上展现为马克思对整个人类历史的历时性发展的全面把握，从横向维度上体现为马克思不仅研究西方社会发展史，而且还研究东方社会发展史。他对"亚细亚生产方式"问题的研究，关于中国、印度和俄国的重要著述，如《中国革命和欧洲革命》《鸦片贸易史》《俄国的对华贸易》《不列颠在印度统治的未来结果》，都属于研究东方社会发展史的内容。恩格斯晚年继续具体地推进并拓展了马克思的历史研究，涉及领域非常广泛，如人类社会早期发展史，氏族、家庭和国家演进史和民族史，以基督教为代表的宗教史，1848年以来的革命史和工人运动史，德国社会主义运动史，德国和欧洲其他国家农民的历史，共产主义同盟的历史，资本主义发展史，近代以来的哲学史、科学史，乃至包括马克思哲学本身的形成史和发展史，等等。历史是马克思和恩格斯研究的重点，他们始终关注现实历史及其运动发展，其理论贡献也首先表现在历史领域。他们的文本本身就是思考现实历史运动的理论成果，他们的哲学本身就是历史性的思想，是现实历史运动的哲学表达和哲学观照。

---

① 《马克思恩格斯文集》第4卷，人民出版社2009年版，第532页。

从文本自身的特点来看，马克思的一些文本具有未完成性、不完整性或片段性特征，还有一些文本属于论战性的、时评性的，不纯粹是研究性的。在具有如此复杂特征的文本中，蕴含着大量的马克思哲学思想。这也反映了马克思哲学思想在文本中分布的"碎片化"。只有结合当时特定的历史语境，才有可能准确把握，否则容易"断章取义"，产生歧义。例如，关于早年马克思对自由贸易的态度问题，如果不考虑具体语境，就容易把马克思与工业资本家的态度混为一谈。恩格斯在《保护关税制度和自由贸易》一文中分析指出，在1847年的德国，"自由贸易并不是能够消除工人阶级所遭受的一切祸害的万应灵药，甚至还可能加重这些祸害"[①]，但这个时期马克思对待自由贸易"原则上"持"赞成"态度。从表面上看，马克思确实与工业资本家一致"赞成"自由贸易。但他紧接着又指出："由于自由贸易是这种历史演进的自然的、正常的环境，是最迅速地使不可避免的社会革命所必需的条件得以造成的经济培养基——由于这个原因，而且只是由于这个原因，马克思才宣布赞成自由贸易。"[②] 进一步说，马克思之所以在"原则上""赞成"自由贸易，是因为自由贸易是重塑社会经济结构、能够最快速地把资本主义社会带进"死胡同"的办法[③]。马克思与工业资本家"赞成"自由贸易的内在动机是截然相反的，马克思为了无产阶级乃至整个人类的利益，希望早日把资本主义制度送入坟墓，而工业资本家为了自身的利益恰恰是竭力使这个制度永存。如果离开这个特定语境，就可能曲解马克思"赞成"自由贸易的真实意图，进而误读马克思的自由观。

正如有学者所言："马克思的思想是相当丰富、复杂与多维的，是在不同的层次上、在不同的语境中（有时是辩论的，有时是新闻的，有时是科学的）、以不同的语气（有时是讽刺的，有时是煽动性的，有

---

① 《马克思恩格斯文集》第4卷，人民出版社2009年版，第336页。
② 《马克思恩格斯文集》第4卷，人民出版社2009年版，第336页。
③ 《马克思恩格斯文集》第4卷，人民出版社2009年版，第336页。

第三章 恩格斯晚年的马克思哲学阐释的方法论特色

时是分析的,有时是预言的)并且在许多尚未充分展开又无固定答案的方面得以表达出来的。"① 在这种情况下,要正确把握马克思的思想必然要回到文本产生的语境。在马克思主义理解史上,关于马克思的某个思想、某个观念或某个术语的分歧与争论,大多都源于文本与语境的分裂。这种分裂往往使阐释者不能准确理解马克思在特定语境下使用某些术语所要表达和传递的真实思想。例如,伯特尔·奥尔曼认为要理解马克思的人性观念,就"必须处理好马克思不常见术语的使用问题,其中一个经常被忽视的基本任务是确保他用这些术语所要传递的信息,没有对马克思的本意画蛇添足或偷梁换柱"②。他强调正确处理马克思不常见术语的使用问题的重要性,不仅仅在于这是正确理解术语本身所要表达的信息的前提,更重要的是"从马克思对语言的使用出发,直接导致了作为其他内容之基础的现实的观点的出现;从这里出发,还导致了研究的方法和解释的方法"③。由此也可以推论出,紧密结合文本生成、发表或再版的历史语境,考察和阐释马克思理论的意义,既有助于更为准确地理解马克思思想观念本身的含义,也有助于更为深层地把握马克思获得这些思想观念的方法及其特色。

二 文本及思想的多维历史阐释

从马克思文本写作或发表的原初的历史语境中,理解马克思哲学思想的出场逻辑、核心议题和本质内涵。此处所说的"原初的历史语境",也是马克思哲学思想生成、发展和变革的"源起性语境"④。在恩格斯那里,这种语境包含的内容十分丰富,既有多种思想史语境,又有

---

① [英]史蒂文·卢卡斯(Steven Lukes):《马克思主义与道德》,袁聚录译,田世锭校,高等教育出版社2009年版,第2页。
② [美]伯特尔·奥尔曼(Bertell Ollman):《马克思的异化理论》,王贵贤译,北京师范大学出版集团、北京师范大学出版社2018年版,第5页。
③ [美]伯特尔·奥尔曼(Bertell Ollman):《马克思的异化理论》,王贵贤译,北京师范大学出版集团、北京师范大学出版社2018年版,第5页。
④ 张一兵主编:《马克思哲学的历史原像》,人民出版社2009年版,第39页。

经济史、政治史、文化史、科学史语境;既有资本主义发展史语境,又有无产阶级革命史语境。历史语境所具有的这种"综合性"特征,不但使恩格斯对马克思哲学的理解更能接近马克思哲学的本真,而且能多视角地彰显马克思哲学的包容性、超越性、革命性与现实性。当然,也更能客观、历史、具体地看待马克思哲学思想观点中未尽之处。

恩格斯晚年在出版、再版马克思的著作时,撰写了许多序言、导言或前言,如《共产党宣言》的两个德文版序言(1883年、1890年)、英文版序言(1888年)、波兰文版序言(1892年)、意大利文版序言(1893年),《雇佣劳动与资本》单行本前言(1884年)、单行本导言(1891年),《资本论》第二卷序言(1885年),《哲学的贫困》德文第一版序言(1884年),《路易·波拿巴的雾月十八日》德文第三版序言(1885年),《哥达纲领批判》序言(1891年),《法兰西内战》导言(1891年),《1848年至1850年的法兰西阶级斗争》导言(1895年),等等。这些文本的序言、导言或前言,也是恩格斯晚年阐释马克思哲学思想的一个重要途径。通过它们,恩格斯阐释了辩证唯物主义和历史唯物主义的基本原理及其对整个无产阶级运动的现实指导意义。透过它们,不仅可以把握马克思相关文本的创作史、马克思相关哲学思想的生成史和发展史,更重要的是让人们认识到,辩证唯物主义和历史唯物主义的核心范畴、命题和思想观点是有自己独特的历史内涵、本质规定和问题指向的,不能草率地与其他学说相混淆。在马克思主义发展史上,之所以会存在形形色色的关于马克思哲学思想的误读和曲解,很重要的一个原因就是抛开马克思文本生成的具体历史语境,绝对"孤立"地解读马克思哲学。如在《马克思主义和哲学》一书中,柯尔施批判的"纯粹术语学"[①] 方法,就是脱离具体历史语境、非历史性地解读马克思文本及思想的典型代表。此种方法最大的问题是"去语境化",固守词句的字面意思、常规用法。正是运用这一方法,资产阶级哲学教授和

[①] [德] 卡尔·柯尔施:《马克思主义和哲学》,王南湜、荣新海译,张峰校,重庆出版社1989年版,第18页。

第三章 恩格斯晚年的马克思哲学阐释的方法论特色

第二国际的一些理论家曲解了"废除哲学"在马克思和恩格斯文本中的真实意蕴，得出了他们的理论无哲学的错误结论。也有学者因为马克思运用了费尔巴哈或黑格尔的某个概念或某个观点，而将马克思看作费尔巴哈主义者或黑格尔主义者。如果历史地考察马克思使用这些概念或观点的具体语境，就会发现，成熟的马克思的思想不仅与费尔巴哈、黑格尔的思想有本质性的差别，而且马克思"出色地拒斥"了费尔巴哈主义或黑格尔主义的支持者。①

从马克思文本自身的传播史、发展史中，揭示文本、思想的命运与历史发展的关联性，阐释马克思哲学世界观的真理价值。在1888年《路德维希·费尔巴哈和德国古典哲学的终结》单行本的序言中，恩格斯指出："这期间，马克思的世界观远在德国和欧洲境界以外，在世界的一切文明语言中都找到了拥护者。"② 恩格斯所说的"这期间"，指从他与马克思共同写作《德意志意识形态》到他自己的《路德维希·费尔巴哈和德国古典哲学的终结》发表之间的40多年。在这段时间中，马克思的世界观能够在"一切文明语言"中找到"拥护者"，表明马克思哲学传播和影响范围不断扩大，其真理性与价值性得到越来越广泛的认同。这种成就的取得，与马克思的重要文本，特别是《共产党宣言》在德国、英国、法国、美国、俄国、意大利、瑞士、西班牙、丹麦、波兰等世界范围的传播和发展密不可分。其中，《共产党宣言》的"七篇序言"见证了恩格斯如何在变化了的"历史"条件下阐释马克思的哲学思想。例如，在1890年德文版序言中，恩格斯回顾了《共产党宣言》在各国的传播史和国际工人运动史。从中可以看到，文本的命运与历史的发展相互作用，文本传播领域拓展的背后是马克思哲学思想影响力的扩大与提高。在1892年波兰文版序言中，恩格斯的分析再次印证了这一认识。他指出："根据《宣言》用某国文字发行的份数，不仅

---

① [美] 特雷尔·卡弗（Terrell Carver）：《马克思与恩格斯：学术思想关系》，姜海波、王贵贤等译，中国人民大学出版社2008年版，第2页。
② 《马克思恩格斯文集》第4卷，人民出版社2009年版，第265页。

可以相当准确地判断该国工人运动的状况，而且可以相当准确地判断该国大工业发展的程度。"① 在1893年意大利文版序言中，他回顾了1848年以来革命的进程，肯定了1848年革命的意义，并且认为"《宣言》十分公正地评价了资本主义在先前所起过的革命作用"②。这也是对贯穿于《共产党宣言》的唯物史观思想的真理性的肯定。《共产党宣言》在世界各国传播和发展的命运已经表明唯物史观经受住了"历史的严格检验"③。

从当下历史的现实境遇中，阐发马克思的文本及其蕴含的哲学思想的理论贡献、当代价值与运用原则，并拓展马克思哲学研究和运用领域。过去是现在的历史，现在是未来的历史。当恩格斯晚年从特定的历史语境阐释马克思文本及其哲学思想时，他眼中的"历史"既有过去的维度，又有当下的维度。相比之下，恩格斯更重视立足当下历史的现实处境阐释马克思哲学，彰显其面向现实的开放性与当代性。恩格斯所关注的当下历史现实是多方面的，其中他最为关注的是两个"新发展"：一是资本主义社会的新发展。资本主义社会是马克思和恩格斯生活于其中的世界，也是其理论研究和批判的对象。19世纪80年代末，美英等主要资本主义国家经济发展迅速、工业增长显著，资本集中加速，资本主义呈现出从自由竞争向垄断过渡的趋势。"资本主义国家发展的不平衡以及争夺霸权和殖民地的野心"④，导致资本主义世界内部矛盾日益加剧，外部冲突不断涌现。恩格斯晚年始终密切关注资本主义的这种新变化，并积极作出理论回应。二是国际工人运动的新发展。资本主义的新变化带来国际工人运动的新发展。其中，很值得关注的一大进展是，在德法等国已经出现以马克思主义为指导思想的无产阶级政党，欧美其他国家的社会主义工人政党普遍建立，各国无产阶级之间的

---

① 《马克思恩格斯文集》第2卷，人民出版社2009年版，第23页。
② 《马克思恩格斯文集》第2卷，人民出版社2009年版，第26页。
③ 《马克思恩格斯全集》第29卷，人民出版社2020年版，前言第4页。
④ 《马克思恩格斯全集》第29卷，人民出版社2020年版，前言第1页。

第三章 恩格斯晚年的马克思哲学阐释的方法论特色

团结不断加强。用恩格斯的话说："一支社会主义者的国际大军，它不可阻挡地前进，它的人数、组织性、纪律性、觉悟程度和胜利信心都与日俱增。"①

作为国际工人运动的思想领袖和革命导师，恩格斯要根据资本主义社会和国际工人运动的新发展制定正确的革命策略，并在思想上、理论上、组织上帮助新生的无产阶级政党，指导和教育这支日益壮大的"国际大军"。这些都离不开马克思哲学世界观的科学指导。而且此时，马克思理论已经是"一个得到大家公认的、透彻明了的、明确地表述了斗争的最终目标的理论"②。马克思哲学是指导工人阶级理解、分析和应对这种新发展、批判各种错误思潮的思想武器。反过来，这种新发展，一方面为丰富和发展马克思哲学提供了条件，另一方面又为马克思哲学的实际运用提出了要求。从前文关于资本主义新发展和国际工人运动新发展的分析可知，恩格斯晚年所处的历史条件已经发生了很大变化，因此对马克思哲学的"实际运用"必然也会发生相应的"转换"。恩格斯为马克思重要著作的出版或再版撰写序言、导言、前言，其中很重要的一个考量就是马克思著作撰写时的历史情境与公开发表时的历史情境、再版时的历史情境已经有了很大的不同，对其在当代的拓展运用和丰富发展提出了新的要求和挑战。除为马克思重要著作所写的序言、导言和前言之外，恩格斯晚年撰写的其他形式的重要文本，如《路德维希·费尔巴哈和德国古典哲学的终结》《自然辩证法》《论原始基督教的历史》《启示录》《暴力在历史中的作用》《关于〈农民战争〉》《法德农民问题》《〈论俄国的社会问题〉跋》，关于历史唯物主义的书信，都是对这种要求和挑战的回应。在其中，恩格斯不但阐明、论证了马克思哲学的思想精髓，特别是新唯物主义哲学的基本原理，而且把这些原理运用到新领域，研究新问题。如运用唯物史观研究氏族、家庭的起源和演变，阐释国家和

---

① 《马克思恩格斯文集》第4卷，人民出版社2009年版，第541页。
② 《马克思恩格斯文集》第4卷，人民出版社2009年版，第541页。

私有制的起源，探讨原始基督教的历史起源，考察德国历史及农民战争，分析俄国革命运动问题，把辩证法拓展到自然领域。这些拓展性研究不但是对马克思哲学的继承和发展，也是其时代价值的表征和证明。

第二节　哲学与科学相统一

作为两种不同的理论思维方式，哲学与科学之间既存在密切的相关性，又充满复杂的矛盾性。[①] 正因如此，哲学与科学的关系成为理解哲学自身性质无法回避的问题，也是理解马克思哲学理论特质必须面对的问题。在马克思哲学理解史上，哲学与科学的关系问题始终影响着对马克思哲学思想的解读，并产生多种阐释模式和系列论争，如对马克思哲学的科学主义或实证主义阐释，对唯物史观的经济决定论阐释，关于马克思是哲学家还是科学家的论争，关于唯物史观是否是社会学的论争，关于马克思学说有无哲学的论争，关于唯物史观与道德关系的论争，关于马克思主义中科学因素与哲学因素的关系的论争，关于辩证法是批判的方式还是科学的认识论、是纯粹的方法还是整个的哲学的论争，等等。在哲学与科学的辩证关系框架下思考、分析马克思哲学的基础、性质、功能和贡献，是恩格斯晚年阐释马克思哲学的突出特征之一，并对理解和破解上述论争有启发意义。

一　基本依据：理性认知与现实需要

学界关于恩格斯晚年哲学探索的一些谬见，如恩格斯将马克思哲学实证科学化、恩格斯把马克思哲学同化为"世界观"、恩格斯使马克思哲学走向非哲学，与没有认识到或深刻理解恩格斯晚年是在哲学与科学的关系中理解马克思哲学有关。那么，恩格斯为什么要从哲学与科学的

[①] 孙正聿：《哲学通论》，辽宁人民出版社1998年版，第88页。

第三章　恩格斯晚年的马克思哲学阐释的方法论特色

关系视域阐释马克思哲学？对此，可从两个方面来理解。

第一，基于恩格斯对马克思的两个认知。第一个认知是恩格斯深知马克思本人非常重视科学的作用——始终高度关注最新的科学发展，且对科学有所研究。关于马克思本人对科学的研究，恩格斯指出："马克思在他所研究的每一个领域，甚至在数学领域，都有独到的发现，这样的领域是很多的，而且其中任何一个领域他都不是浅尝辄止。"[①] 那么，马克思为什么重视科学研究？这源于他对科学功能的认识："科学是一种在历史上起推动作用的、革命的力量。"[②] 关于他对科学最新发展的高度关注，恩格斯说："任何一门理论科学中的每一个新发现——它的实际应用也许还根本无法预见——都使马克思感到衷心喜悦，而当他看到那种对工业、对一般历史发展立即产生革命性影响的发现的时候，他的喜悦就非同寻常了。"[③] 如马克思关注法国物理学家马·德普勒在输电方面的研究成果。马克思常常会利用因身体不适而无法工作的时间学习、研究自然科学，而且涉足领域十分宽泛。如他在1864年7月4日写给恩格斯的信中说："在这一段完全不能工作的时期里，我读了卡本特尔的《生理学》、洛德的《生理学》、克利克尔的《组织学》、施普尔茨海姆的《脑和神经系统的解剖学》以及施旺和施莱登关于细胞的著作。"[④] 根据恩格斯的描述，由于生病，1870年以后马克思又有一个间歇期间，"地质学和生理学，特别是独立的数学研究，成了这个时期的许多札记本的内容"[⑤]。他不仅研究地质学、生理学、数学，由于关注农业发展、关注农业和土地的长期关系，还研究农业化学，如约翰·贝拉米·福斯特所分析的，马克思"在19世纪60年代后期到70年代之间持续地做了数百页关于地质学和农业化学的笔记"，且"带着极大

---

① 《马克思恩格斯文集》第3卷，人民出版社2009年版，第601—602页。
② 《马克思恩格斯文集》第3卷，人民出版社2009年版，第602页。
③ 《马克思恩格斯文集》第3卷，人民出版社2009年版，第602页。
④ 《马克思恩格斯全集》第30卷，人民出版社1975年版，第410页。
⑤ 《马克思恩格斯文集》第6卷，人民出版社2009年版，第7页。

的热情研究了地质学和古生物学，还有农业化学和人类学"[①]。由此，马克思留下了大量的包括《数学手稿》在内的"科学笔记"和内容丰富的《人类学笔记》。第二个认知是恩格斯熟知马克思学说本身汲取了自然科学和社会科学领域的最新成果。马克思哲学的生成发展逻辑与科学发展逻辑之间具有相互作用的关系。对此可以从两个方面来理解：一方面是当时自然科学和社会科学的最新发展成果对马克思哲学思想的生成和发展产生了重大影响，如马克思对数学及其他科学的兴趣"最初是与他对政治经济学的研究以及解决这些研究提出的某些理论问题的迫切需要联系在一起的"[②]。积极吸收最新科学成果也是马克思哲学科学性的一个重要来源。另一方面是马克思哲学也对社会科学的发展作出了重要理论贡献，如对政治经济学、社会学、政治学、历史学、人类学、文化学、心理学、语言学、法学等的理论贡献。特别是马克思在社会历史领域的两个伟大发现，对于社会科学发展更加意义非凡。

第二，出于恩格斯指导国际工人运动的现实需要。国际工人运动离不开科学理论的指导。随着国际工人运动"更加普遍"的发展，"需要有一种明确的哲学阐述来引导党员，特别是在这个领域已经有了竞争对手的理论体系。而且，非常自然的是，恩格斯对其理论体系的定位强烈地受到他越来越关注的英国和德国的科学方法论的影响，而且自然科学在社会大多数人——不只是社会民主党党员——中的威信与日俱增"[③]。在这种境况下，恩格斯对马克思哲学体系的定位、阐释无疑都会受到科学的影响。恩格斯本人也善于吸收自然科学和社会科学的新近发展成果，使自己的理论研究建立在科学的基础之上，以最大限度保证形成的新理论的科学性。如19世纪70年代，他花"八年中的大部分时间"

[①] [美]约翰·贝拉米·福斯特（John Bellamy Foster）：《马克思的生态学：唯物主义与自然》，刘仁胜、肖峰译，刘庸安校，高等教育出版社2006年版，第244—245页。
[②] [意]马塞罗·穆斯托：《马克思的晚年岁月》，刘同舫、谢静译，人民出版社2022年版，第46页。
[③] [英]戴维·麦克莱伦（David McLellan）：《恩格斯传》，臧峰宇译，中国人民大学出版社2017年版，第78页。

第三章　恩格斯晚年的马克思哲学阐释的方法论特色

来研究自然科学和数学，撰写了《自然辩证法》研究手稿。依据对史前史和人类学的研究，撰写了《家庭、私有制和国家的起源》。这既体现了恩格斯善于利用自然社会科学知识拓展理论研究的品格，也揭示了其理论科学性与真理性的源泉。而理论的科学性与真理性是保证革命行动走向自觉和成功的前提。因此，恩格斯利用这些科学理论影响、教育工人阶级，而且他确信"科学越是毫无顾忌和大公无私，它就越符合工人的利益和愿望"[1]。

二　辩证视野：哲学史与科学史相统一

恩格斯对哲学与科学的相互关系具有高度的理性自觉。通过历史考察哲学在科学发展中的作用与科学在哲学发展中的作用，揭示了哲学发展逻辑与科学发展逻辑之间辩证而复杂的关系，特别是关于马克思哲学的科学基础、科学贡献与科学定位的反思与论断，非常有启示意义。恩格斯晚年分析科学与哲学关系的理路，与现当代理论界的理解模式不完全相同。为便于深入理解恩格斯分析理路的独到之处，我们有必要先来了解一下现当代理论界对哲学与科学关系的认识。结合以往学者的研究[2]，可概括为以下六种代表性观点。

第一种观点：从知识论立场把哲学与科学的关系理解为普遍性与特殊性的关系，以国内通行的马克思主义哲学原理教科书模式为代表。[3]此种观点主要强调哲学与科学在研究领域与功能上的区分，认为前者研究世界整体，提供"普遍规律"，后者研究世界的某个领域或层次，提供"特殊规律"。在这种理解中，哲学相对于科学的优势就在于哲学知识比科学知识更具有普遍性和概括性。

第二种观点：从反形而上学角度把哲学理解为科学的"副产品"[4]，

---

[1]《马克思恩格斯文集》第4卷，人民出版社2009年版，第313页。
[2] 参见孙正聿《哲学通论》，辽宁人民出版社1998年版，第90—91页。
[3] 孙正聿：《哲学通论》，辽宁人民出版社1998年版，第90页。
[4] 孙正聿：《哲学通论》，辽宁人民出版社1998年版，第90页。

· 149 ·

以现代西方科学哲学思潮为代表。这种观点把科学视为知识的典范，反对凌驾于科学之上的传统形而上学，认为形而上学命题不可证实且无意义。在这个前提下，把哲学定位于一种分析活动，认为哲学的任务就是运用逻辑分析方法澄清科学概念或科学命题的意义。这种认识建立在对科学的极度崇拜之上，甚至把科学推到了至高无上的地位。对于此中缘由，从恩斯特·卡西尔关于科学思想的高度评价中可以找到答案线索："在我们现代世界中，再没有第二种力量可以与科学思想的力量相匹敌。它被看成是我们全部人类活动的顶点和极致，被看成是人类历史的最后篇章和人的哲学的最重要主题。"[1]

第三种观点：从哲学含义的历史多变性出发，提出哲学与科学之间不存在"亘古不变的固定关系"[2]，以德国哲学家文德尔班为代表。他认为，从古希腊到19世纪，哲学的内容、任务、领域与意义都不断发生变化，导致哲学含义"变化多端"，由此证明哲学与其他科学没有固定不变的关系。这种不固定性表现在两个方面：一方面，在哲学表现为"总体科学"的地方，其他各门特殊科学就只是哲学的组成部分，如在黑格尔体系中就是如此。另一方面，当哲学的任务被指定为从普遍意义来理解各门特殊科学的成果时，哲学与科学就会发生特别复杂的关系。[3] 这种复杂性体现为：有时哲学依赖于特殊科学促进自身发展，如天文学对早期希腊哲学的影响，力学对近代哲学的影响；有时哲学为解决科学问题贡献有价值的因素，如19世纪的新教神学与德国古典哲学就处在这种关系中；有时哲学因循抄袭科学的东西，如自然科学与谢林自然哲学的关系。

第四种观点：从结构主义出发，把哲学看作与科学不同但又为科学划界、从与科学的关系中获得自身规定性和存在基础的理论，以法国哲学家阿尔都塞为代表。阿尔都塞的观点可以归结为三点：一是哲学不是

---

[1] [德] 恩斯特·卡西尔:《人论》，甘阳译，上海译文出版社1985年版，第263页。
[2] [德] 文德尔班:《哲学史教程》上卷，罗达仁译，商务印书馆1987年版，第13页。
[3] [德] 文德尔班:《哲学史教程》上卷，罗达仁译，商务印书馆1987年版，第13页。

第三章 恩格斯晚年的马克思哲学阐释的方法论特色

科学:哲学"既不是关于科学危机的科学,也不是关于整体的科学"[①]。哲学在形态、功能和方法上均不同于科学。二是哲学"干预"并"盘剥利用"科学。哲学靠干预理论发挥功能,这里所说的理论由科学、哲学和理论的意识形态构成。哲学干预的体现和结果是划清界限,说到底是划清科学的东西和意识形态的东西之间的界限,清除障碍,引发新的问题,并有助于开辟解决科学难题的正确道路。[②] 科学与意识形态的界限内在于哲学本身,科学的权利与界限皆由哲学来保证。而且,为了所谓人类精神自由的利益,绝大多数哲学会对科学进行"盘剥利用"。三是哲学与科学的关系构成哲学存在的基础。阿尔都塞指出,不是只有哲学才谈论科学,宗教、伦理和政治也谈论科学,但是它们没有像哲学那样谈论科学,它们与科学的关系也没有构成自身的特殊的规定性。哲学则不一样,哲学与科学的关系对哲学的特性来说是"构成性"的,离开这种关系,哲学将不存在。[③] 只能在科学的世界或包含科学的世界中看到哲学,新哲学范畴也是在新科学中孕育、整合出来的。

第五种观点:从"后哲学文化"视角把哲学看作与科学等其他文化形态相融合而产生新话语的一种文化类型,以后现代主义者理查德·罗蒂为代表。罗蒂从分析哲学的困境出发,预测当代文化发展的趋势是从"哲学文化"走向"后哲学文化"。在"哲学文化"时代,哲学作为基础性的知识处于文化的核心,是裁判其他文化知识的法官,当然也是裁判科学的法官。在"后哲学文化"中,没有权威,没有标准,"哲学不再是高于或独立于其他学科的理论体系,而是与历史学、文学、语言学、考古学、人类学、政治学、经济学、社会学等其他学科相结合,构成新的话语,开拓适应社会生活需要的新的知识和行为领域"[④]。在"后哲学文化"下,哲学与科学之间是平等、对话与合作的

---

① 陈越编:《哲学与政治:阿尔都塞读本》,吉林人民出版社2003年版,第16页。
② 陈越编:《哲学与政治:阿尔都塞读本》,吉林人民出版社2003年版,第49页。
③ 陈越编:《哲学与政治:阿尔都塞读本》,吉林人民出版社2003年版,第53页。
④ 赵敦华:《现代西方哲学新编》(第二版),北京大学出版社2014年版,第341页。

关系。文德尔班把哲学与其他文化的这种关系比喻为"爱"和"给"的关系。

第六种观点：从思维与存在的关系出发，把哲学与科学的关系理解为一种反思关系，以国内学者孙正聿为代表。他认为，科学活动是以"理论思维去抽象、概括、描述和解释思维对象（存在）的运动规律，也就是在理论思维的层面上实现思维与存在的统一"①。哲学则是一种反思活动，把思维与存在的关系当作一个"问题"来思考。因此，科学是"实现"思维与存在的统一，哲学是"反思"思维与存在的关系。② 从这个逻辑关系上看，哲学是对科学的反思与超越。

相比之下，恩格斯晚年关于哲学与科学之间关系的认识，不同于上述任何一种观点，分析模式也有自身的特点。恩格斯并没有抽象地谈论哲学与科学的一般关系，而是以哲学史与科学史为依托，在历史考察具体哲学与自然科学的互动发展中揭示哲学与科学的相关性。

第一，从实践活动与思维的关系，揭示哲学与科学发展的共同基础。从思维活动的水平和层次上看，科学和哲学本质上都属于理论思维活动。在《自然辩证法》中，恩格斯把自然科学划分为经验自然科学和理论自然科学。理论自然科学更能彰显科学活动的"理论思维"性质。恩格斯在对哲学与科学关系的分析中，也主要以理论自然科学为对象。恩格斯指出："自然科学和哲学一样，直到今天还全然忽视人的活动对人的思维的影响。"③ 此处所说的"人的活动"指人的实践活动。正是人的实践活动引起自然界的变化，并且人的实践活动改变自然界的程度影响人的智力发展程度，因而也影响人的思维发展程度，包括哲学思维和科学思维发展程度。因此，人的实践活动也是哲学思维和科学思维最本质、最切近的基础。根据恩格斯的分析，在经历了中世纪的黑暗之后，自然科学能以神奇的速度发展起来，要归功于生产，工业的迅猛

---

① 孙正聿：《哲学通论》，辽宁人民出版社1998年版，第94页。
② 孙正聿：《哲学通论》，辽宁人民出版社1998年版，第95页。
③ 《马克思恩格斯文集》第9卷，人民出版社2009年版，第483页。

第三章 恩格斯晚年的马克思哲学阐释的方法论特色

发展是推动近代哲学家前进的重要因素。同时,哲学思维与科学思维的产物如思想和观念的客观性、真理性,也都由实践活动这个基础来确证与检验。例如,正是人的实践活动使因果观念或因果性的客观性得到确证,恩格斯并举例说明了人的实践活动如何对"因果性作出验证"。揭示哲学与科学发展基础的共同性,为进一步分析二者的相互关系奠定了基础。

第二,以哲学史与科学史为依托,阐述哲学与科学的内在关联,这其中就涉及马克思哲学与科学发展的关系。

一是阐述哲学发展的科学基础和科学贡献。恩格斯主要分析了自然科学的发展状况对哲学的观点、形态和思维方式的影响。近代自然观与近代自然科学的关联有力证明了自然科学对于哲学观点的制约。近代自然观本质上是机械自然观,科学基础是牛顿经典力学。17世纪英国唯物主义和18世纪法国唯物主义都是这种自然观的典型代表。在这个时期,除牛顿经典力学发展成熟外,物理学、化学和生物学等其他科学发展都很缓慢,基本处于"襁褓之中"[①]。这种自然科学发展格局使人们大多用力学的观点、纯粹机械的原因解释一切自然现象,把一切运动形式都归结为机械运动,由此形成近代机械自然观。这种自然观超越了古代自然观的直观性、猜测性的局限,但由于坚持机械决定论、因果决定论,最终使其导向"第一推动",陷入神学目的论。黑格尔对这种机械自然观持批判态度,但他受自然科学制约并没有真正克服这种自然观。他的哲学只承认"精神"的历史发展,而不承认自然界也有"时间上的发展"。在自然界中,他只承认"并列"关系,不承认"先后"关系。[②] 费尔巴哈哲学也没有克服机械自然观。恩格斯认为,费尔巴哈虽然看到了19世纪自然科学领域的三个"决定性的发现"——生物进化论、能量守恒与转化定律和细胞学说,但与世隔绝的"农民式"生活,使费尔巴哈与这些划时代的科学发现擦肩而过。真正关注到这些自然科

[①] 《马克思恩格斯文集》第9卷,人民出版社2009年版,第509页。
[②] 《马克思恩格斯文集》第9卷,人民出版社2009年版,第14页。

学新发现的是马克思和恩格斯。利用这些自然科学新发现,他们拯救出辩证法,将其运用到唯物主义的自然观和历史观。他们已经清楚地认识到:"要确立辩证的同时又是唯物主义的自然观,需要具备数学和自然科学的知识。"① 另外,确证辩证唯物主义自然观的真理性也离不开自然科学,恰恰是自然科学所提供的丰富材料证明了自然界中的一切都是"辩证"而非形而上学地发生的。② 上述分析昭示出恩格斯敏锐地洞察到了自然科学的发展对哲学自然观的深刻影响。

哲学观点背后隐含着哲学的思维方式。近代唯物主义机械自然观体现了形而上学的思维方式。这种思维方式与近代自然科学的发展状况与研究方法具有本质关联。从研究状况来看,直到18世纪末,自然科学主要是"关于既成事物的科学"③。把事物看成"既成存在"的形而上学,正是由"把非生物和生物当做既成事物来研究的自然科学中产生的"④。从研究方法上看,15世纪下半叶以来,自然科学把对象分解为各个部分,把每个部分当作固定不变的东西,从静止的、死的状态去考察,而不是从运动的、活的状态去考察。形而上学思维方式就是把这种考察方式运用于哲学的产物。杜林不仅把这种移植来的方法运用于自然领域,而且运用到社会生活领域。马克思和恩格斯的辩证唯物主义自然观则与他们的辩证思维方式密切相关,他们的辩证思维方法是总结、反思现代自然科学新发现的结果。

科学的进展不仅制约哲学的观点和思维方式,而且影响哲学形态的演进。唯物主义形态的历史演进证明了这一点:"随着自然科学领域中每一个划时代的发现,唯物主义也必然要改变自己的形式。"⑤ 古代朴素唯物主义是人类自然科学发展水平低的产物,近代自然科学的迅猛发展催生了近代机械唯物主义,包括三大"决定性的发现"在内的19世

---

① 《马克思恩格斯文集》第9卷,人民出版社2009年版,第13页。
② 《马克思恩格斯文集》第9卷,人民出版社2009年版,第386页。
③ 《马克思恩格斯文集》第4卷,人民出版社2009年版,第299页。
④ 《马克思恩格斯文集》第4卷,人民出版社2009年版,第299页。
⑤ 《马克思恩格斯文集》第4卷,人民出版社2009年版,第281页。

第三章　恩格斯晚年的马克思哲学阐释的方法论特色

纪自然科学的进步，又促进了现代辩证唯物主义的产生。恩格斯认为，不仅哲学形态的演进受科学发展的影响，每一种哲学形态自身的特点与缺点也与科学的发展状况有关。如 18 世纪唯物主义不把世界理解为过程，对自然的非历史观点，也是同彼时的自然科学状况相适应的：只有固体力学达到了相对成熟、完善的地步，其他科学如化学、生物学都尚在襁褓中，所以"力学的尺度"成为衡量一切事物发展过程的唯一尺度。"康德的太阳系起源理论刚刚提出，而且还只是被看做纯粹的奇谈。地球发展史，即地质学，还完全没有人知道，而关于现今的生物是由简单到复杂的长期发展过程的结果的看法，当时还根本不可能科学地提出来。"① 由此，恩格斯说大可不必去责备 18 世纪的哲学家。

二是反思科学发展的哲学前提与哲学意义。科学发展既推动哲学在观念、方法与形态方面的进步，又离不开哲学世界观方法论的指导。对此，可以从历史上哲学家与科学家的关系来理解。如在突破近代机械自然观的努力中，恩格斯指出，哲学家康德在这种自然观上打开了"第一个突破口"，他在《自然通史和天体论》中揭示了地球和整个太阳系都是某种生成的东西，这就排除了"第一推动"。而与恩格斯同时代的一些自然科学家难以摆脱对自然的机械决定论解释，与他们哲学知识有限、缺乏先进哲学的指导有直接关系。在恩格斯眼中，除当时在德国各大学流行的"最粗陋的庸俗哲学"外，这些自然科学家对其他的哲学一无所知。正因为这种局限，"他们才会这样应用诸如'机械的'一类的术语，而不去说明甚至也没有想到，他们这样做必然得出怎样的结论"②。

按照恩格斯的分析，无论是从科学发展的历史还是逻辑来看，自然科学家都是需要理论思维的。离开理论思维，特别是离开理论思维提供的范畴，他们便不能前进一步。那么，从何处获得理论思维？恩格斯给出的答案是要发展理论思维，除了学习以往的哲学，别无他法。当然，

---

① 《马克思恩格斯文集》第 4 卷，人民出版社 2009 年版，第 282 页。
② 《马克思恩格斯文集》第 9 卷，人民出版社 2009 年版，第 509 页。

自然科学发展的不同阶段，需要的理论思维也不同。例如，当"经验的自然研究已经积累了庞大数量的实证的知识材料，因而迫切需要在每一个研究领域中系统地和依据其内在联系来整理这些材料"，并"在各个知识领域之间确立正确的关系"[1] 时，也是经验自然科学转向理论自然科学时，自然科学家最需要的理论思维是辩证思维。而这些理论自然科学家要缩短向辩证思维复归的过程，有必要仔细研究一下辩证哲学，特别是希腊哲学和德国古典哲学。在前者中，辩证法以原始朴素的形式出现，在后者中，辩证法走向自觉但被神秘化了。

　　自然科学家离不开理论思维，理论思维要从学习哲学中获得，意味着自然科学家始终受哲学支配。但是，有一些自然科学家不愿意接受哲学的支配，总想从哲学中解放出来。恩格斯指出："自然科学家相信，他们只要不理睬哲学或辱骂哲学，就能从哲学中解放出来。"[2] 遗憾的是，他们获取思维范畴的途径、来源，不但使这种解放的愿望落空，而且成为"最蹩脚的哲学"的奴隶。他们获取思维范畴的途径大概有三个：一是"盲目"地从"那种受早已过时的哲学残渣支配的一般意识"[3] 中获取的；二是从"大学必修的哲学课的零星内容"[4] 中获取的；三是从"不加批判而又毫无系统地阅读的各种哲学著作"[5] 中获取的。由于哲学来源的过时性、碎片化、非批判性、非系统性，导致那些对哲学家辱骂得最厉害的自然科学家恰恰成了"最蹩脚的哲学"的"最蹩脚的庸俗残渣"的奴隶。[6] 从中也可以看出，自然科学家的哲学选择对其科学研究的重要性。恩格斯强调，科学家与哲学家是"相辅相成"的："现今的自然科学家，不论愿意与否，都不可抗拒地被迫关心理论上的一般结论，同样，每个从事理论研究的人也不可抗拒地被迫

---

[1] 《马克思恩格斯文集》第9卷，人民出版社2009年版，第435页。
[2] 《马克思恩格斯文集》第9卷，人民出版社2009年版，第460页。
[3] 《马克思恩格斯文集》第9卷，人民出版社2009年版，第460页。
[4] 《马克思恩格斯文集》第9卷，人民出版社2009年版，第460页。
[5] 《马克思恩格斯文集》第9卷，人民出版社2009年版，第460页。
[6] 《马克思恩格斯文集》第9卷，人民出版社2009年版，第460页。

第三章　恩格斯晚年的马克思哲学阐释的方法论特色

接受现代自然科学的成果。"① 这种"相辅相成"的关系昭示着哲学家与科学家的"命运与共"。

上述分析表明，好的哲学会对科学的发展起到正向的推动作用，坏的哲学则会阻碍科学的发展。这就要求科学家们不能盲目而是要有辨别地选择、利用哲学发展成果。恩格斯指出，"正是由于自然科学正在学会掌握2500年来哲学发展的成果"②，它才可以实现"两个摆脱"：摆脱凌驾于自身之上的自然哲学；摆脱因袭来的狭隘的思维方法。③ 其中，这"两个摆脱"的实现就借助了对辩证法成果的吸收和利用。辩证法不仅有助于自然科学超越自然哲学的束缚，而且有助于整个科学摆脱无用哲学的困扰。这就是"只有当自然科学和历史科学本身接受了辩证法的时候，一切哲学的废物——除了纯粹的关于思维的理论以外——才会成为多余的东西，在实证科学中消失掉"④。由于"接受了辩证法"，马克思的"历史科学"使社会主义从空想变成科学。

三　独特定位："历史科学"

哲学家们关于哲学性质的定位，历来就有分歧。罗素认为哲学介于神学与科学之间。黑格尔则明确把哲学定位于科学，认为"哲学是关于真理的客观科学，是对于真理之必然性的科学"⑤。黑格尔之后，也有一些哲学家把哲学理解为科学，但具体观点又不同于黑格尔。如威廉·冯特主张"哲学是一般的科学，其职能在于结合得自专门科学的一般真理，而构成本身一致的体系"⑥。恩格斯晚年在阐释马克思哲学时特别注重马克思哲学的"科学"定位。从前面第二章恩格斯对唯物

---

① 《马克思恩格斯文集》第9卷，人民出版社2009年版，第435页。
② 《马克思恩格斯文集》第9卷，人民出版社2009年版，第17页。
③ 《马克思恩格斯文集》第9卷，人民出版社2009年版，第17页。
④ 《马克思恩格斯文集》第9卷，人民出版社2009年版，第461页。
⑤ ［德］黑格尔：《哲学史讲演录》第一卷，贺麟、王太庆译，商务印书馆1959年版，第18—19页。
⑥ ［美］梯利：《西方哲学史》增补修订版，伍德增补，葛力译，商务印书馆1995年版，第544页。

· 157 ·

史观的阐释、论证可以看出，"历史科学"是恩格斯对历史唯物主义的总体定位，也是对马克思哲学的合理定位。具体的分析，在第二章中我们已经有所阐述，这里再补充三点。

第一，从恩格斯关于科学的分类及相关论述看，包括历史唯物主义在内的马克思哲学属于历史科学。在《反杜林论》中，恩格斯根据认识领域，对科学进行了分类。第一类是研究非生物界且可用数学方法处理的科学，如化学、物理学等。第二类是研究活的有机体的科学，如生物学。第三类是研究"人的生活条件、社会关系、法的形式和国家形式及其由哲学、宗教、艺术等等组成的观念上层建筑"①的历史科学。第四类是研究人的思维规律的科学，如逻辑学和辩证法。按照这种划分，马克思哲学的内容历史唯物主义显然可以纳入历史科学的范围。在《在马克思墓前的讲话》中，恩格斯说马克思的逝世对于历史科学是不可估量的损失②，在《路德维希·费尔巴哈和德国古典哲学的终结》中，恩格斯的"包括哲学在内的历史科学的领域内"的表述，也再次可以推论出马克思哲学的历史科学归属。要注意的是，恩格斯将马克思哲学定位于历史科学，并不代表马克思哲学完全等同于历史科学。

第二，马克思的历史科学具有哲学性质。历史唯物主义是新的历史科学，也是新的哲学科学。在对历史唯物主义是历史科学问题的理解上，恩格斯与阿尔都塞存在很大不同。在恩格斯那里，历史唯物主义是马克思哲学的重要内容，是马克思哲学革命的见证和产物，本身具有哲学性质，而且在哲学史上占有重要地位。这一点从《反杜林论》第一编哲学部分所探讨的内容就可以得到有力证明。在这一部分，恩格斯探讨的内容，从小标题上看，标题"四、五、六、七、八"探讨的是"自然哲学"，标题"九、十、十一"探讨的是"道德和法"，标题"十二、十三"探讨的是"辩证法"。"道德和法"显然属于历史唯物主义研究的内容。阿尔都塞也把马克思的历史唯物主义看作历史科学，

---

① 《马克思恩格斯文集》第9卷，人民出版社2009年版，第94页。
② 《马克思恩格斯文集》第3卷，人民出版社2009年版，第601页。

第三章 恩格斯晚年的马克思哲学阐释的方法论特色

而且高度赞誉马克思在先前"只盛行玩弄意识形态概念的地方"和"历史哲学垄断的领域"①创建了历史科学,赋予"历史"科学性。不过,他把马克思开创这门新科学的理论事件理解为一场"认识论断裂"②,即马克思与哲学决裂,与唯心主义的历史哲学相决裂,为新科学清理场地。阿尔都塞认为,经由这场"认识论断裂",马克思为科学知识开辟了第三块科学大陆——历史的大陆。在马克思之前,开辟的两块科学大陆分别是:"(由泰利士或者用这个神话般的名字命名的人们所开辟的)希腊人的数学大陆,和(由迦利略及其后继者所开辟的)物理学大陆。"③阿尔都塞的可贵之处在于他深刻认识到了马克思的历史科学的划时代意义,这从他把马克思开辟的"历史的大陆"视为继数学大陆、物理学大陆之后的第三块科学大陆就可以看出来。但他认为这种历史科学取代了各种意识形态理论和历史哲学之后,马克思主义经历了长久的哲学上的沉默。也就是说,阿尔都塞所理解的历史科学已完全排除了哲学的内容。他认为,《关于费尔巴哈的提纲》第11条运用哲学的语言宣布与一切"解释的"哲学相决裂,预告了一门新科学即历史科学的奠基。由此,他极力反对拉布里奥拉和葛兰西对《关于费尔巴哈的提纲》第11条作"实践哲学"的解读。这种解读把这条视作"哲学革命的宣言",即承诺一种新哲学即"实践哲学"。阿尔都塞的这种不合理的理解在西方学界很有代表性,有一部分西方学者把马克思的历史唯物主义视为科学而非哲学。因此,我们不能把恩格斯与阿尔都塞关于"历史科学"的认识相混淆。

第三,作为历史科学,马克思哲学是一种科学的世界观。在《反杜林论》中,恩格斯明确提出现代唯物主义"已经根本不再是哲学,而只是世界观"④。那么,恩格斯为什么要以"世界观"而非"哲学"

---

① 陈越编:《哲学与政治:阿尔都塞读本》,吉林人民出版社2003年版,第141页。
② 陈越编:《哲学与政治:阿尔都塞读本》,吉林人民出版社2003年版,第141页。
③ 陈越编:《哲学与政治:阿尔都塞读本》,吉林人民出版社2003年版,第142页。
④ 《马克思恩格斯文集》第9卷,人民出版社2009年版,第146页。

来称谓马克思的新哲学即现代唯物主义？要回答这一问题，需要把握世界观概念的内涵和实质。从词源学上考察，世界观（Weltanschauung）是"一个西方的而且主要是德国的概念"①。但是对于这一概念具体由谁最早提出，在德国学术界存在两种不同的观点。舍勒认为由精神史研究专家洪堡最早提出，海德格尔则认为康德首创世界观概念。大部分现代学者比较认同海德格尔的说法。诉诸德国哲学史，我们会发现，世界观是德国哲学史上的一个重要概念，不仅马克思之前的费希特、谢林、黑格尔、费尔巴哈等近代哲学家使用并探讨过世界观概念，而且马克思之后的狄尔泰、胡塞尔、雅斯贝尔斯、舍勒、尼采、海德格尔、哈贝马斯等现代哲学家都曾深入研究世界观及其与哲学的关系问题。虽然哲学家们对世界观概念及相关问题研究的视角不尽相同，形成的观点也存在分歧，甚至根本对立，但他们都认同世界观是关于世界的整体性思考，即世界观直面的对象是感性世界——由现实事物组成的存在者整体。其思想被天主教神学大师巴尔塔萨称为"世界观的聚盆"的舍勒，在谈及世界观理论时，曾区分三种本质有别的观念形式：世界观、自我观和上帝观②。这种划分从狭义的研究对象的角度表明了世界观不是自我观，也不同于上帝观，尽管有些世界观理论涉及自我与世界、上帝与世界的关系，而以往关于自我观与上帝观的探讨也内在包含并起因于对世界的思考。自我观是西方近代哲学的重要内容，上帝观是经院哲学或宗教哲学、神学的核心内容。无论是在近代哲学中居统治地位的抽象的自我，还是在宗教哲学和神学中占绝对主导的神圣的上帝，都不是马克思哲学研究的重点，而是其批判的对象。相比之下，人的现实世界才是马克思哲学最为关切的对象，而其立足实践论对传统哲学的自我观和上帝观的彻底批判与解构，建构起现代唯物主义的世界观，

---

① 赵汀阳：《天下体系：世界制度哲学导论》，中国人民大学出版社2023年版，第113页。
② 刘小枫主编，[德]马克思·舍勒著：《世界观与政治领袖》，曹卫东、朱雁冰等译，北京师范大学出版集团、北京师范大学出版社2017年版，第46页。

第三章 恩格斯晚年的马克思哲学阐释的方法论特色

最终也是要服务于现实世界的批判与革命。以往无论是以自我还是以上帝为对象的哲学,都具有意识形态色彩。马克思的以现实世界为对象的"世界观哲学",则是要批判和超越这种非科学的"意识形态哲学",使哲学从"上帝之城"下降到"人世间"、从抽象的"自我"走向"现实的人"。这样,马克思就开辟了一条使哲学走向现实的、科学的真理之路。由此,我们可以理解恩格斯以"世界观"称谓马克思的新哲学的深意所在:表明马克思的新哲学与以往的"意识形态哲学"有本质区别,强调马克思哲学的科学属性。麦克莱伦认为,恩格斯晚年将马克思的观点逐渐"同化"为科学的世界观,强调恩格斯所理解的科学的内涵更多指向自然科学方法论,而马克思使用的科学术语缺少这个内涵。根据前面的分析,我们很容易得出麦克莱伦的观点是有问题的,马克思和恩格斯所理解、所关注的科学既包括自然科学,又包括历史科学。而且,在马克思和恩格斯那里,自然与历史、自然史与人类史是相互影响、相互制约而非彼此割裂、相互分离的关系。由此,他们的科学概念具体指向于何,要根据具体的语境来判断。但是,无论是在何种语境下,都不能否定马克思哲学世界观的科学性。

恩格斯晚年对历史唯物主义的"历史科学"定位,是对马克思哲学科学性的阐释和论证,对于批驳以下两种错误观点,具有重要意义。第一种错误观点,认为恩格斯把马克思哲学引向实证主义。有学者甚至提出恩格斯不系统的哲学学习和训练,使其"无法对马克思的哲学学说及其纯哲学上的创新做出精到的正确评价"[1]。但是,恩格斯的分析表明,他是真正理解马克思的哲学的人。在他眼中,马克思的历史唯物主义区别于思辨的历史哲学,不同于经验的实证科学,是具有科学性的辩证哲学、实践哲学。第二种错误观点,认为科学社会主义本质上是伦理社会主义,从其体系性质上看,是一个伦理体系而非科学体系。但

---

[1] [法]汤姆·洛克曼:《马克思主义之后的马克思:卡尔·马克思的哲学》,杨学功、徐素华译,东方出版社2008年版,第28页。

是，恩格斯的论证说明科学主义是建立在"历史科学"的基础之上的。历史唯物主义是社会主义从空想走向科学的哲学基础。同时，这种"历史科学"定位，也要求人们要以严肃的科学态度对待马克思的理论。

第三节　学派维度的多重比较相统一

在马克思生前，就已经有人开始把马克思的理论当作一个学派来看待。根据列宁的说法，1873年狄慈根就提出马克思是"一派之首"，尽管当时了解马克思的人还不多，1886年他又在文章说马克思和恩格斯是"一派"的"公认的创立者"①。1925年考茨基在《弗里德里希·恩格斯》一文中指出，《反杜林论》出版之后，"我们才开始比较深入地探究了马克思主义的思维方式，开始系统地按马克思主义来思考和工作了。从那时起才开始出现了一个马克思主义的学派"②。据此可知，《反杜林论》出版之后马克思主义开始作为一个学派发挥作用。中国最早提到马克思主义理论的报刊《万国公报》也是把马克思学说当作近代的一个学派来看待的。在恩格斯晚年对马克思哲学的阐释中，最具特色但也最容易被人忽略的地方，就是他把马克思的哲学思想提升到一个新学派的高度，通过马克思学派与黑格尔学派、蒲鲁东主义、李嘉图学派等的比较分析，在更为开阔的学术视域中彰显马克思哲学所实现的思想超越及其理论价值和现实意义。

一　学派与马克思学派

恩格斯指出："从黑格尔学派的解体过程中还产生了另一个派别，

---

①《列宁专题文集·论辩证唯物主义和历史唯物主义》，人民出版社2009年版，第240页。

②［德］曼·克利姆编著：《恩格斯文献传记》，中央编译局译，湖南人民出版社1986年版，第477页。

第三章 恩格斯晚年的马克思哲学阐释的方法论特色

唯一的真正结出果实的派别。这个派别主要是同马克思的名字联系在一起的。"[1] 恩格斯不仅是阐释马克思哲学的第一人,而且是从学派高度系统阐释马克思哲学的第一人。在把马克思哲学视为一个学派的前提下,恩格斯晚年特别重视对马克思哲学的体系化阐释,并在这种阐释中着力突出马克思哲学在研究对象、主题、视野、方法、价值信念等方面的革命。这些方面的革命相当于库恩所说的"范式革命"。一个学派代表一个学术共同体,其范式"代表着一个特定共同体的成员所共有的信念、价值、技术等等构成的整体"[2],规定着一个研究领域的合理问题与方法。A.麦金太尔甚至把范式就理解为"共同体"。从哲学史上看,研究范式是每一个哲学学派的核心所在,不同的哲学学派都有自身独特的研究范式。因此,从学派高度阐释马克思哲学必然内在包含对马克思哲学范式革命的阐释。恩格斯深刻揭示出马克思哲学变革了社会科学的解释原则,提供了研究经济社会的新范式。西方学者也承认马克思创建了"社会研究的新范式"[3]。学派意在强调恩格斯是把马克思哲学作为一个成熟的思想体系来看待的,肯定其学术价值,范式旨在表征马克思哲学实现的以方法论为核心的理论革命在思想史、学术史上具有划时代意义。可以说,从范式革命阐释马克思哲学作为一个学派的学术价值及其革命意义,是恩格斯晚年对马克思哲学作出的卓越而独特的理论贡献。那么,恩格斯晚年为什么要从学派视角去阐释马克思哲学?这种阐释是何以可能的?有何意义?对当代马克思哲学研究又有何启示?在回答这些问题之前,首先要对学派概念有个初步了解。

关于何谓学派,学界并没有给出统一的定义。根据《现代汉语词

---

[1] 《马克思恩格斯文集》第4卷,人民出版社2009年版,第296页。
[2] [美] 托马斯·库恩(Thomas S. Kuhn):《科学革命的结构》(第四版),伊安·哈金(Ian Hacking)导读,金吾伦、胡新和译,北京大学出版社2003年版,第147页。
[3] [美] 诺曼·莱文(Norman Levine):《马克思主义与恩格斯主义中的黑格尔》,臧峰宇译,北京师范大学出版集团、北京师范大学出版社2018年版,中文版序言第6页。

典》的解释，学派指"同一学科中由于学说、观点不同而形成的派别"①。通行的理解中也指学术思想流派。自哲学诞生至今，已经产生了众多的哲学学派，如梯利在《西方哲学史》中提到的"米利都学派""毕达哥拉斯学派""埃利亚学派""柏拉图学派""逍遥学派""斯多葛学派""快乐学派""犬儒学派""伊里学派""怀疑学派""原子论学派""夏特勒学派""西班牙学派""剑桥学派""苏格兰常识学派""黑格尔学派"等。一个哲学学派的确立是一种哲学思想体系成熟的象征，也是哲学学术繁荣的表现。哲学的发展史就呈现为哲学学派生成和发展、冲突和更替的历史。从西方哲学史上一些代表性的哲学史著作，如被中国学者熟悉的黑格尔的《哲学史演讲录》、文德尔班的《哲学史教程》、罗素的《西方哲学史》，包括上面提到的梯利的《西方哲学史》，我们可知，不是所有的哲学学说和观点一经提出就有资格被作为一个学派来对待。某种学说上升为一个学派是有条件的。有学者提出，形成一个学派至少需要具备以下三个条件：一是"形成于一定的学科范围内"②；二是其主体是一个学术共同体，"有独特的研究领域、对象、方法或学术风格"③；三是，其成员之间"存在某种特殊关联性"④。而研究领域、研究对象、研究方法以及带有个人特色的学术风格是把不同学派区别开来的关键。

如果根据上述三个条件来衡量，马克思哲学无疑是符合学派要求的。就其与黑格尔学派的关系而言，马克思哲学应该属于哲学学科。从学派主体的角度看，马克思和恩格斯构成了一个名副其实的"学术共同体"，二人共同工作近 40 年，共同创立了以马克思的名字命名的理论。当恩格斯谦虚地将自己对于这个理论的贡献定位于"第二小提琴手"时，恰恰表明了二者之间不可分割的共同体关系。从研究领域、

---

① 中国社会科学院语言研究所词典编辑室编：《现代汉语词典》第 7 版，商务印书馆 2016 年版，第 1488 页。
② 参见严清华《何以称"学派"》，《中国社会科学报》2021 年 12 月 21 日。
③ 参见严清华《何以称"学派"》，《中国社会科学报》2021 年 12 月 21 日。
④ 参见严清华《何以称"学派"》，《中国社会科学报》2021 年 12 月 21 日。

第三章 恩格斯晚年的马克思哲学阐释的方法论特色

研究对象、研究方法与学术风格来看,马克思哲学的独特性是显著的,也是毋庸置疑的。如果从恩格斯晚年对马克思哲学发展的总体态势来判断,此时的马克思哲学已经成长为一个成熟的思想体系,因为它已经真正地结出了果实。只不过,马克思本人没有撰写专门的著作来呈现这个成熟的哲学果实,也没有对这个成熟的思想体系进行过系统的概括和总结。在《路德维希·费尔巴哈和德国古典哲学的终结》中,恩格斯已经把马克思哲学当作一个学派来阐述,但这时恩格斯使用的是"派别"概念,还没有明确提出马克思学派这个概念。在《论住宅问题》德文第二版序言中,恩格斯说:"在罗曼语地区的工人中间,蒲鲁东的著作已经被遗忘而由《资本论》、《共产主义宣言》以及马克思学派的其他许多著作代替了。"[1] 这应该是恩格斯晚年文本中首次使用马克思学派这一概念,把它与蒲鲁东主义相对,并指出这个学派的一些著作已经在工人中产生了影响。有成熟的著作并且产生影响也是学派之为学派的一个重要标识。在《美国工人运动》一文中,恩格斯再次使用了马克思学派这个概念。他指出:"亨利·乔治既然宣布土地垄断是贫穷困苦的唯一原因,自然认为医治此病的药剂就是把土地交给整个社会。马克思学派的社会主义者也要求把土地交给社会,但不仅是土地,同样还有其他一切生产资料。……亨利·乔治要求的是不触动现在的社会生产方式,这实质上就是李嘉图学派的资产阶级经济学家的极端派提出的东西,这些人也要求国家没收地租。"[2] 这里他把马克思学派看作与李嘉图学派不同的学派。不管从哪个角度看,恩格斯晚年从学派高度阐释马克思哲学都是成立的。

有学者把"学派"大体分为三类[3]:第一类是师承性学派,学派成员之间有师承关系,如苏格拉底学派、黑格尔学派;第二类是地域性学派,用学派主体出生或活动的地域命名,如米利都学派、爱利亚学派;

---

[1] 《马克思恩格斯文集》第3卷,人民出版社2009年版,第241页。
[2] 《马克思恩格斯全集》第28卷,人民出版社2018年版,第428页。
[3] 参见严清华《何以称"学派"》,《中国社会科学报》2021年12月21日。

第三类是问题性学派，根据研究内容、主题、方法等的不同划分，如怀疑学派、原子论学派。那么，马克思学派归属于哪一类呢？从恩格斯对马克思哲学的理论特质的分析来看，马克思学派无疑属于问题性学派，尽管马克思与青年黑格尔派有着历史的学术关联。

恩格斯晚年主要基于比较分析视野，即从马克思学派与黑格尔学派、马克思学派与蒲鲁东主义、马克思学派与李嘉图学派、马克思学派与"马克思派"的对比中，阐释了马克思学说作为一个新学派的独特性与价值性。换言之，黑格尔学派、蒲鲁东主义、李嘉图学派和"马克思派"是恩格斯理解马克思学派的重要参照系。从这也可以看出恩格斯晚年对马克思学派的理解与分析的多维性。这是由马克思学说本身内容的丰富性所决定的。在这种比较分析中，恩格斯更侧重马克思学说在方法论层面实现的超越与变革。这既与马克思哲学世界观方法论的本质有关，也是由学派本身的标识性因素所决定的，即研究方法是把不同学派区别开来的核心因素。如果从库恩的"科学共同体"的角度看，甚至是最重要的因素。

二 马克思学派与黑格尔学派

汤姆·洛克曼指出："黑格尔不仅仅是马克思所反对并且纠正了其错误的人，而且更是一个其思想被保留下来并牢牢地编织进马克思成熟理论的经纬线之中的人。"① 因此，不理解黑格尔与马克思的思想关系，就不能理解马克思的学说。莱文认为："黑格尔从1837年开始存在于马克思的心中，即他撰写论黑格尔的诗《黑格尔。讽刺短诗》的这个日子，一直延续到他1883年去世。"② 不管莱文的判断是否精准，不管两个天才之间是否真的存在跨越46年的思想共生关系，马克思—黑格尔

---

① ［法］汤姆·洛克曼：《马克思主义之后的马克思：卡尔·马克思的哲学》，杨学功、徐素华译，东方出版社2008年版，第8页。

② ［美］诺曼·莱文（Norman Levine）：《马克思主义与恩格斯主义中的黑格尔》，臧峰宇译，北京师范大学出版集团、北京师范大学出版社2018年版，第1页。

第三章 恩格斯晚年的马克思哲学阐释的方法论特色

关系问题在马克思哲学阐释与研究中都始终具有决定性意义。从恩格斯晚年对马克思学派与黑格尔学派关系的比较分析，可以把握他对这个问题的认识和理解。

恩格斯晚年对马克思学派与黑格尔学派的关系的阐释集中在《路德维希·费尔巴哈和德国古典哲学的终结》中，因此，我们也主要以此著作为依据展开分析。黑格尔学派有时也被恩格斯称为"黑格尔主义"，他把青年黑格尔派看作从此学派分裂出来的"左翼"，把马克思学派看作从中产生的"唯一的真正结出果实的派别"①。正如塔克所言："黑格尔哲学体系从外面看无懈可击，而只能被黑格尔自己的信徒从内部攻破。"② 真正从内部攻破黑格尔哲学体系的不是青年黑格尔派，而是马克思和恩格斯。在恩格斯看来，青年黑格尔学派没有彻底克服黑格尔哲学，如鲍威尔仍然在这个哲学体系内活动，费尔巴哈"炸开"了黑格尔哲学的体系，却又没有严肃认真地对待它，而是把它当作无用的东西抛弃了。恩格斯认为，对于对民族精神发展产生过巨大影响的黑格尔哲学，"必须从它的本来意义上'扬弃'它"③，既要"批判地消灭它的形式"④，又要"救出通过这个形式获得的新内容"⑤。马克思学派之所以被恩格斯称为"真正结出果实的派别"，就在于它真正地做到了这一点，而且只有它做到了这一点。这一点也成为恩格斯分析马克思学派与黑格尔学派之间关系的关键点。

恩格斯根据对"全部哲学的最高问题"——思维对存在、精神对自然的关系问题的不同回答，把哲学家们划分为两大阵营：唯物主义和唯心主义。按照这个划分，黑格尔学派是典型的唯心主义学派。但是，恩格斯又从近代哲学史视角，主要是从笛卡尔到费尔巴哈这一时段内哲

---

① 《马克思恩格斯文集》第4卷，人民出版社2009年版，第296页。
② [美]罗伯特·C. 塔克：《卡尔·马克思的哲学与神话》，刘钰森、陈开华译，天津出版传媒集团、天津人民出版社2018年版，第17页。
③ 《马克思恩格斯文集》第4卷，人民出版社2009年版，第276页。
④ 《马克思恩格斯文集》第4卷，人民出版社2009年版，第276页。
⑤ 《马克思恩格斯文集》第4卷，人民出版社2009年版，第276页。

学的发展，指出唯心主义的发展呈现出越来越多地加进唯物主义内容的趋势，并由此断定："黑格尔的体系只是一种就方法和内容来说唯心主义地倒置过来的唯物主义。"① 这种断定，一方面表达了黑格尔的体系与唯物主义哲学并不是毫无关联的，另一方面表明了黑格尔的体系中蕴含着有价值的东西，值得"拯救"出来，并使之转换成"新内容"。在这个问题上，马克思学派超越青年黑格尔派之处，主要体现在两个方面：一是从本体论方面看，同黑格尔学派的唯心主义彻底分离，即"毫不怜惜地抛弃"一切同事实不相符的"唯心主义怪想"②，返回到唯物主义。更重要的是，马克思学派第一次把唯物主义"运用到所研究的一切知识领域里去了"③。其中，最具革命意义的是把唯物主义运用到社会历史领域，由此阐释历史的唯物主义道路才第一次被开辟出来。二是从方法论方面，不是简单地把黑格尔抛在一边，而是把他体系中有价值的辩证法"接过来"并"倒转过来"，由此发现了唯物主义辩证法这一认识和改造世界的"最锐利的武器"④。这种方法把事物当作处于发展变化中的"过程的集合体"，从事实中"发现"而不是从头脑中"想出"事物之间的联系。这一点也是唯物主义辩证法不同于且优于黑格尔的辩证法的地方。

相对于黑格尔学派和青年黑格尔学派的理论缺陷，这两个方面实质上也是马克思学派实现的两个"空间拓展"：一是对唯物主义的空间拓展，即把唯物主义运用到由自然界和人类历史构成的整个现实世界，而旧唯物主义只把它运用于自然界。二是对辩证法的空间拓展，即把辩证法扩展到自然界、人类社会和思维领域，而黑格尔只把辩证法理解为意识、精神或概念的辩证法，局限于思维领域。领域拓展的一个积极意义是"黑格尔哲学的革命方面就恢复了，同时也摆脱了那些曾经在黑格

---

① 《马克思恩格斯文集》第4卷，人民出版社2009年版，第280页。
② 《马克思恩格斯文集》第4卷，人民出版社2009年版，第297页。
③ 《马克思恩格斯文集》第4卷，人民出版社2009年版，第297页。
④ 《马克思恩格斯文集》第4卷，人民出版社2009年版，第298页。

第三章 恩格斯晚年的马克思哲学阐释的方法论特色

尔那里阻碍它贯彻到底的唯心主义装饰"①。这两个"空间拓展"结出的理论硕果就是辩证唯物主义和历史唯物主义世界观。这一新世界观，既改变了哲学的原初视域，又变革了哲学看待世界的方法，开辟了一条新的哲学道路。

恩格斯晚年不仅从本体论、方法论方面分析了马克思学派与黑格尔学派的相互关系，而且指出了二者在阶级立场上的差异。他指出："新派别，一开始就主要是面向工人阶级的，并且从工人阶级那里得到了同情，这种同情是它在官方科学那里既没有寻找也没有期望过的。"② 这里所说的"新派别"指的就是恩格斯和马克思共同创立的马克思学派。这个"新派别"之"新"不仅表现在学说观点的创新，而且表现在阶级立场的变化。无论是黑格尔学派还是青年黑格尔学派的代表，本质上都曾经是"资产阶级和现存国家的意识形态家"③，与工人阶级相对抗。马克思学派则从产生之初就始终站在工人阶级立场上，为工人阶级认识和改造世界提供最好的、最锐利的工具，为实现工人阶级的解放提供理论与实践指导。而且，它代表的不是某一个国家的工人阶级的利益，而是全世界一切工人阶级的利益。因此，它是"大公无私"的。正因如此，它"从工人阶级那里得到了同情"④，为世界广大的工人阶级所拥护。

恩格斯晚年从学派的高度，以本体论和方法论为核心，辩证地分析了马克思哲学与黑格尔哲学的历史联系与本质差异，阐明了马克思哲学对黑格尔哲学的继承与超越。这些认识，为驳斥西方学界对马克思与黑格尔学术关系的错误解读提供了重要理论依据。洛克曼认为："应当把马克思本人的学说看作是他毕生对黑格尔关于现代社会的最有意义的见解进行思考、反驳、批判、借鉴和进一步详细阐述以及贯彻的结果。把

---

① 《马克思恩格斯文集》第4卷，人民出版社2009年版，第298页。
② 《马克思恩格斯文集》第4卷，人民出版社2009年版，第313页。
③ 《马克思恩格斯文集》第4卷，人民出版社2009年版，第313页。
④ 《马克思恩格斯文集》第4卷，人民出版社2009年版，第313页。

马克思置于黑格尔思想'之外',或者径直看作黑格尔思想的对立面,是理解马克思的一个重大失误;我们应当把马克思看作是在黑格尔思想'之内'的,而且在批判或者拒斥别人的时候他有意无意地挖掘出了黑格尔的某些见解。"① 这里所说的"把马克思看作是在黑格尔思想'之内'"与"把马克思置于黑格尔思想'之外'",实际上代表了20世纪阐释马克思与黑格尔关系的两种范式,即莱文总结的马克思的黑格尔化与马克思的去黑格尔化。这两种阐释范式在当下的马克思哲学研究中依然存在,且有多个版本。恩格斯晚年从学派高度对马克思哲学与黑格尔哲学关系的比较分析,为我们理性审视、辨识和批判这两种阐释范式提供了重要的思想资源。

根据莱文的分析,马克思的黑格尔化在19世纪已经出现,他主要总结了20世纪马克思的重新黑格尔化,把它相对划分为两个时代。第一个时代,以卢卡奇、马尔库塞、伊波利特、阿尔弗雷德·施密特为代表,他们都意在证明马克思和黑格尔的连续性,进而突出马克思哲学的价值和意义。但是,他们找到的把马克思与黑格尔联系起来的"链接点"不同,因而形成了不同版本的"黑格尔化马克思主义"。莱文认为,卢卡奇集中论述了马克思和黑格尔的主体活动原则,论证了马克思如何延续了"黑格尔的劳动和实践主题";马尔库塞认为马克思遵循了黑格尔的"社会制度批判"计划;伊波利特认为"异化和外化的主题"形成了马克思和黑格尔的理论中心;施密特认为马克思接受了黑格尔的"逻辑分层理论",用它来说明社会的演变。② 第二个时代,以克里斯托弗·阿瑟和托尼·史密斯为代表,形成了"新黑格尔派马克思主义"。其特色是:"采用完全来自体系逻辑的马克思的解释方法,放弃几乎所

---

① [法]汤姆·洛克曼:《马克思主义之后的马克思:卡尔·马克思的哲学》,杨学功、徐素华译,东方出版社2008年版,第9页。
② [美]诺曼·莱文(Norman Levine):《马克思主义与恩格斯主义中的黑格尔》,臧峰宇译,北京师范大学出版集团、北京师范大学出版社2018年版,第5页。

第三章　恩格斯晚年的马克思哲学阐释的方法论特色

有线性解释的要求。"① 他们以体系辩证法证明马克思与黑格尔"逻辑的连贯性",认为体系辩证法形成了《逻辑学》的解释性结构,也是《资本论》的解释性方法论。② 在 20 世纪初的西方思想界,实际上还存在一种隐性地把马克思黑格尔化的现象,对此柯尔施在《马克思主义和哲学》一书中有过简要论述。他指出:"对于资产阶级教授们来说,马克思主义充其量不过是 19 世纪哲学史中一个相当不重要的分支,因而就把它当作'黑格尔主义的余波'而不予考虑。"③ 从本质上看,把马克思主义看作"黑格尔主义的余波"就是把马克思黑格尔化。只不过,上述卢卡奇、马尔库塞等人把马克思重新黑格尔化是为了证明马克思哲学在当代依然有效、依然有价值,而这些资产阶级教授由于极度漠视黑格尔哲学,所以他们把马克思黑格尔化实质上是贬低了马克思哲学在 19 世纪哲学的总的发展中的意义,甚至否定马克思哲学本身存在的独立性与独特立场。

20 世纪马克思的去黑格尔化是对马克思黑格尔化的缺陷的回应。莱文也把它划分为两个时代。第一个时代,以阿尔都塞和阿多诺为代表,他们都想把马克思从黑格尔中分离出来,但具体做法有别。阿尔都塞采用"认识论断裂"的方法:从内容上体现为马克思脱离了黑格尔的有机体解释方法;从节点上看,阿尔都塞强调在《神圣家族》之后,马克思没有受过任何黑格尔派的影响,并且认为脱离黑格尔之后的马克思"游移"到斯宾诺莎那里。由此,阿尔都塞发展了一种"斯宾诺莎主义的马克思主义"④。阿多诺不像阿尔都塞一开始就把马克思和黑格尔分开,而是先确立把他们结合在一起的信念,然后再对这种信念进行

---

① [美]诺曼·莱文(Norman Levine):《马克思主义与恩格斯主义中的黑格尔》,臧峰宇译,北京师范大学出版集团、北京师范大学出版社 2018 年版,第 6 页。
② [美]诺曼·莱文(Norman Levine):《马克思主义与恩格斯主义中的黑格尔》,臧峰宇译,北京师范大学出版集团、北京师范大学出版社 2018 年版,第 6 页。
③ [德]卡尔·柯尔施:《马克思主义和哲学》,王南湜、荣新海译,张峰校,重庆出版社 1989 年版,第 1 页。
④ [美]诺曼·莱文(Norman Levine):《马克思主义与恩格斯主义中的黑格尔》,臧峰宇译,北京师范大学出版集团、北京师范大学出版社 2018 年版,第 7 页。

解构或证伪。阿多诺认为把马克思和黑格尔结合在一起的信念是："末世论的历史目的论观念和人类理性的救世主义观念。"① 但是，希特勒主义、纳粹大屠杀和斯大林主义使这两个观念都失效了。由此，马克思和黑格尔两人被分开了。这也意味着20世纪马克思的去黑格尔化是极权主义的产物，"因为极权主义时代反对黑格尔—马克思的哲学基础"②。具体到对辩证法的理解上，如果说马克思的黑格尔化重视主体与客体的统一，阿多诺将马克思去黑格尔化则关注主体与客体的对立。第二个时代，以分析马克思主义者罗默、埃尔斯特、科亨和范·帕里斯等为代表。他们的共性特征是从英美分析哲学这一完全不同于马克思主义或黑格尔主义的哲学传统来分离马克思与黑格尔③。他们都拒斥用黑格尔的有机体主义解释马克思。不同的是，罗默和埃尔斯特运用的是方法论个人主义和理性选择理论，并用之重新解释马克思的剥削理念；科亨和范·帕里斯采用的则是功能解释方法，并用这种方法"提出了一种确认马克思主义对当代社会本质具有洞察力的分析方法"④。

根据恩格斯的分析，马克思与黑格尔的思想关系可以辩证地表述为既有同一性又有异质性，由此也可以称为"辩证论"范式。20世纪马克思的黑格尔化与马克思的去黑格尔化两种阐释范式存在的共性问题就是走向极端，各自只抓住了其中的一个方面。从各种版本的马克思的黑格尔化来看，无论是"黑格尔化马克思主义"还是"新黑格尔派马克思主义"，都过于强调马克思学说与黑格尔学说的同一性，或是主题的同一性，或是方法的同一性，或是逻辑的同一性，不重视两种思想的异质性。因此，马克思的黑格尔化范式也可称为"同一论"范式。也因

---

① [美]诺曼·莱文（Norman Levine）：《马克思主义与恩格斯主义中的黑格尔》，臧峰宇译，北京师范大学出版集团、北京师范大学出版社2018年版，第8页。
② [美]诺曼·莱文（Norman Levine）：《马克思主义与恩格斯主义中的黑格尔》，臧峰宇译，北京师范大学出版集团、北京师范大学出版社2018年版，第8页。
③ [美]诺曼·莱文（Norman Levine）：《马克思主义与恩格斯主义中的黑格尔》，臧峰宇译，北京师范大学出版集团、北京师范大学出版社2018年版，第9页。
④ [美]诺曼·莱文（Norman Levine）：《马克思主义与恩格斯主义中的黑格尔》，臧峰宇译，北京师范大学出版集团、北京师范大学出版社2018年版，第13页。

其坚持片面的同一性而产生诸多认识上的失误或缺陷。针对这种不足，马克思的去黑格尔化阐释范式强调马克思与黑格尔的本质不同，尝试通过分离马克思与黑格尔重建马克思思想的科学性与当代性。因此，马克思的去黑格尔化本质上也可以理解为"差异论"范式。这种阐释范式看到了马克思与黑格尔的不同之处，有一定的合理性，但彻底斩断马克思与黑格尔的思想关联，背离历史事实与思想实际。在把马克思去黑格尔化的同时，也删除了马克思思想中的一些重要内容。马克思的重新黑格尔化与马克思的去黑格尔化各自之所以陷入片面性，从方法论层面看，大多与对辩证法的认识和态度有关系。在马克思的重新黑格尔化的谱系中，如卢卡奇和托尼·史密斯连接马克思和黑格尔的点就是辩证法，但是二人并没有以马克思意义上的辩证思维去分析马克思和黑格尔的辩证法，结果陷入单一的同一性思维。在马克思的去黑格尔化的阵营中，阿尔都塞的结构主义方法，罗默和埃尔斯特的方法论个人主义，科恩和范·帕里斯的功能解释方法，都是反辩证法的。阿多诺坚持辩证法，但他的"否定辩证法"片面强调非同一性逻辑，反对同一性逻辑。因此，他的辩证法也并不完全是马克思主义意义上的辩证法。

恩格斯晚年对马克思学派与黑格尔学派关系的分析，依然是我们今天理解马克思哲学不能不参考的思想资源。这种分析启示我们，从严格意义上讲，作为一个哲学学派，马克思的文本可能不符合当时流行的体系化哲学学派的学术规范，但这恰恰表明马克思哲学开启的是另一种意义上的学术探讨方式。因此，绝对不能用体系化哲学的标准衡量马克思哲学的学术内涵与学术价值。

三 马克思学派与蒲鲁东主义

蒲鲁东主义是19世纪50—70年代影响西欧主要国家工人运动的重要思想派别，曾被贴上"小资产阶级的社会主义""无政府主义""改良主义"等标签。其隐含的最大矛盾在于："既迷恋资产阶级社会的物质财富并将其视为改变社会经济组合形式的基础，又极大地同情底层民众因绝对贫困而遭受的巨大苦难。"① 矛盾的态度也决定了这个流派虽然主张通过社会革命解决社会问题，但它所谓的社会革命不过是改变社会经济组合形式，实现两个阶级的和解，进入无政府状态。蒲鲁东主义对工人阶级具有很大的迷惑性和吸引力，带来了工人阶级的思想混乱，给工人运动造成了极其不利的影响。这也是马克思和恩格斯反对蒲鲁东主义的根本原因。

反对蒲鲁东主义的斗争在马克思和恩格斯的批判活动中占有重要地位。《哲学的贫困》《共产党宣言》《马克思致帕维尔·瓦西里耶维奇·安年科夫》《论蒲鲁东（给约·巴·施韦泽的信）》《论住宅问题》都是批判蒲鲁东主义的重要文献。在这些文献中，马克思和恩格斯一方面以历史唯物主义为方法论指导，深刻揭示了蒲鲁东主义的缺陷、实质和危害，另一方面正面阐述了自己的历史唯物主义、政治经济学和科学社会主义的思想观点，以及它们与蒲鲁东主义的本质区别。目的是引导革命的工人阶级用马克思主义世界观武装自己，与蒲鲁东主义划清界限，清除蒲鲁东主义对工人阶级运动的不利影响。

蒲鲁东逝世之后，马克思应《社会民主党人报》编辑约·巴·施韦泽的请求，撰写了《论蒲鲁东》，对他进行了总体评价。在这篇书信形式的文章中，马克思指出，《什么是财产》是蒲鲁东最好的著作，但它在严格科学的政治经济学史中几乎不值一提，因其"从头到尾都是剽窃"，是"诋毁人类的诽谤书"②。这本书初步暴露了蒲鲁东在价值立场上的矛盾：他批判社会的立场是小资产者的，但他衡量社会的尺度却是社会主义者的。对于他的著作《贫困的哲学》，马克思称之为"小资产者社会主义的法典"，并再次强调了《哲学的贫困》针对这部著作所作的反驳的两个要点。第一，批判蒲鲁东对科学辩证法的认识非常肤浅，陷入思辨哲学之幻想。从他对经济范畴的非历史或超历史理解可以看出："他不是把经济范畴看做历史的、与物质生产的一定发展阶段相

---

① 杨洪源：《马克思与蒲鲁东主义》，《光明日报》2016年5月11日。
② 《马克思恩格斯文集》第3卷，人民出版社2009年版，第17页。

第三章　恩格斯晚年的马克思哲学阐释的方法论特色

适应的生产关系的理论表现，而是荒谬地把它看做预先存在的、永恒的观念。"① 第二，批判他不真正了解他所批判的"政治经济学"，像空想社会主义者一样"追求一种可用来先验地构想某种'解决社会问题'的公式的所谓'科学'，而不是去从对历史运动的批判的认识中"② 总结、形成科学。他的政治著作和哲学著作具有与经济学著作同样的矛盾性质。这种矛盾性质，一是与其方法论缺陷相关。"蒲鲁东是天生地倾向于辩证法的。但是他从来也不懂得真正科学的辩证法，所以他陷入了诡辩的泥坑。"③ 蒲鲁东研究经济学的方法本质上是当时资产阶级政治经济学的形而上学方法。由此，《哲学的贫困》的一大重要理论贡献就是"整体上批判了全部政治经济学的反历史辩证法的形而上学本质"④。二是和他的小资产阶级观点与立场有关。"一个地地道道的小资产者"是马克思对蒲鲁东的定性。蒲鲁东竭力调和资产阶级经济学和社会主义思想，始终跳不出小资产阶级社会主义的狭隘视野和阶级立场。由此，可以看出蒲鲁东主义固有的两大缺陷：方法上的非科学性和立场上的反革命性。马克思批判蒲鲁东主义，不仅因为它有上述缺陷，更重要的是法国、比利时等国家的工人阶级曾深受其错误认识影响。马克思希望通过这种批判，把工人阶级从其错误影响下解放出来。历史唯物主义是马克思批判蒲鲁东主义的哲学方法论基础，并在这种批判中丰富和发展了历史唯物主义的思想观点。

真正把工人阶级从蒲鲁东主义的错误影响下解放出来的理论著作正是马克思学派的著作。在《论住宅问题》德文第二版序言中，恩格斯指出蒲鲁东主义在罗曼语地区的工人运动中影响力日益减退，而取代蒲鲁东主义成为工人阶级新的"精神食粮"的指导思想则来自马克思学派。恩格斯分析认为，过去，"除了蒲鲁东的著作以外，罗曼语地区的

---

① 《马克思恩格斯文集》第3卷，人民出版社2009年版，第19页。
② 《马克思恩格斯文集》第3卷，人民出版社2009年版，第20页。
③ 《马克思恩格斯文集》第3卷，人民出版社2009年版，第24页。
④ 张一兵主编：《马克思哲学的历史原像》，人民出版社2009年版，第354页。

工人就没有过任何别的精神食粮"①。例如，在法国，只有蒲鲁东主义者能够在公社时期担任经济方面的指导；在比利时，蒲鲁东主义曾在瓦隆的工人中占据统治地位；在西班牙和意大利，"所有的人，除了极少数例外，只要不是无政府主义者，就都是坚定的蒲鲁东主义者"②。而现在，法国工人已经完全抛弃了蒲鲁东主义；在比利时，瓦隆人被佛来米人从工人运动的领导地位赶了下来，蒲鲁东主义也随之被废黜了；在西班牙和意大利，随着无政府主义"洪峰"的退落，蒲鲁东主义的残余也被卷走了。这标志着蒲鲁东主义已经被罗曼语地区的工人彻底排挤掉了。那么，是什么理论让这个地区的工人抛弃了蒲鲁东主义？或者说，是哪种理论取代了蒲鲁东主义在工人中的指导地位？恩格斯说，在这个地区，"蒲鲁东的著作已经被遗忘而由《资本论》、《共产主义宣言》以及马克思学派的其他许多著作代替了"③。与此同时，马克思提出的"由上升到政治上独占统治地位的无产阶级以社会的名义占有全部生产资料"④的要求，也成了这个地区各国所有革命工人阶级的要求。在此，马克思学派是以取代了蒲鲁东主义的另一种理论面目出现的。这里恩格斯再一次说明了马克思学派的无产阶级立场，并指出了这个学派在所有制问题上的革命主张。在这两个方面，马克思学派都是不同于蒲鲁东主义的。按照恩格斯的说法，蒲鲁东主义已经沦为"只能供法国、西班牙、意大利和比利时等国资产阶级激进派用来表达其资产阶级的和小资产阶级的欲望"⑤的理论。因此，马克思学派是无产阶级的社会主义的代言人，而蒲鲁东主义则是资产阶级社会主义与小资产阶级社会主义的传声筒。只有代表无产阶级利益的社会主义才是真正的社会主义，资产阶级社会主义与小资产阶级社会主义自称是"真正的社

---

① 此处所说的真正的社会主义不是"真正的社会主义"，后者指 19 世纪 40 年代德国小资产阶级社会主义流派，恩格斯认为它是冒牌的社会主义。
② 《马克思恩格斯文集》第 3 卷，人民出版社 2009 年版，第 241 页。
③ 《马克思恩格斯文集》第 3 卷，人民出版社 2009 年版，第 241 页。
④ 《马克思恩格斯文集》第 3 卷，人民出版社 2009 年版，第 241—242 页。
⑤ 《马克思恩格斯文集》第 3 卷，人民出版社 2009 年版，第 242 页。

会主义"，实则是"冒牌的社会主义"。推动西欧工人运动健康发展，就不能不与各种版本的"冒牌的社会主义"作斗争。因此，马克思逝世后，恩格斯继续批判蒲鲁东主义，并在这种批判中阐释马克思学派的思想观点。

巴黎公社失败后，虽然蒲鲁东主义在西欧工人运动中的影响力大不如从前，但不代表它对工人运动不再发挥任何作用，特别是负面作用。恩格斯在1891年致西班牙版《哲学的贫困》的译者何塞·梅萨的信中指出，蒲鲁东主义"仍然是西欧的资产阶级激进派和冒牌社会主义者从中搜寻麻痹工人的空洞词句的一个巨大武库"[1]。因此，马克思学派与蒲鲁东主义的斗争，也是真正的社会主义者与资产阶级激进派和冒牌的社会主义者的斗争。这种斗争，有助于为马克思主义新世界观在工人阶级中的传播扫清道路，进而引导工人阶级在思想上认清小资产阶级的本质，并与之划清界限。马克思学派与蒲鲁东主义在阶级立场、研究方法、思想观点等方面都存在着本质的不同。在同蒲鲁东主义的斗争中，马克思主义新世界观始终是工人阶级最好的、最锐利的武器。

四　马克思学派与李嘉图学派

把哲学思考与政治经济学研究自觉结合起来是马克思理论探索的重要特征，其哲学的生成、发展以及引发的哲学变革与马克思的政治经济学研究是分不开的。马克思利用政治经济学研究成果创立了他的新哲学，之后又把这种新哲学运用到政治经济学本身的科学建构中。由此，马克思的哲学思想也大量渗透于他的政治经济学著作中。恩格斯对马克思理论探索的这一特征非常清楚，因此，他晚年对马克思哲学的阐释，并没有完全局限于哲学本身，即不囿于就哲学谈哲学，而是有意识地拓展到政治经济学领域。他关于马克思学派与李嘉图学派的比较分析，就

---

[1]《马克思恩格斯全集》第29卷，人民出版社2020年版，第242页。

属于立足政治经济学而非纯粹哲学视角的研究。这种研究对于深化理解马克思哲学及其影响是有意义的，也是必要的。

马克思和恩格斯在对蒲鲁东主义的批判中，已经涉及了对李嘉图经济学理论的认识、评价和批判。为了帮助和指导美国工人阶级及其政党掌握科学的马克思主义世界观，从而推动美国工人运动发展，晚年的马克思和恩格斯对当时影响工人运动的一些错误思潮进行了批判。其中，就包括对美国资产阶级经济学家亨利·乔治的错误思想的批判。恩格斯晚年关于李嘉图学派与马克思学派的比较探讨，也主要围绕批判亨利·乔治的相关观点展开。亨利·乔治也被称为美国"社会改良主义的经济学家"，他在1880年发表的经济学著作《进步与贫困》中提出了单一土地税理论。他认为，社会贫富两极分化的主要原因在于土地垄断和地租。要消除贫困，必须实行土地国有化，对私有土地征收单一累进税，并逐渐消灭土地垄断现象。当时有数以万计的美国工人阅读此书，亨利·乔治本人也赢得了纽约各工会的支持。马克思和恩格斯也都读过《进步和贫困》，并将该书的理论观点同李嘉图学派联系在一起，对其中的一些观点进行了较为详细的评论。在1881年6月2日致约翰·温斯顿的信中，马克思评价《进步和贫困》一书"是拯救资本主义制度的最后的尝试"①，并将其观点追溯到李嘉图学派，提出"更早的一些李嘉图的追随者（激进派），早就设想可以通过由国家占有地租的办法使一切得到纠正"②。无疑，马克思已经敏锐地洞察到了亨利·乔治的思想观点与李嘉图学派的关联，因而也抓住了其思想的实质。在1881年6月20日致弗里德里希·阿道夫·左尔格的信中，马克思进一步阐明了他对亨利·乔治及其思想的认识。可以概括为三点：其一，阐明了亨利·乔治及其思想的理论缺陷："这个人在理论方面是非常落后的。他根本不懂剩余价值的本质，因此，就按照英国人的榜样……在关于利润、地租和利息等等相互关系的思辨中兜圈子，而他思辨的水平比英国

---

① 《马克思恩格斯全集》第35卷，人民出版社1971年版，第184页。
② 《马克思恩格斯全集》第35卷，人民出版社1971年版，第184页。

第三章　恩格斯晚年的马克思哲学阐释的方法论特色

人还要低。"① 其二，再次重申亨利·乔治的思想观点来自李嘉图学派。马克思指出：亨利·乔治的思想观点——"如果把地租付给国家，那就一切问题都解决了"②，原本是资产阶级经济学家的观点，最早由李嘉图的第一批激进信徒提出来。③ 其三，揭穿了亨利·乔治思想观点的实质："所有这一切无非是企图在社会主义的伪装下挽救资本家的统治……在更广泛的基础上来重新巩固资本家的统治。"④ 这也是李嘉图学派的相关观点的本质。在这个意义上，马克思对亨利·乔治的批判，也是对李嘉图学派的批判。

马克思逝世后，为使美国工人运动健康发展，恩格斯继续对亨利·乔治的错误观点展开了批判。根据恩格斯的论述，1886年11月，亨利·乔治被纽约的中央劳动联合会选为"旗手"，这个联合会的临时竞选纲领"几乎完全浸透了他的原则"⑤。恩格斯指出了这个纲领的局限性："只能作为地方性运动的基础，至多也只能作为总运动中的一个短期阶段的基础。"⑥ 这种"狭隘性"与亨利·乔治对贫困原因的狭隘认识有关。在这个问题上，恩格斯分析比较了马克思及马克思学派的社会主义者与亨利·乔治的差异。其一，按照亨利·乔治的观点，土地被剥夺是人们分裂为富人和穷人的唯一原因，马克思则认为现代的阶级对抗和工人阶级处境的恶化起因于工人阶级被剥夺了包括土地在内的一切生产资料。其二，只把土地交给整个社会是亨利·乔治开出的药方，而马克思学派的社会主义者主张一切生产资料都应该共同占有。其三，亨利·乔治要求不触动现有的社会生产方式，马克思学派的社会主义者则要求全面、彻底变革整个社会生产体系。透过这种差别，不难看出亨利·乔治方案的改良主义特征，这使恩格斯

---

① 《马克思恩格斯文集》第10卷，人民出版社2009年版，第461页。
② 《马克思恩格斯文集》第10卷，人民出版社2009年版，第461页。
③ 《马克思恩格斯文集》第10卷，人民出版社2009年版，第461页。
④ 《马克思恩格斯文集》第10卷，人民出版社2009年版，第463页。
⑤ 《马克思恩格斯文集》第4卷，人民出版社2009年版，第319页。
⑥ 《马克思恩格斯文集》第4卷，人民出版社2009年版，第319页。

认识到亨利·乔治的观点"实质上就是李嘉图学派的资产阶级经济学家的极端派提出的东西"①。从这个意义看，一方面，恩格斯所阐明的马克思学派与亨利·乔治的根本差异，也是马克思学派和李嘉图学派所代表的经济学的本质区别，即社会主义经济学与资本主义经济学的不同。另一方面，恩格斯对亨利·乔治观点的批判，也是对资产阶级经济学家的"改良主义"的批判。正是在这种区别与批判中，体现了马克思学派的革命意义。

在对马克思学派的理解中，还要注意不要把它与其只有一字之别的"马克思派"相混淆。"马克思派"是19世纪70年代至90年代法国工人运动中的一个政治派别，由茹·盖得（Jules Guesde, 1845—1922）领导，据此又称"盖得派"。此派依靠的主要是法国大工业中心的无产阶级和巴黎的一部分无产阶级。对于它在法国的影响，伯恩斯坦在《1889年国际工人代表大会答〈正义报〉》中曾指出："可能派在巴黎势力最大，而在外省却几乎完全是所谓马克思派的天下。"② 因为主张生产资料归社会公有，主张工人阶级积极参加政治斗争，又叫"集体主义派"。"马克思派"在宣传马克思主义方面起过重大作用，积极参加工会运动并领导了无产阶级的罢工斗争。但是，党的领导人并不总是彻底贯彻马克思主义政策，有时也犯机会主义错误。例如，他们制定维护小私有制和富农剥削的土地纲领《南特纲领》，迷恋议会斗争。1901年"盖得派"组成法兰西社会党。1905年同法国社会党合并，在第一次世界大战期间加入"神圣联盟"，战后消失。

此外，马克思学派不属于杜林所说的"宗派经院哲学"③，也与"宗派主义"完全不同。在《共产党宣言》1888年英文版序言中，恩格斯在解释当初撰写《共产党宣言》时为何不能把它叫作"社会主义

---

① 《马克思恩格斯文集》第4卷，人民出版社2009年版，第321页。
② 《马克思恩格斯全集》第28卷，人民出版社2018年版，第690页。
③ 杜林认为马克思的思想"最多只能看作近代宗派经院哲学中一个支脉的影响的象征"，参见《马克思恩格斯文集》第9卷，人民出版社2009年版，第35页。

第三章 恩格斯晚年的马克思哲学阐释的方法论特色

宣言"的时候指出,当时的社会主义者包括"空想社会主义体系的信徒",一个是"欧文派",一个是"傅立叶派",而且批评它们都已经缩小降至"纯粹的宗派"的地位。① 这已经说明了马克思学派不是"纯粹的宗派"。但是,如列宁所分析的,所有的资产阶级科学都把马克思主义看作某种"有害的宗派"②。实际上,无论是从哲学史上看,还是从社会科学史上看,马克思学派不但与"宗派主义"无丝毫相似之处,而且还反对任何形式的"宗派主义"。

五 从马克思学派视角重思马克思和恩格斯学术关系

恩格斯晚年从马克思学派与黑格尔学派、李嘉图学派等非马克思学派的比较视角阐释马克思哲学,是对马克思哲学的学术价值的理性认知与充分肯定,为回应、批驳西方学者对马克思哲学的学术贡献的误读甚至否定提供了一个新思路。同时,也为我们理解马克思哲学与德国古典哲学、马克思哲学与国民经济学的学术关系,理解其哲学所实现的学术创新,特别是理解马克思和恩格斯的学术关系,反驳"马恩对立论",提供了一个新视角。

关于学界对马克思哲学和恩格斯哲学的关系,进而关于马克思与恩格斯学术关系的理解,美国学者特雷尔·卡弗从"广义"上总结为三种不同的观点:第一种观点认为,马克思和恩格斯是"最完美的合作者",二人所有观点都一致。③ 第二种观点认为:"在研究马克思的时候,恩格斯可能被巧妙地忽略了。"④ 第三种观点认为,晚年马克思采用了恩格斯的"决定论"的观点。⑤ 卡弗不同意上述任何一种观点,他

---

① 《马克思恩格斯文集》第 2 卷,人民出版社 2009 年版,第 21 页。
② 《列宁专题文集·论马克思主义》,人民出版社 2009 年版,第 66 页。
③ [美]特雷尔·卡弗(Terrell Carver):《马克思与恩格斯:学术思想关系》,姜海波、王贵贤等译,中国人民大学出版社 2008 年版,第 2 页。
④ [美]特雷尔·卡弗(Terrell Carver):《马克思与恩格斯:学术思想关系》,姜海波、王贵贤等译,中国人民大学出版社 2008 年版,第 3 页。
⑤ [美]特雷尔·卡弗(Terrell Carver):《马克思与恩格斯:学术思想关系》,姜海波、王贵贤等译,中国人民大学出版社 2008 年版,第 3 页。

又提出了第四种观点,即恩格斯在诠释马克思时所使用的材料与马克思的文本之间存在差异,恩格斯背离了马克思。① 这四种观点,大体上可以进一步概括为同一论与差异论两种对立的研究范式。同一论范式强调马克思哲学和恩格斯哲学的本质同一,否认两者之间存在本质差异和对立。马克思主义在中国传播早期,中国马克思主义者就没有将二者思想分离开来。1922年5月5日,在马克思诞辰104周年之际,中共早期组织第一次有组织地纪念马克思所印刷的《马克思纪念册》,在谈到《共产党宣言》这部著作时,主张这里面哪一部分是马克思作的,哪一部分是指恩格斯作的,我们不必问,他们是"一心同体"的。这种研究范式的意义在于捍卫了马克思和恩格斯哲学思想内在的统一性与逻辑的整体性,不足之处在于容易忽略恩格斯作为思想家的个性,进而削弱恩格斯哲学的个体化特征,这样就抹杀了他对马克思主义哲学发展所作出的贡献与价值的独特性。差异论范式则指出了马克思和恩格斯哲学在多个方面的差异,否认二者思想的一致性。此种研究范式意识到了马克思和恩格斯哲学思想的个性差异,但局限性在于割断了二者思想之间的有机联系,甚至把二者对立起来。如莱文认为马克思和恩格斯创立了两个相互矛盾的思想流派,一个是马克思主义,另一个是恩格斯主义。洛克曼认为马克思主义是恩格斯创立的,不包括马克思的思想,他尝试把马克思从马克思主义中剥离、"解放"出来。这些理解不仅否定恩格斯哲学的意义,而且有肢解马克思主义整体性之弊。如果从马克思学派的维度理解马克思和恩格斯的关系,就可以避免上述两种研究范式的不足。同一论范式与差异论范式都是从个体或从马克思或从恩格斯出发理解马克思和恩格斯的学术关系。而从马克思学派的视域理解马克思和恩格斯的关系,则既不从个体的马克思出发,也不以个体的恩格斯为参照系,而是从学术共同体的角度思考二者的关系。作为一个学术共同体的共同的建构者,马克思和恩格斯在

---

① [美] 特雷尔·卡弗(Terrell Carver):《马克思与恩格斯:学术思想关系》,姜海波、王贵贤等译,中国人民大学出版社2008年版,第109页。

第三章 恩格斯晚年的马克思哲学阐释的方法论特色

信仰信念、奋斗目标、历史使命、阶级立场、学术追求、理论原则、理论主题、核心思想等方面具有一致性。即使持"马恩差异论"观点的卡弗也承认:"从马克思与恩格斯1844年11月开始合作的那一天起,在他们的兴趣、计划、政治活动的方法等方面就已经有了相当程度的智识上的重合。"[1] 这种"重合"使他们的研究成果确实构成了一个"有机的统一体"。然而,由于二者是两个独立的个体,个性不同,并且家庭环境、教育和学术背景不同,研究专长和优势有别,在科学研究方面有分工等原因,所以二者在思想风格、对同一个问题的阐释角度、研究的侧重点等方面又不可避免地存在差异。对于一个学派或一个学术共同体来说,这种差异是正常的,是可以理解的,因而也是合理的。这种合理的差异也使他们之间的合作成为必要。就马克思和恩格斯来说,这种差异不代表理解上的完全对立,更多的是一种认识上的互补、修正、完善或升华。"一个好的学术共同体,也必须在深入的个性交流互动中才能真正形成整体的力量。"[2] 如美国学者宾克莱认为,马克思的黑格尔哲学批判,恩格斯对英国工人实际生活境况的考察,使"马克思有条件给恩格斯的思想提供一个历史哲学的综合的轮廓,而恩格斯则能够给马克思提供大量具体的资料,为他的历史唯物主义哲学论文作佐证"[3]。而且,如前所述,马克思逝世后,恩格斯确实自觉地承担起了修正、补充、拓展、延伸、提升他和马克思的原有思想观点的任务。总之,从学术共同体视角理解马克思和恩格斯之间的学术关系是合理的、可取的,而且能够克服"同一论"范式和"差异论"的局限。

---

[1] [美]特雷尔·卡弗(Terrell Carver):《马克思与恩格斯:学术思想关系》,姜海波、王贵贤等译,中国人民大学出版社2008年版,第91页。

[2] 王立胜主编:《中国哲学知识体系建设文选》,中国社会科学出版社2020年版,第11页。

[3] [美]L. J. 宾克莱:《理想的冲突:西方社会中变化着的价值观念》,马元德、陈白澄、王太庆、吴永泉等译,商务印书馆1983年版,第62页。

第四节　学术话语与大众话语相统一

作为一个学派，马克思哲学有自身独特的话语与话语体系。恩格斯晚年对马克思哲学的阐释也需要借助一定的话语来实现。由于写作目的、背景与阐释目的、背景的差异，这两套话语之间会存在表达风格上的差异，而且马克思与恩格斯的学术风格本来就有个体性的差异。恩格斯在对马克思哲学进行阐释时，首先要考虑"对谁说"，然后再决定"怎么说"。因此，他要根据受众对象的理论水平和实际需要，选择用什么样的话语来阐释马克思哲学，如何实现阐释话语在学术话语与大众话语之间的转换。总体来看，恩格斯晚年自觉在学术话语与大众话语的张力运动中阐释马克思哲学。

一　转换依据："低"与"高"的矛盾

恩格斯晚年在阐释马克思哲学时，能够正确处理阐释的话语与阐释指向的对象即群众之间的关系，一个很重要的原因在于他非常准确地抓住了以下矛盾：广大工人群众的理论水平比较"低"，而马克思哲学本身的理论形式却非常"高"。这一"低"与"高"的矛盾正是恩格斯晚年从学术话语与大众话语的张力关系中阐释马克思哲学的客观依据。

恩格斯说："我们决不想把新的科学成就写成厚厚的书，只向'学术'界吐露。"[1] 马克思和恩格斯"既是学者又是政治家，既是战士又是批判家"[2]，他们的学术活动与政治活动紧密联系在一起，他们的学术研究成果更主要的是向无产阶级"吐露"，争取、教育和指导无产阶级。这也是马克思学派作为一个新学派，不同于黑格尔学派、蒲鲁东主义和李嘉图学派之处。"帮助现代无产阶级运动走向自觉，使它立足于

---

[1] 《马克思恩格斯文集》第4卷，人民出版社2009年版，第233页。
[2] 《马克思恩格斯全集》第28卷，人民出版社2018年版，第664页。

第三章 恩格斯晚年的马克思哲学阐释的方法论特色

科学基础之上"①,是马克思哲学创立之初就肩负的重要理论使命,也是恩格斯晚年向工人阐释、宣传这一哲学的目的。"理论一经掌握群众,也会变成物质力量。"② 理论掌握群众的前提则是群众掌握理论。群众不掌握理论,理论就掌握不了群众,就难以使无产阶级运动立足于科学基础之上,无法顺利地走向自觉、走向成功。恩格斯晚年阐释马克思哲学,既是为了让马克思哲学理论掌握群众,也是为了使群众掌握马克思哲学理论,进而使其革命走向自觉。但是,对于广大工人群众来说,马克思哲学不是通俗易懂的,掌握具有较高学术含量的马克思哲学是不容易的。为此,恩格斯在面向广大群众阐释马克思哲学时,非常注重话语的选择、运用与转换,开启了马克思哲学大众化、通俗化的先河。正确处理学术话语与大众话语的关系也成为晚年阐释马克思哲学的一个重要的方法论原则,并对后世产生了深远影响。

广大工人群众是恩格斯关注的重点群体。关于这一群体的理论水平,对于曾对英国工人阶级境况进行过"亲身观察"的恩格斯来说,有着直观而深切的体会。英国是工人阶级发展的典型国家③,英国工人阶级的状况具有"典型的形式"④,所以成为恩格斯考察和分析的重点。恩格斯指出,工业革命之前,英国工人"在道德和智力方面和农民处于同一水平",没有精神活动,"他们当中很少有人能读,能写的人就更少了"⑤。工业革命之后,英国工人群体规模大增,"各种工人的教育程度直接取决于他们和工业的联系"⑥,其中绝大部分工人得不到教育,因为国家可以提供的"教育设施和人口数目相比少得很不相称。工人阶级可以进的为数不多的日校,只有少数人能去就读,而且这些学校都

---

① 《马克思恩格斯全集》第28卷,人民出版社2018年版,第654页。
② 《马克思恩格斯文集》第1卷,人民出版社2009年版,第11页。
③ 恩格斯自己指出,他总是把工人和无产者、工人阶级、没有财产的阶级和无产阶级当作同义语来使用。可参见《马克思恩格斯文集》第1卷,人民出版社2009年版,第387页。
④ 《马克思恩格斯文集》第1卷,人民出版社2009年版,第385页。
⑤ 《马克思恩格斯文集》第1卷,人民出版社2009年版,第390页。
⑥ 《马克思恩格斯文集》第1卷,人民出版社2009年版,第405页。

是很差的"①，多数教师不具备必要的基本知识和道德修养。没有一个地方实行义务教育。此外，大批儿童整个星期都要劳动，因而没有时间和精力去上学。即使晚上去上夜校，因为劳累多半睡着，也学不到东西。有些孩子有机会进入教会学校，但"脑子里塞满了各种无法理解的教条和神学上的奥义，从很小的时候起就激起教派的仇恨和狂热的迷信，而一切理性的、精神的和道德的教育却被严重地忽视了"②。在这种教育状况下，许多工人群众不会读，更不会写，缺少知识或愚昧无知。1848年之后，英国工人阶级状况发生了一些变化，一方面，如工厂区的实物工资制被取消了，通过了十小时工作日法案，实行了一系列比较小的改良措施，工厂主对待工人的手段发生了变化，城市卫生状况有所改善。但是，另一方面，广大工人群众的穷困状况依然如过去那般严重。在经济状况没有根本改善、贫困没有根本消除的条件下，广大工人群众的受教育状况是很难得到普遍改善的，他们的理论水平当然也难以全面大幅提升。

对于广大工人群众来说，掌握马克思哲学是需要一定的文化和理论条件的。从上述关于广大工人群众现实的文化和理论水平的分析来看，离开通俗化的话语转换的中介环节，他们是难以掌握马克思哲学的。这既是由哲学本身的理论特性决定的，更与马克思哲学话语本身的革命有关。黑格尔指出，哲学作为关于真理的必然性的科学，属于"概念式的认识"③，哲学的目的就是用概念去把握真理。因此，"哲学所有的内容不是行为，也不是外在的快乐和悲痛的事情，而是思想"④。黑格尔关于哲学的认识方式、对象、目的和内容的阐述，揭示了哲学的概括性、抽象性和思辨性特征。这表明，哲学不是那么容易被普通大众理解

---

① 《马克思恩格斯文集》第1卷，人民出版社2009年版，第423页。
② 《马克思恩格斯文集》第1卷，人民出版社2009年版，第424—425页。
③ [德]黑格尔：《哲学史讲演录》第一卷，贺麟、王太庆译，商务印书馆1959年版，第18页。
④ [德]黑格尔：《哲学史讲演录》第一卷，贺麟、王太庆译，商务印书馆1959年版，第16页。

第三章　恩格斯晚年的马克思哲学阐释的方法论特色

的。青年马克思在谈到德国哲学时也强调了这一点："哲学，从其体系的发展来看，不是通俗易懂的。"① 虽然马克思哲学不是黑格尔哲学那样追求体系完满的体系哲学，而是追求人民大众解放的"大众哲学"，但它不是完全用大众的话语或容易被大众理解的话语表述的。它不但有着严谨的逻辑和较高的理论形式，而且代表一种实现了哲学话语革命的新哲学。

国内学界关于马克思哲学话语革命的探讨，根据研究视角和参照系不同，可以概括为以下三种致思理路。第一，从西方"话语分析理论"视角考察马克思哲学话语革命的内在逻辑，认为马克思为了科学回答时代重大课题，满足革命实践发展需要，汲取了古典政治经济学的成果，改造了传统哲学并赋予其新特性，最终形成比较完整的"新唯物主义"话语体系。② 第二，从理论思维方式视角解析马克思哲学话语革命的本质和特征，认为马克思哲学的话语革命表现为从理论话语转向实践话语。③ 相对于理论话语的预设性、思辨性和既成性的特征，马克思哲学的实践话语具有生成性、现实性和过程性的优势和特点。第三，从"哲学话语史"视角探寻马克思哲学话语革命的方法论原则，总结为五大原则：一是"从生活中提炼概念"；二是让哲学说"大众话"；三是"站在无产阶级立场说话"；四是在批判旧话语中建构新话语；五是"回到书斋与走进社会相结合"④。从这些分析中，我们可以大致把握马克思哲学话语的总体特征。话语背后是思想，是方法，是思维方式。马克思哲学话语革命归根结底反映的是哲学思想、方法及思维方式的变革。这一哲学话语本身的特征，特别是话语的内容、话语的表达方式、话语中的术语方面的特征，又直接影响其哲学思想的传播和发展。其中，术语的影响最直接也最直观。恩格斯指出："一门科学提出的每一

---

① 《马克思恩格斯全集》第 1 卷，人民出版社 1995 年版，第 219 页。
② 叶险明：《马克思哲学的话语革命与中国哲学的话语危机——兼论"中国问题意识"》，《哲学研究》2012 年第 12 期。
③ 李双套：《马克思的话语革命与当代中国话语的建构》，《江海学刊》2017 年第 5 期。
④ 刘影：《论马克思哲学话语革命》，《马克思主义理论学科研究》2020 年第 6 期。

种新见解都包含这门科学的术语的革命。"① 马克思哲学作为一种新唯物主义，提出了新见解，当然包含并体现着术语的革命。马克思哲学术语革命大致采取了两种方式：一是改造已有的术语，赋予其新内涵、新意义，并重新定位其理论地位和作用。如"实践""生产力""生产关系""辩证法"等范畴并不是马克思创造的，而是从传统中继承来的。但是，马克思不但拓展了这些范畴的内涵与外延，而且提升了它们的理论地位。马克思使用的同一个术语，其含义在不同时期的文本中也不是一成不变的。罗伯特·菲内利指出："重读马克思的原始文本，在很大程度上可以直接从语义学上来关注马克思所使用的术语和范畴的变化，这些范畴和术语在语言形式上仍然保持原来的面貌，但是含义已经发生了变化。"② 他举例说明，从青年马克思到成熟马克思，"劳动、类、抽象、自由、权利和自然等核心概念表面上看没有发生变化，但其含义发生了重大变化，正是这些变化使我们看到了马克思前后思想发生的变化"③。这种变化代表了马克思对问题的认识与理解上的深化。二是创造新的术语，即提出新概念、新范畴，取代原有的概念、范畴。马克思哲学的新概念来自现实土壤而非主观臆造或纯粹的"概念游戏"。如"异化劳动""自由自觉的劳动""物化的劳动""感性的人的活动"等。这样，马克思哲学的术语革命可以概括为两个方面：一方面，用那个时代提供的概念素材表达自己的思想，但赋予这些概念新的规定性，或者用法已经"变异"。另一方面，从现实的生产生活实践中提炼、概括新的概念，表达自己对现实社会的新思考、新理解、新认识。

历史证明，这种术语革命，在哲学概念史、范畴史、思想史上都是具有划时代意义的，但无形中也造成了人们准确把握马克思新哲学的困难，因为准确把握这种新哲学不仅需要具备一定的哲学理论基础和较强

---

① 《马克思恩格斯文集》第5卷，人民出版社2009年版，第32页。
② [意] 理查德·贝洛菲尔、罗伯特·芬奇主编：《重读马克思：历史考证版之后的新视野》，徐素华译，东方出版社2010年版，第146页。
③ [意] 理查德·贝洛菲尔、罗伯特·芬奇主编：《重读马克思：历史考证版之后的新视野》，徐素华译，东方出版社2010年版，第131页。

第三章　恩格斯晚年的马克思哲学阐释的方法论特色

的逻辑思维能力，更需要理论思维方式的"跃迁"。否则，就会不理解甚至误解、歪曲马克思哲学。西方学界出现的各种版本的马克思哲学的黑格尔化、康德化、斯宾诺莎化、费尔巴哈化，就是没有认识到马克思哲学的话语革命，没有跳出传统哲学的话语体系和思维方式去理解马克思哲学的结果。而广大工人群众的理论水平表明，他们中的很多人连最基本的哲学常识都不具备。这就意味着马克思哲学话语与大众认知之间存在着巨大的鸿沟，必须通过一个话语转换的中介，推动马克思哲学话语从学术性走向通俗化，才能帮助广大工人群众理解、接受、掌握马克思哲学。恩格斯晚年对马克思哲学的阐释就是要发挥这种中介的功能，他自觉又出色地扮演了马克思哲学"可靠的传译员"[1] 的角色。

二　话语张力：学术化与通俗化

马克思与恩格斯长达近40年的亲密合作关系，使恩格斯具有进行这种话语转换的优势，因为"恩格斯是唯一能够破译马克思难以辨认的象形文字的人"[2]，没有人比他更能准确地把握马克思的哲学思想。同时，恩格斯也具备这种话语转换的能力，因为恩格斯是一个"文思敏捷""表述清晰""最具有语言表达才能的普及者"[3]。正是凭借这一天赋，恩格斯"发挥了新兴的马克思主义运动的理论导师的作用"[4]。事实上，根据二者的分工，在广大工人群众中普及马克思主义理论的任务更多的是由恩格斯负责。不过，恩格斯晚年对马克思哲学的阐释并不是以纯粹的通俗化代替学术化，学术化与通俗化也并非彼此对立，而是根据受众对象的需要，决定阐释话语是侧重学术化还是突出通俗化。由

---

[1] ［美］特雷尔·卡弗（Terrell Carver）：《马克思与恩格斯：学术思想关系》，姜海波、王贵贤等译，中国人民大学出版社2008年版，第138页。
[2] ［英］戴维·麦克莱伦（David McLellan）：《恩格斯传》，臧峰宇译，中国人民大学出版社2017年版，第25页。
[3] ［英］戴维·麦克莱伦（David McLellan）：《恩格斯传》，臧峰宇译，中国人民大学出版社2017年版，第104页。
[4] ［英］戴维·麦克莱伦（David McLellan）：《恩格斯传》，臧峰宇译，中国人民大学出版社2017年版，第104页。

此，恩格斯晚年在阐释马克思哲学时的话语选择上，呈现出一种张力关系，即始终保持在学术化与通俗化之间。面向广大工人群众时，侧重推进学术话语向大众话语的合理转换。要注意的是，这种转换是通俗化、大众化，但不是庸俗化，因其依然坚持理论的严谨性、科学性和学术性，以及与现实的关联性。

马克思本人也希望自己的著作具有可读性，自己的理论易于被公众理解，并为此付出诸多努力。在马克思的著作中，有"工人阶级的圣经"之称的《资本论》，反倒是最不容易被工人理解的著作之一。这本学术著作既是马克思哲学的运用，又包含马克思哲学思想的发展，既是马克思哲学科学性的论证，也是马克思哲学革命性的表征。因此，我们主要以本书为例来分析恩格斯晚年对马克思哲学的通俗化阐释及其意义。列宁认为，要完全理解《资本论》必须研究、理解黑格尔的"全部逻辑学"，因为在《资本论》中，唯物主义的逻辑学、辩证法和认识论三者是同一个东西。"不钻研和不理解黑格尔的全部逻辑学，就不能完全理解马克思的《资本论》。"① 根据这个要求和条件来衡量，列宁认为"半个世纪以来，没有一个马克思主义者是理解马克思的"②。从这些描述中不难体会到理解和掌握《资本论》的难度。

马克思在写作《资本论》和再版《资本论》的过程中，也曾为使之便于理解有意识地做过"通俗化"尝试和努力。戴维·麦克莱伦在《马克思传》中介绍和分析《资本论》的部分，有两处描写，可以说明这一点。第一处："1861年夏天，福格特的事情终于可以放一放了，马克思就开始了认真研究'第三章'的关于资本一般的问题了。一年来，进展十分缓慢，尽管马克思认为他已经努力使自己的风格通俗化了。"③ 第二处："8月中④，他对恩格斯说他正在整理手稿，准备付印，这一部

---

① 《列宁全集》第55卷，人民出版社2017年版，第151页。
② 《列宁全集》第55卷，人民出版社2017年版，第151页。
③ ［英］戴维·麦克莱伦（David McLellan）：《马克思传（插图本）》，王珍译，中国人民大学出版社2006年版，第344页。
④ 指1863年8月。

第三章　恩格斯晚年的马克思哲学阐释的方法论特色

分要比《政治经济学批判》'容易懂百分之百'。"① 根据麦克莱伦的描述，在《资本论》第一卷付印期间，马克思定期把校样送交恩格斯，征求他的意见。恩格斯认为第一卷比较抽象，相比之下，《政治经济学批判》更容易理解，建议马克思能够多加一些小标题。② 这说明，恩格斯不仅在思想观点上与马克思交流沟通，而且就怎样写能够让一般读者理解也提出了建议。尽管做此努力，《资本论》第一卷出版之后，还是赢得了"绝不好理解而且几乎难读的名声"③，尤其是开头部分有着极强的抽象性。麦克莱伦将之归因于三个因素：一是抽象的方法；二是有黑格尔的特色；三是使用了一些正统的经济学家不再使用的概念。马克思自己也意识到了前几章的难读，并认为这是"一种不利"，是"坏的一面"。他主要从方法维度给出了解释："我所使用的分析方法至今还没有人在经济问题上运用过，这就使前几章读起来相当困难。"④ 马克思的分析方法汲取了黑格尔方法的"合理因素"，他曾努力使黑格尔的方法从神秘化走向通俗化："用两三个印张把黑格尔所发现、但同时又加以神秘化的方法中所存在的合理的东西阐述一番，使一般人都能够理解。"⑤

佩里·安德森对于马克思为使其理论更易于理解所做的努力也有过分析。他说："他在1848年以后总是设法把自己的思想以尽量简明易懂的方式提出来，尽量使他为之写作的工人阶级能够容易理解。他为了这个目的而在《资本论》法译本上所花费的心血，是大家都知道的。"⑥

---

① ［英］戴维·麦克莱伦（David McLellan）：《马克思传（插图本）》，王珍译，中国人民大学出版社2006年版，第345页。
② ［英］戴维·麦克莱伦（David McLellan）：《马克思传（插图本）》，王珍译，中国人民大学出版社2006年版，第351页。
③ ［英］戴维·麦克莱伦（David McLellan）：《马克思传（插图本）》，王珍译，中国人民大学出版社2006年版，第353页。
④ 《马克思恩格斯文集》第5卷，人民出版社2009年版，第24页。
⑤ 《马克思恩格斯文集》第10卷，人民出版社2009年版，第143页。
⑥ ［英］佩里·安德森：《西方马克思主义探讨》，高铦、文贯中、魏章玲译，人民出版社1981年版，第70页。

马克思在《资本论》法译本上花费心思，也是为了使《资本论》易于被公众明白、理解。《资本论》第一卷法文版的译者是约瑟夫·鲁瓦（Joseph Roy），他采取了直译的方法，死板、生硬、不易懂。所以马克思不得不亲自"从头到尾"修改和校订。他在致莫里斯·拉沙特尔的信中说："对于我的原稿来说，他的稿子只不过是个草稿。"① 由此可以想象马克思为此付出的艰辛劳动。根据马克思的理解，《资本论》"这类出版物本来就是为公众写的"②，各种版本的翻译质量直接关系到它能否对公众产生影响以及影响力的大小。马克思在致卡洛·卡菲埃罗的信中，提到两本介绍《资本论》的书，分别是用塞尔维亚文和英文写的。马克思认为："虽然它们想对《资本论》作一个简明通俗的概述，但同时却过于学究式地拘泥于叙述上的科学形式。"③ 这种缺陷无疑会在很大程度上制约《资本论》对公众的影响。当时拉沙特尔建议《资本论》第一卷法文版分几册出版，马克思同意了，因为他考虑到这样有利于此书到达工人阶级手里，从而对工人产生影响。不可否认的是，即使工人阶级手里有了这本书，但就其现实的文化程度和理论水平来说，要读懂、理解它还是有相当大的困难的。

马克思说："使一门科学革命化的科学尝试，从来就不可能真正通俗易懂。"④《资本论》就是这种"科学尝试"，这也是它不易被读懂的一个很重要的原因。不过，马克思随后又补充说："只要科学的基础一奠定，通俗化也就容易了。一旦风暴更甚的时期到来，就可以再找到相应的色彩和笔墨来通俗地阐述这些题目。"⑤ 恩格斯就承担着"找到相应的色彩和笔墨来通俗地阐述这些题目"的工作。当时人们都抱怨《资本论》难读不易懂，许多人更愿意读"解释版"的《资本论》而

---

① 《马克思恩格斯全集》第33卷，人民出版社1973年版，第630页。
② 《马克思恩格斯文集》第10卷，人民出版社2009年版，第438页。
③ 《马克思恩格斯文集》第10卷，人民出版社2009年版，第438页。
④ 《马克思恩格斯文集》第10卷，人民出版社2009年版，第197页。
⑤ 《马克思恩格斯文集》第10卷，人民出版社2009年版，第197页。

第三章 恩格斯晚年的马克思哲学阐释的方法论特色

懒得读"原版"的《资本论》。恩格斯被看作"通俗叙述的能手"[①]，他的文风"既象海涅那样泼辣大胆、粗犷率直，又象马克思那样严谨认真、论据充分，今天读起来仍然觉得容易理解，饶有趣味"[②]。他以这样的文风撰写的相关普及性读物成为人们快速理解《资本论》的一个桥梁。据考茨基回忆："我们的大多数朋友一经认识到社会主义并非慈善事业而是科学，要理解社会主义，仅仅有善良的愿望是不够的，还得要有一定的知识，就立即满腔热情去攻读《资本论》，接着会在价值理论上碰到困难，然后就弃而不读。如果他们先从恩格斯的小册子入手，认真学习探讨之后再去啃《资本论》，那效果就会完全不同了。"[③]恩格斯撰写的这类小册子，既轻薄便于携带，又浅显易懂，更适合广大工人群众阅读，也更能够被他们广泛接受。

恩格斯晚年对马克思哲学的通俗化阐释大大推进了马克思哲学在广大工人群众中的普及，对于国际社会主义运动和无产阶级运动起到了重要的推动作用。反过来，国际社会主义运动和无产阶级运动的发展状况也是促使恩格斯把马克思哲学通俗化的动力。正如莱文所言，恩格斯"毕生致力于思想的普及。当社会主义运动在第二国际时期有所发展时候，当社会主义运动转变成一种无产阶级运动，而不仅仅是一种心怀不满的中产阶级知识分子的抗议的时候，就有必要简化马克思的思想，使其能被大量的工人阶级读者所接受"[④]。事实证明，恩格斯的通俗化阐释"拉近"了马克思哲学与群众的距离，使马克思哲学能够"走进"工人群众的视野，也让更多的工人群众"走近"马克思的思想世界。可以说，在开辟马克思哲学大众化的道路上，恩格斯扮演了"第一小提琴手"的角色。

[①]《马克思恩格斯全集》第28卷，人民出版社2018年版，第672页。
[②] [德] 曼·克利姆编著：《恩格斯文献传记》，中央编译局译，湖南人民出版社1986年版，第7页。
[③]《马克思恩格斯全集》第28卷，人民出版社2018年版，第673页。
[④] [美] 诺曼·莱文（Norman Levine）：《马克思主义与恩格斯主义中的黑格尔》，臧峰宇译，北京师范大学出版集团、北京师范大学出版社2018年版，第17页。

理论的话语风格直接影响理论与群众的亲疏关系。像恩格斯批评的"德国教授的哲学著作",充斥着"迂腐晦涩""笨拙枯燥"的话语,这样的哲学即使"已经被推崇为普鲁士王国的国家哲学"①,也很难吸引一般群众的关注,更难与群众的政治实践相统一。在马克思主义发展史上,西方马克思主义的艰深话语风格也是导致其远离无产阶级群众的重要因素。对此问题,安德森的分析深刻而精辟。他指出:"在二十世纪,大部分西方马克思主义所特有的极其艰深的语言,却从来没有由于要同无产阶级读者建立直接或积极的联系而有所约束。相反,它超过了语言复杂性的必要极限,这适足以说明它跟任何群众实践都是相脱离的。"② 根据他的分析,在西方马克思主义者那里,语言"越来越带有专业化和难以理解的特色"。如卢卡奇的语言"繁琐难解,充满学究气",阿尔都塞的语言"充满女巫般的遁词秘语"③。这种语言风格决定了即使是研究西方马克思主义的学者、专家也不一定能够准确地把握他们的思想,更何况理论水平不高的广大工人群众。结果,这样的语言风格不仅使西方马克思主义者无法与无产阶级读者建立"直接""积极"的联系,远离群众的政治实践,而且也日渐脱离现实的政治运动。与之相比,更能突显恩格斯晚年以简洁、通俗易懂的语言阐释马克思哲学的理论和实践意义。

三 正向效应:理论与实践

恩格斯晚年在坚守学术的严谨性和科学性的前提下,以通俗易懂的语言阐释马克思哲学的思想观点,产生了积极的理论和实践效应。

从马克思主义传播史和思想史的视野来看,恩格斯对马克思哲学的阐释开启了马克思哲学的大众化和体系化两个维度,为这个理论的广泛

---

① 《马克思恩格斯文集》第4卷,人民出版社2009年版,第267页。
② [英]佩里·安德森:《西方马克思主义探讨》,高铦、文贯中、魏章玲译,人民出版社1981年版,第71页。
③ [英]佩里·安德森:《西方马克思主义探讨》,高铦、文贯中、魏章玲译,人民出版社1981年版,第71页。

第三章 恩格斯晚年的马克思哲学阐释的方法论特色

传播并产生深远影响奠定了基础。为了让包括工人群众在内的大众读者能够读懂马克思的著作，恩格斯晚年在出版或再版马克思的著作时，不仅撰写了导言、序言和前言，而且做了大量的注释。这些注释的具体性质和功用并不统一，但带来的共同结果是："来自于这些注释的唯物论对解读马克思起到了潜移默化的作用。马克思著作的恩格斯修订版得到了广泛的传播。"[①] 毋庸置疑，这些注释能够帮助普通群众更顺畅、更快速地理解并吸收马克思的哲学智慧。

为向广大工人群众普及马克思哲学，恩格斯采取了多种方式，如借助著作、演讲、通俗读物、小册子等。此外，恩格斯还善于利用报刊传播马克思哲学以更大范围、更容易地影响工人。曼·克利姆曾经分析过恩格斯为什么"一生宁可为报刊撰稿"的问题，他归纳的三个"可能"的原因无不与扩大马克思哲学在工人阶级中的影响相关。第一个原因，恩格斯"认为通过报刊可以更容易地影响工人群众，可以更迅速地传播马克思主义理论的新认识，介绍阶级斗争的新情况"[②]；第二个原因，"在十九世纪的报刊上已有很多篇幅从思想上探索了阶级问题，因此恩格斯要尽量利用工人报刊和左翼资产阶级的报纸来阐述新的世界观并组织革命的工人运动"[③]；第三个原因，恩格斯"一向认为，报刊上的短篇政治文章也能扩大影响，也具有理论意义"[④]。恩格斯晚年给予撰稿的报刊非常之多，如巴黎的《社会主义评论》《社会主义者报。工人党机关报》《平等报。集体主义革命派刊物》、伦敦的《劳动旗帜报》《进步》《公益》《每日纪事报》、伦敦和日内瓦的《黎明》、柏林的《柏林人民报》《前进。柏林人民报》《柏林人民论坛》、美国的《纽约

---

① [美]特雷尔·卡弗（Terrell Carver）：《马克思与恩格斯：学术思想关系》，姜海波、王贵贤等译，中国人民大学出版社2008年版，第92页。
② [德]曼·克利姆编著：《恩格斯文献传记》，中央编译局译，湖南人民出版社1986年版，第14页。
③ [德]曼·克利姆编著：《恩格斯文献传记》，中央编译局译，湖南人民出版社1986年版，第14页。
④ [德]曼·克利姆编著：《恩格斯文献传记》，中央编译局译，湖南人民出版社1986年版，第14页。

人民报》、米兰的《社会评论》、维也纳的《工人报。奥地利社会民主党机关报》、斯图加特的《新时代》，等等。恩格斯在这些报刊发表的文章，包括政治文章，是马克思哲学的世界观和方法论的自觉或不自觉的运用。同时，又在这种运用过程中，拓展了马克思哲学大众化的方式，扩大了马克思哲学传播的范围，提升了马克思哲学的世界影响力。

马克思哲学的大众化与马克思哲学的体系化是相互推进的。《路德维希·费尔巴哈和德国古典哲学的终结》和《反杜林论》，本身既有宣传、普及马克思哲学的作用，也是构建马克思哲学体系的著作，是大众化与体系化的统一。如第二章所述，恩格斯晚年重点阐释了唯物史观，他对建构马克思哲学体系的贡献，其中就包括尝试把历史唯物主义基本原理系统化。对于恩格斯为什么会尝试将历史唯物主义系统化，麦克莱伦给出了两点解释：一是恩格斯在生命快要走到终点时，他发现自己"有义务"对历史唯物主义基本原理做出系统的阐述，提供一种比以往"更清晰的构想"①。二是"信仰马克思主义的人数增长要求一个系统的学说"②，应对其他错误思潮的干扰。这两点解释揭示出恩格斯晚年尝试把历史唯物主义系统化，更多的是出于理论的科学性的考量。这种考量既源自理论自身的真理逻辑，也有武装工人阶级及其政党的现实逻辑。根据列宁的说法，《资本论》问世之后，历史唯物主义已经由"假设"转换为"科学地证明了的原理"③。这说明历史唯物主义已经具备了系统化或体系化的条件——理论本身已经成熟、成型。参与历史唯物主义创立的恩格斯，非常清楚这一理论的创立背景、发展过程和核心思想，因而他有资格也有能力对其作出更清晰、更系统的凝练和概括。

恩格斯晚年"对马克思主义最突出的贡献是对一种具有潜在科学

---

① [英]戴维·麦克莱伦（David McLellan）：《恩格斯传》，臧峰宇译，中国人民大学出版社2017年版，第48页。
② [英]戴维·麦克莱伦（David McLellan）：《恩格斯传》，臧峰宇译，中国人民大学出版社2017年版，第104页。
③ 《列宁专题文集·论辩证唯物主义和历史唯物主义》，人民出版社2009年版，第163页。

第三章　恩格斯晚年的马克思哲学阐释的方法论特色

性的马克思主义'哲学'的系统化"①。对于一种哲学学说来说，系统化或体系化也是其成为科学的必要条件。黑格尔说："哲学若没有体系，就不能成为科学。"② 在这个意义上，马克思哲学的体系化直接关联着其科学性和真理性。"体系化"更便于工人阶级及其政党领袖接受、掌握并坚持马克思主义这一指导工人运动的科学世界观。据曼·克利姆分析，有个别社会主义政党的主要"理论代表"对马克思主义学说是"稀里糊涂"的。如德国社会民主党领导人李卜克内西，虽然是一个马克思主义者，但恩格斯常说他还是"一个糊涂虫"，因为"他的马克思主义是从感情出发的，因而动摇不定"③。还有一些社会主义政党领袖将马克思主义教条化。经过恩格斯的阐释，"马克思主义已不再是七十年代中期某些社会主义政党领袖所认为的那种教条了。八十年代，它被介绍给美国的德国社会主义者时，已经一点也看不出是那种赐福的教义了"④。这些不能不归功于恩格斯对马克思哲学的体系化贡献。马克思哲学的体系化，不仅赋予马克思哲学一个科学的外观、一个科学的结构，而且透过科学的形式，使马克思哲学的科学内容和思想精髓更为鲜明地呈现出来。这样，以系统化的科学面目呈现的马克思哲学，对工人阶级政党及其理论代表更具吸引力，也更容易把握。因而，更有可能战胜其他思潮而"掌握群众"。当然，这种体系化也是分析现实政治的需要。根据霍布斯鲍姆的观点，政治问题对于马克思和恩格斯这样积极的革命者来说是首要的问题。但是在政治领域，"马克思的著作几乎完全采取了新闻报道、对现实政治的审视、对运动内部讨论的推动和私人书信的形式。然而，尽管恩格斯在这一主题上的著述主要是对现实政

---

① [英]戴维·麦克莱伦（David McLellan）:《恩格斯传》，臧峰宇译，中国人民大学出版社2017年版，第77页。
② [德]黑格尔:《小逻辑》，贺麟译，商务印书馆1980年版，第56页。
③ [德]曼·克利姆编著:《恩格斯文献传记》，中央编译局译，湖南人民出版社1986年版，第469页。
④ [德]曼·克利姆编著:《恩格斯文献传记》，中央编译局译，湖南人民出版社1986年版，第469页。

治的评论，但是他在《反杜林论》中尝试更系统地讨论政治问题，不过他基本上是在马克思逝世后所写的各种著作中才开始这样做的"①。

无论是大众化还是体系化，都有助于培养工人的马克思主义"理论感"。这一"理论感"对于工人接受科学社会主义，摆脱形形色色的非科学的社会主义派别的迷惑和困扰，是非常重要的。恩格斯曾经指出："如果工人没有理论感，那么这个科学社会主义就决不可能像现在这样深入他们的血肉。"② 由于缺少马克思主义"理论感"，英国工人运动发展得十分缓慢，法国人、比利时人、西班牙人和意大利人则受蒲鲁东主义的影响而产生"谬误"和"迷惘"。而具有较强的马克思主义"理论感"优势的德国工人，能够不受蒲鲁东主义的迷惑，让科学社会主义"深入他们的血肉"。这也启示我们要使当代青年人摆脱其他错误社会思潮的影响，也需要培养他们的马克思主义"理论感"。

关于恩格斯对马克思哲学的大众化和体系化的贡献，有西方学者持否定态度。如麦克莱伦认为，"恩格斯的论述确实走向了某种通俗化的马克思主义，而不是马克思本人的马克思主义"③。也有学者认为在通俗化过程中，恩格斯将马克思主义简化为或退化为实证主义。这些观点，区分出两个版本的马克思主义，割裂了马克思主义的统一性，是极其错误的。麦克莱伦认为恩格斯对马克思主义体系化所做的努力意在"建立一门像黑格尔的体系那样包罗万象的体系化的唯物主义"④。卡弗甚至把恩格斯看作体系化哲学家，并认为他"有将马克思的著作退回到传统哲学、历史学和经济学的学术范式的趋势"⑤。麦克莱伦和卡弗

---

① [英] 埃里克·霍布斯鲍姆：《如何改变世界：马克思和马克思主义的传奇》，吕增奎译，中央编译出版社2014年版，第46页。
② 《马克思恩格斯文集》第2卷，人民出版社2009年版，第217页。
③ [英] 戴维·麦克莱伦（David McLellan）：《恩格斯传》，臧峰宇译，中国人民大学出版社2017年版，第51页。
④ [英] 戴维·麦克莱伦（David McLellan）：《恩格斯传》，臧峰宇译，中国人民大学出版社2017年版，第86页。
⑤ [美] 特雷尔·卡弗（Terrell Carver）：《马克思与恩格斯：学术思想关系》，姜海波、王贵贤等译，中国人民大学出版社2008年版，第142页。

的认识都有失偏颇。恩格斯将马克思哲学体系化，不代表恩格斯就是体系化的哲学家，两位思想家都是明确反体系化哲学的，从他们对黑格尔哲学体系和杜林哲学体系的批判就可见一斑。

马克思和恩格斯"教会了工人阶级自我认识和自我意识，用科学代替了幻想"[1]。而这离不开恩格斯为马克思哲学的大众化和体系化所做的努力。正是这种努力，使世界上越来越多国家的民众对马克思主义的科学世界观产生浓厚兴趣，使马克思主义为相当多的社会公众所真正接受，并在德国、俄国、中国等国家产生了相当大的政治影响。这也是马克思哲学的大众化和体系化所带来的显著的实践效应。

第五节　坚持和发展相统一

恩格斯对马克思哲学阐释的权威性源自他直接参与了这一理论的创造，解释者与参与者的双重身份决定了恩格斯晚年对马克思哲学尤其是他们共同的见解的阐释，虽然包含思想的"还原"、注释和论证，但更多的是对这一思想的反思、深化和拓展。由此也可以说，恩格斯晚年阐释的马克思哲学思想呈现出"动态发展的过程性特征"[2]。这就要求我们要从发展论和生成论思维解读马克思哲学以及恩格斯对它的阐释。而以还原论和现成论思维解读恩格斯晚年对马克思哲学的阐释，恰恰是各种形式的"马恩对立论"产生的认识论根源。恩格斯晚年对马克思哲学思想的"还原"、注释、论证、反思、深化和拓展，体现了恩格斯坚持和发展或捍卫和升华马克思哲学的理论自觉和理论自信。在坚持中发展，在发展中坚持，既是恩格斯始终秉持的对待马克思哲学的科学态度，也是他晚年阐释马克思哲学自觉遵循的方法论原则。

---

[1]《列宁专题文集·论马克思主义》，人民出版社2009年版，第53页。
[2] 刘同舫：《恩格斯思想的历史地位与伟大贡献》，《福建师范大学学报》（哲学社会科学版）2020年第4期。

恩格斯晚年的马克思哲学阐释研究

一 内生动力：信仰和使命

恩格斯晚年在对马克思哲学的阐释中坚持和发展马克思哲学，既源自对共产主义的坚定信仰，又内蕴于为无产阶级谋解放的崇高使命。正是这种信仰和使命共同铸就了恩格斯晚年不遗余力捍卫和发展这一哲学的决心和定力。

马克思和恩格斯是伟大的共产主义革命家，他们把自己的一生都献给了为无产阶级谋解放的共产主义事业。自从在青年时代确立起共产主义信仰，他们一切的理论研究、批判和建构活动，一切的政治实践活动，归根结底无不以推进这一伟大事业为根本目标。他们共同起草的《共产党宣言》，不仅是共产党人向全世界公开说明自己的观点、目的和意图的"宣言"，也是他们自己向全世界公开宣示自己信仰的"宣言"。无论是在《共产党宣言》被反对势力排挤到后台时，还是在"全世界无产者，联合起来"口号的回应者寥寥无几时，无论是在无产阶级运动规模狭小的时期，还是在无产阶级运动陷入低潮的时期，马克思和恩格斯始终都没有动摇共产主义的理想信念。反而越是在无产阶级运动陷入困境的情况下，越是竭尽全力在理论和策略上帮助和指导无产阶级及其政党，使这一运动沿着正确的方向发展并再次显露生机和焕发活力。

与马克思一样，恩格斯青年时期就确立了共产主义信仰，此后一直都是坚定的共产主义者。在谈到恩格斯青年时期的著作《英国工人阶级状况》时，霍布斯鲍姆总结认为："毫无偏见的读者只会认为《英国工人阶级状况》的缺点是次要的，必定会对它的成就留下更为深刻的印象。这些不仅是因为恩格斯个人显而易见的天赋，而且是因为他的共产主义思想。正因为如此，他才非常明显地比资本主义的当代辩护士具有更敏锐的经济、社会和历史洞察力。"[①] 两位伟人的共产主义信仰建

---

① [英] 埃里克·霍布斯鲍姆：《如何改变世界：马克思和马克思主义的传奇》，吕增奎译，中央编译出版社 2014 年版，第 91 页。

第三章 恩格斯晚年的马克思哲学阐释的方法论特色

立在对人类社会发展一般规律的科学认识和对资本主义社会发展趋势的科学判断的基础之上。通过对人类社会发展形态的历史考察,对资本主义社会根本矛盾的深刻揭示,马克思和恩格斯科学地得出:"资产阶级的灭亡和无产阶级的胜利是同样不可避免的。"[①] 他们以翔实的历史资料和严谨的逻辑分析向人们说明他们所憧憬的共产主义不是空想家的臆造,而是现代社会生产力与生产关系矛盾运动的必然结果。这种历史必然性的信念支撑着恩格斯的哲学探索,也坚定着恩格斯对马克思哲学的理论自信。理愈明,信愈真,感愈切,革命的精神遂能愈久而愈坚。早在1859年,基于唯物史观对现代资产阶级社会发展趋势的科学分析,恩格斯就坚信:"只要进一步发挥我们的唯物主义论点,并且把它应用于现时代,一个强大的、一切时代中最强大的革命远景就会立即展现在我们面前。"[②] 正是这种"最强大的革命远景"时刻激励着恩格斯坚决同一切诋毁、污蔑、歪曲马克思和马克思哲学的现象与行为作斗争,并在这种斗争中捍卫和发展马克思哲学真理。

从某种意义上说,诋毁、诬蔑马克思,攻击和歪曲马克思哲学,就是诋毁和破坏共产主义事业,而恩格斯晚年阐释、捍卫和发展马克思哲学,就是捍卫和发展共产主义事业。马克思和恩格斯逝世之后,有些马克思主义的研究者、阐释者,如第二国际的马克思主义理论家,偏离马克思哲学的原本,企图按照资本主义社会的发展形势"修正"马克思哲学,背后隐含的就是缺乏坚定的共产主义理想信念。他们或者把实现共产主义美好愿景的时间表指向遥远的未来,从而对实现共产主义持消极等待的态度;或者直接或间接地否定实现共产主义的现实可能性,从而彻底放弃无产阶级革命立场。恩格斯晚年在捍卫和发展马克思哲学中所体现出的对共产主义始终不渝的信念,对于我们今天坚持和发展马克思主义,坚定共产主义理想信念,具有重要的启示意义。一方面,坚定的共产主义信仰是坚持和发展马克思主义的内生动力;另一方面,坚持

---

① 《马克思恩格斯文集》第2卷,人民出版社2009年版,第43页。
② 《马克思恩格斯文集》第2卷,人民出版社2009年版,第597—598页。

和发展马克思主义是坚定共产主义信仰的表现,也是有效的、必要的途径。

共产主义信仰使马克思和恩格斯在青年时期就确立了为无产阶级谋解放的崇高使命。马克思去世后,恩格斯总结出马克思"毕生的真正使命就是以这种或那种方式参加推翻资本主义社会及其所建立的国家设施的事业,参加现代无产阶级的解放事业。……斗争是他的生命要素"[①]。纵观恩格斯一生的理论和实践活动,推翻资本主义社会、实现无产阶级解放也是恩格斯毕生的使命,斗争也是恩格斯的生命要素。为了这一伟大事业,恩格斯也如他所描绘的马克思那样"满腔热情""坚忍不拔""卓有成效"地进行斗争[②]。为此,他还撰写了"许多富有战斗性"的小册子,这些小册子也是他保卫马克思、坚持和发展马克思哲学的重要文本依据。如1891年发表的《布伦坦诺反马克思。关于所谓捏造引文问题。事情的经过和文件》,就是回击讲坛社会主义者布伦坦诺攻击、诽谤马克思的小册子。布伦坦诺就引文问题诽谤马克思有着明确的政治意图。他认为:"德国社会民主党正从一个革命的政党转变为改良的政党,他希望通过动摇马克思的学术声誉和科学权威,来支持德国社会民主党的这一改良主义转变。"[③] 正是敏锐地洞察到了布伦坦诺的这一政治意图,恩格斯对其进行了彻底的批判和揭露,澄清了事实,维护了马克思的学术声誉和科学权威。

伟大而崇高的共产主义信仰和为无产阶级谋解放的使命也表征着恩格斯对无产阶级潜藏着的无限力量的认知、肯定和坚信。用马克思哲学的科学真理帮助工人彻底认清资产阶级的逐利性和虚伪性,唤起工人的阶级意识和革命主体性,统一思想,团结起来,把潜藏着的无穷力量最大程度地转化为现实的革命行动力量,也是恩格斯晚年捍卫和发展马克思哲学的动力和目的。根据列宁的分析,当无产阶级被其"朋友"看

[①] 《马克思恩格斯文集》第3卷,人民出版社2009年版,第602页。
[②] 《马克思恩格斯文集》第3卷,人民出版社2009年版,第602页。
[③] 《马克思恩格斯全集》第29卷,人民出版社2020年版,第757页。

第三章　恩格斯晚年的马克思哲学阐释的方法论特色

作一个"脓疮"并因此对之普遍怀有恐惧之心、设法阻止其壮大之时，马克思和恩格斯却把"全部希望寄托在无产阶级的不断增长上"①。在依据可靠材料和亲身观察分析英国工人阶级状况时，恩格斯就已经发现了无产阶级身上蕴藏着的伟大力量，并坚信工人依靠自身的这种力量可以解放自己。如列宁所说，在恩格斯之前有很多人描写过无产阶级的苦难，并提出必须帮助无产阶级。但这些人都没有看到无产阶级自身内在潜藏的力量，因而也就认识不到工人阶级可以"自助"，而且只有依靠"自助"才能摆脱困难。正是恩格斯"首次"发现，"无产阶级不只是一个受苦的阶级，正是它所处的那种低贱的经济地位，无可遏止地推动它前进，迫使它去争取本身的最终解放"②。但是，要使工人真正认识到是什么造成了自身所处的经济地位，认识到自身蕴藏的社会力量，认识到必须依靠自己解放自己，则需要马克思哲学的科学指导。这一哲学也有助于无产阶级辨清并摆脱宗教等资产阶级意识形态的统治，坚定共产主义信念。恩格斯晚年对各种歪曲马克思哲学并对无产阶级产生不利影响的错误思潮的批判就是服务于这一目的的。同时，与时俱进地发展马克思哲学，也是回应资本主义社会的新变化和无产阶级运动的新发展，从而更有效地指导无产阶级革命的客观要求。

二 聚焦内容：立场观点方法

在纪念马克思诞辰200周年大会上，习近平指出，"从《共产党宣言》发表到今天，170年过去了，人类社会发生了翻天覆地的变化，但马克思主义所阐述的一般原理整个来说仍然是完全正确的"，并提出要"坚持和运用马克思主义立场、观点、方法"③。这一方面表达了对马克思主义的理论自信，另一方面又指出了坚持和运用马克思主义的依据和精髓内容。恩格斯晚年对马克思哲学的阐释、捍卫和发展就是基于这种

---

① 《列宁专题文集·论马克思主义》，人民出版社2009年版，第52页。
② 《列宁专题文集·论马克思主义》，人民出版社2009年版，第55页。
③ 《习近平谈治国理政》第三卷，外文出版社2020年版，第75页。

理论自信，他坚持和发展的也是马克思哲学的理论精髓，即马克思哲学的立场、观点和方法。这些也是马克思主义中"活的东西"。

学界对恩格斯晚年坚持和发展马克思主义的重要贡献的研究，往往比较侧重新思想和新观点的挖掘和反思，强调这些新思想和新观点对丰富马克思主义理论体系的重要意义。这些研究又呈现出宏观和微观之别。宏观研究，如有学者主要围绕马克思主义的三个主要组成部分展开分析，即宏观探讨恩格斯晚年在思想和观点方面对马克思主义哲学、马克思主义政治经济学和科学社会主义理论的丰富和发展①；有学者将恩格斯晚年坚持和发展马克思主义的重大贡献概括为建构马克思主义理论整体形象、创造性阐释唯物辩证法、完善和创新历史唯物主义和科学社会主义。② 微观研究涉及的内容更为丰富和具体，如在自然观、劳动观、实践观、革命观、意识形态观、矛盾观、生态观、生产观、家庭观、国家观、道德观、文明观、发展观、宗教观等方面对马克思哲学的坚持和发展。不可否认，在这些方面提出新思想和新观点，是恩格斯晚年坚持和发展马克思哲学的重要表现。但在这些新思想新观点背后还贯穿着立场与方法的坚守与发展。马克思哲学的立场、观点和方法是有机统一的。离开立场与方法，就无法全面理解恩格斯所提出的新思想和新观点，有可能知其然而不知其所以然。忽略恩格斯晚年对马克思哲学立场与方法的坚守和发展，就不可能全面把握恩格斯晚年对马克思哲学的理论贡献。

无论是从一般哲学的意识形态性质来看，还是从具体哲学的意识形态功能来看，任何哲学都不是价值中立的，总是代表着某个阶级的价值立场和政治立场。马克思哲学是革命无产阶级的世界观和方法论，始终代表无产阶级和最广大人民群众的根本利益。马克思和恩格斯虽然是德

---

① 袁秉达、卢肖文：《恩格斯晚年坚持和发展马克思主义的新贡献》，《科学社会主义》2020年第5期。
② 徐军：《深刻认识恩格斯晚年对马克思主义的重大贡献》，《思想理论教育》2020年第11期。

第三章 恩格斯晚年的马克思哲学阐释的方法论特色

国人,但他们及其哲学代表的不仅仅是德国无产阶级的利益,而是世界各国即"国际"无产阶级的利益,"他们是欧洲和美洲的全体战斗无产阶级的顾问"①。他们明确提出:"共产党人强调和坚持整个无产阶级共同的不分民族的利益。"② 正因如此,所以其哲学能够始终占据着道义的制高点。恩格斯之所以最为关注广大工人群众的疾苦,主要是因为"工人阶级的状况是当代一切社会运动的真正基础和出发点,因为它是我们目前存在的社会灾难最尖锐、最露骨的表现"③。但是,资产阶级无视工人阶级的灾难,甚至还采取诸多办法掩饰工人阶级的灾难。反映和代表资产阶级利益的资产阶级意识形态,无论是资产阶级哲学,还是资产阶级政治经济学及其他理论或思潮,或者掩盖工人阶级的灾难与穷困状况,或者把工人阶级的悲惨境遇归于必然的历史命运,工人只能忍受、接受命运的安排,或者提出解决资本主义"小弊病"但不触动资本主义制度根基的改良方案,都不支持也不相信工人阶级的自我解放。鉴于此,无情地批判和揭露这些资产阶级意识形态的虚伪性,用理论和行动鼓舞、激励各国工人阶级群众联合、团结起来,为实现自我解放而奋斗,始终是恩格斯不曾懈怠的工作任务。坚持和发展马克思哲学的思想观点与坚持无产阶级立场始终有机统一。

根据列宁的分析,高度的科学性与革命性的结合是马克思哲学能够极大地吸引各国社会主义者的关键原因。而且,这种结合不是"偶然地结合",而是具有内在必然性的结合。恩格斯晚年坚持和发展马克思哲学,实质是捍卫和发展马克思哲学的科学性与革命性。马克思哲学能够掌握无产阶级,成为无产阶级解放的"头脑",除了无产阶级立场的原因,还在于它的科学性与革命性。如果仔细阅读恩格斯晚年为几个版本的《共产党宣言》所撰写的序言,会发现,他多次阐述贯穿《共产党宣言》的唯物史观"一般原理"。每次阐述的具体历史语境是有变化

---

① 《马克思恩格斯全集》第 28 卷,人民出版社 2018 年版,第 681 页。
② 《马克思恩格斯文集》第 2 卷,人民出版社 2009 年版,第 44 页。
③ 《马克思恩格斯文集》第 1 卷,人民出版社 2009 年版,第 385 页。

的，但不变的是恩格斯对"一般原理"之科学性的理论自觉和理论自信。正因为唯物史观的"一般原理"是科学的真理，所以必须要坚持，并对一切有损其科学性的谬论都要给予最彻底、最无情的批判。

歪曲马克思哲学的科学性必然会弱化马克思哲学的革命性。当"青年派"把唯物史观庸俗化、巴尔特把唯物史观歪曲为"经济决定论"的时候，实际上都已经把唯物史观退化为无批判性和革命性的一般理论了。批判性和革命性"完全地和无条件地是马克思主义所固有的"①。马克思哲学是关于革命的理论，也实现了理论的革命。共产主义革命本身既包括社会革命，又包括理论革命。在《共产党宣言》中，马克思和恩格斯明确提出共产主义革命将实现两个"决裂"：一是"同传统的所有制关系实行最彻底的决裂"；二是"同传统的观念实行最彻底的决裂"②。这种"决裂"不是弃之一边，不是革新，而是瓦解、废除、消灭。如与传统的所有制的"决裂"，最典型地表现在废除资产阶级的所有制，与传统的观念的"决裂"，最直接地体现为瓦解、消灭资产阶级的意识形态。马克思哲学所具有的这种革命性，必然会引起资产阶级的惊慌，也必然会遭到资产阶级的反对。恩格斯早就预见到了这一点，他指出，"人们的存在决定人们的意识"这一原理，"给最隐蔽的唯心主义当头一棒"③，否定了"关于一切历史的东西的全部传统的和习惯的观点"④，使"政治论证的全部传统方式崩溃了"⑤。因此，新世界观一定会遭到各色非革命或反革命人物的反对。反对的手段、方法是多样的，其中比较流行、占主导的就是否定、歪曲马克思哲学新世界观的科学性，消解其革命性。恩格斯晚年在著作、书信及为马克思著作撰写的导言、序言和前言中，有针对性地对形形色色的诋毁或歪曲唯物史观的错误观点所作出的驳斥，就是为了捍卫唯物史观的科学性与革命

---

① 《列宁专题文集·论马克思主义》，人民出版社2009年版，第297页。
② 《马克思恩格斯文集》第2卷，人民出版社2009年版，第52页。
③ 《马克思恩格斯文集》第2卷，人民出版社2009年版，598页。
④ 《马克思恩格斯文集》第2卷，人民出版社2009年版，598页。
⑤ 《马克思恩格斯文集》第2卷，人民出版社2009年版，598页。

第三章　恩格斯晚年的马克思哲学阐释的方法论特色

性。恩格斯从哲学与科学的辩证关系、学术话语与大众话语的张力中阐释马克思哲学的思想观点，也都是为了阐明、捍卫和发展马克思哲学思想观点的科学性，进而保卫马克思哲学的革命性。科学性与革命性的统一是马克思哲学思想至今依然具有强大生命力和持久影响力的关键所在。

马克思哲学的科学性，也要求人们应该以科学的态度传播、宣传、研究和运用它。恩格斯从历史与文本、科学与哲学、马克思学派与其他学派、学术话语与大众话语的多重关系中阐释马克思哲学，就体现了他始终以严谨科学的态度对待马克思哲学。然而，在实际的学术研究、理论宣传和运用过程中却出现了以非科学的态度对待马克思哲学的现象。其中，比较有代表性的是把马克思哲学教条主义化的倾向。如在美国的德国人"用学理主义和教条主义的态度去对待它，认为只要把它背得烂熟，就足以满足一切需要"①；那些自命为"正统的马克思主义者"的人，把"运动的思想"变成必须熟读死记的"僵死的教条"；德国"青年派"把唯物史观当作标签贴到各种事物上去，而不对之作深入研究。针对这种非科学的教条化倾向，恩格斯始终强调马克思哲学是方法，不是教条。作为方法，马克思哲学对于科学研究提供了两个重要的东西：一个是研究的出发点，也是研究的逻辑起点；另一个是研究的方法，也是研究的工具。马克思哲学在哲学思想史上完成的革命性变革也主要源于这两个方面的革命。

三　发展路径：创造性运用

用教条主义态度对待马克思哲学，实质上是把马克思哲学当成了永恒不变的绝对真理。但是，恩格斯指出，黑格尔哲学的辩证法已经"彻底否定了关于人的思维和行动的一切结果具有最终性质的看法"②。马克思哲学没有终结真理，也不是一成不变的永恒真理，而是需要随着

---

① 《马克思恩格斯文集》第10卷，人民出版社2009年版，第557页。
② 《马克思恩格斯文集》第4卷，人民出版社2009年版，第269页。

认识与科学的发展、时代和实践的变化而不断发展。宽泛地说，与时俱进地创造性运用和发展马克思哲学也是坚持马克思哲学的一种体现、一种方式。将马克思哲学创造性运用于理论、历史和现实的批判性研究中，是恩格斯晚年坚持和发展马克思哲学的显著特色。

真理是一个过程，随着认识的深入，真理也会不断发展。如前所述，恩格斯晚年阐释马克思哲学的目的之一是阐明在整理遗稿、出版或再版马克思著作过程中形成的新发现、新认识。这些新发现、新认识也是遵循马克思哲学基本原则分析问题的结果，并在多个方面、不同程度地丰富和发展了马克思哲学。马克思认为："正确的理论必须结合具体情况并根据现存条件加以阐明和发挥。"[①] 遵循这一原则，恩格斯晚年对马克思哲学作出了时代水平的反思和阐释。如前文已经分析过的对《关于费尔巴哈的提纲》的阐释。仔细比较《关于费尔巴哈的提纲》的两个版本，即马克思1845年的版本和恩格斯1888年发表的版本，我们会发现，恩格斯对这个提纲的每一条内容，都有细微的改动，或者是概念的更换，或者是文字的增减，或者是表述的变化。这些变化，表征着恩格斯在"重读"马克思文献的过程中，结合当时理论与现实的发展，融入了自己的深入思考，丰富和发展了马克思版本中所要表达的核心思想。

批判、反思是哲学的本性，也是马克思哲学的特征。作为哲学家的马克思和恩格斯不仅擅长批判地反思他人的理论，也勇于自我批判和自我反思，不断完善自己的理论。恩格斯晚年在阐释马克思哲学过程中形成的新认识、提出的新思想就是自我批判、自我反思、自我升华的产物，体现了完善马克思哲学的理论自觉。如恩格斯晚年对蒲鲁东主义的批判，就是对马克思批判的有意补充。恩格斯指出："《哲学的贫困》一书，是在蒲鲁东提出他的实际的社会改革方案以前几年问世的；马克思当时只能发现蒲鲁东交换银行的萌芽，并加以批判。因此，在这方

[①] 《马克思恩格斯全集》第47卷，人民出版社2004年版，第35页。

第三章　恩格斯晚年的马克思哲学阐释的方法论特色

面，马克思的著作就由本书来补充。"① 此处恩格斯所说的"本书"是指他的《论住宅问题》。他在这本书及其再版的序言中，根据现实发展所提供的客观材料，在马克思批判的基础上，进一步揭露了蒲鲁东主义的反革命本质和对工人运动的危害。恩格斯晚年在为马克思的著作所写的多个序言、导言、前言和跋中，除了阐述这些著作产生的时代背景和思想精髓，还着重反思了这些著作及其思想的理论价值和时代价值。

恩格斯总结指出："即使只是在一个单独的历史事例上发展唯物主义的观点，也是一项要求多年冷静钻研的科学工作……只有靠大量的、批判地审查过的、充分地掌握了的历史资料，才能解决这样的任务。"② 他晚年主要根据可靠的史料、科学发展的新成果、社会发展的事实等"客观材料"，充实、丰富马克思哲学的概念、观点、命题和思想。如为完成马克思的遗愿而写的《家庭、私有制和国家的起源》，就是以丰富的史实材料为根据，既利用了摩尔根《古代社会》的研究成果，又吸收了马克思关于这本书的摘要中所表述的思想，创造性地提出了关于氏族、家庭、私有制及国家的历史起源和演进规律的思想观点。列宁高度评价它作为"现代社会主义的基本著作之一，其中每一句话都是可以相信的，每一句话都不是凭空说的，而是根据大量的史料和政治材料写成的"③。根据这些史料和政治材料，运用唯物史观的方法，恩格斯阐明了摩尔根和马克思的相关研究的重要价值，反击了行会科学企图抹杀二者研究成果的做法。而且，他补充了摩尔根在历史问题研究方面的不足，把人类的史前史和成文史融合到统一的历史发展过程中。这样，他就从历史的纵向维度推动了唯物史观的整体性建构。

创造性地运用唯物史观研究新问题是恩格斯晚年坚持和发展马克思哲学的重要方式，也是最值得人们深入学习的地方。创造性运用唯物史

---

① 《马克思恩格斯文集》第3卷，人民出版社2009年版，第242页。
② 《马克思恩格斯文集》第2卷，人民出版社2009年版，第598页。
③ 《列宁专题文集·论辩证唯物主义和历史唯物主义》，人民出版社2009年版，第284页。

观研究新问题也是恩格斯坚持理论的当下化任务的需要：阐发并激发马克思哲学思想的时代价值与思想活力。他晚年运用唯物史观研究的新问题涉及多个领域，如基督教的历史起源问题，欧美资本主义在经济和政治方面的新发展，英国、法国、美国、意大利等欧美工人运动发展的新情况，欧洲革命斗争史、工人运动史，俄国农村公社和俄国革命前景问题，欧洲民族国家问题，19世纪德国历史，德国社会主义运动史，德国农民和农民战争问题，自然科学的发展问题，辩证法的历史，《共产党宣言》的传播史，等等。在对这些问题的研究中，恩格斯借助大量的历史资料、科学发现和社会事实证明了唯物史观的科学性，在内容、形式和方法等多个方面完善和发展了唯物史观，推动了它的整体性逻辑发展。同时，他扩大和提升了唯物史观的理论解释力和现实影响力，使马克思的哲学思想达到了一种超越德国和英国范围的"时代效果"。

通过上述分析，我们大体可以理解恩格斯晚年在阐释马克思哲学的过程中，"为什么"会坚持和发展马克思哲学，坚持和发展马克思哲学的"什么"，"怎么样"坚持和发展马克思哲学。坚持和发展是辩证统一的。割裂坚持和发展的辩证关系，就不能客观全面地看待恩格斯晚年对马克思哲学的贡献。只看到坚持，就会认为恩格斯只是在"重复""还原"马克思的思想观点，进而贬低、矮化恩格斯晚年对深化、拓展马克思哲学所作出的贡献。只看到发展，就可能割裂马克思与恩格斯思想的整体性、连续性，认为恩格斯晚年"背叛"了马克思，从而质疑恩格斯、批判恩格斯。这也是西方马克思学和西方马克思主义者制造马克思和恩格斯"对立的幻相"的一大根源。在坚持中发展，在发展中坚持，才是坚持和发展马克思哲学应有的科学态度。卡弗认为，恩格斯"晚期著作缺乏独创性的评论，对马克思著作的介绍确实多种多样，却没有清晰的思路和连贯的才华"[①]。但是，上述方法论原则表明，卡弗的观点是错误的。恩格斯晚年对马克思哲学的介绍和阐释，思路是清晰

---

① [美]特雷尔·卡弗（Terrell Carver）：《马克思与恩格斯：学术思想关系》，姜海波、王贵贤等译，中国人民大学出版社2008年版，第142页。

第三章　恩格斯晚年的马克思哲学阐释的方法论特色

的，逻辑是连贯的，理解是有独创性的。

在文本与历史、哲学与科学、马克思学派与其他学派、学术话语与大众话语、坚持和发展多重辩证关系中阐释马克思哲学，正确处理了思想与时代、真理与方法、话语与主题、理论与群众的关系，体现了鲜明的问题意识、科学精神、政治导向、实践旨趣和大众品格。这种方法论原则在马克思主义传播史和发展史上的重大历史意义在于：拓展并深化了马克思哲学的核心思想；论证并捍卫了其真理性和价值性；扩大了其传播力和影响力，极大地推动了马克思主义哲学的时代化、民族化与世界化。

第四章

恩格斯晚年的马克思哲学阐释对早期马克思主义哲学中国化的影响

恩格斯晚年对马克思哲学的阐释，不仅扩大了其在西方世界的影响，也推动了其在东方世界的传播、发展与具体化。马克思主义哲学中国化就是它在东方世界发展和具体化的成果。"中国马克思主义哲学所'化'的，直接说来，是列宁、斯大林从普列汉诺夫那儿来的辩证唯物主义和历史唯物主义；而普列汉诺夫的论释又本于恩格斯在《反杜林论》、《自然辩证法》、《路德维希·费尔巴哈和德国古典哲学的终结》等著作中的论释。"[1] 这些"论释"蕴含着恩格斯晚年关于马克思哲学的阐释，并通过列宁等"中介"对早期[2]中国马克思主义哲学的哲学观念、话语、体系及大众化产生了重要影响。由于受传播渠道和文本译介状况的双重制约，恩格斯晚年关于马克思哲学的阐释对早期马克思主义哲学中国化的影响，具有直接性与间接性[3]、隐性与显性有机统一的特

---

[1] 陆剑杰：《掌握命运创造历史的哲学：对中国马克思主义哲学范式的研究》，南京出版传媒集团、南京出版社2014年版，第1页。

[2] 本章主要分析恩格斯晚年关于马克思哲学的阐释对自马克思主义传入中国到20世纪30年代这一时期马克思主义哲学中国化的影响，如果以毛泽东发表的《实践论》《矛盾论》为标识，这是马克思主义哲学中国化传统初步形成时期。

[3] 由于马克思主义通过日本、欧洲、苏俄等多个渠道传入中国，早期中国马克思主义者对马克思哲学的阐释必然受这些不同地区的不同语言文本中介的影响，但这些中介本身也是受恩格斯晚年的阐释影响的，如通过苏俄传入中国的马克思主义就深受恩格斯晚年哲学的影响。由此，借助这些中介，恩格斯晚年关于马克思哲学的阐释对中国马克思主义者产生了间接的影响。

第四章　恩格斯晚年的马克思哲学阐释对早期马克思主义哲学中国化的影响

点。而且，这种影响是多方面的，意义也是多重的，对其进行反思与总结，不仅有利于深刻理解中国马克思主义哲学及其话语体系特征形成的思想本原，还有助于从中国视角开掘恩格斯晚年哲学探索的理论效应及其独特学术贡献。

第一节　奠定马克思主义哲学中国化的多重依据

中国现代哲学运动的重要内容和重大成就之一是马克思主义哲学中国化。1937年6月，陈唯实在《新哲学体系讲话》一书中提出："实践主义的，这就是新哲学的伟大内容，故无论从任何方面讲，都非把它具体化不可，只有具体化才能发生真实的作用。因此新哲学的具体化是哲学运动的最重要的任务。"[①] 这里所说的新哲学指马克思主义哲学。1938年4月，艾思奇在《哲学的现状和任务》中提出："现在需要来一个哲学研究的中国化、现实化的运动。"[②] 同年10月，毛泽东在《论新阶段》的报告第七章中提出马克思主义中国化"成为全党亟待了解并亟须解决的问题"[③]。从理论维度上看，马克思主义哲学中国化就是把马克思主义哲学与中国具体实际相结合，创造中国化的马克思主义哲学。[④] 由于对"中国具体实际"认识不同，学界关于相结合的具体内容的理解也不尽相同。按照大多数学者的观点，"中国具体实际"总体上包括两个方面：中国的历史实际和中国的现实实际。前者主要指中国的传统文化；后者主要指中国的社会现实，包括实践。这样，二者的结合也可进一步分解为马克思主义哲学与中国社会现实相结合，与中国传统文化相结合。但也有学者把"中国具体实际"进一步具体化，提出三个方面的相结合：马克思主义哲学与中国实际的重大问题相结合、与中

---

① 陈唯实：《新哲学体系讲话》，上海作家书店1937年版，第9页。
② 《艾思奇全书》第2卷，人民出版社2006年版，第491页。
③ 《毛泽东选集》第2卷，人民出版社1991年版，第534页。
④ 汪信砚：《马克思主义哲学中国化：理论与方法》，人民出版社2021年版，序第1页。

国传统的优秀文化相结合、与中国现实的时代特征相结合。① 这两种观点虽然具体所指有别，但本质上是统一的。无论是两个方面的实际，还是三个方面的实际，中国化的过程都是马克思主义哲学在中国本土生根并长出新哲学思想的过程。这一过程包括互动、融合、认同、创新等环节，即在"文本交流、理论交锋、视界交融、话语交通"和"义理融合、思想融贯、范畴融通、理论融汇"的基础上形成价值认同，并最终实现综合创新。② 这个过程"像化学反应一样，生成的是与参加反应的任何一种因素都不完全相同的新的存在"③。从中国历史上看，不是所有传入中国的外来哲学思想都能够与"中国具体实际"相结合而产生"新的存在"。20世纪初，形形色色的西方哲学思想涌入中国，为什么中国人选择把马克思主义哲学本土化、民族化？为什么只有马克思主义哲学能够实现真正意义上的中国化？恩格斯晚年关于马克思哲学的阐释为这些问题提供了答案线索。具体来说，恩格斯晚年关于马克思哲学世界化民族化时代化的阐释，关于马克思哲学的传统文化观的论述，关于马克思哲学的无产阶级世界观功能、追求人类解放的价值目标的阐述，为马克思主义哲学的中国化奠定了理论依据、文化依据和价值依据。

一 理论依据

"中国化"是马克思主义哲学时代化的表现和产物，也是其世界化和民族化最成功的形式。马克思主义哲学得以"中国化"，既有客观的实践依据，又有坚实的理论依据。恩格斯晚年关于马克思哲学世界化民族化时代化的思想为马克思主义哲学中国化提供了重要的理论

---

① 倪志安等：《马克思主义哲学中国化的方法论问题研究》上卷，人民出版社2015年版，第67—70页。

② 张允熠：《四百年中国思想文化之大变局：中国化视域下"中西马"哲学的互动与融通》，商务印书馆2021年版，前言第1页。

③ 安启念主编：《马克思主义哲学中国化研究》，中国人民大学出版社2006年版，前言第5页。

第四章 恩格斯晚年的马克思哲学阐释对早期马克思主义哲学中国化的影响

依据。

马克思哲学的时代化是理论与实践的双重需要。青年时期的马克思就认识到，"任何真正的哲学都是自己时代的精神上的精华"①。历史与实践证明，一种升华为"时代精神上的精华"的哲学，不仅能够科学观察时代、准确把握时代、积极引领时代，而且能够在与"自己时代的现实世界接触并相互作用"② 中吸收时代内容发展自身，实现内容与形式的时代化。马克思哲学就属于这样的哲学，恩格斯对此有着高度的认知自觉，还以自身的实际行动努力推进马克思哲学时代化。根据马克思的认识和要求，"正确的理论必须结合具体情况并根据现存条件加以阐明和发挥"③。对于马克思哲学这一"正确的理论"，恩格斯始终坚持根据"现存条件"对其加以阐明和发挥，并在此基础上提出其实际运用"随时随地"都要以"当时的历史条件"为转移④。无论是马克思所指出的"现存条件"，还是恩格斯所强调的"当时的历史条件"，都意味着对马克思哲学的阐释、运用和发展必须与时代的具体情况紧密结合：既要立时代之基，又要应时代之变。这是马克思哲学开放的理论品质的表现，是马克思哲学始终充满生机的密码。而《共产党宣言》贯穿的那些原则之所以能够在"世界各国"广泛传播，就是因为它们适应时代发展的客观需要，反映并引领着时代精神。根据"当时的历史条件"，特别是资本主义社会发展和无产阶级运动的条件，自然科学发展的条件，坚持和发展马克思哲学的立场、观点和方法，恩格斯大大地推进了马克思哲学的时代化进程。20世纪的马克思主义哲学中国化就是马克思哲学时代化的必然逻辑结果，进一步促进了马克思主义哲学的内容与形式、话语与体系等多个方面的时代化。

马克思哲学的时代化与民族化、世界化是三位一体的。时代化体现

---

① 《马克思恩格斯全集》第1卷，人民出版社1995年版，第220页。
② 《马克思恩格斯全集》第1卷，人民出版社1995年版，第220页。
③ 《马克思恩格斯全集》第47卷，人民出版社2004年版，第35页。
④ 《马克思恩格斯文集》第2卷，人民出版社2009年版，第12页。

了马克思哲学的纵向的时间的发展,而民族化、世界化则反映了马克思哲学的横向的空间的拓展。《共产党宣言》的传播史、发展史也是马克思哲学民族化与世界化的历史。《共产党宣言》本身就是为世界各民族无产阶级群众的解放而"立言"的,是为"国际工人团队"而作的最具国际性的文献。1848年第一次公布于世时,除了马克思和恩格斯的母语德文,还包含英文、法文、意大利文、丹麦文和佛拉芒文。此后,又不断以多种文字在美国、俄国、波兰、瑞士、西班牙等多个国家重版。这为马克思哲学的民族化、世界化奠定了文本基础,也是马克思哲学民族化和世界化的一种重要表现形式。在《关于共产主义者同盟的历史》中,关于《共产党宣言》传播的世界化程度,恩格斯说:"二月革命前几个星期它就被送到伦敦去付印。自那时起,它已经传遍全世界,差不多译成了所有各种文字,并且直到今天还是世界各国无产阶级运动的指南。"[①] 为什么《共产党宣言》能够"传遍全世界"?为什么"世界各国"的无产阶级都要以它为行动指南?除了代表世界各国无产阶级的整体利益,还在于它的基本思想科学揭示了人类历史运动规律,并根据这个规律给各民族的无产阶级指明了解放的现实道路。由此,《共产党宣言》的真理光芒,指引多个国家和民族的工人群众走上革命的道路,产生超越狭隘的德国民族地域的世界性影响。

1885年恩格斯在给查苏利奇的信中,谈及他对俄国青年"无保留"地接受马克思的经济理论、历史理论及其对俄国革命运动意义的认识时强调:"马克思的历史理论是任何坚定不移和始终一贯的革命策略的基本条件;为了找到这种策略,需要的只是把这一理论应用于本国的经济条件和政治条件。"[②] 这表明,如果不通过民族化形式,不把马克思的理论与自己本国、本民族具体的经济、政治相结合,各国无产阶级就难以找到适合本国、本民族的革命策略。这样,马克思主义哲学就不可能在这些民族及其人民中产生实际力量。正是在与各民族的经济、政治、

---

① 《马克思恩格斯文集》第4卷,人民出版社2009年版,第237页。
② 《马克思恩格斯文集》第10卷,人民出版社2009年版,第532页。

第四章　恩格斯晚年的马克思哲学阐释对早期马克思主义哲学中国化的影响

文化等具体实际联系、结合的过程中，马克思主义哲学在东西方一些国家和民族中落地生根、开花结果，产生了多种民族化形态的马克思主义哲学。普遍性与特殊性的辩证法意味着马克思主义哲学民族化本身就是马克思主义哲学的世界化，二者是一个统一的过程。民族化的范围越大，世界化的程度越高，体现了马克思主义哲学的"世界历史普遍性"[①]品格。马克思主义哲学之所以能够超越民族狭隘性，具有"世界历史普遍性"，是因为它抓住了"工业化和资本主义创造的具有世界历史普遍性的生产方式，并在世界各民族国家的现代化运动和无产阶级革命中找到了更为广阔的经验基础"[②]。在这个意义上，马克思主义哲学的民族化与世界化运动具有双重理论意义。一方面，对于世界各民族哲学与文化而言，实质性地推动它们的现代转型，帮助其克服自身哲学与文化的民族狭隘性，走向并融入世界哲学，展现独特的世界性意义。另一方面，对于马克思主义哲学自身而言，从世界各民族的历史文化传统与现实运动发展中获取丰富和发展自身的新内容和新形式。由此，马克思主义哲学中国化推动了中国哲学与文化形态的现代转型，赋予马克思主义哲学以中国特色的形式和内容，进而丰富了现代世界哲学的形态。马克思主义哲学中国化构成20世纪以来马克思主义哲学时代化、民族化和世界化的一个重要环节。

二　文化依据

马克思主义哲学中国化承载着中国传统文化现代化的文化使命。那么，马克思主义哲学中国化为何能承载这样的文化使命？有人对此困惑不解。之所以产生这种困惑，根源在于"不懂得马克思主义的历史主义原则，不懂得作为方法论的历史的唯物论和历史的辩证法，不懂得依

[①] 李维武：《马克思主义哲学中国化与中国哲学的现代转型》，北京师范大学出版集团、北京师范大学出版社2021年版，第34页。

[②] 李维武：《马克思主义哲学中国化与中国哲学的现代转型》，北京师范大学出版集团、北京师范大学出版社2021年版，第34页。

持这个原则和这个方法来看待中国传统文化"①。恩格斯晚年关于马克思哲学与旧哲学、自然科学的关系、马克思哲学考察文化的方法、道德批判、宗教批判等的阐释，揭示了马克思哲学与传统文化之间的多重关系，分析了马克思哲学的文化价值及其在文化发展史上的意义，阐明了马克思哲学对待传统文化的历史主义态度和辩证方法论原则，并在这个过程中阐发了自己的传统文化观。这些思想不仅为传统文化何以"现代化"奠定了学理根据，也为马克思主义哲学何以"中国化"提供了文化依据。

从文化维度来看，马克思主义哲学中国化的过程首先是运用马克思哲学重新审视中国传统文化、发掘中国传统文化中的"精华"而去除其"糟粕"的过程。20世纪初是"西学东向由渐进到突进的时期"②，各种西方文化思潮涌入中国，对中国传统文化造成巨大冲击。对于国人对此种冲击的回应，贺麟曾概括为："对于我们自己旧有的文化，即使不根本加以怀疑的话，至少也得用新方法新观点去加以批评的反省和解释，因而会觉得有无限丰富的宝藏，有待于我们的发掘。"③一些先进知识分子找到的这种新观点和新方法就是马克思哲学。那么，马克思哲学为何会被一些中国先进知识分子选中用来审视传统文化？这些知识分子为什么认为马克思哲学有资格评判中国传统文化？一个很重要的原因在于，马克思哲学不仅是时代精神的精华，而且是全部人类文化精华的结晶。如前所述，恩格斯认为，马克思哲学"把2000年来哲学和自然科学发展的全部思想内容以及这2000年的历史本身的全部思想内容加到旧唯物主义的持久性的基础上"④。从中可知，马克思将2000年来世界历史和人类发展中生成的全部思想精华都吸纳到自己的新哲学之中。

---

① 李维武：《马克思主义哲学中国化与中国哲学的现代转型》，北京师范大学出版社集团、北京师范大学出版社2021年版，第596页。
② 张允熠：《四百年中国思想文化之大变局：中国化视域下"中西马"哲学的互动与融通》，商务印书馆2021年版，第327页。
③ 贺麟：《五十年来的中国哲学》，商务印书馆2002年版，第1页。
④ 《马克思恩格斯文集》第9卷，人民出版社2009年版，第146页。

第四章　恩格斯晚年的马克思哲学阐释对早期马克思主义哲学中国化的影响

恩格斯的观点得到了后世马克思主义者的认同。在列宁看来，正因为马克思主义"吸收和改造了两千多年来人类思想和文化发展中一切有价值的东西"①，所以它能够赢得世界历史性意义。称马克思为"社会主义的圣人"的孙中山也看到了这一点，他指出，马克思学说是"集几千年来思想的大成"，这也是它一经问世便"举世风从"的根本原因。②葛兰西的分析更为具体，他把马克思哲学等同于"黑格尔加大卫·李嘉图"③，认为它是"以前一切历史的结果和顶点"④。具体来说，马克思哲学作为现代文化的一个"要素"，一方面，它综合了以往的全部文化；另一方面，它又是现代文化发展的顶点，因其代表了"整个精神和道德改革运动的顶峰"⑤。有学者甚至提出马克思主义是"吸收了人类主要文明成果尤其是东西方轴心时期发展起来的思想文化成果即犹太—基督教文明、希腊文明和东方文明的集大成者"⑥。这些分析连同恩格斯的论断充分表明，马克思哲学站在了人类思想文化发展的制高点。这也决定了它有评判其他文化的优势，而且它自身对待一切过去的文化的方式态度，考察文化的唯物史观原则，也为评判其他文化提供了科学的方法论原则。这也正是中国先进知识分子选用马克思哲学审视中国文化的依据所在。如艾思奇以辩证法唯物论为尺度分析、评价孙中山哲学，毛泽东以马克思主义的立场观点方法分析封建主义文化、半殖民地半封建文化。陈家康从唯物辩证法的一般与个别的辩证关系原理出发，批驳冯友兰的新理学的"理""气"关系。郭湛波的《近五十

---

① 《列宁专题文集·论社会主义》，人民出版社2009年版，第167页。
② 广东省社会科学院历史研究所、中国社会科学院近代史研究所中华民国史研究室、中山大学历史系孙中山研究室合编：《孙中山全集》第九卷，中华书局1986年版，第362页。
③ ［意］安东尼奥·葛兰西：《狱中札记》，曹雷雨、姜丽、张跣译，河南大学出版社2014年版，第490页。
④ ［意］安东尼奥·葛兰西：《狱中札记》，曹雷雨、姜丽、张跣译，河南大学出版社2014年版，第519页。
⑤ ［意］安东尼奥·葛兰西：《狱中札记》，曹雷雨、姜丽、张跣译，河南大学出版社2014年版，第482页。
⑥ 张允熠：《四百年中国思想文化之大变局：中国化视域下"中西马"哲学的互动与融通》，商务印书馆2021年版，第531页。

年中国思想史》一书,按照作者本人的说法,所用的科学方法即唯物辩证法和辩证法唯物论,其中的缘由"并非有什么成见和信仰什么主义;只是相信在今日只有这种方法能解决问题,较为妥当,不得不用它"①。

马克思哲学本身就是作为一种先进的新文化登上中国思想舞台的。早期中国先进知识分子,特别是早期中国马克思主义者也是把马克思哲学当作一种新文化来理解和接受的。如李达翻译的荷兰人郭泰著的《唯物史观解说》,由中华书局于1921年出版,当时就是作为"新文化丛书"的一种而出版的。用这种"新文化"来考量中国传统文化,与用旧观念旧方法评价中国传统文化,得出的结论是完全不同的。艾思奇指出,有了马克思哲学这种新文化、新思潮,人们不再戴着传统观念的"着色眼镜"来评价传统文化,而是用新的眼光重新估量。比如孔教,用旧的传统观念来看,其价值是无限的,但"一遇到了新思潮的光辉,这无限的价值就被否定了。孔子的学说,只被看做春秋战国时代百家学说的一派;而事实上本来它也只是这么一派"②。由此可见,用马克思哲学审视中国传统文化,有对中国传统文化进行科学的价值重估的意义。

唯物史观奠定了马克思哲学考察文化的科学方法论基础。恩格斯晚年关于唯物史观的阐释,特别是关于经济基础与上层建筑关系的精辟分析,在一定意义上展现了马克思哲学不同于旧哲学的考察文化的基本原则。

第一,历史的唯物论原则。马克思和恩格斯从一定的物质生产方式出发历史地理解文化的生成与发展、本质与功能以及价值与局限。这一原则早在二人共同完成的《德意志意识形态》与《共产党宣言》等成熟文本中就已有所表述。在《德意志意识形态》中,他们提出,思想、观念、意识等精神生产受现实的人的物质生产和物质交往的制约,法

---

① 郭湛波:《近五十年中国思想史》,岳麓书社2013年版,再版自序第6页。
② 《艾思奇全书》第2卷,人民出版社2006年版,第388页。

第四章 恩格斯晚年的马克思哲学阐释对早期马克思主义哲学中国化的影响

律、道德、宗教及其他意识形态是社会存在即人们物质生活过程的反映。在《共产党宣言》中，他们指出，资产阶级关于自由、法等的观念是由资产阶级的物质生活条件所决定的，是这个阶级的生产关系和所有制关系的产物，从而揭露了资产阶级文化的物质生产根源。恩格斯晚年在对唯物史观的阐释和发展中，进一步丰富、论证了这一思想。在《路德维希·费尔巴哈和德国古典哲学的终结》中，恩格斯不仅阐明了古代国家与现代国家、公法与私法是由经济关系决定的，而且论证了道德以及看似"更远离物质经济基础"的哲学与宗教，也是由经济关系决定的。如他指出，文艺复兴时期开始重新觉醒的哲学，"本质上仅仅是那些和中小市民阶级发展为大资产阶级的过程相适应的思想的哲学表现"①。通过对宗教的产生及其历史演进的分析，恩格斯得出，"宗教一旦形成，总要包含某些传统的材料"，而"这些材料所发生的变化是由造成这种变化的人们的阶级关系即经济关系引起的"②。作为占统治地位的经济关系的"近枝"或"远蔓"，法律、哲学和宗教的观念也"终究不能抵抗因这种经济关系的完全改变所产生的影响"③。毛泽东把马克思和恩格斯的这些思想进一步概括为："一定的文化（当作观念形态的文化）是一定社会的政治和经济的反映。"④ 他提出，讨论中国文化问题，不能离开中国的经济和政治关系实际。他对中国传统文化的讨论正是从这种辩证关系及其历史发展的具体情况出发的，如他提出革除中国旧文化中的反动成分不能离开中国的旧政治和旧经济，建立中国新文化不能离开中国的新政治和新经济。⑤ 这也反映出中国早期马克思主义者掌握马克思哲学以后，能够自觉从唯物史观、物质与精神、经济政治与文化的关系考察中国传统文化。像李大钊就以经济与文化的辩证关系为基础考察中国近代以来思想、道德的变化问题，分析和评价传统学

---

① 《马克思恩格斯文集》第4卷，人民出版社2009年版，第308—309页。
② 《马克思恩格斯文集》第4卷，人民出版社2009年版，第312页。
③ 《马克思恩格斯文集》第3卷，人民出版社2009年版，第521页。
④ 《毛泽东选集》第二卷，人民出版社1991年版，第663页。
⑤ 《毛泽东选集》第二卷，人民出版社1991年版，第664页。

说之变化的原因，如孔子的学说。他认为，孔子学说能在中国流行2000多年，就是因为它适应彼时之经济实际，而"现在经济上生了变动，他的学说，就根本动摇，因为他不能适应中国现代的生活、现代的社会"①。

第二，历史的辩证法原则。马克思和恩格斯把文化理解为一个历史的、辩证的发展过程，并基于此用辩证否定的方法评价一切文化。恩格斯批判旧唯物主义的形而上学研究方法把一切事物都当作一成不变的东西，而马克思辩证的、历史的唯物主义则继承了黑格尔的辩证历史原则，把世界看作一个发展的过程。不仅自然界与人类社会的各种事物处于生成和灭亡的变化中，而且反映这些事物的思维、概念、思想也处于不断变化中。由此，人类创造的各种形式的文化必然也是发展变化的，应该用辩证发展的观点来把握它们。从马克思和恩格斯对待哲学这种文化形式的态度，就可以看出这一点。例如，对于黑格尔哲学，马克思和恩格斯既不像费尔巴哈那样绝对否定、抛在一边，也不像老年黑格尔派那样绝对肯定、盲目坚守，而是坚持既肯定又否定的"扬弃"原则。恩格斯晚年在批判黑格尔哲学理论大厦存在这样或那样的缺陷的同时，提醒人们只要深入到大厦里面去，就会发现无数直到今天依然"保持着充分的价值"的珍宝。② 对于费尔巴哈哲学，马克思和恩格斯同样遵循"扬弃"原则。恩格斯晚年既批判了其宗教哲学与道德论、伦理学的唯心主义性质，又肯定了它对于解构黑格尔哲学体系的重要意义，既赞扬了《基督教的本质》一书在那个时代所起到的"解放的作用"，又揭批了其两大弱点即"美文学的笔调"和"对于爱的过度崇拜"③ 及其带来的负面影响。马克思和恩格斯对待费尔巴哈哲学与黑格尔哲学的辩证否定态度集中体现了他们对待传统文化的辩证批判精神。这种精神被中国马克思主义者继承和发展。坚持这种辩证批判精神，毛泽东提出

---

① 《李大钊全集》第三卷，人民出版社2013年版，第191—192页。
② 《马克思恩格斯文集》第4卷，人民出版社2009年版，第272页。
③ 《马克思恩格斯文集》第4卷，人民出版社2009年版，第275页。

第四章 恩格斯晚年的马克思哲学阐释对早期马克思主义哲学中国化的影响

了要承继从孔夫子到孙中山的珍贵文化遗产,要批判地接受和利用我们自己的文化遗产和外国的进步文化,反对文化虚无主义。

马克思哲学考察文化的历史的唯物论和辩证法原则,也为文化批判、发展和创新提供了指导。

第一,社会存在决定社会意识、经济基础决定上层建筑的必然逻辑表明,"精神生产随着物质生产的改造而改造"[1],文化思想随着社会经济生活的改变而改变。在西方历史上,基督教战胜古代宗教,启蒙思想又战胜基督教思想[2],资产阶级道德战胜封建道德,归根结底都是物质生产方式变革的必然结果。同样,在德法两国,"哲学和那个时代的普遍的学术繁荣一样,也是经济高涨的结果"[3]。以此逻辑反观中国,当近代以来中国社会经济生活发生变化,中国传统文化也要随之发生变换,那些不合乎社会政治经济发展要求的文化成分将被抛弃、淘汰。如反映封建政治和封建经济的封建文化,已经不适合中国社会的发展而且有害,因而必须彻底扫除,建设适应新社会发展的新的进步的文化。

第二,任何一种作为知识形态的文化,都不是绝对真理,总是具有自身的认识局限性。这也要求文化要跟随具体实践的发展,不断深化认识,形成新知识,推动自身的发展与创新。按照恩格斯的认识,黑格尔哲学把一切事物及其概念都看作处于不断变化中的东西,这种思维方法已经彻底否定了关于人的思维结果具有最终性质的看法。如果在研究工作中遵循这一思维方法,"人们就始终会意识到他们所获得的一切知识必然具有的局限性,意识到他们在获得知识时所处的环境对这些知识的制约性"[4]。人类文化发展、创新的过程正是不断克服和超越知识的这种局限性和制约性的过程。中国传统文化向现代转化,也是超越自身局限性和制约性的必然要求。

---

[1] 《马克思恩格斯文集》第2卷,人民出版社2009年版,第51页。
[2] 《马克思恩格斯文集》第2卷,人民出版社2009年版,第51页。
[3] 《马克思恩格斯文集》第10卷,人民出版社2009年版,第600页。
[4] 《马克思恩格斯文集》第4卷,人民出版社2009年版,第299页。

第三，上层建筑对经济基础的反作用表明了文化及其发展与创新对推动社会发展具有不可或缺的作用。这也是一个民族的传统文化需要发展创新的重要依据。针对资产阶级学者对唯物史观的经济决定论歪曲，恩格斯指出了政治、哲学、宗教、法等之间的相互作用及它们对经济基础的作用。这启示人们，一方面，必须重视文化的作用。毛泽东深刻地认识到这一点，他说，"如果不发展文化，我们的经济、政治、军事都要受到阻碍"，如果"文化高一点，那我们就会更快地前进"。[①] 另一方面，文化发展和创新必须适应并有助于推动经济发展。这也是中国传统文化实现现代转化和创新必须遵循的基本原则。

第四，上层建筑具有相对的独立性揭示了文化的历史传承性特征，这表明了建设和发展新文化不能割裂传统。例如，一种新哲学的发展就离不开过去哲学所提供的材料基础。马克思哲学本身就是以它的先驱提供的思想材料为前提而发展起来的。而且，为它提供思想材料的先驱不仅包括黑格尔哲学、费尔巴哈哲学，还包括之前的康德哲学、斯宾诺莎哲学、古希腊哲学等。马克思和恩格斯在《共产党宣言》中所说的同传统观念的彻底决裂，不是要与所有传统观念割断联系，而是指与那些落后的、反动的、错误的传统观念决裂。而对于传统文化遗产中一切优秀的、有价值的东西，都予以批判地接受、吸收、发展和创新。这也是马克思哲学能够成为人类思想文化发展最高成果的原因。以毛泽东同志为主要代表的中国马克思主义者继承和发展了马克思哲学的这一理论品格，对中华优秀传统文化的继承与创新表现出高度的自觉性，并逐步深化。1938年，在《共产主义者与道德》一文中，艾思奇阐述了共产主义者对于中国传统道德精华的继承与发扬的态度。此外，正如有学者所揭示的那样："中国近代知识分子在初识马克思主义时一直都是从民族固有的文化传统上去接引它、解读它和亲和它的。"[②]

[①] 《毛泽东文集》第三卷，人民出版社1996年版，第110页。
[②] 张允熠：《四百年中国思想文化之大变局：中国化视域下"中西马"哲学的互动与融通》，商务印书馆2021年版，第373页。

第四章　恩格斯晚年的马克思哲学阐释对早期马克思主义哲学中国化的影响

自觉运用马克思主义哲学世界观和方法论考察、研究中国传统文化，激活了中国传统文化中那些被忽视的因素，又将中华文化因素植入马克思主义哲学，进而塑造着中国马克思主义哲学的文化特质。这一过程，既展现为马克思主义哲学以中华文化丰富自己的过程，也展现为中华文化借助马克思主义哲学实现现代转化和创新发展的过程。

三　价值依据

"思想绝不会孤寂在场，在思想背后总是站着需要其在场、支撑其在场的社会利益结构，决定着思想的出场和在场。"[①] 马克思主义哲学在中国的出场与在场，也是由于社会利益结构的需要，带有鲜明的价值指向。马克思主义哲学中国化不仅包含理论维度与文化维度，还包含价值维度。价值也是理论与文化所指向的最深层的东西。一个国家、一个民族选择一种外来哲学作为认识世界、改造世界的工具，并且把它本土化，表明其对这种哲学内蕴的价值立场、价值目标、价值理想的认同。在这个意义上，早期马克思主义者对马克思主义哲学中国化的初始自觉，表征他们对马克思主义哲学的价值认同，包括对其蕴含的政治立场和政治主张的认同。恩格斯晚年对马克思哲学的无产阶级世界观的价值定位，关于马克思哲学追求人类解放的价值理想的阐释，则为这种价值认同奠定了重要基础。

从世界观特别是无产阶级世界观角度阐述马克思哲学是恩格斯理解马克思哲学的一大特点，更代表了恩格斯对马克思哲学的总体价值定位。例如，他把《关于费尔巴哈的提纲》称为"包含着新世界观的天才萌芽的第一个文献"[②]，在《反杜林论》中，他说马克思的"现代唯物主义已经根本不再是哲学，而只是世界观"[③]。如前文第二章所分析

[①]　任平:《真理标准大讨论：出场之路与重要启示》，《武汉大学学报》（哲学社会科学版）2018 年第 5 期。
[②]　《马克思恩格斯文集》第 4 卷，人民出版社 2009 年版，第 266 页。
[③]　《马克思恩格斯文集》第 9 卷，人民出版社 2009 年版，第 146 页。

过的，恩格斯用世界观而非哲学界定现代唯物主义的性质，是为了把马克思的新哲学与一切传统哲学区别开来。舍勒从对象角度把世界观、自我观和上帝观看作三种不同的观念形式，这种划分对我们有以下两点启示：其一，近代唯心主义哲学，特别是从康德到黑格尔的德国唯心主义哲学，坚持意识第一性，本质上都以自我或自我意识为研究对象，因而可以理解为一种"自我观"，属于"意识哲学"。其二，马克思哲学并不以抽象的自我或自我意识为对象，而是以现实的感性世界为研究对象，所以是真正的"世界观"。马克思哲学本身在世界各国工人运动中也主要是作为一种世界观而起作用的。恩格斯把马克思哲学定位于一种新世界观，不仅因为这种世界观提出了不同于传统哲学世界观的新观点、新方法，实现了世界观革命，而且在于这种世界观在价值立场上也不同于当时占统治地位的资产阶级世界观，代表无产阶级的世界观。一切唯心主义哲学和所有的旧唯物主义哲学都不代表无产阶级大众的利益。与之前和同时代的其他哲学理论相比，只有马克思哲学公开而坚定地站在无产阶级立场，并在人类历史上第一次高高举起科学社会主义和共产主义的旗帜。

作为无产阶级的世界观，马克思哲学是知识与信仰、真理与价值的统一。从知识与真理的角度看，马克思哲学揭示了自然界、人的思维和人类社会发展的普遍规律，以及资产阶级社会运动的特殊规律。从信仰和价值的角度看，马克思哲学站在无产阶级大众的立场，批判了资本主义社会的不合理性、非正义性，确立了共产主义价值观，把追求无产阶级的解放和人的自由全面发展作为其最高理想和终极目标。20世纪初中国人接受马克思主义，不仅因为它提供了科学分析中国社会、改造中国社会的工具和方法，而且在于它的科学社会主义与共产主义信仰和价值理想。这种信仰和价值理想在一定程度上满足了一些中国人的精神需求，也适应中国社会的价值需要。

从个体精神需要的角度来看，马克思哲学为青年提供了一个"主义的信仰"。在20世纪初中国的思想舞台上，各种社会思潮、政治思

第四章 恩格斯晚年的马克思哲学阐释对早期马克思主义哲学中国化的影响

潮、文化思潮、哲学思潮之争背后始终贯穿着古今中西的价值观念、价值理想的冲突。"中国向何处去"的时代之问，既是一种方向之问，也是一种价值之问。进一步说，既包含着民族国家发展道路的探索，又关联着个体与社会的价值理想的选择。个人或社会选择和接受一种思潮，也意味着选择和接受这种思潮所蕴含或传达的价值理想。当时一些中国青年选择和接受马克思哲学，就是因为它提供的价值理想能够满足他们的精神需求。贺麟指出："以当时的社会政治文化等环境来看，青年之倾向此理论自无足怪。因为当时青年情志上需要一个信仰，以为精神的归宿，行为的指针。"[①] 这里所说的"此理论"指辩证唯物论，用贺麟的话说，"有希望的青年几乎都曾受此思潮的影响"[②]。那么，辩证唯物论为什么会对广大青年有如此大的影响力？通过比较分析实用主义与辩证唯物化论的区分，贺麟给出了自己的解释。他指出了实用主义的特点，也是其缺点：重行轻知、重近功忽远效、重功利轻道义。[③] 这导致实用主义在理论上缺乏系统性，在信仰上没有坚定性，加之没有提出具体的革命方案，没有成立相应的组织，所以无法满足青年的精神要求。与之相比，辩证唯物论的优势就很突出，可以概括为"五有"：一是有坚定的信仰；二是有科学的理论基础且自成体系；三是有革命的方案；四是有具体的组织；五是有俄国十月革命成功为典范。[④] 正是由于这些实用主义不具备的优势，辩证唯物论吸引了那个时期的广大青年，"占据"了他们的思想。贺麟把坚定的信仰放在第一位，真实反映了科学社会主义和共产主义的理想信念对于青年选择和接受马克思哲学是至关重要的。1925年在《答少年中国学会改组委员会问》中，毛泽东明确说："本人信仰共产主义，主张无产阶级的社会革命。"[⑤] 马克思哲学对于个体摆脱"迷信"也具有重要意义。一是帮助人们摆脱宗教迷信。

[①] 贺麟：《五十年来的中国哲学》，商务印书馆2002年版，第67页。
[②] 贺麟：《五十年来的中国哲学》，商务印书馆2002年版，第67页。
[③] 贺麟：《五十年来的中国哲学》，商务印书馆2002年版，第66—67页。
[④] 贺麟：《五十年来的中国哲学》，商务印书馆2002年版，第67页。
[⑤] 《毛泽东文集》第一卷，人民出版社1993年版，第18页。

当时中国社会上有形形色色的骗局，其中"最大的骗局就是宗教神灵的迷信"①。这种骗局用鬼怪传说吓唬穷人，让他们陷于宗教幻想，甘于现状。如果运用唯物史观来分析，宗教迷信不过是统治阶级用来控制被统治阶级的意识形态工具。二是帮助人们摆脱认识上的迷信。罗学瓒在 1920 年 7 月 14 日致毛泽东的信中，谈到了影响人们认知的四种错误或四种迷：其一，"感情迷"，即感情用事；其二，"部分迷"，即以部分概全体；其三，"一时迷"，即以一时概永久；其四，"主观迷"，即以主观概客观。② 这四种迷本质上体现了形而上学的思维方法，唯物辩证法恰恰是对这种思维方法的克服和超越。

　　从社会价值需要的角度看，马克思哲学提供了一种能够让民众团结起来的"主义"。早年毛泽东就曾指出："主义譬如一面旗子，旗子立起来了，大家才有所指望，才知所趋赴。"③ 选择一种大家共同认同的"主义"，是把民众团结起来的关键。建立在"主义"基础上的结合要优越于"感情的结合"，只有以"主义的结合"为前提，"感情的结合"才更加牢固。"主义"作为"旗子"起着指引方向、凝聚人心的价值功能。李大钊在问题与主义关系问题上对胡适的辩驳，也是强调"主义"的这种功能。他认为，中国确实需要这样一种"主义"把人民的力量聚集到一起，合力解决自身面临的重大问题。有了这个"主义"的衡量，才能使大多数人都不满意的事实变成实际的社会问题；有了这个"主义"的指引，这些社会问题才有可能得到解决。他总结说："我们的社会运动，一方面固然要研究实际的问题，一方面也要宣传理想的主义。"④ 早期马克思主义者找到的这个"主义"就是马克思主义。不过，李大钊同时也提醒人们，当把这个外来的"主义"应用到具体的

---

　　① 《艾思奇全书》第 1 卷，人民出版社 2006 年版，第 384 页。
　　② 中共中央文献研究室、中共湖南省委《毛泽东早期文稿》编辑组编：《毛泽东早期文稿：1912—1920》，湖南人民出版社 2013 年版，第 510 页。
　　③ 中共中央文献研究室、中共湖南省委《毛泽东早期文稿》编辑组编：《毛泽东早期文稿：1912—1920》，湖南人民出版社 2013 年版，第 498 页。
　　④ 《李大钊全集》第三卷，人民出版社 2013 年版，第 50 页。

第四章 恩格斯晚年的马克思哲学阐释对早期马克思主义哲学中国化的影响

实际运动中时,特别是运用到中国大地、中国实境时,它要为适应这种新实境而变化。

马克思哲学能够成为团结民众的"旗子",原因在于它是为处于社会最下层的广大民众谋幸福的"主义",是一种安民之学、养民之学。1899年在中国出版的《大同学》① 一书,曾把马克思学说理解为"讲求安民新学"。书中写道:"试稽近世学派,有讲求安民新学之一派为德国之马克思立于资本者也。"② 早期马克思主义者深刻认识到这一"讲求安民新学"的无产阶级立场。如蔡和森认为马克思哲学属于无产阶级思想,且从对世界整体的阶级划分中,揭示了马克思哲学的阶级性。李大钊进一步从劳资冲突在中国的客观存在论证了马克思哲学适用于中国。针对有人否认中国有资产阶级进而否定马克思哲学与中国的关系,他反驳说,劳资冲突是世界趋势,中国不仅有劳资冲突,而且强调中国工人阶级受国内资本家和国外资本家双重压迫。由于中国实业受帝国主义压迫而不发达,中国工人没有形成阶级觉悟。③ 主张全世界无产阶级联合的马克思哲学恰恰可以帮助中国无产阶级形成阶级觉悟。

第二节 形塑中国早期马克思主义者唯物史观研究理路

由于受到文本出版情况、理论传入中介和社会现实需要等因素影响,马克思主义哲学在中国的早期传播始于唯物史观的宣传。一般认

---

① 1899年2月至5月,上海的《万国公报》上发表了英国社会学家颉德所著的《社会的进化》一书的前四章,当时的译名是《大同学》,同年出版了单行本。可参见黄楠森、庄福龄、林利主编《马克思主义哲学史》(修订本)(第六卷),北京出版社2005年版,第21页。

② 转引自黄楠森、庄福龄、林利主编《马克思主义哲学史》(修订本)(第六卷),北京出版社2005年版,第21页。

③ 《李大钊全集》第四卷,人民出版社2013年版,第62页。

为，唯物史观是马克思主义哲学在中国的第一个理论形态①，人们对马克思主义哲学的理解最初也主要局限于唯物史观。② 有学者提出，初期传播者们对马克思主义哲学的称谓，主要是"以恩解马"，即根据恩格斯的《社会主义从空想到科学的发展》的论述，将马克思主义哲学称为"唯物史观"③。从当时中国思想实际来看，"以恩解马"不仅表明早期马克思主义者关于马克思主义哲学的称谓受恩格斯影响，而且反映出他们对唯物史观的阐释、传播和发展也都受到恩格斯的深刻影响。这与马克思和恩格斯重要文本的出版情况有直接关联。众所周知，马克思的重要哲学文本，如《1844年经济学哲学手稿》等，20世纪30年代后才公开出版。在此之前，公开发表并得到广泛传播的更多是恩格斯阐述和发展辩证唯物主义和历史唯物主义的著作，如《反杜林论》《路德维希·费尔巴哈和德国古典哲学的终结》《自然辩证法》等，以及包含哲学思想的科学社会主义方面的著作，如《社会主义从空想到科学的发展》等。正是由于文本出版状况的客观限制，诸多研究者"只能从恩格斯的著作中寻找马克思主义哲学的思想资源"④，特别是理解唯物史观的思想资源。

当时国内翻译的国外学者诠释唯物史观的著作、文章，也是中国人理解唯物史观的重要文本中介。如李达翻译的荷兰人郭泰（Hermann Gorter）著的《唯物史观解说》（1921年，中华书局），瞿秋白翻译的弗兰茨·梅林（Franz Mehring）写的《论历史唯物主义》⑤（1929年，

---

① 当然，也有学者持不同意见，如单继刚认为社会进化论是马克思主义哲学在中国的第一个理论形态，可参见单继刚《中国知识分子中的马克思哲学》，中国社会科学出版社2013年版，第15页。本书认为社会进化论实质是对唯物史观的解读，即把唯物史观理解为一种社会进化论。
② 李维武：《马克思主义哲学中国化与中国哲学的现代转型》，北京师范大学出版社集团、北京师范大学出版社2021年版，第283页。
③ 田子渝等：《马克思主义在中国初期传播史（1918—1922）》，学习出版社2012年版，第19页。
④ 安启念主编：《马克思主义中国化研究》，人民大学出版社2006年版，第11页。
⑤ 当时瞿秋白把作者的名字翻译为佛兰茨摩陵，把文章的名字翻译为《历史的唯物主义》。参见《瞿秋白文集：政治理论编》第八卷，人民出版社2013年版，第505页。

第四章　恩格斯晚年的马克思哲学阐释对早期马克思主义哲学中国化的影响

上海创造社），范寿康、施存统和化鲁翻译的河上肇等人著的《马克思主义与唯物史观》（1923年，上海商务印书馆），何松龄等翻译的河上肇著的《唯物史观研究》（1926年，上海商务印书馆），董亦湘翻译的考茨基著的《伦理与唯物史观》（1927年，教育研究社），吕一鸣翻译的桥野升著的《唯物史观略解》（1927年，北新书局），等等。这些文本对唯物史观的诠释不同程度地受到了恩格斯著作的影响。如《论历史唯物主义》一书，不仅大段引用恩格斯著作的原文，还加入了1892年恩格斯回复梅林的信中的部分内容。梅林不仅对唯物史观的基本原理作了阐释，还高度评价了恩格斯对唯物史观的理论贡献，以及感谢他的回信对自己的指导。梅林对恩格斯的感谢，在瞿秋白的译本中表述为："我所得着昂格斯的答复是如此。我听了昂格斯的忠告，就重新审视一番上文所引的话，且合着辽氏全书的总意；确实不差，他的真意却和我们所想象的相符。所以我应当表示十分的谢意于昂格斯。他的指示真能明了指出封建制度之鸩毒。"① 这清楚地表明了梅林的唯物史观思想与恩格斯之间的密切关系。由此，通过梅林这一中介，恩格斯间接地影响着中国早期马克思主义者对唯物史观的理解。澳大利亚学者尼克·奈特评价李达是"把重要的欧洲马克思主义者和日本社会主义者的评论和阐释译为中文的第一人"②，并指出，相对同时期的其他马克思主义理论家，李达利用的文本资源更为丰富，其中有许多资料是由日本社会主义者写成的，还有一些是欧洲马克思主义研究成果的日文版。据此，他认为日本马克思主义者和社会主义者对翻译文本的选择和阐释引导并限制了李达的理解视域。山川均、高畠素之、河上肇等这些日本马克思主义者和社会主义者的著作从不同方面论证上层建筑对经济基础的反作用，反驳对唯物史观的经济决定论阐释。这说明他们对唯物史观的理解也深受恩格斯的影响。如前所述，恩格斯晚年对马克思哲学进行阐释的

---

① 《瞿秋白文集：政治理论编》第八卷，人民出版社2013年版，第518页。
② ［澳］尼克·奈特：《李达与马克思主义哲学在中国》，汪信砚、周可译，人民出版社2018年版，第97页。

重点内容就是唯物史观，而且侧重阐述并论证上层建筑对经济基础的反作用。

上述情况决定了中国早期马克思主义者对唯物史观的理解和研究会不同程度地受到恩格斯的影响。本部分主要从理论阐释、价值发掘和真理辩护三个维度分析这种影响。

一　唯物史观理论阐释：内容与视角

马克思主义哲学最初是以唯物史观的面目进入中华民族的思想文化叙事中的，其中国化最初呈现为唯物史观的中国化。集革命家与理论家于一身的中国早期马克思主义者，他们研究唯物史观就是要运用它找到适合中国革命的策略，而要找到这一策略，他们就必须把唯物史观应用于中国的经济条件和政治条件。恩格斯晚年就是在解决时代课题中阐述和完善唯物史观的。中国早期马克思主义者对唯物史观的阐释也具有这一特征。

对于唯物史观的名称，李大钊、李汉俊均认为是由恩格斯首次提出的。李大钊提出："马克思的历史观，普通称为唯物史观。但这不是马氏自己用的名称。此名称乃马氏的朋友恩格斯在一八七七年始用的。"[①]但李大钊认为唯物史观的根本原理，在1848年发表的《共产党宣言》和1867年出版的《资本论》第一卷中已经有了，而以"公式"发表出来则是在1859年的《〈政治经济学批判〉序言》中。李汉俊在《唯物史观讲义初稿》绪言中指出："'唯物史观'这个名称在德文原文为Materialistische Geschichtsauffassung（英译为Materialistic Conception History）。马克思并没有用这样的名称，是他底亲友因格尔斯（Friedrich Engels）为他取的这个名称。"[②]

李大钊是中国第一个从"体系"高度介绍和阐释马克思主义的理

[①]《李大钊全集》第四卷，人民出版社2013年版，第423页。
[②]转引自田子渝等《马克思主义在中国初期传播史（1918—1922）》，学习出版社2012年版，第154页。

第四章　恩格斯晚年的马克思哲学阐释对早期马克思主义哲学中国化的影响

论家,也被视为在中国"最澈底最先倡导"[①]唯物史观的人。他在北京大学开设唯物史观课程,此后又在北京大学、北京师范大学等学校讲授史学思想史、史学概论等课程,通过讲坛介绍和传播唯物史观。而且,他撰写了一系列阐发唯物史观的文章和著作,如《我的马克思主义观》《阶级竞争与互助》《唯物史观在现代史学上的价值》《由经济上解释中国近代思想变动的原因》《史观》《史学概论》《唯物史观在现代社会学上的价值》《马克思的历史哲学与理恺尔的历史哲学》等。这些作品对于唯物史观的传播、宣传和中国化作出了极为重要的贡献,具有不容忽视、不可否认的重要学术价值。李大钊对唯物史观概念的理解采用了恩格斯的说法,他把唯物史观也称为历史的唯物主义。李大钊之所以重视唯物史观的阐释和研究,一个很重要的原因在于他像恩格斯一样深刻地认识到了唯物史观的重要意义。一是唯物史观在整个马克思主义理论体系中的基础地位。他明确提出:"离了他的特有的史观(即唯物史观——引者注),去考他的社会主义,简直的是不可能。"[②] 二是唯物史观发现在整个人类思想史上的重要地位。他的评价也借鉴了恩格斯的观点:"正像达尔文发现有机界的发展规律一样,马克思发现了人类历史的发展规律。"[③] 李大钊称"唯物史观在社会学上曾经、并且正在表现一种理想的运动,与前世纪初,在生物学上发现过的运动,有些相类"[④]。他把唯物史观的要旨概括为两点:第一点,"人类社会生产关系的总和,构成社会经济的构造"[⑤];第二点,"生产力与社会组织有密切的关系"[⑥]。结合他的具体阐述,这两点就是经济基础决定上层建筑、生产力决定生产关系的原理。

恩格斯晚年反复强调唯物史观是考察历史的方法而不是教义,并

[①]　郭湛波:《近五十年中国思想史》,岳麓书社2013年版,第110页。
[②]　《李大钊全集》第三卷,人民出版社2013年版,第5页。
[③]　《马克思恩格斯文集》第3卷,人民出版社2009年版,第601页。
[④]　《李大钊全集》第三卷,人民出版社2013年版,第6页。
[⑤]　《李大钊全集》第三卷,人民出版社2013年版,第14页。
[⑥]　《李大钊全集》第三卷,人民出版社2013年版,第14页。

且多方面论证其作为方法论原则的真理性。李大钊也从方法角度理解唯物史观的作用，并肯定这种方法的进步性与科学性。在《唯物史观在现代史学上的价值》一文中，李大钊开篇就说唯物史观是社会学上的一种法则。作为法则的唯物史观是一种新的解释历史的方法，完全不同于以往的解释历史的方法。李大钊总结以往关于历史的解释，有唯心的解释，如黑格尔；有宗教的解释，如佛教、犹太教；有政治的解释，如亚里士多德；有神学的解释，如莱辛、赫尔德。这些解释历史的旧方法，本质上是"权势阶级愚民的器具"①，最终都失败了。唯物史观这一新方法，其目的"是为得到全部的真实"②，不是愚民的工具，而是一种社会进化的研究。李大钊指出，有许多事实证明唯物史观从经济基础出发考察社会历史的方法是合理的。在《物质变动与道德变动》一文中，他以大量事实论证了道德、宗教、哲学、思想、主义、法制、风俗和习惯等都随经济变化而变动。他甚至还利用恩格斯关于美国工人运动组织的论述反驳以宿命论歪曲唯物史观的错误观点。此外，李大钊号召人们仔细研究唯物史观怎样应用于中国当下的政治经济状况。在唯物史观的运用问题上，李大钊也遵循了恩格斯与马克思共同提出的"这些原理的实际运用……随时随地都要以当时的历史条件为转移"的原则。李大钊运用唯物史观批判、分析社会现实问题，如批判宗教、封建复古思潮，分析阶级斗争问题、家庭问题、妇女解放问题、青年自杀问题等。从上述分析中不难看出，恩格斯晚年关于唯物史观的阐释对李大钊在理解和运用唯物史观问题上有着多方面的影响。

恩格斯晚年的唯物史观阐释对中国早期马克思主义者唯物史观研究的影响，既体现在阐释内容上，又反映于阐释视角上。国内学者李维武以"唯物史观派"为例，将中国早期马克思主义者阐释唯物史观的理

---

① 《李大钊全集》第三卷，人民出版社2013年版，第278页。
② 《李大钊全集》第三卷，人民出版社2013年版，第278页。

第四章　恩格斯晚年的马克思哲学阐释对早期马克思主义哲学中国化的影响

论特色概括为"个性化的色彩和多维度的特点"[1]。在这种多维度阐释中，"极端主张"唯物史观的蔡和森，采用"人类学古史研究"[2]的阐释视角鲜明地呈现出深受恩格斯晚年人类学研究成果影响的意味。1924年出版的《社会进化史》一书，集中体现了蔡和森从"人类学古史研究"视角对唯物史观的阐释，其主体内容吸收了《家庭、私有制和国家的起源》的思想。在本书中，恩格斯利用马克思读摩尔根《古代社会》时所做的笔记摘要及批语，吸收摩尔根等人的研究成果，依据大量翔实的史实材料，运用唯物史观系统考察了人类社会早期发展阶段的历史，提出了一些富有原创性的理论观点，如关于两种生产理论，关于原始社会的基本特征及其发展规律的思想，关于家庭、私有制、阶级和国家的产生与发展的观点等。这些研究成果"填补了人们关于史前社会研究方面的空白，也弥补了唯物史观此前关于史前社会研究方面的不足"[3]。蔡和森的《社会进化史》吸收和发展了恩格斯晚年的这些研究成果，不仅分析了"有史以前人类演进之程序"，而且考察了"家族之起源与进化""财产之起源与进化"和"国家之起源与进化"，其中包括对政治形态与经济状况之间关系的考察和分析。在这种分析与考察中，蔡和森还自觉把唯物史观运用于中国与世界相关问题的研究中。对于中国问题，如他提出中国古代的一夫多妻制不过是富人的特权，西藏的一妻多夫制不过是群体婚姻的特殊形式，从而揭示了一夫多妻与一妻多夫两种婚姻制度的特殊性与本质。对于世界问题，如他从对国家之起源与进化的分析和考察中，得出了近世资本主义社会必然崩溃、全世界殖民地和半殖民地的国民革命必然成功的结论。这些认识成果具有重要的历史和现实意义。

---

[1] 李维武：《马克思主义哲学中国化与中国哲学的现代转型》，北京师范大学出版集团、北京师范大学出版社2021年版，第288页。

[2] 李维武：《马克思主义哲学中国化与中国哲学的现代转型》，北京师范大学出版集团、北京师范大学出版社2021年版，第303页。

[3] 顾海良编著：《20世纪马克思主义发展史概论》第一卷，中国人民大学出版社2020年版，第243页。

深入比较《社会进化史》和《家庭、私有制和国家的起源》的内容，可以发现恩格斯的研究成果对蔡和森的相关探讨的深刻影响。蔡和森高度评价了恩格斯的这部著作的重要贡献。他说："到恩格斯著《家族私产与国家之起源》（Engels-L'origine de la famille, de la Propriete Privee et de l'Etat），将摩尔根和马克思两人的意见联合一致，至此摩氏不朽之业才发扬光大于世，而历史学亦因此完全建立真实的科学基础。"① 对于个体思想而言，恩格斯使摩尔根的重要思想为世人所知；对于学术学科发展而言，恩格斯使历史学真正建基于科学之上。这也彰显了唯物史观的思想史价值。

20世纪20年代，李达传播马克思主义的重点也是唯物史观。他翻译的《唯物史观解说》是近代中国第一部专门论述唯物史观的译著，他撰写的《现代社会学》以"社会学"之名对唯物史观作了系统全面的阐释。根据李达自己的阐述，《现代社会学》一书"认唯物史观说于社会学有充分之真理，爰立为根据，别建一体系以研究之"②。从内容上看，李达所建构的这个体系不仅是以唯物史观为指导研究"社会学之问题"的体系，而且是"一个完整的唯物史观中国化表述体系"③。《现代社会学》一书是李达在湖南自修大学等学校讲授唯物史观的基础上写成的，内容十分丰富。它既研究了社会之本质、结构、起源、发展、变革、进化，又分析了家族、氏族、国家、社会意识、社会阶级、社会问题、社会思想、社会运动问题，并在此基础上探讨了帝国主义、世界革命及未来共产主义社会。从此书的内容及其具体阐释来看，虽然李达说马克思的唯物史观学说散见于《资本论》《共产党宣言》等著作中，他自己对唯物史观之概要的阐述摘自1859年《〈政治经济学批判〉序言》中的一段经典表述，但他重视上层建筑的反作用，强调唯物史

----

① 《蔡和森文集》（上），人民出版社2013年版，第457页。
② 汪信砚主编：《李达全集》第四卷，人民出版社2016年版，第12页。
③ 李维武：《马克思主义哲学中国化与中国哲学的现代转型》，北京师范大学出版集团、北京师范大学出版社2021年版，第311页。

第四章　恩格斯晚年的马克思哲学阐释对早期马克思主义哲学中国化的影响

观与人类学的关系，对家族、氏族和国家的分析，无疑受到了恩格斯的影响。特别是本书第六章关于家族的起源与演变的考察，第七章关于氏族组织、氏族崩坏的分析，第八章关于国家的本质、发展及消灭的说明，主要来自摩尔根和恩格斯的著作。紧密结合中国现实，把唯物史观自觉运用于中国社会问题之特性、中国与帝国主义、国民革命趋势等问题，也是李达的唯物史观阐释的一大特点。

瞿秋白对唯物史观的阐释与恩格斯的关系也较为密切。他也是中国第一个自觉以辩证唯物主义为前提阐释和传播唯物史观的马克思主义者。这与他对马克思主义及马克思哲学之整体性的理解有关，也与他对以往唯物史观介绍之不足的认识有关。在《马克思主义之意义》一文中，瞿秋白提出："通常对于唯物史观及马克思主义的译名，即如'唯物史观'一词都嫌疏陋，马克思的哲学学说决不能以唯物史观概括得了。"[①] 马克思哲学还包括"互辩法唯物论"即辩证唯物主义。众所周知，恩格斯在《反杜林论》中对辩证唯物主义思想进行了初步系统的阐述，所以《反杜林论》至今仍然是人们理解辩证唯物主义的重要文本。为突出恩格斯在这方面的贡献，有学者提出恩格斯创立了辩证唯物主义，有学者主张辩证唯物主义是恩格斯哲学的存在方式。《社会哲学概论》是瞿秋白阐释辩证唯物主义和唯物史观的代表性著作，这本书的"唯物哲学与社会现象"这部分的内容，"基本上是恩格斯《反杜林论》的摘译"[②]。而另一著作《现代社会学》的第二章到第五章，被认为"几乎是布哈林《历史唯物主义理论》第1—4章的转译"[③]。根据东方出版社1988年的中译本，布哈林的《历史唯物主义理论》第1章到第4章的标题，也是其探讨的问题，依次是"社会科学中的原因和目的""决定论和非决定论""辩证唯物主义""社会"。其中，有些问题

---

① 《瞿秋白文集：政治理论编》第四卷，人民出版社2013年版，第21页。
② 许全兴、陈战难、宋一秀：《中国现代哲学史》，顾问张岱年，北京大学出版社1992年版，第145页。
③ 许全兴、陈战难、宋一秀：《中国现代哲学史》，顾问张岱年，北京大学出版社1992年版，第145页。

的理解明显受恩格斯思想的影响，如哲学基本问题、合力论等，虽然布哈林对恩格斯思想的理解存在诸多不合理的地方。此外，如前所述，瞿秋白翻译的梅林的《论历史唯物主义》一书，其思想也深受恩格斯的影响。这些都表明，恩格斯晚年对辩证唯物主义和唯物史观的阐释直接或间接地影响着瞿秋白的唯物史观解读。

辩证唯物主义在中国广泛传播后，它与唯物史观的关系问题开始受到学者们的关注，中国马克思主义者对唯物史观的阐释更为自觉地突出其辩证的维度。对于它们二者之间的关系，当时中国理论界的代表性观点可概括为两种：一是包含说。主张辩证唯物论包含唯物史观。如陈启修说"唯物史观只是唯物辩证法的一部分"①，赵一萍把辩证唯物论看作"全部哲学体系和科学体系的总司令"②，在"这一总的系统之下，有一个主要的探求一般社会现象的最基本的因果关系的部门，那就是历史的唯物论或唯物论的历史观（简称为唯物史观）"③。赵一萍把唯物辩证法或辩证唯物论体系概括为自然的辩证法、社会的辩证法和思维的辩证法，这显然与恩格斯的理解有关。二是"推广说"。主张唯物史观是辩证唯物论推广到社会历史领域。瞿秋白、李达、艾思奇等马克思主义者总体上都持此种观点。如李达认为："科学的历史观＝社会观是科学的世界观在历史、社会的领域中的应用和扩张。"④ 此处的世界观指的就是辩证唯物论。在《社会学大纲》中，李达说："所谓辩证唯物论与历史唯物论的关联，这句话的本来的意义，就是彻底地把辩证唯物论应用并扩张于历史的领域。"⑤ 李达的这种理解及论证吸收借鉴了河上肇的理解。在他与王静、张栗合译的河上肇所著的《马克思主义经济学基础理论》上篇中，河上肇依据马克思的《关于费尔巴哈的提纲》的第一条、第三条和恩格斯在《路德维希·费尔巴哈和德国古典哲学的

---

① 陈启修：《社会科学研究方法论》，好望书店1932年版，序言第1页。
② 赵一萍：《社会哲学概论》，上海生活书店1933年版，第21页。
③ 赵一萍：《社会哲学概论》，上海生活书店1933年版，第29页。
④ 汪信砚主编：《李达全集》第十五卷，人民出版社2016年版，第15页。
⑤ 汪信砚主编：《李达全集》第十一卷，人民出版社2016年版，第140页。

第四章　恩格斯晚年的马克思哲学阐释对早期马克思主义哲学中国化的影响

终结》中对费尔巴哈唯物论的缺陷的批判，得出"史的唯物论（或唯物论史观，就是把唯物论适用在人类社会上，不仅唯物论地去观察自然，并且唯物论地观察人类社会，由是补救了从来唯物论的主要缺陷的东西）"①。这种理解在当时中国理论界影响很大。不过，无论是"包含说"还是"推广说"，都有其自身的理解局限。恩格斯明确指出："现代唯物主义本质上都是辩证的"，它"把历史看做人类的发展过程，而它的任务就在于发现这个过程的运动规律"②。在马克思和恩格斯那里，辩证唯物主义是历史的，历史唯物主义即唯物史观是辩证的，二者是现代唯物主义的一体之两面。

毛泽东明确提出"唯物史观是吾党哲学的根据"③，坚信这一理论的科学性及其可证实性。在对它的理解和运用中，毛泽东特别强调其与辩证唯物论的有机统一。他提出："我们承认总的历史发展中是物质的东西决定精神的东西，是社会的存在决定社会的意识；但是同时又承认而且必须承认精神的东西的反作用，社会意识对于社会存在的反作用，上层建筑对于经济基础的反作用。这不是违反唯物论，正是避免了机械唯物论，坚持了辩证唯物论。"④ 对二者统一关系的科学认识，为他提出"实事求是"的思想路线奠定了认识论和方法论基础。同时，毛泽东还强调唯物史观与政治经济学的有机统一关系，提出唯物史观与政治经济学"难得分家"，不论及上层建筑方面的问题，就难以说清楚生产关系的问题。因此，他非常重视上层建筑问题，而且把唯物史观与唯物辩证法相结合分析中国社会的文化、阶级、政党和国家等诸多上层建筑问题。上述毛泽东强调的两个有机统一，即唯物史观与辩证唯物论、唯物史观与政治经济学的有机统一，是对恩格斯晚年的唯物史观阐释的继承和发展。毛泽东把唯物史观创造性地运用到中国社会的经济生活、政

---

① 汪信砚主编：《李达全集》第七卷，人民出版社2016年版，第135页。
② 《马克思恩格斯文集》第3卷，人民出版社2009年版，第543页。
③ 《蔡和森文集》（上），人民出版社2013年版，第77页。
④ 《毛泽东选集》第一卷，人民出版社1991年版，第326页。

治生活和文化生活的方方面面，提出了许多具有原创性的思想观点和方法，从多个方面丰富和发展了唯物史观。值得一提的是，恩格斯晚年非常关注农民问题。在整理《资本论》第二、第三卷的过程中，曾深入研究农村经济关系，并且考察了东欧、南欧和俄国的农民问题，提出了建立工农联盟的重要性、农民的阶层划分问题，思考了无产阶级夺取国家政权之后如何引导农民走上社会主义道路问题，包括合作化问题。[①]毛泽东对农民问题的研究与这些探索具有一脉相承的关系，也是唯物史观中国化的具体呈现。毛泽东为唯物史观中国化作出了重大贡献，进而大大推动了唯物史观的世界化和民族化。

从上述分析中，不难发现恩格斯晚年的唯物史观阐释对中国早期马克思主义者理解和阐释唯物史观的多重影响。正是有了恩格斯的科学指引，使李大钊、蔡和森、李达、瞿秋白和毛泽东等坚定了唯物史观及整个马克思主义哲学的理论自信。他们的研究整体上不但没有偏离唯物史观所开启的真理之路，反而在此真理之路的基础上开辟出唯物史观中国化的道路。当然，这并不代表他们对唯物史观的阐释全面准确、毫无瑕疵，反而由于受到时代条件、文本资料、文化背景、知识结构等主客观条件制约，呈现出不同方面的局限性。但不可否认的是，唯物史观中国化多维度拓展和提升了唯物史观的学术价值与现实意义。

二　唯物史观价值发掘：学科与学术

恩格斯晚年在对唯物史观的阐释与运用中，从多个方面论证并提升了唯物史观的理论和实践价值。中国早期马克思主义者的唯物史观研究，也包含对唯物史观价值的多维发掘。他们关于唯物史观在人类思想史、学术史上的历史学价值、社会学价值、经济学价值的阐发尤为值得关注，有助于我们更为深入地理解唯物史观对于推进现代社会科学学科体系、学术体系走向"科学"的划时代意义。

---

① 参见黄楠森、庄福龄、林利主编《马克思主义哲学史》（修订本）（第三卷），北京出版社2005年版，第375—377页。

第四章　恩格斯晚年的马克思哲学阐释对早期马克思主义哲学中国化的影响

如前所述，在《共产党宣言》1888年英文版序言中，恩格斯笃定唯物史观对于历史学所起的作用一定会像达尔文学说对生物学所起的作用那样。在《路德维希·费尔巴哈和德国古典哲学的终结》中，恩格斯表达了唯物史观终结了一切传统的历史哲学的认识。恩格斯从宏观视野充分肯定并高度评价唯物史观对于历史学的划时代意义，但由于思想任务、革命实践等因素所限，他并没有从学术史、思想史角度对这一划时代意义展开微观具体的分析。以李大钊为代表的中国早期马克思主义者则在一定程度上弥补了这方面的研究。

李大钊阐释唯物史观的一大显著特征是自觉从历史学视角发掘唯物史观的独特学术史意义。他的《唯物史观在现代史学上的价值》一文就是专门探讨唯物史观的历史学贡献的代表性成果。李大钊非常重视历史研究，认为研究历史的重要意义在于"训练学者的判断力，并令他得着凭以为判断的事实"[1]。研究结果优良与否取决于两点：一是研究的历史事实的真实性；二是解释历史事实的方法的科学性。按照李大钊的分析，唯物史观在这两个方面都超越了以往的唯心史观。就研究的历史事实来说，涉及对历史本身的理解。以往的唯心史观，如政治史观，只是把人类历史理解为"过去的政治"，而且把政治内容仅限于宪法和外交关系。唯物史观则把人类历史看作人类生活史，包括一切社会生活现象。政治的历史不过是社会生活的一部分，故政治史观有以偏概全之弊。就研究历史的方法而言，唯心史观求历史发展的最后原因于"心的势力"，唯物史观则求之于"物的势力"[2] 即经济因素，主张"物的势力"决定"心的势力"。以此反观唯心史观的解释方法，实质是把结果当作了原因，李大钊形容其"仿佛是把车放在马前一样的倒置"[3]。李大钊又从这两个方面的不同，引出唯物史观对唯心史观的第三个方面的超越，即目的及其影响的超越。李大钊精辟地指出，唯心史观是

---

[1]　《李大钊全集》第三卷，人民出版社2013年版，第275页。
[2]　《李大钊全集》第三卷，人民出版社2013年版，第277页。
[3]　《李大钊全集》第三卷，人民出版社2013年版，第277页。

"权势阶级愚民的器具"①，麻痹人民的意志，使其老老实实地接受他们的统治。这深刻揭示了唯心史观为统治阶级服务的意识形态本质。唯物史观的目的则在于"得到全部的真实"②，让人民认识到自身的无限力量及其对社会的有用性。由此，唯心史观与唯物史观提供了两种完全相反的人生观：前者给人以"怯懦无能"的人生观，后者给人以"奋发有为"的人生观。③ 李大钊之所以重视历史观，就在于历史观关联于人生观。

从历史学的发展史上看，从"物的势力"探求历史运动法则的唯物史观"竟造成学术界一大伟业"④ ——使历史学进于科学之列。李大钊指出，受到马克思的经济的历史观的影响，政治史观派的历史学家才渐渐对历史学的学问之性质进行研究。马克思与这派历史学家都以社会变迁为历史学的"对面问题"，以发现社会变迁的因果法则或因果律为目的，都把历史学理解为法则学。因此，从学问的性质上讲，历史学与自然科学无异。但是，政治史观派的学说不成立，因为政治是结果不是原因，从政治无法求得历史的根本法则。马克思的唯物史观以经济为中心考察社会变迁的动力，则可以像自然科学一样发现历史的因果律。李大钊据此说，自从有了马克思的唯物史观，才把历史学提升到与自然科学同等的地位。他高度称赞"此等功绩，实为史学界开一新纪元"⑤。把历史学纳入科学的行列、提高到科学的地位，是唯物史观在历史学上的重大贡献，也是对唯物史观本身之科学性的肯定。李大钊的认识与恩格斯晚年的定位具有一致性。在恩格斯那里，唯物史观被定位于结束了思辨的历史哲学的历史科学。

正因为唯物史观把历史学提升到科学的地位，李大钊倡导现代历史学者根据唯物史观这一新史观对旧历史进行"重作"或"改作"。他自

---

① 《李大钊全集》第三卷，人民出版社2013年版，第278页。
② 《李大钊全集》第三卷，人民出版社2013年版，第278页。
③ 《李大钊全集》第三卷，人民出版社2013年版，第279页。
④ 《李大钊全集》第四卷，人民出版社2013年版，第320页。
⑤ 《李大钊全集》第四卷，人民出版社2013年版，第424页。

第四章　恩格斯晚年的马克思哲学阐释对早期马克思主义哲学中国化的影响

己更是这一倡导的笃实践行者，开启了中国马克思主义史学研究路径，促进了中国历史学研究变革。如郭沫若就运用唯物史观的方法重思中国古代社会史料，试从《诗》《书》《易》和甲骨文字寻出可靠的资料，探究中国社会的起源，勾绘出中国古代社会史的"真像"。这一研究的理论结晶即是《中国古代社会研究》这一"震动一时的名著"。他公开声明这本著作是恩格斯的《家庭、私有制和国家的起源》的"续篇"。尽管郭沫若提出的个别论断不免有武断之嫌，如关于"西周以前是原始共产社会，西周是奴隶社会，春秋至清末为封建社会，现阶段为资本社会"① 的论断，但他的历史学创新研究对于中国马克思主义新史学的创立却意义重大。吕振羽的《史前期中国社会研究》、陶希圣的《中国社会之史的分析》《中国封建社会史》，也是运用唯物史观考察、研究中国社会史的重要理论成果。其中，吕振羽的《史前期中国社会研究》这一成果不仅参考了恩格斯的《家庭、私有制和国家的起源》，还借鉴了摩尔根的《古代社会》，推进了中国马克思主义史学的发展。此外，学者们还把唯物史观运用到中国经济史、中国思想史的研究中去，如稽文甫的《先秦政治思想史述要》、陶希圣的《中国政治思想史》《西汉经济史》。对中国史学特别是中国马克思主义史学研究产生的实质性影响，也是唯物史观之历史学贡献的具体而有力的表征。对于唯物史观对中国马克思主义史学研究的重要影响，国内学界已经产生了丰硕的研究成果②。由于研究论题所限，本书不再赘述。从世界历史学的整体发展来看，唯物史观也对西方历史学产生了实质性的影响，诸多西方历史学家受到马克思主义的影响，包括非马克思主义者的历史学家。这也进一步证明了唯物史观对历史学学科和学术发展的重大价值。

李大钊认为，马克思在阐述其唯物史观时的一大特点是把历史和社会统一起来研究。在马克思那里，历史与社会同质而异观：纵观人类的

---

① 郭湛波：《近五十年中国思想史》，岳麓书社2013年版，第241页。
② 参见谢辉元《唯物史观与中国马克思主义史学（1919—1949）》，海峡出版发行集团、福建教育出版社2021年版，第7—21页。

过去者是历史，横观人类的现在者是社会。① 因此，历史学同时也是社会学，只不过前者纵向考察社会，后者横向考察社会。李大钊不仅阐释了唯物史观在历史学上的贡献，也论述了其在社会学上的价值。在《唯物史观在现代社会学上的价值》一文中，他又分析了唯物史观对于社会学的贡献。根据他的分析，唯物史观把经济构造看作社会的基础构造，法律等社会的表面构造都随基础构造的变化而变化。在经济基础构造中，又把生产力视为社会发展的最高动因。唯物史观的经济基础决定上层建筑、生产力决定生产关系这一根本法则，指引研究社会学的人"有所依据，俾得循此以考察复杂变动的社会现象，而易得比较真实的效果"②。在李大钊的理解中，因为社会与历史的本质同一，所以历史观也是社会观，历史哲学也是社会哲学。由此，唯物史观既可理解为历史学，也可看作社会学。陈独秀也持类似观点。他在《答适之》一文中指出："社会是人组织的，历史是社会现象之纪录，'唯物的历史观'……名为历史观，其实不限于历史，并应用于人生观及社会观。"③此外，根据他的观点，现代人称马克思的学说为科学的社会学，还有方法论层面的原因，即马克思把自然科学的归纳法应用到社会科学研究中。

在中国早期马克思主义研究中，把唯物史观理解为社会学或社会哲学的学者不在少数。如顾兆熊称唯物史观是"一种科学的历史观察法，是一种空前的社会哲学"④。瞿秋白、李达介绍和传播唯物史观的著作都曾以社会学称谓唯物史观，如瞿秋白的《现代社会学》、李达的《现代社会学》《社会学大纲》。对于他们为什么用社会学称谓唯物史观，学界有不同的理解。对于李达为什么把唯物史观称为社会学，有学者认为是出于政治环境的考虑。1949 年之前，由于政治环境的压迫，李达

---

① 《李大钊全集》第四卷，人民出版社 2013 年版，第 422 页。
② 《李大钊全集》第四卷，人民出版社 2013 年版，第 440 页。
③ 《陈独秀文集》第二卷，人民出版社 2013 年版，第 508 页。
④ 转引自张宝明主编《新青年·哲学卷》3，河南文艺出版社 2016 年版，第 196 页。

第四章 恩格斯晚年的马克思哲学阐释对早期马克思主义哲学中国化的影响

往往以"社会学"的名义讲马克思主义哲学，1949年之后，随着社会环境的改变，他不再以"社会学"的名义而是直接讲马克思主义哲学。因此，需要在特定的历史环境下理解他的"社会学"，而不可从通常意义上来看待。① 对于瞿秋白为何也把唯物史观称为社会学，有学者认为是受了苏联理论界的影响。"十月革命后，苏联理论界普遍地把历史唯物论称之为社会学。布哈林的《历史唯物主义理论》一书的副标题就是，'马克思主义社会学通俗教材'，书中还就'历史唯物主义理论是马克思主义的社会学'进行了专门说明。"② 瞿秋白接受了苏联理论界的这种观点，把唯物史观当作社会学或社会哲学去理解。也有学者认为，20世纪20年代中国学者把唯物史观理解为社会学，实际与李大钊所揭示的历史和社会的密切联系有关。③ 本书也认同此观点，即中国早期马克思主义者从社会学阐释唯物史观的深层依据在于历史与社会的密切关联。对于历史学与社会学的关联，瞿秋白和李达的观点比较一致，都坚持历史学为社会学提供材料，社会学为历史学提供方法。历史与社会的密切关联的观点，在一定意义上，也可以帮助我们理解一些西方学者把唯物史观乃至整个马克思主义理解为社会学的深层原因。如奥地利马克思主义者马克斯·阿德勒认为："马克思主义是一种社会学知识体系。它把社会主义建立在有关社会生活进程的因果性知识上。马克思主义和社会学是同一个东西。"④

瞿秋白和李达以社会学称谓唯物史观，也对唯物史观进行了社会学阐释。但他们二人所理解的社会学不是一般意义上的普通社会学，而是"现代社会学"或"新社会学"，再进一步说是"马克思主义社会学"

---

① 李维武：《马克思主义哲学中国化与中国哲学的现代转型》，北京师范大学出版集团、北京师范大学出版社2021年版，第310—311页。
② 许全兴、陈战难、宋一秀：《中国现代哲学史》，顾问张岱年，北京大学出版社1992年版，第141页。
③ 单继刚：《中国知识分子的马克思哲学》，中国社会科学出版社2013年版，第86页。
④ 转引自[加]凯·尼尔森《马克思主义与道德观念：道德、意识形态与历史唯物主义》，李义天译，人民出版社2014年版，第37—38页。

或"历史唯物主义社会学"①。他们的这种理解可能受苏联学者的影响。在李达翻译的苏联卢波尔所著的《理论与实践的社会科学根本问题》②一书中，作者提出，列宁所说的社会学不是布尔乔亚（资本主义）的社会学，这种社会学"研究社会一般"，而马克思主义社会学则是一种方法。③虽然二人都从社会学维度阐释唯物史观，并且撰写了同名著作《现代社会学》，但由于学术背景、知识结构等方面的差异，他们对社会学本身的认识，对唯物史观的社会学意义的理解，却不完全相同。在《社会哲学概论》中，瞿秋白在阐述马克思的两个伟大发现对科学社会主义的意义时指出："因有此等伟大的发现……所以社会主义，将来社会进展的动象之理论，便能从乌托邦一变而为科学。"④ 这一认识实质是恩格斯观点的"中国表达"，阐明了唯物史观对于社会主义从空想走向科学的重大意义。在《现代社会学》中，瞿秋白则解析了在社会学成为"真正的科学"的过程中唯物史观所起的作用。他指出，社会学是资本主义社会的产物，面对现实社会的"不好"，人们态度不一。一种人只受"时时恐惧失去已得者"的危险，只是到处寻找弥补之法。结果，他们研究社会学，"不是走入歧路，就是琐琐屑屑"⑤，不能使它成为真正的科学，反而变成"七零八刽的破皮统子，胡投乱塞的百宝箱儿"⑥。另一种人一无所有，定要找到社会"不好"的根源并彻底摧毁它。因而，他们研究社会学能够"洞见底蕴"，创建真正科学的社会学。马克思的唯物派的社会学，也就是唯物史观，就是这后一种研究的代表。根据瞿秋白的综合分析，这一唯物派社会学的独特性与进步性在于：坚持"原因论"而非"目的论"；坚持"动力观"而非"静力观"；坚持"有定论"而非"无定论"；坚持决定论与意志论的统一而

---

① 单继刚：《中国知识分子的马克思哲学》，中国社会科学出版社2013年版，第88页。
② 原书名为《列宁与哲学：哲学与革命的关系问题》。
③ 汪信砚主编：《李达全集》第九卷，人民出版社2016年版，第103—104页。
④ 《瞿秋白文集：政治理论编》第二卷，人民出版社2013年版，第333页。
⑤ 《瞿秋白文集：政治理论编》第二卷，人民出版社2013年版，第389页。
⑥ 《瞿秋白文集：政治理论编》第二卷，人民出版社2013年版，第389页。

第四章　恩格斯晚年的马克思哲学阐释对早期马克思主义哲学中国化的影响

非对立；坚持从物质生活而非精神生活出发解释各种社会现象；坚持以物质互动现象而非心理互动现象为社会基础。正因如此，它才能够成为"真正的科学"。由此可见，瞿秋白与李大钊一样，也把唯物史观的社会学意义归结于使社会学成为科学，但他的论证比李大钊更为具体和深入。

在中国早期马克思主义者中，李达对唯物史观的社会学价值的阐释与论证最为深刻。他认为马克思"所创之唯物史观学说，其在社会学上之价值，实可谓空前绝后"[①]。那么，这种"空前绝后"的价值体现在哪里呢？李达认为，唯物史观于社会学有"充分之真理"，使其"不仅发现社会组织之核心，且能明示社会进化之方向，提供社会改造之方针"[②]。这也是社会学的使命，由社会学作为科学的性质所决定。李达把科学划分为"轨范学"与"说明学"，前者旨在研究人类行为的标准，指示理想社会之所在，后者则解释现象间的因果关系，发现规律。作为科学的社会学是"轨范学"与"说明学"的统一。作为"说明学"，其任务是发现支配社会的法则；作为"轨范学"，其任务是探求社会进化的方向，明示改造社会的方针。当时社会学发展呈现出心理学派社会学日渐占主导地位的趋势。李达批判这种心理学"反因为果""倒果为因"，根本无法完成社会学的使命。而且，如果推向极致，则有使社会学陷入空灵化的风险，且无益于国计民生。[③] 因此，李达尝试运用唯物史观改造社会学，使其从心理学派中解放出来。这也是他写作《现代社会学》的初衷之一。总的来说，唯物史观不仅能够使社会学保持理论的科学性质，而且能够促进社会学实践的价值目标实现。

为了阐明社会学的研究范围，李达分析了社会学与历史学、经济学、政治学、法学、人类学、生物学、心理学的相互关系。从他的分析中，我们可以得出两点启示：一是社会学对于其他社会科学具有不可或

[①]　汪信砚主编：《李达全集》第四卷，人民出版社2016年版，第3—4页。
[②]　汪信砚主编：《李达全集》第四卷，人民出版社2016年版，第4页。
[③]　汪信砚主编：《李达全集》第四卷，人民出版社2016年版，第4页。

缺的意义；二是社会学可以利用其他社会科学提供的材料，但不能用其方法研究社会，特别是不能用生物学和心理学的方法研究社会。这在于人类社会的发展规律与动物社会的发展规律截然不同，如果以心理因素为研究社会之根据，则会陷入"倒因为果之谬误"①。这也表明，社会学只有运用唯物史观的方法去研究社会才是可靠的、科学的。李达批判心理学派社会学的另一个原因是它有拥护资本主义社会的色彩。在《社会学大纲》中，李达进一步批判了形形色色的资本主义社会学。他当时称其为"布尔乔亚社会学"，包括实证主义社会学、生物学主义的社会学、心理学的社会学、形式社会学、知识社会学和文化社会学。这些派别的社会学"虽然都装出科学的外貌，但实际上并不是科学"②。对此，李达从两个方面进行了批判。其一，始终没有找到自己的研究对象，是"没有特定研究对象的社会学"。形式社会学所研究的"形式"在现实中是不存在的，知识社会学与文化社会学所确立的研究对象知识、文化，是一切自然科学和社会科学分别研究的东西，无须另设科学部门专门研究。③ 其二，都以观念论作为哲学基础。实证主义的社会学、心理学的社会学把外在于社会的范畴和法则移植到社会领域，纯粹是"主观的虚构"。形式社会学把"形式论理学"应用于社会领域，本质上是"社会几何学"。知识社会学和文化社会学"表面上剽窃历史唯物论的命题，加以观念论的曲解，实行脱胎换骨……实际上只是观念论的历史主义的见解，贯穿着法西斯主义的精神"④。这两个共性问题集中展现了资本主义社会学的内在理论缺陷。被李达"当作科学看的历史唯物论"，也就是唯物史观，不但能够为人们提供认清资本主义社会学的本质及其危害的科学工具，而且能够使现代社会学克服资本主义社会学的这些理论缺陷。李达总结得出："观念史观因为说了真理的永

---

① 汪信砚主编：《李达全集》第四卷，人民出版社2016年版，第15页。
② 汪信砚主编：《李达全集》第十一卷，人民出版社2016年版，第181页。
③ 汪信砚主编：《李达全集》第十一卷，人民出版社2016年版，第182页。
④ 汪信砚主编：《李达全集》第十一卷，人民出版社2016年版，第182页。

第四章　恩格斯晚年的马克思哲学阐释对早期马克思主义哲学中国化的影响

远,所以生命短;唯物史观因为说了真理的短命,所以生命长。"①

综上所述,唯物史观为社会学提供了既不同于自然科学也不同于其他社会科学的研究方法,从而使作为学问的社会学能够成为真正的科学。正是这种科学性,使马克思主义影响了社会学学科的发展。霍布斯鲍姆曾经分析了1880年至1914年间马克思主义对社会学的影响。在谈到马克思主义对德国、俄国、波兰、塞尔维亚等国家的社会学的影响时,他总结说:"不论是我们追溯地解读思想史,挑选出那些曾经被认为是现代社会学先驱的思想家,还是我们考察被认为在19世纪80年代到20世纪初具有影响的社会学(昆波罗维兹、坦茨恩霍夫、洛里亚、维尼亚尔斯基等人),马克思都是一种强大和不可否认的存在。"② 直至今天,这种影响依然存在,依然强大,依然不可否认。

李大钊、李达等中国早期马克思主义者也深刻认识到唯物史观对于经济学的意义。甚至当时对马克思学说持批判态度的黄凌霜,也承认"为学问界开一新纪元"③ 的唯物史观在经济学上最为重要。重视社会学与经济学的关联是李大钊和李达在唯物史观的社会学阐释中的一个共同特征。李大钊指出:"由马氏的历史观推论起来,以经济为中心横着考察社会的是经济学,同时亦是社会学。"④ 李达为了确定社会学的研究领域,也对社会学与经济学的关联性给出了说明。一方面,社会学要研究生产力发展的原因及经济关系变化的规律,就必须借助经济学提供的材料。另一方面,经济关系以及支配生产分配消费等活动的法则都随生产力的发展而变化,所以"经济学必须采用社会学研究所得之真理,以为改造之根据"⑤。在这种关系的阐释中,已经蕴含着唯物史观对经济学的一般意义——提供"改造之根据"。李达在发表于1921年的

---

① 《李达全集》第五卷,人民出版社2016年版,第232页。
② 转引自[英]埃里克·霍布斯鲍姆《如何改变世界:马克思和马克思主义的传奇》,吕增奎译,中央编译出版社2014年版,第227页。
③ 张宝明主编:《新青年·哲学卷》3,河南文艺出版社2016年版,第216页。
④ 《李大钊全集》第四卷,人民出版社2013年版,第423—424页。
⑤ 汪信砚主编:《李达全集》第四卷,人民出版社2016年版,第14页。

《从科学的社会主义到行动的社会主义》一文中，针对当时有许多人把马克思的学说划分为社会学说和经济学说的情况，他提出："马克思学说是一个体系，原不能这样截然区别出来，但为研究便利起见，把它分为社会学上的学说和经济学上的学说两种，也不见得就有什么妨害。"① 同时，他把唯物史观理解为这个学说体系的基础。他说："成了马克思学说体系底基础，成了出发点的东西，就是这个社会进化底原则，马克思学徒叫它作'唯物史观'。"② 这也可以理解为从具体意义上揭示了唯物史观对于经济学的价值。李达自己研究经济学也把唯物史观作为基础。

介绍和研究经济学是李达理论活动的重要内容。在20世纪30年代，他不仅介绍翻译了一些国外的经济学理论，如《土地经济论》《政治经济学教程》《马克思主义经济学基础理论》等，而且他自己也进行经济学研究。坚持理论与实践相结合的原则，既研究经济学的元理论问题，如经济学的对象、经济学的范围、经济学的任务，又研究各种经济思想、经济学说；既研究不同社会制度、社会形态下的经济形态，又研究中国现代经济和经济史。《经济学大纲》《论广义经济学》《经济科学研究程序》《中国现代经济史之序幕》《中国现代经济史概观》等都是他的经济学研究成果。唯物史观始终作为一条或隐或明的主线贯穿于他的经济学研究中。他对经济学的对象的界定，完全是从唯物史观的基本思想出发的。根据他的理解，"经济学是研究特定社会的经济构造，即适应于生产力的特定发展阶段的生产关系的发展法则的科学"③。他对历史上五大生产关系体系即原始社会的经济形态、古代社会的经济形态、封建社会的经济形态、资本主义的经济形态、社会主义的经济形态的划分，完全是以生产力决定生产关系这一原理为基础的。李达把这一原理作为方法论原则，分析和阐明现代中国经济的特殊性，进而开启了

---

① 汪信砚主编：《李达全集》第二卷，人民出版社2016年版，第1页。
② 汪信砚主编：《李达全集》第二卷，人民出版社2016年版，第1页。
③ 汪信砚主编：《李达全集》第十五卷，人民出版社2016年版，第76页。

第四章　恩格斯晚年的马克思哲学阐释对早期马克思主义哲学中国化的影响

马克思主义经济学中国化研究范式。这一贡献，无论是在马克思主义经济学史上，还是在中国经济学史上，都具有划时代意义。

从对唯物史观的经济学价值的阐释理路与视域上看，李大钊与李达并不相同。李大钊首先从整体上分析了马克思主义在经济思想史上的地位。他把经济思想史上的经济学派别划分为个人主义经济学（也称资本主义经济学）、社会主义经济学和人道主义经济学。根据他的理解，资本主义经济学或个人主义经济学是以资本和资本家为本位的经济学[①]，其要点是承认两个合理性：一是承认资本主义现有经济组织的合理性；二是承认经济利己主义活动的合理性。社会主义经济学否认资本主义经济组织的合理性，主张"组织改造论"，目的在于"社会的革命"，而人道主义经济学否定利己主义动机的合理性，倡导"人心改造论"，目的在于"道德的革命"[②]。根据李大钊的考察，这后两种经济学以劳动和劳动者为本位，将要取代个人主义经济学的"正统"地位。李大钊把马克思看作社会主义经济学的鼻祖，因为他创造性地运用"科学的论式"证明社会主义经济组织的可能性与必然性，把社会主义经济学发展成为一个本质上不同于资本主义经济学的独立的科学理论体系。[③] 由此，奠定了马克思主义在经济学思想史上的地位。那么，马克思的"科学的论式"从何而来？马克思为什么能够把社会主义经济学变成科学的理论体系？答案就在李大钊对马克思主义理论的三个组成部分之间有机关系的分析中。李大钊认为，马克思主义是一个自成体系的有机整体，包括历史论（唯物史观）、经济论和政策论三个部分。他把三个部分的逻辑关系描述为：先是根据唯物史观确定社会组织是遵循什么原理或规律发展变化的；然后根据这个原理，解剖资本主义的经济组织，预见到它必然被社会主义组织替代的命运；再根据这个预见，得出

[①]《李大钊全集》第三卷，人民出版社2013年版，第3页。
[②]《李大钊全集》第三卷，人民出版社2013年版，第3—4页。
[③]《李大钊全集》第三卷，人民出版社2013年版，第4页。

阶级斗争是实现社会主义的手段的论断。① 这种逻辑关系表明了唯物史观是整个马克思主义的基础，当然也是其经济学理论的基础。正是有了唯物史观，社会主义经济学从前科学走向科学，超越了资本主义经济学。李大钊还运用唯物史观考察东西方经济思想的差异。在《中国古代经济思想之特点》一文中，李大钊把这种差异简要概括为：西方经济思想之要点在于"应欲与从欲""适用与足用"，而东方经济思想的要点在于"无欲与寡欲""节用与俭用"②。他把这种差异产生的原因归结为自然环境的不同：西方自然"赘与啬"，所以人们"欲望奢"，东方自然"赘与丰"，所以人们的"欲望小"③。这显然是用社会存在的差异解释社会意识的差异。

塔克曾提出，要证明马克思主义是科学体系，"则必须赞同马克思主义在现代社会科学进化过程中已经成为一股有影响的塑造力量"④。中国早期马克思主义者对唯物史观的历史学价值、社会学价值和经济学价值的阐发，就多维度地展示了唯物史观对现代社会科学演进的塑造作用。艾思奇甚至称马克思为"社会科学方面的巨人"。美国社会学家阿尔比恩·斯莫尔预测"马克思将会在社会科学中拥有一席之地，就像伽俐略在自然科学中获得一席之地那样"⑤。上述对唯物史观学术价值的多重价值发掘，为证明这一预测的准确性提供了资源支撑。这也为我们更为深入、全面地理解唯物史观及马克思主义哲学在思想史上的学术贡献，特别是对现代学术转型的多重理论意义，提供了不同于西方视角的参考价值。

---

① 《李大钊全集》第三卷，人民出版社2013年版，第5页。
② 《李大钊全集》第三卷，人民出版社2013年版，第286页。
③ 《李大钊全集》第三卷，人民出版社2013年版，第286页。
④ [美]罗伯特·C.塔克：《卡尔·马克思的哲学与神话》，刘钰森、陈开华译，天津出版传媒集团、天津人民出版社2018年版，第4页。
⑤ 转引自[英]埃里克·霍布斯鲍姆《如何改变世界：马克思和马克思主义的传奇》，吕增奎译，中央编译出版社2014年版，第226页。

第四章　恩格斯晚年的马克思哲学阐释对早期马克思主义哲学中国化的影响

三　唯物史观真理辩护：论题与意义

有力回击种种诋毁、攻击和歪曲唯物史观的错误观点，坚定捍卫唯物史观的真理性是恩格斯晚年阐释马克思哲学的重要原因之一。唯物史观传入中国之后，也曾遭遇多种误解和非难。正如李汉俊所言，唯物史观是马克思主义的基础，误解唯物史观就要误解整个马克思主义，并给理论和实践带来消极后果。由此，中国早期马克思主义者进行了有针对性的辩护。恩格斯晚年的文本及其思想为这种辩护提供了重要的资源支撑。针对当时理论界对唯物史观的种种"误解"，李汉俊曾专门写了《唯物史观不是什么》一文，从八个方面对唯物史观进行了辩护："唯物史观不是哲学""唯物史观不是哲学的唯物论""唯物史观不是物质惟一主义""唯物史观不是诡辩的唯物论""唯物史观不是黑格尔哲学""唯物史观不是单纯的唯物的历史观""唯物史观不是盲目的经济史观""唯物史观不是机械论"[①]。在篇末提到的参考书目中，就包括恩格斯的《社会主义从空想到科学的发展》，受恩格斯影响的河上肇的《唯物史观研究》等。当然，李汉俊的某些辩护并不完全合理，如他对唯物史观不是哲学的辩护，理解上就存在一定偏颇。不过，他的辩护内容却昭示出中国早期马克思主义者对唯物史观的辩护涉及多个论题。事实上也是如此，而且不止于李汉俊列出的这些论题，我们这里重点分析以下几个方面的辩护。

第一，对唯物史观与阶级斗争学说之"矛盾"的辩护。唯物史观传入中国之际，中国与世界都充满了激烈的阶级斗争。因此，积极探索救国之路的中国早期马克思主义者在传播唯物史观时，特别重视阶级斗争学说。但当时中国思想界对唯物史观与阶级斗争学说关系的理解颇有争议。其中，有一种观点认为唯物史观与阶级斗争学说之间存在"矛盾"，此观点被李大钊视为对马克思主义最大的非难。有学者认为李大

[①] 中共一大会址纪念馆编：《中共一大代表早期文稿选编（1917.11—1923.7）》上册，上海人民出版社2011年版，第527—541页。

钊误认马克思学说有这个"矛盾"①。本书认为李大钊否认马克思学说有此"矛盾",且他辩护的理路异于其他辩护者。陈独秀认为,阶级斗争是"人类历史进化之自然现象,并非一种超自然的玄想"②。根据他的理解,"唯物史观是研究过去历史之经济的说明,主张革命是我们创造将来历史之最努力最有效的方法"③。这样,他就以唯物史观与人为革命的不同,证明了唯物史观与阶级斗争的无矛盾性。同时,陈独秀还援引恩格斯转述马克思的阶级斗争观点、马克思在《共产党宣言》中运用唯物史观对阶级斗争的分析,证明不但找不到阶级斗争说与唯物史观的矛盾之处,反而说明了阶级斗争说与唯物史观"打成一片"。蔡和森则尝试从"主观"方面消解"矛盾"。既然根据马克思的革命学说,革命完全是客观的、必然的,为何还要唤醒无产阶级的觉悟呢?蔡和森列出三个理由:一是不知道痛苦是由私有制而非命运造成时,"便诶然不能终日";二是出于对同阶级的人的同情;三是如果任革命自然到来,时间长、牺牲大。④ 胡汉民也否认这一"矛盾",理由是阶级斗争属于"经济行程自然的变化,故此在一方可以说社会生产力为历史之原动力,在他一方可以说从来的历史,是阶级斗争的历史"⑤。相比之下,如果仅从相关表述的"字面"意义上看,李大钊并没有像陈独秀和胡汉民那样直接否定"矛盾",而是"承认"了"矛盾"的存在。这可以从李大钊对欧金尼奥·里尼亚诺的肯定性评价中得到证明。此学者批判地指出:"既认各阶级间有为保其最大经济利益的竞争存在,因之经济现象亦自可以随这个或那个阶级的优越,在一方面或他一方面受些限制,又说经济的行程像那天体中行星的轨道一样的不变……人类的什么影响都不能相加……那主要目的在变更经济行程的阶级竞争,因为

---

① 匡裕从:《五四前后的李大钊思想》,《史学月刊》1958 年第 5 期。
② 张宝明主编:《新青年·哲学卷》3,河南文艺出版社 2016 年版,第 323 页。
③ 《陈独秀文集》第二卷,人民出版社 2013 年版,第 201 页。
④ 《蔡和森文集》(上),人民出版社 2013 年版,第 81 页。
⑤ 转引自王南湜《李大钊对马克思主义内在张力的意识及其意蕴》,《南京大学学报》(哲学·人文科学·社会科学版)2012 年第 6 期。

第四章　恩格斯晚年的马克思哲学阐释对早期马克思主义哲学中国化的影响

没有什么可争，好久就不能存在了。"① 李大钊评价此批判"中了要扼"，似乎表明他认同唯物史观与阶级斗争学说之"矛盾"的实存性。但他紧接着指出，对于这个"矛盾"，马克思也有"自圆的说法"：把阶级斗争的原因归结为经济因素，从而使阶级斗争从属于经济发展的变化。这就在一定程度上消解了唯物史观与阶级斗争说的"矛盾"。鉴于此，李大钊不但没有把唯物史观与阶级斗争割裂开来，反而强调二者之间关联密切。

从现实性上看，主张唯物史观与阶级斗争学说的统一，强调阶级斗争学说在唯物史观中的核心地位，对于探索中国革命道路具有重要的引领和启蒙意义，特别是为毛泽东等先进中国人把阶级斗争、社会革命视为救亡图存的根本手段提供了理论支撑，同时从理论上回击了鼓吹中国走改良主义道路的空想家。在今天，它也为批驳"告别革命"这一谬论提供了坚实的思想依据。从学术性上看，此处所探讨的唯物史观与阶级斗争学说的"矛盾"，实质是马克思主义理论中决定论与能动论的张力问题。也有学者将这种张力理解为马克思主义文本中的两大主题的冲突："一种是在他的经济学著作，特别是《资本论》（1920年被译为日文）中显著的渐进的、决定论的主题；另一种是强调社会变革过程中人们的意识和积极角色的政治主题。后一主题在《共产党宣言》和《路易·波拿巴的雾月十八日》中格外突出。"② 中国早期马克思主义者的辩护中隐含着决定论与能动论的有机统一，既不同于主张决定论的第二国际的马克思主义，也不同于侧重能动论的西方马克思主义，表现出独创性，并启发瞿秋白、李达、毛泽东等人以不同方式推进探索此张力问题。由此，上述辩护也就具有了非同寻常的理论和现实意义，尽管在今天看来，由于李大钊等人对唯物史观的研究还处于初始阶段而使其辩护不那么充分和深入。

---

① 《李大钊全集》第三卷，人民出版社2013年版，第18页。
② [澳]尼克·奈特：《李达与马克思主义哲学在中国》，汪信砚、周可译，人民出版社2018年版，第49—50页。

第二，对唯物史观不是机械史观之宿命论的辩护。第二国际马克思主义明确主张马克思主义是经济决定论，有人借此攻击马克思主义有宿命论之弊。唯物史观在中国早期传播时，也曾遭遇此种攻击。如在"科玄论战"中，张君劢、胡适等人都歪曲唯物史观为机械史观的宿命论。对于此种歪曲，中国早期马克思主义者从不同角度进行了有力驳斥，并推进了恩格斯晚年的经济决定论批判。

李大钊明确反对对唯物史观作宿命论的解读，他的一个重要依据是唯物史观否定了神的力量，发现了人民创造历史的力量。当时有批评者认为，"历史的唯物论者以经济行程的进路为必然的、不能免的，给他加了一种定命的彩色"①，完全抹杀了人力的作用。现代各国社会党之所以在实践中陷入危机，就是因为信了这种定命论而无所作为。针对此种批评，李大钊的回应是"这固然可以说是马氏唯物史观的流弊"②，但《共产党宣言》发出的全世界无产阶级联合起来推翻资本主义的号召深刻昭示人们，离开人民大众是无法实现社会主义的。李大钊认为，发现人民的作用，指出人民是社会变革、创造未来美好社会不可或缺的重要力量，是唯物史观的"一个绝大的功绩"，应该首肯。唯物史观对"民之力"的肯定，意味着对"神之力"的否定。它教导人们创造社会历史的主体力量"不在'赫赫''皇矣'的天神，不在'天禀''天纵'的圣哲"③，而在人民自身。人民是经济社会发展和变革得以实现的根本力量。既然唯物史观引导大众认识到自身的伟大力量，强调要靠自身去创造历史而非听天由命，那么它就不可能是宿命论。承认人民创造历史的作用，并不代表否定社会发展的必然性，而承认这种必然性也不代表就是宿命论。宿命论恰恰是对历史发展必然性无知的表现和结果。瞿秋白指出，唯物史观的"'必然论'是社会的'有定论'（diterminisme），而不是'宿命论'（fatalisme），社会的有定论说明'因果的

---

① 《李大钊全集》第三卷，人民出版社2013年版，第19页。
② 《李大钊全集》第三卷，人民出版社2013年版，第19页。
③ 《李大钊全集》第四卷，人民出版社2013年版，第568页。

第四章 恩格斯晚年的马克思哲学阐释对早期马克思主义哲学中国化的影响

必然',只有不知道'因果的必然'的人,方趋于任运的宿命主义"①。陈独秀认为,如果人们从"挨板"的自然进化论去理解唯物史观,就会把马克思主义看作"完全机械论的哲学"②。李汉俊则从新思想与经济变革的关系视角论证了唯物史观不是宿命论。他指出,新思想是物质生产力变化、经济变革的结果和反照,但新思想形成及其深入人心却是极其缓慢的,而且维护现存利益的旧统治阶级的强制力和说明力又极其强大,"认这新思想是真理的人们,当然要使缓慢的赶快增加速度,使强大的赶快消灭力量"③。因此,需要人们"热心奔走社会运动",不能消极等待资本主义的崩溃和社会主义的实现。承认社会历史发展的必然性对于坚定中国人的社会主义信仰有利,进而对于无产阶级革命是必要的、有意义的。

张君劢、胡适等人主张唯物史观否认心的因素或精神的作用,由此批判唯物史观有宿命论倾向。与之相反,李大钊等人认为,唯物史观承认精神的力量,并且能够带来积极乐观的人生观。陈独秀在《答适之》的信中指出,唯物史观论者并不是不重视宗教、思想、道德、文化、教育等"心的现象"的存在及作用,"惟只承认他们都是经济的基础上面之建筑物,而非基础之本身"④。他强调这些"心的现象"与经济不是并列的关系,也不具有与经济同样的作用、同等的地位。经济作为物的因素决定着这些"心的现象",而"心的现象"只是作为物的因素的经济的一种表现。因此,只能把"心的现象"当作"经济的儿子",而不能像胡适那样把其当作"经济的弟兄"。李汉俊的辩护理由是:社会的物质要求在个人心里上升为道德要求的时候,个人就要牺牲物质要求,满足于纯粹精神主义的发扬。因此,唯物史观并没有否定精神要素,而

---

① 《瞿秋白文集:政治理论编》第二卷,人民出版社2013年版,第298页。
② 《陈独秀文集》第二卷,人民出版社2013年版,第202页。
③ 中共一大会址纪念馆编:《中共一大代表早期文稿选编(1917.11—1923.7)》上册,上海人民出版社2011年版,第530页。
④ 《陈独秀文集》第二卷,人民出版社2013年版,第509页。

且唯物史观论者也可以成为纯粹的精神主义者、理想主义者。[①] 艾思奇则主要通过批判客观主义，揭示客观主义的真面目，否定唯物史观是客观主义、宿命论。宿命论传统在中国古代哲学中一直占统治地位，其中比较有代表性的是儒家的天命论。近代以来，中国一些进步思想家主张发扬"心力"，倡导唯意志论思潮，就是为了反对儒家的天命论。李大钊等中国早期马克思主义者也极力反对天命论。李大钊早年强调"民彝"就是明证。李大钊清醒地认识到宿命论及当时流行的社会达尔文主义对中国革命的消极影响，他宣传唯物史观就是要唤醒广大民众组织起来，凭靠自身的力量改变命运、再造中国。毛泽东、周恩来等人也曾寄希望于英雄圣贤或"贤人政治"来救中国，但接触到唯物史观之后，认识发生根本转变，高扬民众的力量，并对革命充满信心。因此，中国早期马克思主义者对唯物史观不是宿命论的辩护，在当时的中国具有重大现实意义。李大钊认为，历史观是人生观的基础，不同的历史观塑造出不同的人生观。旧历史观"看社会上的一切活动与（变）迁全为天意所存"[②]，提供给人以"怯懦无能""悲观、任运、消极、听天"的人生观。新历史观即唯物史观则"看社会上的一切活动和变迁全为人力所造"[③]，使人们认识到社会发展不是靠少数的圣贤王者，"乃是靠一般人的"[④]，因而给人以"奋发有为""乐观迈进"的人生观。由此可见，唯物史观并不具有宿命论的性质，反倒是旧历史观充满了宿命论的味道。同时，李大钊也揭穿了这种历史观的意识形态本质："供权势阶级愚民的器具。"[⑤] 这也说明这些旧历史观不具有科学性，甚至是反科学的。上述分析表明，唯物史观不但不是机械史观的宿命论，反而具有鲜明的反宿命论特征。在关于唯物史观名称的选择上，李大钊不认同

[①] 中共一大会址纪念馆编：《中共一大代表早期文稿选编（1917.11—1923.7)》上册，上海人民出版社 2011 年版，第 527—541 页。
[②] 《李大钊全集》第三卷，人民出版社 2013 年版，第 279 页。
[③] 《李大钊全集》第三卷，人民出版社 2013 年版，第 279 页。
[④] 《李大钊全集》第四卷，人民出版社 2013 年版，第 204 页。
[⑤] 《李大钊全集》第三卷，人民出版社 2013 年版，第 278 页。

第四章　恩格斯晚年的马克思哲学阐释对早期马克思主义哲学中国化的影响

"经济的决定论"的称谓,恰是因其有宿命论之嫌。

西方马克思主义者卢卡奇侧重马克思主义哲学辩证法的阐释、重视"阶级意识",葛兰西以实践哲学来定位马克思学说,柯尔施则突出这一学说的哲学批判维度,也是反对对此学说作宿命论解读。中国早期马克思主义者的辩护与他们有异曲同工之妙。而且,中国早期马克思主义者的辩护契合唯物史观的本意。仅从马克思赋予近代哲学的抽象主体性以实践基础,批判"宿命论的经济学家"与费尔巴哈对人的主体性的否定,就可以看出,唯物史观不是宿命论,而是反宿命论的。

第三,对唯物史观的历史概念之整体性的辩护。历史是唯物史观的核心概念,如何理解这一概念直接关系到唯物史观的论域、话语体系、理论功能等诸多问题。唯物史观在中国早期传播与"20世纪中国历史的走向"[①] 联系在一起,时人多把它归于历史学。但是,有人提出唯物史观以"社会的变迁"为历史学所研究的对象不合适,也有人歪曲唯物史观"以经济史概历史学的全般"。这两种观点都有割裂唯物史观历史概念的整体性之嫌。为此,李大钊等中国早期马克思主义者对唯物史观的历史概念及其整体性进行了阐释。历史与社会"同质而异观",社会时刻处于变革中,因此,历史又是社会的变革。基于此,马克思在谈论历史时总是与社会相关联,视二者为一个整体。在这个意义上,马克思的历史学也是社会学,研究社会的变迁。如前所述,李大钊、瞿秋白、李达等人也大多从社会维度理解唯物史观的历史概念。据李大钊考察,"社会"一词在当时已被"滥用",对它的理解也因人而异,所以"意义殊暧昧"。他认为,作为学问研究对象的社会,按其含义,大体归结为两种:自然与文化。如果把社会理解为自然,社会学就属于研究"因果法则"的自然科学,如果把社会理解为文化,社会学就属于研究"现实事实"的文化科学。在自然科学视野中,社会"不依时间而生变化,故无历史"[②]。由此,有论者指责马克思以社会变迁为历史学的考

[①] 何萍:《马克思主义哲学史教程》(下卷),人民出版社2009年版,第822页。
[②] 《李大钊全集》第四卷,人民出版社2013年版,第433页。

察对象是不恰当的。对此,李大钊反驳道:在马克思那里,"社会之为学问的对象,不为自然而为文化"①。这里所说的文化是相对于自然而言的,是有历史的、广义的,涵盖人类生活全体。李大钊的判断是准确的,脱离历史、文化的自然的确不是唯物史观所关注和研究的对象。

与社会"同质"的历史是活的、有生命的整体。李大钊说早年听见"历史"一词,不自觉地会想到二十四史、二十一史、十七史、《史记》《紫阳纲目》《资治通鉴》《希腊史》等,以为它们就是真实的历史。后来发现,这些只不过是历史的记录,是供人研究历史的必要材料,并非真实的历史本身。真实的历史不是"僵石""枯骨""故纸""陈编"②,而是"有生命的东西,是活的东西,是进步的东西,是发展的东西,是周流变动的东西"③。马克思研究的就是这种活的、有生命的历史。李大钊在《史观》《史学要论》《史学概论》等文中深刻阐明,唯物史观所研究的有生命的历史的内核是人类生活,而且马克思"把人类生活,作成一个整个的解释,这生活的整个便是文化"④。因此,历史又可以理解为人类生活的全体或全人类的生活,理解为文化。这不仅再一次印证了唯物史观关注的不是自然史而是人类史或文化史,而且表明唯物史观研究的是整体的历史。由于唯物史观的历史与社会"同其内容,同其实质",所以历史的整体性既展现为社会的整体性,又源于社会的整体性。瞿秋白明确提出社会是"现实的总和"⑤,是一个最广泛的"系统"。李达进一步把社会概括为"包括人类间一切经常相互关系的系统"⑥。此外,他认为马克思的社会作为一个整体性概念,在狭义上可以理解为生产关系的总和,这个总和即"经济的构造"作为"基础",又与上层建筑共同构成广义的社会。中国早期马克思主义

---

① 《李大钊全集》第四卷,人民出版社 2013 年版,第 432 页。
② 《李大钊全集》第四卷,人民出版社 2013 年版,第 319 页。
③ 《李大钊全集》第四卷,人民出版社 2013 年版,第 518 页。
④ 《李大钊全集》第四卷,人民出版社 2013 年版,第 462 页。
⑤ 《瞿秋白文集:政治理论编》第二卷,人民出版社 2013 年版,第 455 页。
⑥ 汪信砚主编:《李达全集》第五卷,人民出版社 2016 年版,第 294 页。

第四章 恩格斯晚年的马克思哲学阐释对早期马克思主义哲学中国化的影响

者对历史整体性特征的阐释也更多地表现为对社会的整体性分析,分为纵横两个方面:纵向看,历史的范围包括社会的过去、现在和将来。在这个意义上,整体的历史分析应该包括对传统的社会、现代的社会和未来的社会的分析。横向看,历史的内容不仅包括社会的政治,还有法律、经济、伦理、道德、宗教、美术、哲学等部分,而且这些内容相互联结,构成一个整体结构。其中,经济——"社会的物质"①,构成历史的现实基础,也是历史"流变"的物质基础,政治、法律等只是"社会的筑物"②。这样,唯物史观的历史就涵盖了人类生活的全部内容和整个历程。唯物史观既不把其中的某一部分看作历史的全部,也没有把各个部分割裂开来。正因如此,马克思才能对以往历史学家无法解释的历史问题给予"创见的说明",发现"历史的真义"。

基于对历史整体性的分析,李大钊批判了以下两种观点:一是只承认历史是单一的经济史、政治史或法律史的观点;二是认为马克思"以经济史概历史学的全般"③ 的观点。前一观点对历史的理解过于片面、狭隘,后一观点不成立的理由有二:从一般与特殊的关系来看,历史学是经济史、政治史等各个特殊的历史学的总和,包括经济史在内的任何一种特殊的历史学都无法包括全部历史内容,也就不可能是"历史学的全般";从马克思的社会结构分析来看,经济是整个社会的"基址",法律、道德等观念形态属于社会的"上层"。马克思把经济看作社会生活中最重要的部分,但它并不能代表社会生活的全部,也不是马克思关注的唯一对象,马克思更重视"基址"与"上层"的关系性和整体性。因此,马克思绝不是"以基址概全构造,以经济史概全文化史,概全历史学"④。这也再次证明唯物史观不是经济决定论。

李大钊等人对唯物史观历史概念的阐释,更多表达的是他们个体对

---

① 《瞿秋白文集:政治理论编》第二卷,人民出版社2013年版,第350页。
② 《瞿秋白文集:政治理论编》第二卷,人民出版社2013年版,第333页。
③ 《李大钊全集》第四卷,人民出版社2013年版,第433页。
④ 《李大钊全集》第四卷,人民出版社2013年版,第434页。

历史的理解，但给唯心史观以有力打击，深刻影响了中国马克思主义历史学研究，在今天仍有启迪性。历史既然是活的、有生命的，历史研究就不能只是实证主义史学所理解的"收集资料、辨析资料、整理资料"①，更要研究活的社会问题。历史既然是一个整体，历史阐释就要遵循整体和联系的观点，克服目的论倾向以防止割裂或缩减历史现实。

第四，对唯物史观之伦理道德维度的辩护。唯物史观是否包含伦理道德维度，实质上可以理解为作为"历史科学"的唯物史观与伦理道德是否"兼容"的问题。这个问题不仅是马克思主义中决定论与能动论的关系问题的另一种具体化呈现，而且涉及如何理解马克思主义中事实与价值、规律与规范的关系问题以及科学社会主义的基础问题。正因为这种理论重要性，此问题成为20世纪以来马克思主义理论研究中一个始终存在争议和分歧的论题。其中，否定唯物史观与伦理道德相互"兼容"的学者，把唯物史观及整个马克思主义看作一种反伦理、反道德的理论。被误认为完全抹杀了伦理道德观念也是唯物史观遭人诟病的另一原因。在中国早期马克思主义者中，李大钊不仅对唯物史观所遭受的这种诟病做出了明确的回应，强调唯物史观并不缺失伦理道德维度，而且从多个层面进行了有针对性的论证和辩护。因此，本部分重点分析李大钊的论证和辩护。

从理论上证明唯物史观内在包含伦理道德内容。李大钊认为，马克思并不排斥伦理道德，"他不过认定单是全体分子最普通的伦理特质的平均所反映的道德态度，不能加影响于那经济上利害相同自觉的团体行动"②。根据唯物史观，伦理是人类文化的重要内容之一，与政治、法制、哲学、艺术等共同构成社会上层构造。它以社会的经济构造为基础，并随其变化而变化。在李大钊看来，从经济上解释伦理道德等精神现象是唯物史观不同于其他历史观的伟大之处，也是其真理性所在。唯物史观所揭示的经济与伦理的逻辑关系，不仅阐明了伦理不是第一性的

---

① 丰子义：《历史阐释的限度问题》，《哲学研究》2019年第11期。
② 《李大钊全集》第三卷，人民出版社2013年版，第22页。

第四章 恩格斯晚年的马克思哲学阐释对早期马克思主义哲学中国化的影响

东西,而且说明一个社会的伦理观念不能万世不变。当一种伦理观念不适合社会的经济状况时,就必须被废除,再造一种更好的、更适合的伦理观念。这表明,唯物史观并没有抹杀一切伦理观念,而是强调伦理观念具有历史性和时代性,要与时俱进。具体来说,唯物史观排斥的只是已经失去历史合理性的资本主义的伦理观念,而不是伦理本身。

从历史、经验的层面证明社会主义互助、博爱的伦理观念的普遍性。从历史上看,互助、博爱的伦理观念一直存在,只不过在阶级社会由于阶级竞争,破坏了这种伦理观念实现的条件。阶级对立的社会虽然无法实现互助、博爱的伦理观念,但人类依然要靠阶级斗争"洗出一个崭新光明的互助的世界来"①。阶级斗争是过渡到互助的社会主义社会的必要手段。这也启示那些对阶级斗争抱有疑虑甚至恐惧的人,不仅没有必要担忧,反而应该积极联合起来进行"最后的阶级竞争",实现社会主义的伦理观念。不可否认,李大钊把社会主义的伦理观念仅仅理解为互助、博爱,显然有些粗浅、简单。

有一些反马克思主义者,不仅直接攻击唯物史观,还利用"种种隐晦手法"歪曲社会主义。其中有一种观点认为"社会主义是不道德者"②,理由是社会主义"建设于愤懑、仇怨上面"③。李大钊反驳道:"就实事考察之,压制资产阶级为怨仇,若就彼自己方面而言,是互助、相爱,不是谋怨仇,并为大多数人谋幸福。"④ 在此,李大钊强调社会主义道德是为多数人谋幸福的道德。在谈到社会主义与文学、艺术的关系时,李大钊再一次强调:"唯物史观是以社会为整个的,不能分裂的,因以前道德、哲学、伦理等,与将来经济状况不合,所以再造出一种更好之道德等,决不是将道德废去。"⑤ 值得一提的是,当时有一

---

① 《李大钊全集》第二卷,人民出版社2013年版,第482页。
② 《李大钊全集》第四卷,人民出版社2013年版,第247页。
③ 《李大钊全集》第四卷,人民出版社2013年版,第247页。
④ 《李大钊全集》第四卷,人民出版社2013年版,第247页。
⑤ 《李大钊全集》第四卷,人民出版社2013年版,第248—249页。

种观点认为科学社会主义是"从道德的观点出发的"①。陈独秀则认为，建立在伦理道德上的社会主义是古代所讲的社会主义，是"理想"的，不能成功。李大钊承认社会主义有道德维度，但反对把道德看作社会主义的基础。他始终强调唯物史观是科学社会主义的基础，是其科学性之源。根据唯物史观的科学论证，社会主义的实现不能单纯依靠道德说教，而是必须通过阶级斗争。同时，人类走向社会主义也不是"幸运的偶然"，而是人类历史发展的必然结果。

李大钊不仅从上述两个层面证明唯物史观有伦理道德维度，而且自觉运用唯物史观分析在中国废除旧伦理道德、建构新伦理道德的必然性与合理性。首先，从一般意义上说，道德随物质之动而动，"物质若是开新，道德亦必跟着开新，物质若是复旧，道德亦必跟着复旧"②。但从宇宙进化、历史发展大趋势来看，只有开新，没有复旧。因此，"道德复旧"既不可能又不合理。其次，就中国近代思想变动的具体实情来看，近代以前，统治中国人的思想是"孔门伦理"即"三纲五常"。"孔门伦理"之所以能够统治中国人心两千余年，不是因为它是普遍的永恒真理，而是它"适应中国大家族制度上的表层构造，因为经济上有他的基础"③。但是，西方文明进来之后，中国的农业经济遭受西方工业经济的重压而发生动摇，中国整个社会生活都发生了变动，"孔门伦理"也必须变动。国家主义、家族主义的旧道德已经不能适应中国现代社会生活，无法跟上并体现"今日之时代精神"。按照瞿秋白的观点，这些产生于宗法社会的旧伦理、旧道德已经不能适应中国经济的发展，成为社会进步的障碍。因此，废弃不合时宜的旧道德、建构适应时代需求的新道德，不但是一种"应该"，更是一种"必然"。李大钊认为，这种新道德应该是"人的道德、美化的道德、实用的道德、大

---

① 参见李季《我的生平》，上海亚东图书馆1932年版，第223页。
② 《李大钊全集》第三卷，人民出版社2013年版，第146页。
③ 《李大钊全集》第三卷，人民出版社2013年版，第187页。

第四章　恩格斯晚年的马克思哲学阐释对早期马克思主义哲学中国化的影响

同的道德、互助的道德、创造的道德"①。社会主义道德恰恰符合这种新道德的标准，因此要在中国倡导社会主义新道德。这也表达了他对一种新的先进文化的向往和探寻。

从上述分析中不难看出，他对唯物史观的伦理道德向度的阐释包含三个方面的内容：一是伦理道德认知，即对伦理道德本质、作用的认识。二是伦理道德批判，即对资本主义伦理道德的批判。三是伦理道德建构，即对社会主义伦理道德的建构。这也意味着要从整体性上去把握唯物史观与伦理道德的关系问题。否定唯物史观与伦理道德相互"兼容"的观点，恰恰是缺失了整体性视野，往往只看到了或只关注伦理道德批判的内容，而忽略了其他方面的内容。

唯物史观是否存在伦理道德维度关系到对马克思主义理论性质的判定。学界形成了两种对立的观点：否定论和肯定论。否定论有两种主张：一是否认马克思主义有伦理道德的内容，"人们可以根据马克思所说的写出知识理论，但不太可能写出伦理原则"②。二是主张马克思主义是反伦理、反道德的，桑巴特甚至认为"马克思主义由于它反伦理的倾向而有别于所有其他的社会主义制度体系"③。否定论实质上否定了马克思主义的价值向度，把马克思主义降到了实证科学的地位。李大钊对唯物史观伦理道德维度的辩护是对否定论的否定，属于肯定论，对于提升马克思主义的价值功能具有重要意义，进而促进了一向重视道德传统、有根深蒂固的道德情结的中国人接受马克思主义。有学者明确提出，马克思学说"所内蕴的道德维度，为毛泽东重视从道德角度接受马克思主义提供了意义的可能性空间"④。但要注意的是，李大钊又不同于那些把马克思看作道德家或伦理哲学家、把马克思主义理解为道德

---

① 《李大钊全集》第三卷，人民出版社2013年版，第146页。
② Croce, Benedetto, *Historical Materialism and the Economics of Karl Marx*, Macmilan Company, 1914, pp. 13–17.
③ ［美］罗伯特·C. 塔克：《卡尔·马克思的哲学与神话》，刘钰森、陈开华译，天津出版传媒集团、天津人民出版社2018年版，第3页。
④ 何中华：《马克思主义中国化的历史意蕴再思考》，《哲学研究》2021年第10期。

体系或伦理体系的肯定论者，他始终把马克思主义看作科学的思想体系。不过，由于李大钊还没完全摆脱克鲁泡特金互助论的影响，对社会主义伦理道德观念以及一般伦理道德本质、作用的认识过于肤浅、简单，对于伦理道德理论在马克思主义中的思想定位等问题，还无法给出明确的说明。

第五，对唯物史观与辩证唯物论之统一性的辩护。如前所述，对于它们的关系，无论是"推广说"还是"包含说"，都承认二者之间有联系。但按照坚持"推广说"的李达的理解，关于唯物史观与辩证唯物论的关系，还有一种割裂二者之间的统一和关联的"分离说"，他对其进行了批判。李达认为，以费尔巴哈为代表的机械唯物论者本质上是自然科学的唯物论，不懂得把辩证唯物论扩张到历史的领域。他引用了恩格斯批判费尔巴哈的一段话来论证自己的观点："最重要的事情，是要使社会科学，即所谓历史哲学的科学总体，与唯物论的基础相调和，并在这个基础上重新建筑。但这种事情，不能期望于费尔巴哈。因为他在这方面尽管具有基础，却依然被束缚在传统的观念论的圈子里。"① 他认为恩格斯的这段话既揭示了费尔巴哈的机械唯物论的缺陷，又指出了唯物论扩张到历史领域的重要性。为了进一步揭示机械唯物论在历史领域的观念论性质即唯心主义性质，李达批判了布尔乔亚对唯物史观所作的修正和歪曲。他指出，唯物史观是进步阶级斗争的武器，也是布尔乔亚的最大的敌人，所以唯物史观必然会遭到其攻击。攻击方式主要有两种：一是在认识论领域，完全站在观念论立场，彻底否定辩证唯物论，进而否认唯物史观；二是用观念论哲学修正唯物史观，如伯恩斯坦用新康德主义修正唯物史观，波格丹诺夫用马赫主义代替辩证唯物论。此外，李达认为考茨基承认唯物史观是适用于历史领域的唯物论，但他把哲学的唯物论当作认识的方法而非世界观，由此造成了哲学的世界观与历史认识的方法相分离，从而得出"唯物史观与唯物论哲学无关"的

---

① 汪信砚主编：《李达全集》第十一卷，人民出版社 2016 年版，第 141 页。

第四章　恩格斯晚年的马克思哲学阐释对早期马克思主义哲学中国化的影响

结论。① 这实际是把世界观与方法论、理论与实践相分离的机会主义立场。根据李达的观点，无唯物史观，辩证唯物论无法成为统一的世界观；无辩证唯物论，唯物史观本身则无法成立。而且，只有阐明二者之间不可分的联系和统一，唯物史观的积极意义才能得到正确的理解。机械唯物论者和观念论者恰恰否定了二者的统一关系，并由此曲解了唯物史观。不可否认，李达对唯物史观与辩证唯物论的统一关系的阐释是有意义的，但论证略显薄弱，带有一定的思辨性。

中国早期马克思主义者对唯物史观的辩护具有如下特点：其一，具有强烈的现实指向性和问题意识。冯契曾指出，中国近代史上很多集爱国者和革命家于一身的思想家，全部"热情、意志、思想都集中在解决'中国向何处去'的问题"②。李大钊、李达、瞿秋白等人就是这样的思想家，他们对唯物史观的辩护就是对"中国向何处去"这一时代课题的自觉求索，隐含着对中国走马克思主义指导下的无产阶级革命道路之合理性的辩护，因而具有强烈的政治、实践动因和现实指向。这也使其辩护有别于那种完全基于学术考量的辩护。五四时期中国马克思主义者已自觉把唯物史观作为"思想旗帜"和"行动指南"，他们的辩护也始终与中国革命道路探索、与世界无产阶级革命相结合。这也有力批驳了海外流传的"马克思主义在我国传播是外来政治势力切入的结果的论调"③。同时，探求救国真理的现实需要和文化境遇使他们对唯物史观的辩护有科学主义化倾向。其二，坚持历时性与共时性相结合的方法论原则。历时性原则表现为历史语境与现代语境的统一。马克思之后始终面临着应该在历史语境还是在现代语境中审视、评价唯物史观的问题。李大钊等人要求人们在评价唯物史观时既不能忘记马克思所处的时代环境，也不能忽视他们自身所处

---

① 汪信砚主编：《李达全集》第十一卷，人民出版社2016年版，第142页。
② 冯契：《冯契文集》第七卷《中国近代哲学的革命进程》，华东师范大学出版社1997年版，第6页。
③ 田子渝等：《马克思主义在中国初期传播史（1918—1922）》，学习出版社2012年版，第13页。

的时代环境，坚持历史语境与现代语境相统一的原则。他们的辩护就自觉遵循了这一原则，既追溯唯物史观史、把唯物史观看作马克思那个时代"最大的发现"，又注重挖掘它的现代历史学、现代社会学、现代经济学价值。共时性原则表现为中国视域与世界视域的统一。中国马克思主义者为唯物史观作辩护时，不仅自觉考虑到唯物史观生成的时代环境，而且紧密联系中国具体国情与世界发展趋势。只有从这种广阔的时空背景中考察唯物史观，对它的评价才可能是客观而全面的，才能更好地彰显唯物史观真理的普遍性和生命力。其三，学术视角的多样性。面对其他思潮对唯物史观的非难，李大钊、陈独秀、蔡和森、瞿秋白、李达等早期马克思主义者都作出了学理性辩护。但由于接受唯物史观的途径、知识结构和学术背景不同，他们辩护的学术视角不尽相同。陈独秀侧重政治哲学视角，蔡和森侧重人类学古史视角，瞿秋白侧重社会哲学视角，李达侧重社会学视角。李大钊则融合历史学、社会学、历史哲学、政治哲学等多重视角，并从这些方面阐发唯物史观的学术思想史价值。

  从历史与时代双重视角来看，中国早期马克思主义者对唯物史观的辩护具有多重意义。其一，捍卫了马克思主义的科学性、先进性与时代价值。对唯物史观诸种误解的辨析与批驳，一方面，有助于人们认清无政府主义、基尔特社会主义、自由主义等错误思潮的实质及危害，进而与之划清界限。另一方面，有利于人们掌握唯物史观的科学真谛并形成价值认同，从而引导更多先进的中国人接受、信仰马克思主义。对唯物史观的多重辩护具有重要的思想启蒙作用，并产生了一定的理论效应，使起初"小众"的马克思主义在各种"主义"交织的思想之网中跃升为中国思想界的主流，引领中国革命进入一个新时期。因此，唯物史观辩护提高了马克思主义在中国的传播度和影响力，促进了马克思主义中国化和大众化，推进了马克思主义世界化与民族化。其二，彰显了中国思想界对马克思主义研究中一些重大学术争论的理性自觉和独特思考。如前文提到的马克思主义的整体性，马

第四章　恩格斯晚年的马克思哲学阐释对早期马克思主义哲学中国化的影响

克思主义的伦理向度，马克思主义理论中的张力问题，唯物史观的当代价值与功能，等等。尽管中国早期马克思主义者对这些问题的思考不尽成熟和准确，但反映了中国马克思主义者对这些问题的理性自觉。关于这些问题的独特理解也是中国马克思主义原创性的体现。其三，指引了中国先进文化的前进方向。五四时期，中国文化领域呈现"百家争鸣"之象。在此背景下，唯物史观与其他思潮的斗争，也是中西古今文化碰撞、冲突的一个反映。李大钊等以唯物史观审视中国旧道德旧思想和旧历史观，倡导社会主义新道德新思想和新历史观，促进新文化运动发生"思想转向"，为中国先进文化的前进方向提供了指引。同时，也奏响了以马克思主义为指导建构中国先进文化的序曲，推动了中国学术传统、思想格局的转变。其四，奠定了中国选择社会主义道路的科学理论依据。思想选择往往表征着道路选择。各种"主义"交锋的背后是中国道路选择的斗争。"不同的主义为不同的政制辩护。"[①] 中国早期马克思主义者与基尔特社会主义、无政府主义展开论战，对唯物史观进行辩护，实质是对科学社会主义的辩护，是对中国选择社会主义道路的可能性与合理性的论证。正是在唯物史观的科学指导下，以毛泽东为代表的中国共产党人掌握了社会发展的基本规律，走上了社会主义康庄大道，从根本上改变了中国。这也表明历史虚无主义鼓吹的"社会主义歧途论"荒谬至极。

当然，受历史条件制约，中国早期马克思主义者对唯物史观的认识还不充分，对唯物辩证法及其与唯物史观的关系研究不够深入，对阶级斗争、社会主义伦理道德的理解简单化，对历史本质的阐释平面化，对科学社会主义原则的把握也不完整。这些不足不同程度影响了辩护的力度和效果。这就要求我们历史地评价这种辩护的价值与局限。

---

① ［美］施特劳斯（Leo Strauss）讲疏：《古典政治哲学引论：亚里士多德〈政治学〉讲疏（1965年）》，扎科特（Catherine Zuckert）整理，娄林译，华东师范大学出版社2018年版，第90页。

恩格斯晚年的马克思哲学阐释研究

第三节　影响中国早期马克思主义者的哲学观及相关哲学论争

中国早期马克思主义者在对唯物史观的价值阐释与真理辩护中，还关涉到唯物史观是否是哲学的问题。学者们的观点不尽一致，有的承认唯物史观是哲学，有的否认唯物史观是哲学，如前述李汉俊对唯物史观的第一重辩护就是否认唯物史观是哲学。瞿秋白虽然认为唯物史观绝不能"概括得了"马克思哲学①，但他还是承认唯物史观是马克思哲学的内容。这种分歧的产生直接关联于对马克思哲学观的不同理解。学界有一种观点认为："恩格斯对马克思哲学的定义及其诠释最初亦非通过欧洲渠道，而是日本渠道，对我国早期传播者有决定性的影响。"② 这种观点传递出两个重要信息：一是恩格斯的马克思哲学观决定性地影响了中国早期传播者的马克思哲学观；二是恩格斯的哲学观通过日本渠道影响中国早期传播者。追溯发挥这种影响的恩格斯的文本，持此观点的学者提出，中国早期马克思主义传播者对马克思哲学的最初了解来自恩格斯的文本《社会主义从空想到科学的发展》，而不是全面阐释马克思哲学的《反杜林论》。依据在于1912年就有了《社会主义从空想到科学的发展》的中译本，而直到1922年才有《反杜林论》的中译本。但是，不管这两个文本的中译本孰早孰晚，都表明恩格斯及其文本对中国早期马克思主义者的马克思哲学观的影响是客观存在的。从20世纪上半叶中国哲学界的思想实况来看，这种影响不仅仅局限于马克思哲学观，还拓展到一般哲学观及相关哲学论争。

---

① 《瞿秋白文集：政治理论编》第四卷，人民出版社2013年版，第21页。
② 田子渝等：《马克思主义在中国初期传播史（1918—1922）》，学习出版社2012年版，第152页。

第四章　恩格斯晚年的马克思哲学阐释对早期马克思主义哲学中国化的影响

一　马克思哲学观多重理解

中国早期马克思主义者对马克思哲学的理解与中国社会现实需要紧密相联。因此，中国早期马克思主义者的马克思哲学观研究不完全出于学术考量，阐释的视角与重点虽然受到主体自身的知识结构、教育背景、理论兴趣等的影响，但更多地受到现实需要的制约。他们关于马克思哲学的阐释，主要展现为对马克思哲学的理论地位、理论性质、理论特征、理论功能等多个方面的分析。

从理论地位上看，他们大多把马克思哲学理解为马克思主义的基础。瞿秋白把整个马克思主义划分为四个部分，认为辩证唯物论[①]是总宇宙观，也是其他三个部分即唯物史观、无产阶级经济学和科学的共产主义的基础。瞿秋白指出："因为他对于现实世界里的一切现象都以'现代的'或互辩法的（dialectical）——即第亚历克谛的唯物论观点去解释。这是马克思主义的最根本的基础，就是所谓马克思的哲学。"[②]在此，瞿秋白把马克思哲学看作马克思主义的基础，这是对其在马克思主义中的思想地位的判定。瞿秋白所说的马克思哲学主要指辩证唯物论，他对马克思哲学的阐释集中于对辩证唯物论的分析，丰富了中国早期马克思主义的马克思哲学观。在他之后，中国人对马克思哲学的阐释突破了唯物史观的局限，重视辩证唯物论的传播与研究，并将其自觉运用于中国革命，解答中国革命问题，从而推进了这一理论及整个马克思主义哲学的中国化时代化。很显然，从辩证唯物论理解马克思哲学，不同程度地受到了恩格斯的影响。如有学者指出：毛泽东"不仅在名称上仍然把马克思主义哲学叫做'辩证唯物论'或'辩证唯物论和历史唯物论'，而且在一系列重要理论问题上，和恩格斯以来的'辩证唯物主义'理解是一致的，从文本依据来说，也主要是依据恩格斯和列宁

[①] 瞿秋白有时也将辩证唯物论称为"互辩法唯物论""互辩律的哲学"，或者根据音译称其为"第亚力克谛唯物论"。

[②] 《瞿秋白文集：政治理论编》第四卷，人民出版社2013年版，第18页。

的经典著作"①。

　　从理论性质上看，中国早期马克思主义者坚持马克思哲学是现代的、科学的唯物论的世界观，并充分肯定其在哲学史上所实现的革命性变革。他们对哲学史的理解是基于"哲学基本问题"的视角。从哲学史上看，马克思哲学是一种超越了之前的一切唯心论哲学和唯物论哲学的新唯物论哲学。对于这种新唯物论哲学，无论是把它理解为辩证唯物论，还是其他什么，都充分肯定了其在哲学史和认识史上的革命性意义。从瞿秋白对唯物论发展史的概括，即从希腊育尼学派、伊壁鸠鲁派、启蒙学派、科学到现代的唯物论的历史演进来看，他把现代的唯物论看作唯物论哲学发展的最高阶段。瞿秋白所理解的现代的唯物论即辩证唯物论。从瞿秋白描述的唯物论哲学演进的历史顺序可见，辩证唯物论是从"科学"发展而来的。李达则把辩证唯物论看作唯一科学的世界观，其依据在于：一是适用范围的普遍性：自然领域和社会历史领域；二是具有强大的解释力："反映现代社会中一切矛盾的社会生活的真相"②；三是体现了进步性：既反映现代的一切科学上的进步，又反映进步的社会阶级的要求；四是呈现广泛的综合性：综合了人类知识的全部历史。③在李达那里，辩证唯物论有时也被称为唯物论辩证法，二者表达的是同一个东西。通过对唯物辩证法的生成及发展的历史考察，李达得出：这个哲学"实是人类认识史的总计、总和与结论。"④ 李达对辩证唯物论或唯物辩证法的分析是多视角的，如"当作人类认识史的综合看的唯物辩证法""当作哲学的科学看的唯物辩证法""当作认识论和论理学看的唯物辩证法"。这些视角的分析从不同方面论证了马克思哲学的辩证唯物论在哲学史、知识史或认识史上所实现的创造性发展与革命性变革。毛泽东在《辩证法唯物论（讲授提纲）》中指出：

---

　　① 王金福：《马克思的哲学在理解中的命运：对马克思主义哲学史的解释学考察》，苏州大学出版社2003年版，第273页。
　　② 汪信砚主编：《李达全集》第十一卷，人民出版社2016年版，第37页。
　　③ 汪信砚主编：《李达全集》第十一卷，人民出版社2016年版，第37页。
　　④ 汪信砚主编：《李达全集》第十一卷，人民出版社2016年版，第9页。

第四章　恩格斯晚年的马克思哲学阐释对早期马克思主义哲学中国化的影响

"辩证法唯物论，继承了过去文化之科学的遗产，同时又给此种遗产以革命的改造，形成了一种历史上从来没有过的、最正确最革命最完备的、哲理的科学。"① 根据他的分析，其一，辩证唯物论实现了"三个继承"：对唯心论的最高产物即黑格尔哲学的继承；对一切过去唯物论的继承；对古代希腊朴素的辩证唯物论的继承。其二，辩证唯物论又实现了"两个克服"：克服了黑格尔哲学的唯心论，对他的辩证法进行了唯物的改造；克服了以费尔巴哈唯物论和法国唯物论为代表的机械的、直观的唯物论的狭隘性。其三，辩证唯物论实现了"两个改造"：对辩证唯心论和机械唯物论的改造。通过"三个继承""两个克服""两个改造"，马克思"创造了从古以来没有过的、放在科学基础之上的辩证唯物论，成为全世界无产阶级及一切被压迫人民的革命的武器"②。毛泽东认为，它是唯一科学的认识论，不仅实现了哲学史上空前的革命，而且在人类认识史上也表现为"空前的大革命"。根据他的进一步分析，作为辩证唯物论的马克思哲学是宇宙观与方法论的统一。毛泽东批判了把二者割裂开来的两种错误观点：一种观点以"修正派"为代表，仅把辩证唯物论理解为方法，把其从一般哲学的宇宙观中分离出来；另一种观点以机械唯物论为代表，仅把辩证唯物论理解为一般哲学的宇宙观，并把这种宇宙观看作机械的自然科学的结论，丢掉了辩证法。李达认为，作为方法论，辩证唯物论不单是认识的方法，也是实践的方法。同时，李达和毛泽东都强调马克思哲学中辩证法、认识论和论理学（逻辑学）的同一性。当然，他们这里所说的辩证法是唯物辩证法。这种认识无疑是对恩格斯观点的继承和发展。李达不仅分析了作为唯物辩证法的创造者之一的恩格斯通达唯物辩证法思想的路径，而且特别指出了恩格斯对"辩证法、认识论、论理学的同一性"问题所作的"比较

---

① 中共中央文献研究室编：《毛泽东著作专题摘编》（上），中央文献出版社2003年版，第26页。
② 中共中央文献研究室编：《毛泽东著作专题摘编》（上），中央文献出版社2003年版，第26页。

详细的说明"①。

　　从理论特征上看，中国早期马克思主义者特别强调马克思哲学的阶级性与实践性。这两大特征也是吸引他们最初接受马克思哲学的重要因素，他们一致认同马克思哲学是代表无产阶级利益的，是他们进行革命斗争的精神武器。同时，毛泽东提出辩证唯物论与无产阶级密不可分，相互依存。一方面，只有借助辩证唯物论这一科学的思想武器，无产阶级才能达到改造中国与改造世界的目的，才能实现民族解放和社会解放。另一方面，只有立足于无产阶级立场，才能彻底、全面领悟辩证唯物论，从而以之为指导科学地认识世界。对于马克思哲学的实践性的理解则呈现出一定的差异性。陈独秀主要是从"实际活动精神"来理解的。不同于从方法论上说的"实际研究精神"即用自然科学的归纳法研究社会科学的精神，这种"实际活动精神"则是从社会革命上说的，即要把马克思学说当作社会革命的原动力。② 李达、艾思奇、毛泽东都是从认识与实践或理论与实践的辩证关系把握哲学的实践性。李达认为，离开实践的认识是盲从的，离开认识的实践是盲目的。辩证唯物论是以实践为基础的③，属于实践的唯物论。艾思奇把实践看作辩证唯物论的理论的"核心"，并深刻认识到这也是辩证唯物论者区别于其他哲学者之处。④ 毛泽东明确把实践性看作马克思哲学的显著特点。在他看来，马克思哲学把实践看作理论的基础，强调理论对于实践的依赖关系，同时又主张理论反过来要为实践服务。⑤ 马克思哲学不但要解释世界，而且要改变世界。与其他人相比，毛泽东对马克思哲学的实践性的理解又有自己的特色，即他十分重视实践在整个马克思哲学中的地位。承接列宁的观点，他认为马克思哲学本身作为一种认识论，根本不同于其他认识论的地方就在于它的实践"第一"的观点。所谓实践"第一"

---

① 汪信砚主编：《李达全集》第十二卷，人民出版社2016年版，第75页。
② 《陈独秀文集》第二卷，人民出版社2013年版，第250页。
③ 汪信砚主编：《李达全集》第十五卷，人民出版社2016年版，第4页。
④ 《艾思奇全书》第1卷，人民出版社2006年版，第99页。
⑤ 《毛泽东选集》第一卷，人民出版社1991年版，第284页。

第四章 恩格斯晚年的马克思哲学阐释对早期马克思主义哲学中国化的影响

的观点,不仅表现在实践是认识的来源、发展动力和检验标准,而且体现在认识的最终目的是改造世界。毛泽东认为,马克思哲学要改造的世界,不仅包括客观世界,还包括主观世界。由此,"毛泽东的哲学思想是在'辩证唯物主义'理解方式内向马克思的以科学实践观为核心的新唯物主义的一次返回、接近"①。

从理论功能上看,中国早期马克思主义者不仅重视马克思哲学的解释功能,而且看到了其批判功能和解放功能。阶级性与实践性相统一的特征,已经深刻地表明了马克思哲学具有彻底的批判功能和解放功能。艾思奇把马克思哲学理解为战斗的哲学、实践的哲学、革命的哲学。他认为,在民族解放问题上,"正确的哲学"担负两大任务:"一方面要替真正要求解放的大众建立正确的思想方法的基础,一方面要暴露一切不正确的倾向,指出它们方法基础的错误,和它的妥协性、虚伪性。"②马克思哲学就是"正确的哲学",其之所以能够给要求解放的大众建立正确的思想方法,能够揭露不正确的思想方法的错误及本质,原因就在于"这种哲学是哲学史的最高发展,它不单只吸收和消化从来一切哲学中的最精粹的东西,并且是依据着人类的社会历史实践的一切成果而发展起来的,只有它才不会把我们引到空理论的道路上去,只有它才能够正确地指导我们的实践"③。毛泽东把马克思哲学看作最革命、最正确的宇宙观和方法论。无产阶级如果得到、掌握了它,就能够团结一切可以团结的力量,战胜反动的理论,采取正确的行动,改变人与人、人与物的老关系,争取民族和社会的双重解放。瞿秋白则用中国革命实践证明了马克思哲学对于中国无产阶级解放斗争的重要意义:"十年来实际上的中国历史,已经证实马克思主义的确能够解释中国革命发展的形势,并指示中国革命的前途。"④

---

① 王金福:《马克思的哲学在理解中的命运:对马克思主义哲学史的解释学考察》,苏州大学出版社2003年版,第273页。
② 《艾思奇全书》第1卷,人民出版社2006年版,第638页。
③ 《艾思奇全书》第1卷,人民出版社2006年版,第678—679页。
④ 《瞿秋白文集:政治理论编》第四卷,人民出版社2013年版,第105页。

恩格斯晚年的马克思哲学阐释研究

从上述分析可见，中国早期马克思主义者对于马克思哲学的多重理解和阐释直接服务于当时的革命斗争的需要，这也决定了他们对于马克思哲学的贡献"主要不在于理论的创新，还在于实践中的普及和推广，在于如何运用马克思主义哲学的观点分析和批判其他哲学流派，以及如何运用马克思主义哲学的立场观点分析和处理实践中遇到的现实问题，而不是他们自己的哲学思想体系的完善和理论创新"①。

二 哲学观多维诠释

中国早期马克思主义者的马克思哲学观直接影响到了他们的哲学观，即对哲学的自我理解。20世纪初，一些中国知识分子特别关注哲学，并非完全出于纯粹的学术兴趣，而是认为哲学能够科学认识和解决中国现实问题，应对民族危机。一个时代、一个民族的理论变革都是从一定的问题开始的。问题是"时代的格言"，是时代表现"自己内心状态的最实际的呼声"②。对于20世纪初的中国来说，具有重大意义的时代问题就是"中国向何处去"。要准确把握这一问题，切实破解这一问题，需要学理依据，必然离不开哲学理论的支撑。艾思奇指出："目前我们所见的各式各样的救国理论，也没有一种不是有着一定的哲学基础的。"③ 这意味着人们纷纷到哲学中去寻找"中国向何处去"的理据。那么，时人为什么会诉诸哲学来解答这个时代问题？人们为什么对哲学解答这一问题具有理论自信？据贺麟分析，这建立在人们对哲学知识和思想的"实际力量"的认知和认同基础之上，即人们不是把哲学看作"空疏虚幻的玄想""太平盛世的点缀""博取科第的工具"和"个人智巧的卖弄"，而是当作"应付并调整个人以及民族生活上、文化上、精神上的危机和矛盾的利器"，一种能够"改革生活、思想和文化上的

---

① 陈学明、王凤才主编：《20世纪上半期马克思主义在西方国家的发展》第四卷，人民出版社2020年版，第153—154页。
② 《马克思恩格斯全集》第1卷，人民出版社1995年版，第203页。
③ 《艾思奇全书》第1卷，人民出版社2006年版，第638页。

第四章　恩格斯晚年的马克思哲学阐释对早期马克思主义哲学中国化的影响

实际力量"①。这种哲学观不仅看到了哲学解释世界的功能，更看到了哲学批判世界、改变世界的力量。这也是中国早期马克思主义者重视哲学进而接受、传播和发展马克思哲学的原因。毛泽东明确提出学习辩证法是为了改造世界及其中的人与人、人与物的老关系。② 当然，不同的马克思主义者对哲学的具体理解还是有差别的，有些马克思主义者自身关于哲学的认识也不是一成不变的，而是经历了哲学观的转向。但是，总的来看，他们的哲学观探讨都受到了恩格斯晚年的哲学观及他对马克思哲学的理解的影响。

重视哲学的政治意义。恩格斯晚年在对马克思哲学的阐释中，非常重视马克思哲学的政治意义，也可以说政治力量和政治功能。一方面源于哲学本身属于意识形态，具有政治价值属性和功能；另一方面根植于马克思哲学本身承载着指导无产阶级推翻资产阶级、实现自身解放的政治使命。中国早期马克思主义者非常重视哲学的政治意义，特别是哲学的阶级性与意识形态性。艾思奇和毛泽东都把哲学理解为一定阶级的意识形态的集中表现。艾思奇的哲学"研究提纲"第一部分的标题就是"哲学和政治"，专门探讨了哲学的阶级性和党性问题。毛泽东对哲学的阶级性从两个方面进行了分析：一是从哲学学说的产生来看，所有的哲学学说都是由隶属于一定社会阶级的人所创造的，表现一定社会阶级的需要，而哲学满足社会阶级需要的程度决定着哲学的命运。③ 二是从哲学学说之间的斗争来看，唯心论与唯物论都是阶级斗争的工具，"始终反映着反动阶级与革命阶级在利害上的斗争"④。瞿秋白等理论家也认为哲学是阶级关系的反映，把辩证唯物论和历史唯物论理解为无产阶

---

① 贺麟：《五十年来的中国哲学》，商务印书馆2002年版，第1—2页。
② 中共中央文献研究室编：《毛泽东著作专题摘编》（上），中央文献出版社2003年版，第32页。
③ 中共中央文献研究室编：《毛泽东著作专题摘编》（上），中央文献出版社2003年版，第17页。
④ 中共中央文献研究室编：《毛泽东著作专题摘编》（上），中央文献出版社2003年版，第16页。

级的哲学。正因为重视哲学的政治意义，所以从政治哲学视角解读马克思哲学构成李大钊、陈独秀等中国早期马克思主义者的马克思哲学研究的一大特征。

从知识形态把握哲学的科学性质。中国早期马克思主义者大多从知识论立场阐释哲学的内涵与形态，把哲学理解为世界观或关于整个世界发展规律的知识体系，且强调世界观与方法论的统一。如艾思奇指出："哲学是研究世界事物发展的普遍规律的学问；即恩格斯所说的'关于自然、社会与人类思维的一般法则的学问'。"① 正确的哲学是正确的世界观，也是正确的方法论。研究哲学，既是为了获得正确的世界观，也是为了掌握正确把握事物的方法。杨伯恺也从恩格斯的哲学观出发去理解哲学，他认为恩格斯关于哲学的定义已经道出了哲学的本质——系统说明思维、存在及二者关系的"知识"。这是从哲学基本问题界定哲学的本质及其知识形态。毛泽东也把哲学理解为一种知识形态，但他对哲学知识的理解与艾思奇、杨伯恺二人有所差别。毛泽东把世界上的知识划分为"两门"关于"斗争"的知识：一是关于生产斗争的知识，结晶为自然科学；二是关于阶级斗争的知识，结晶为社会科学。哲学就是对这两门知识的概括和总结。毛泽东虽然把哲学理解为一种知识形态的存在，但他强调这种哲学知识不是纯粹的理论演绎，不是抽象思辨的产物，而是来自生产斗争与阶级斗争实践。只有来自实践的哲学才可能对实践产生实际的功用。不过，毛泽东并没有否定哲学的反思性质，概括和总结自然知识与社会知识本身就是一种反思活动。早年毛泽东就比较重视哲学的实际功用，但那时他主张先通过改造哲学来"变换全国之思想"②，然后才可能有世界的改变。哲学何以能够具有改造思想之用？毛泽东认为，改造旧思想需要探讨宇宙的"大本大源"，把握宇宙真理。把握宇宙真理是哲学的任务。这也可以理解为毛泽东早年对哲学的

---

① 《艾思奇全书》第 2 卷，人民出版社 2006 年版，第 543 页。
② 中共中央文献研究室、中共湖南省委《毛泽东早期文稿》编辑组编：《毛泽东早期文稿：1912—1920》，湖南人民出版社 2013 年版，第 73 页。

第四章　恩格斯晚年的马克思哲学阐释对早期马克思主义哲学中国化的影响

本体论理解。当然，这种本体论反思有着现实指向："真理流行，群妄退匿。"① 由此，毛泽东提出："欲人人依自己真正主张以行，不盲从他人是非，非普及哲学不可。"② 当时也有中国学者主张用哲学来改变人的思想，但是在关于哲学的研究对象问题上与毛泽东的理解不同，认为哲学本身就是关于人生的反思的思想。如冯友兰，他从中国哲学传统视角，把哲学理解为一种境界论而非知识论。他认为，哲学是一种对人生进行有系统的反思的思想，其功用"达到超乎现世的境界，获得高于道德价值的价值"③，而非增加实用性知识。李大钊也比较重视哲学对人生修养的积极意义，称其可以助人"得到一个注意于远大的观念"，进而将其从令人苦痛的琐事中解放出来，马克思的唯物史观就为中国人提供了一种新的人生观。李达则把知识论与境界论统一起来，认为哲学的第一步是研究宇宙的本体，第二步是研究人生的意义和职责。因此，哲学既探求原因，又追寻意义。④

从哲学与科学的关系理解哲学。这也是恩格斯晚年哲学探索的方法论原则。中国早期马克思主义者从哲学与科学的关系阐释哲学，可以分为两种情况：一是阐释哲学与一般科学的关系。如瞿秋白，首先，他分析了哲学与科学的差别："整理某种智识而成一系统的是科学，整理思想及方法的是哲学。"⑤ 这里所说的"智识"指各种宇宙现象的因果联系。其次，他又揭示了哲学与科学的联系，把哲学看作科学的综合。他指出："哲学的分化已经只剩得认识论、逻辑学、互辩律——综合各科学的思想方法论，其实是'科学之科学'，哲学可以说没有了。"⑥ 瞿秋白对哲学的这种认识显然是对恩格斯观点的继承。当瞿秋白把哲学理解

---

① 中共中央文献研究室、中共湖南省委《毛泽东早期文稿》编辑组编：《毛泽东早期文稿：1912—1920》，湖南人民出版社2013年版，第75页。
② 中共中央文献研究室、中共湖南省委《毛泽东早期文稿》编辑组编：《毛泽东早期文稿：1912—1920》，湖南人民出版社2013年版，第75页。
③ 冯友兰：《中国哲学简史》，涂又光译，北京大学出版社1985年版，第8页。
④ 汪信砚主编：《李达全集》第十五卷，人民出版社2016年版，第49页。
⑤ 《瞿秋白文集：政治理论编》第二卷，人民出版社2013年版，第574页。
⑥ 《瞿秋白文集：政治理论编》第二卷，人民出版社2013年版，第576页。

为"综合的总科学",他实际是从研究对象的角度区分了哲学和科学。哲学是总宇宙观、总社会观,研究整个宇宙包括社会,而自然科学与社会科学只研究宇宙的某一部分的现象。这也代表了当时的一种普遍认识。如李达认为哲学是"各种科学的综合"或"科学的科学",李大钊把哲学看作各种"科学的宗邦",各种科学是从哲学分化出来的"独立国",虽然哲学的领地日渐狭小,但"宗邦的权威"始终存在。[①] 科学不能代替哲学,科学所不及之事由哲学来完成。哲学与科学在考察对象与方法方面均有不同:哲学是研究一切事物以形成"统一的见地",并从其出发观察事物的本性、原则,科学则从假定的特定原则定理出发,说明某种特定事物的性质及法则。[②] 李大钊虽然承认哲学与科学的差别,且强调不容混淆,但他又提出:"然欲截然分清,则亦势所难能。"[③] 在他看来,哲学与科学之间界域不能绝对区分开来,关键在于二者之间有个中间地带。他以史学与哲学关系为例,认为历史哲学就是它们之间的中间地带。处于这个地带的历史哲学既有哲学性质,又有史学性质,但却不完全属于哲学,也不完全属于史学。二是阐释哲学与某一具体科学的关系。如李大钊从哲学与史学的关系中阐释哲学。李大钊认为,二者的关系可从两个"异点"进行考察,分别是"历史上的关系"和"性质上的关系"。从"历史上的关系"来看,史学的研究对象、历史观、理论前提、研究方法都离不开哲学。从"性质上的关系"来看,哲学的考察对象、研究素材、研究方法、研究内容、哲学史书写与哲学史研究都与史学紧密相关。综上两个方面的分析,李大钊揭示了哲学与史学的"亲密关系"。在此,李大钊把史学和哲学都当作文化的要素来看待,特别突出它们的文化性质。这主要与当时中国社会新文化运动的环境有关。

从哲学基本问题视角理解哲学史。恩格斯晚年不仅提出并论证了哲

[①] 《李大钊全集》第四卷,人民出版社2013年版,第201页。
[②] 《李大钊全集》第四卷,人民出版社2013年版,第561页。
[③] 《李大钊全集》第四卷,人民出版社2013年版,第559页。

第四章　恩格斯晚年的马克思哲学阐释对早期马克思主义哲学中国化的影响

学基本问题，而且根据哲学家们对这一问题的不同回答去理解、评价哲学的派别划分和发展进程，进而提供了理解哲学史的新视角。按照哲学基本问题的致思视角，全部哲学史就是唯物主义和唯心主义之间对立和斗争的历史。中国早期马克思主义者对哲学史的理解大多都从哲学的基本问题出发，而且他们对哲学基本问题的内涵的理解也深受恩格斯的影响。瞿秋白对哲学史的分析基本以唯物论与唯心论的对立为基本线索，据此他把唯物论的发展概括为从希腊育尼学派、伊壁鸠鲁派、启蒙学派、科学到现代的唯物论，唯心论则展现为从万物有灵论、希腊柏拉图派、罗马基督教、理智教到现代的唯心论。毛泽东把全部哲学史理解为唯心论和唯物论两大派别的斗争史，把其他所有的哲学思潮和派别都看作这两大派别的"变相"。李达也是根据哲学基本问题来理解哲学史，不过，他对思维与存在的关系的理解呈现多样化特征。他认为："一切哲学上的根本问题，是我们的意识与环境的关系如何的问题。"[①] 这个问题，用"别种术语"又可以表述为广袤与思维、自然与认识、客体与主体、物与我、外物与内心、物质世界与观念世界、存在与意识、存在与思维等的关系问题；用"平易的术语"来说是物质与精神的关系如何的问题。[②] 在此基础上，他把哲学史看作唯物论与观念论的发展和斗争的历史。艾思奇对于哲学基本问题的内涵的理解也有所拓展，他把思维与存在之间的关系，不仅仅理解为物质和精神的关系，还把物质和精神的关系问题等同于思想和事物、意识和存在的关系问题。[③] 他还指出："从来的哲学史，是唯物论和唯心论两大营垒的战斗史，同时也是在这战斗中发展向辩证唯物论的历史。"[④] 艾思奇把哲学史的发展趋势理解为超越唯物论和唯心论、走向辩证唯物论，把辩证唯物论看作哲学史的最高发展。此外，这些理论家都承认哲学史并不仅仅是理论逻辑的

---

① 汪信砚主编：《李达全集》第十一卷，人民出版社2016年版，第31页。
② 汪信砚主编：《李达全集》第十一卷，人民出版社2016年版，第31页。
③ 《艾思奇全书》第2卷，人民出版社2006年版，第120页。
④ 《艾思奇全书》第2卷，人民出版社2006年版，第552页。

发展，也是现实的反映，即唯物论与唯心论的论战是现实的历史斗争的反映。因此，研究哲学史决不能抛开现实社会的历史只作"逻辑的展望"①，而是既需要把握哲学发展的历史背景，又要了解各时代哲学对于当时社会的反作用。毛泽东对唯物论和唯心论的斗争分析就体现了这种自觉。他认为，唯心论是压迫阶级的工具，唯物论是被压迫阶级的工具，两个阶级为了自己的利益都不得不发展和巩固代表各自利益的学说。②

三 唯物辩证法论战与"哲学消灭论"论争反思

20世纪上半叶，马克思主义哲学在中国传播的过程中，始终存在着它与反马克思主义哲学的斗争，并由此在中国思想界形成了多场重大论争，如20年代科学与人生观的论战，30年代关于中国社会性质问题的论争，关于唯物辩证法的论战，关于"哲学消灭论"的论争，关于辩证法和形式逻辑的论争，等等。这些论争直接或间接地关联着如何理解马克思哲学的问题，并不同程度地受到恩格斯晚年对马克思哲学的阐释的影响。由于论题所限，本部分着重分析围绕唯物辩证法和"哲学消灭论"展开的论争。相比其他论争，这两个论争与恩格斯晚年的哲学探索特别是对马克思哲学的阐释的相关度更高。恩格斯晚年对唯物辩证法和"哲学终结论"进行了系统阐发，直至今天依然深刻影响着世人对这两个问题的理解。

20世纪30年代，由于理论与实践的双重影响，马克思主义哲学在中国传播的重点由唯物史观转向唯物辩证法，中国思想界出现了声势浩大的唯物辩证法运动。于是，以张东荪等人为代表的反马克思主义者开始把攻击的矛头转向唯物辩证法，否定其客观性、科学性与合法性。由此，在中国理论界爆发了一场关于唯物辩证法的论战。在这场论战中，

---

① 《艾思奇全书》第2卷，人民出版社2006年版，第90页。
② 中共中央文献研究室编：《毛泽东著作专题摘编》（上），中央文献出版社2003年版，第18页。

第四章　恩格斯晚年的马克思哲学阐释对早期马克思主义哲学中国化的影响

张东荪等人对唯物辩证法的攻击建立在他们对唯物辩证法的错误理解之上。张东荪、牟宗三、张君劢均否认马克思哲学家的身份，否认唯物辩证法是哲学。张东荪认为马克思那里根本没有哲学，"只是一场胡扯乱闹而已"①。牟宗三认为，真正的哲学是对形而上价值的追求，而唯物辩证法恰恰缺少形而上学本体论的内容，它所谈论的是科学意义上的事实而非形而上学的本体。由此，他否定唯物辩证法是哲学。在张东荪看来，非哲学的唯物辩证法既然已经"侵入"了哲学的领地，哲学家就不能对其置之不理，而是必须"迎头痛击"。为此，他先后发表了《辩证法的各种问题》（1932年）、《动的逻辑是可能的么》（1933年）、《唯物辩证法之总检讨》（1934年）等文章，编著了《唯物辩证法论战》一书。张东荪对唯物辩证法的攻击集中于对立统一规律、质变与量变规律和否定之否定规律，不承认唯物辩证法作为方法的科学性。他认为，自古至今，科学方法只有观察法、实验法、归纳法、测量法、化验法、统计法等，从来就没有用过辩证法。在张东荪之前，胡适也公然否认唯物辩证法是科学方法，坚称唯物辩证法来自黑格尔哲学，是达尔文生物进化论成立以前的"玄学方法"。张东荪否定唯物辩证法之合理性的一个理由恰恰是由于这一辩证法与黑格尔辩证法的密切关系。他的批判逻辑是：既然马克思的唯物辩证法源于黑格尔的辩证法，那么，找出黑格尔辩证法中不合理的地方进而否定黑格尔的辩证法，自然也就间接否定了马克思的唯物辩证法。由此，他大谈黑格尔的辩证法，"企图抓住黑格尔的'三癣'讥骂一顿，以间接推翻马克思的唯物辩证法"②。这也是当时许多人批判唯物辩证法所采取的"迂回战术"。邓拓敏锐地看穿了张东荪的这种战术，并深刻指出这种战术对于张东荪毫无益处，只是企图蒙蔽问题的中心的烟幕。邓拓认为，张东荪混淆了马克思的唯物辩证法与黑格尔的辩证法，实际上他们各自的唯物辩证法是两个根本

---

① 张东荪：《唯物辩证法论战》，民友书局1934年版，第213页。
② 邓云特：《形式逻辑还是唯物辩证法》，《新中华》第1卷第23期，1933年10月20日。

不同的体系。马克思的唯物辩证法既不是对黑格尔辩证法的"误解",也不是对它的"颠倒"。邓拓进一步揭示了张东荪误解唯物辩证法的根源。一是从方法论上看,张东荪实质是用形式逻辑的观点来理解辩证法,特别是把"奥伏赫变"(扬弃一词的音译)理解为"逻辑的变"而非"时空上的变"与"事物的变"。这导致他既没有正确理解黑格尔的辩证法,也没有准确把握马克思的唯物辩证法。二是完全不懂辩证法,不了解事物本身就存在矛盾,正是矛盾推动事物由量变到质变,促进事物发展。三是把辩证法公式化,即理解为"正、反、合"的三段论公式,并把这个公式机械地套用到一切事物之上,割断事物之间的联系。张东荪的理解完全背离了唯物辩证法的本意,马克思和恩格斯是极力反对把唯物辩证法公式化、教条化的。

另外,针对张东荪提出的辩证法已成了"过时的古董"的观点,邓拓指出:"辩证法是从历史运动变化的诸现象中而获得的,并不是由人类脑中观念所构成的。"① 他还引用恩格斯的观点证明辩证法的客观性:"唯物辩证法从对立与统一中,矛盾的运动与变化中,历史的发展中去把握一切事物,就因为一切事物本来是对立统一的,矛盾的运动与变化的,因循发展的。一切事物绝对不是'不可测'的。事物的动,是有其一定的方向与形式的,一切事物的动,都有它的线路与基础。"② 此外,陈伯达在《腐败哲学家的没落——为批判张东荪的〈唯物辩证法论战〉而作》一文中,也批判了张东荪对唯物辩证法的曲解,用自然史与社会史的发展证明了辩证法不是僵死的公式而是对活生生的内容的反映,用辩证法发展的历史证明了辩证法本身是辩证的。通过论战,邓拓等哲学工作者不仅坚决捍卫了唯物辩证法,而且扩大了唯物辩证法在中国传播的范围。不过,由于时代与理论水平所限,邓拓对形式逻辑的评价过于片面,认为形式逻辑"极端无能",完全否定了形式逻辑的

---

① 邓云特:《形式逻辑还是唯物辩证法》,《新中华》第1卷第23期,1933年10月20日。
② 邓云特:《形式逻辑还是唯物辩证法》,《新中华》第1卷第23期,1933年10月20日。

第四章 恩格斯晚年的马克思哲学阐释对早期马克思主义哲学中国化的影响

功能。从上述分析不难看出，中国早期马克思主义者对唯物辩证法的辩护更多诉诸恩格斯的思想观点，这一点与早期西方马克思主义者有很大不同。早期西方马克思主义者也重视马克思哲学的唯物辩证法，但他们更多的是以黑格尔哲学为中介解读唯物辩证法，而对恩格斯的自然辩证法持批判态度，甚至认为其取消了辩证法的革命的、能动的因素。中国早期马克思主义者对唯物辩证法的辩护，在逻辑的严谨性和理解的深刻性上可能弱于早期西方马克思主义者，但没有像他们那样戴着黑格尔哲学的有色眼镜去阐释唯物辩证法，而是强调马克思的辩证法与黑格尔的辩证法的本质不同，这是值得肯定的地方。

  由于当时中国思想界往往把唯物辩证法与辩证唯物论混用，因此学界将"哲学消灭论"的论争或者纳入唯物辩证法的论战之中，或者归到关于"哲学到何处去"等问题的论争之中。无论是在哪个论争中，都与假马克思主义哲学骗子叶青对张东荪的激烈批判有关。叶青打着新唯物论的旗号，写了系列批判张东荪哲学的文章，如《在科学前的唯物论与唯心论》《科学玄学的论战与唯物唯心的论战》《论哲学》《张东荪哲学批判》《动的逻辑是可能的！——答张东荪教授》等。在这些文章中，叶青批判了张东荪的唯心论、二元论、折中主义哲学。然而，沈志远却指出："可惜得很，他是歪曲了新唯物论来谈新唯物论，歪曲了辩证法来谈辩证法和唯物史观。站在机械论唯心论立场来进行胡适张东荪批判的。"[①] 从叶青的批判实际来看，所谓站在唯心论立场，具体地说是站在黑格尔哲学立场。叶青甚至把马克思的辩证法混同于黑格尔的辩证法，认为它们本质上都是纯粹的"逻辑公式"，并把这一"逻辑公式"与形式逻辑相提并论。由此，艾思奇批判叶青"表面上装出批判黑格尔，而骨子里却偷割了黑格尔的肉来出卖；表面上标榜着'动的逻辑'，而实际上却成了形式论理学（或静的逻辑）的俘虏"[②]。叶青的这些歪曲实质是对马克思主义哲学进行的大肆歪曲和篡改，并且炮

[①] 沈志远：《叶青哲学往何处去》，《读书生活》第 4 卷第 5 期，1936 年 1 月 28 日。
[②] 《艾思奇全书》第 1 卷，人民出版社 2006 年版，第 412 页。

制出一个极具欺骗性的假马克思主义哲学体系，对进步青年的思想造成了危险的影响。特别是叶青在《科学与哲学》《哲学与科学》《哲学到何处去》《关于哲学存废问题》《关于哲学消灭论》等著述或文章中，极力宣扬"哲学消灭论"。这也是叶青哲学的核心观点，并贯穿其全部哲学著作之中。

叶青的"哲学消灭论"的根本要点是哲学消灭了，哲学已被科学取代。由此，任何企图建立哲学体系的行为都是"反动的行为"。叶青对"哲学消灭论"的论证建立在对哲学与科学之间关系的"独特"理解上。叶青根据实证论者孔德的观点把人类历史上的知识载体分为宗教、哲学和科学三种，它们之间的关系是一个产生一个、一个代替一个，即宗教产生哲学、哲学产生科学和哲学代替宗教、科学代替哲学。先消灭的是宗教，宗教消灭之后知识载体只剩下了哲学和科学。起初，哲学称霸知识界，科学被包括在哲学之内。其后，随着科学的发展并走向成熟，科学与哲学斗争并自成一种知识。再后来，科学承载哲学的任务，要独霸知识界，呈现出哲学与科学统一的趋势。总之，哲学与科学的关系是从"异"走向"同"的过程。所谓哲学消灭实质是哲学被科学代替，或者说哲学消解于科学之中。叶青从以下几个方面论证了"哲学消灭论"的观点。其一，方法论根据，即根据辩证法，包括哲学在内的一切事物都有发生、发展和消灭的过程，"说哲学消灭，正是把哲学看成变动的、历史的、有生长死灭之过程，合于辩证法的观点"[①]。其二，哲学史的根据，即一部哲学史是物质论与观念论斗争的历史，而物质论与观念论统一后哲学的矛盾便消解了，哲学不再有发展，当然也就无存在，只有"消灭一途"。其三，"事实"的根据，即黑格尔之后不再有哲学，哲学已经消解于科学之中，如费尔巴哈将哲学消解于人类学，马克思将哲学消解于社会学。现今存在的哲学都是哲学消解后遗留的残渣。其四，文本的根据，即摘引《路德维希·费尔巴哈和德国古

---

① 叶青：《哲学到何处去》，上海辛垦书店1934年版，第227页。

第四章　恩格斯晚年的马克思哲学阐释对早期马克思主义哲学中国化的影响

典哲学的终结》《反杜林论》中的几段话来为自己的观点作论据。如他说："人家（指恩格斯）在一八八六年写的叫做《吕德威格·费尔巴哈与德意志古典哲学之终结》，那末最好是把我的叫做了'哲学之终结'。因为德意志古典哲学之终结，在我底理解，就是哲学之终结。"① 叶青还独断地"统计"出恩格斯三次肯定哲学的消灭，两次表明科学与哲学的统一，前者与他的结论相同，后者可证明他的科学与哲学的辩证观。

恩格斯确实有废除哲学、消灭哲学的思想，但却不是叶青所理解的哲学消解于科学，更不是哲学的彻底不存在。在《德意志意识形态》中，马克思和恩格斯指出："对现实的描述会使独立的哲学失去生存环境，能够取而代之的充其量不过是从对人类历史发展的考察中抽象出来的最一般的结果的概括。"② 需要特别指出的是，所谓"独立的哲学"特指德国思辨哲学，不是"哲学一般"。因此，在这个语境下的"哲学的消灭"不过是德国思辨哲学的被取代。在《反杜林论》中，恩格斯有"这已经根本不再是哲学""哲学在这里被'扬弃'"③ 的表述。但这些表述所传递出的信息并不是"哲学消灭论"。这一点特别是可以从恩格斯对于哲学的被"扬弃"的具体说明中得到确证。恩格斯明确将"扬弃"概念的内涵解释为既克服又保留，而且进一步阐释了克服和保留的具体指向："按其形式来说是被克服了，按其现实的内容来说是被保存了。"④ 由此，这里所消灭的不过是哲学的某种过时的形式，而有价值的哲学内容则被保存下来，并且得到更进一步的发展。在《路德维希·费尔巴哈和德国古典哲学的终结》中恩格斯关于哲学的终结的阐述，也是有具体所指的。他说："这种历史观结束了历史领域内的哲学，正如辩证的自然观使一切自然哲学都成为不必要的和不可能的一

---

① 叶青：《哲学到何处去》，上海辛垦书店1934年版，第2页。
② 《马克思恩格斯文集》第1卷，人民出版社2009年版，第526页。
③ 《马克思恩格斯文集》第9卷，人民出版社2009年版，第146页。
④ 《马克思恩格斯文集》第9卷，人民出版社2009年版，第146页。

样。"① 这里所要表达的是马克思哲学，主要是历史唯物主义和辩证唯物主义终结了旧的历史哲学和自然哲学，而非一切领域的哲学都被终结了。即便哲学被驱逐出了自然界和历史领域，它也不是"无家可家"或无处安身，至少在思维领域还占有一席之地。因此，也不能说哲学被完全消灭了。叶青试图通过引证恩格斯的相关论述证明他的"哲学消灭论"的合理性，他自认为他的"哲学消灭论"与恩格斯的"哲学消灭论"结论相同，而且无论从哪方面看都合乎辩证法。殊不知，恩格斯的相关表述生成于特定的历史语境，表达的意思与叶青的理解完全不同。叶青则脱离了语境的历史性和具体性，对恩格斯的观点作了一般性的、抽象而片面的解读，因而实际上是误读了恩格斯的观点，当然也不可能合乎辩证法。恩格斯强调哲学与科学的内在关联，但并不由此主张用科学取代哲学，更不认同用科学消解哲学。

如果说叶青以被他歪曲了的恩格斯的观点来为自己的"哲学消灭论"提供论据的话，那么艾思奇、沈志远等人则把正确的恩格斯的观点当作批判叶青的"哲学消灭论"的有力武器。艾思奇指出，马克思和恩格斯的新唯物论并没有消灭一切哲学的主张，而是否定那些"超乎科学之上的哲学或玄学"的正当性，并且认为要消灭哲学从而使哲学"没有一个自己特有的领域和对象，也是机械论的错误"②。在他看来，新唯物论把哲学也当作一门科学即哲学科学。作为科学的哲学与其他科学是并列关系，而不是消散于各门科学之中。新唯物论否定的是超科学的纯哲学，与叶青的"哲学消灭论"有本质区别。叶青把哲学消融于各具体科学之中，否认哲学有自己独特的领域。新唯物论作为哲学，有自己的研究对象："世界发展的最普遍最一般的法则，也就是自然、社会、人类思维的运动变化的总法则（即辩证法）。"③ 在新唯物论的理论视野中，哲学研究必须以各门科学研究为基础，同时又指导各门

---

① 《马克思恩格斯文集》第4卷，人民出版社2009年版，第312页。
② 《艾思奇全书》第1卷，人民出版社2006年版，第397页。
③ 《艾思奇全书》第1卷，人民出版社2006年版，第398页。

第四章　恩格斯晚年的马克思哲学阐释对早期马克思主义哲学中国化的影响

科学的研究。这种关系要求哲学科学必须有自身的研究领域，而恩格斯所说的哲学的研究只剩下辩证法和形式论理学（逻辑学）已经说明了哲学科学的领域。艾思奇认为，唯物辩证法的方法论与唯物论是不能分开的，叶青的错误之处就在于把二者分离开来。总的来说，艾思奇批判叶青不懂新唯物论，不懂辩证法，也不懂哲学与具体科学的关系。

沈志远则进一步从方法论和知识论两个方面批判了叶青的"哲学消灭论"。在方法论上，沈志远揭露了叶青哲学的形而上学或反辩证法的本质。他说："叶青先生虽然高举着拥护新唯物论底旗帜，可是他在替哲学立界说时完全依据新唯物论以前的形而上学的（即非辩证法的）哲学精神来理解哲学。"① 他或者把新唯物论理解为旧唯物论"更高阶段上的复归"，或者把它理解为唯心论之"高级的复归"，而没有看到新唯物论是对旧唯物论和唯心论哲学的"否定之否定"。沈志远认为，开口闭口都是辩证法的叶青并不懂辩证法，其哲学在许多基本点上与以米宁为代表的苏联机械论者的观点完全一致，他所"独创"的"哲学消灭论"实质是对苏联机械论者"把哲学丢到垃圾堆里去"的观点的附和。在知识论上，沈志远批判了叶青的主观唯心论的知识观，这种知识观使他把哲学与科学的对象相等同进而否定了二者的区别。叶青强调一切知识都是客观世界的证明，笼统地认为宗教、哲学和科学都以客观世界为对象，而没有进一步对各自的对象作出具体的区分。沈志远则指出，哲学是研究整个世界的总的运动法则的学问，科学是研究客观世界的某一个别的具体领域特殊的运动法则的学问，二者的研究对象不具有同一性。因此，哲学与科学有别，但并不对立，而是存在"辩证的相互关系"：哲学为科学研究提供方法，科学为哲学发展提供资料。他认为，叶青对哲学与科学关系的认识是自相矛盾的，这表现在：在研究对象上，他把哲学与科学"形而上学地同一起来"，认为客观世界是二者共同的对象；在研究起点上，他又把哲学与科学"形而上学地对立起

---

① 沈志远：《叶青哲学往何处去》，《读书生活》第 4 卷第 5 期，1936 年 1 月 28 日。

· 289 ·

来"，认为科学的起点是"外界"，哲学的起点是"内界"。后来，叶青又抄袭、赞同王星拱关于哲学与科学在研究对象上对立的观点，即哲学研究本体、知识、形式，科学研究现象、事实和实质。沈志远进一步深入分析了叶青把哲学与科学完全对立化或完全同一化可能带来的消极后果，特别是对于新唯物论的消极影响。一方面，如果从研究对象上把哲学与科学对立起来，就会造成新唯物论的割裂，破坏新唯物论的整体性，因为新唯物论既研究本体、知识和形式，又研究现象、事实和实质。[①] 另一方面，如果从研究对象上把哲学、科学与宗教的对象同一化，那么，就会承认宗教也有发现真理的权利或能力，从而把宗教学说也纳入知识体系和真理体系之中，这实质上会否定新唯物论的无神论性质。沈志远认为，新唯物论哲学不是"玄学化神学化的哲学"[②]，而是科学化的哲学。因此，他反对叶青的这种不合理的理解，并揭示其认识论根源在于错误的主观唯心论的知识观。沈志远认为，叶青把知识理解为对客观事物的解说，并主张方法不同解说不同，是"不折不扣的主观唯心论底知识观，亦即主观唯心论的认识论"[③]。这种知识观或认识论否定了知识的客观性，由此也否认了客观真理的存在。其深层危害在于：它否定了辩证唯物论作为哲学的存在、作为知识的科学性和真理性。这也是叶青的"哲学消灭论"的理论危害之所在，所以必须要对其进行彻底批判，坚决捍卫马克思哲学的客观存在性与科学真理性。受思想环境与个人认知的影响，沈志远对新唯物论的阐释带有明显的科学化倾向。

上述论争，捍卫了马克思主义哲学的真理性，帮助中国广大进步知识分子正确辨识马克思主义与非马克思主义错误思潮的原则界限，并与这些错误思潮划清界限。

---

① 沈志远：《叶青哲学往何处去》，《读书生活》第4卷第5期，1936年1月28日。
② 沈志远：《叶青哲学往何处去》，《读书生活》第4卷第5期，1936年1月28日。
③ 沈志远：《叶青哲学往何处去》，《读书生活》第4卷第5期，1936年1月28日。

第四章　恩格斯晚年的马克思哲学阐释对早期马克思主义哲学中国化的影响

第四节　指引中国马克思主义哲学体系化大众化探索

尼克·奈特认为恩格斯为建构马克思主义哲学体系提供了基础，唯物辩证法的基本规律就是这一基础的核心。辩证唯物主义在中国的广泛传播，使人们关于马克思主义哲学之整体性的认知日渐清晰。理论自身发展的内在逻辑与理论掌握群众的现实需要，驱动中国早期马克思主义者尝试将这一哲学体系化和大众化。体系化和大众化是中国早期马克思主义哲学研究走向的两种不同的趋势，体系化与大众化相统一则成为这一时期中国马克思主义哲学研究独特的风格。恩格斯晚年在阐释马克思哲学中开启了马克思主义哲学体系化和大众化的历史进程，并通过不同传播渠道影响了中国马克思主义哲学的体系化和大众化的初始探索。这种探索，为形成我们自己的马克思主义哲学教科书体系奠定了基础，为塑造中国马克思主义哲学形态、知识体系、阐释体系和话语体系提供了现实的可能性。在这种探索过程中，瞿秋白、李达和艾思奇的贡献尤为突出。因此，这部分以三者为分析重点。

一　中国马克思主义哲学体系化的初步探索

对内容整体的全面把握是一种哲学体系化得以可能的基本前提。在辩证唯物主义被引介到中国之前，中国人对马克思主义哲学内容的理解是不全面的，主要局限于唯物史观。在这种内容不全面的情况下，不可能提出马克思主义哲学体系化的任务和要求。即使提出也绝无可能达成，因为不具备理论体系化最基本的前提条件——"内容完备"。瞿秋白将辩证唯物主义传入中国之后，使中国人完整地理解马克思主义哲学成为了可能，也使将这一哲学体系化之要求的提出与实现成为了可能。瞿秋白本人也努力尝试把这种可能转变为现实。正是"从瞿秋白开始，中国马克思主义的传播方式出现了一种体系化的趋势"①。瞿秋白所开启的马克思主义体系化趋势，内在包含马克思主义哲学体系化的尝试。这一点从他在《社会科学概论》《社会哲学概论》《现代社会学》中对这一哲学所作的比较系统的介绍就可以看出来。1923年，出于教学需要，他主编了《社会科学讲义》，后两个文本即《社会哲学概论》和《现代社会学》都是此讲义的内容，1924年由上海书店出版发行。《社会科学概论》是瞿秋白1924年在上海夏令讲学会的讲稿，在收录到瞿秋白自编的论文集时做了文字校订，同一年由上海书店以单行本形式印发。这三个讲义阐述的内容更多属于哲学，特别是带有"哲学"字样的《社会哲学概论》哲学部分占了很大篇幅。

　　瞿秋白努力尝试马克思主义哲学体系化的探索主要出于两个需要的考量。一是源于他讲授课程的系统性需要。一般来说，任何一门课程都有一个相对完整的课程体系，教学内容讲究整体性和系统性。瞿秋白讲授的社会学课程及其讲义或讲稿也有整体性、系统性的要求。这是促使瞿秋白把马克思主义哲学体系化的一个重要动因。二是出于引导人们完整理解马克思主义哲学的需要。瞿秋白对这一哲学的认识深受苏俄马克思主义哲学影响，反对把马克思主义仅仅理解为唯物史观。但他并不像李汉俊那样虽然把唯物史观看作马克思主义的内容，但否定唯物史观的哲学性质。在《唯物史观不是什么》一文中，李汉俊明确提出"唯物史观不是哲学"。他认为，他得出这一认识的理据来自马克思和恩格斯自身的观点："据他们底意见：所谓哲学，到了赫格尔（Hegel）就达到了极顶，自此以后，哲学底地位就由科学替代了。"② 同时，他引证恩格斯的相关论述为自己的这一观点提供文本支撑："所以因格尔斯说：'这唯物史观底思想，恰如对于自然的辩证法的（Dialectic）解释

---

① 王南湜：《理论与实践的多重关系或理论的多重用途析论———一个基于马克思主义哲学在中国早期发展历程的考察》，《马克思主义与现实》2013年第1期。
② 汉俊：《唯物史观不是什么?》，《民国日报》副刊《觉悟》1922年1月23日。

第四章　恩格斯晚年的马克思哲学阐释对早期马克思主义哲学中国化的影响

之使一切自然哲学成为不可能了的一样,使历史方面的哲学也告了终。'"① 由此,李汉俊说马克思的学说不是抽象的哲学而是具体的科学。瞿秋白则肯定唯物史观的哲学性质,但认为它不能涵盖马克思主义哲学的全部,这个哲学中还有辩证唯物主义内容,且构成整个理论的基础。由此,纠正以往人们对马克思主义哲学的片面解读,全面把握其"真切意义",成为他比较系统地阐释这一哲学的另一个重要动因。

《社会哲学概论》以"概论"的形式最为集中地展现了瞿秋白对马克思主义哲学体系化的初步探索,由绪言和正文两个部分构成。绪言部分从哲学概念入手,着重论述了唯物论和唯心论两个哲学派别,包括它们的本质、划分标准及各自的历史演进,并最终判定辩证唯物论是科学的,唯心论是错误的。正文部分的标题为"唯物哲学与社会现象",又进一步分为《总论》《第一,哲学》《第二,经济》② 三个部分。《总论》通过分析科学社会主义的历史生成,即从启蒙哲学、空想社会主义、德国古典哲学到唯物哲学的历史观的历史演进,揭示了社会哲学观念发展变迁的逻辑理路。在这种分析中,瞿秋白形成了社会哲学应当遵循的研究进路:先是研究"哲学上之宇宙根本问题",然后分析"社会现象的秘密",再对"社会主义"进行解说。从研究对象上看,按照从宇宙到社会、从社会一般到社会主义社会的顺序展开研究。这实质是把本体论、世界观问题作为哲学研究的逻辑起点。《第一,哲学》部分主要是辩证唯物主义的内容,论及了宇宙、生命、意识、真理、自由、必然、辩证法等主题。《第二,经济》部分探讨的问题有经济、私有财产、阶级、劳动、分工、剩余价值、资本等。因此,这部分既有马克思主义经济学的内容,又有唯物史观的内容。今天如果以马克思主义哲学本身的丰富性、整体性来衡量,瞿秋白这个"概论"性质的"社会哲学"体系的内容还不够完备,结构也不尽完善,但其对于中国人开始把握"整体"的马克思主义哲学之意义是不容否定的,对于其后这一

---

① 汉俊:《唯物史观不是什么?》,《民国日报》副刊《觉悟》1922 年 1 月 23 日。
② 逗号为笔者所加,代替原文的空格,以免误读。

哲学体系化之建构的巨大影响也不容忽视。

二 中国马克思主义哲学体系化的拓展创新

有学者指出:"李达也是构建中国特色马克思主义哲学体系的拓荒者,并在构建中国特色马克思主义哲学体系方面留下了两部载入中国马克思主义哲学史册的名著。"① 这两部名著指《唯物辩证法大纲》和《社会学大纲》。其中,《社会学大纲》"拓荒"的色彩更为浓厚。李达对马克思主义哲学的体系化探索与他的马克思主义哲学研究重点的转向直接相关。20世纪20年代,他对马克思主义哲学的认识局限于唯物史观,所以唯物史观成为他系统阐释的重点对象,初步建构了中国化的唯物史观体系,标志性成果是《现代社会学》。20世纪30年代,李达的阐释重点转向唯物辩证法,推进了唯物辩证法在中国的传播和发展,形成的标志性成果是《社会学大纲》。这部著作在1937年5月正式出版之后,在社会上引起了巨大反响,被阅读此书多遍的毛泽东誉为"中国人自己写的第一部马克思主义哲学教科书",并在新中国成立以后的一段时间里仍然继续发挥着教科书的功用。1937年的这个正式版本是1935年的教材本"绝版以后的新著,内容完全不同了"②。其中最大的不同体现在第一篇上,1935年教材本的第一篇是《社会学之哲学的基础》,共有三章,依次是《辩证唯物论》《唯物辩证法的诸法则》和《认识过程的辩证法》。1937年版的第一篇变成了《唯物辩证法》,重在从认识论、逻辑学等多个角度理解辩证法的本质,以及其诸法则。这种内容上的变化反映了李达对马克思主义哲学尤其是唯物辩证法的认识的深化。

从内容结构上看,《社会学大纲》共包括五篇③。第一篇是唯物辩

---

① 汪信砚:《陶德麟对李达的继承与发展:马克思主义哲学中国化的百年思想接力》,《哲学研究》2021年第1期。
② 汪信砚主编:《李达全集》第十二卷,人民出版社2016年版,第3页。
③ 根据李达在1937年版的《社会学大纲》序言中的说法,全书本应该有六篇,关于第六篇中国社会的研究大纲及材料等项都已经有了准备,但无时间整理。

第四章　恩格斯晚年的马克思哲学阐释对早期马克思主义哲学中国化的影响

证法的内容，字数占了近全书的一半。那么，李达为什么花费如此大的篇幅阐述唯物辩证法？根本原因在于他认为唯物辩证法是唯一科学的世界观，是社会学的唯一科学的方法，处于基础地位。从研究内容来看，共有四章。第一章是"当作人类认识史的综合看的唯物辩证法"，可以进一步分解为三个问题：一是唯物辩证法的前史，依次分析了原始时代人类的认识、古代哲学中的辩证法、中世纪哲学积极的成分、近代初期的唯物论、德国古典哲学中的辩证法。二是唯物辩证法的生成，主要研究了唯物辩证法生成的历史根据、马克思和恩格斯对费尔巴哈的唯物论和黑格尔辩证法之"批判的摄取"、唯物辩证法生成的逻辑过程。三是唯物辩证法的发展，重点阐述了列宁对唯物辩证法的发展、列宁之后唯物辩证法的发展即在执行列宁的"哲学的遗言"过程中把辩证法推进到"高级的新阶段"[①]。第二章是"当作哲学的科学看的唯物辩证法"，主要分析唯物辩证法的本质特征、对象及世界的发展与认识史的概念。第三章是"唯物辩证法的诸法则"，包括它的三大规律和诸对范畴。第四章是"当作认识论和论理学看的唯物辩证法"，重点分析认识过程的辩证法以及思维方法，如判断与推理、分析与综合、归纳与演绎。在分析判断问题时，李达还特别比较分析了黑格尔的判断论与恩格斯的判断论，尤其是恩格斯对黑格尔的超越。后四篇，用李达自己的话说，则是唯物辩证法在社会历史领域中的"应用"和"扩张"，即历史唯物论。这部分共有八章——从第五章到第十二章。第五章具有序言或导言性质，主要阐明了历史唯物论的对象和特征。第六章主要是对资产阶级的社会学和历史哲学的批判。第七章是对生产力与生产关系及其统一关系的分析。第八章是对人类社会的经济构造的历史考察，包括对前资本主义、资本主义和社会主义的经济构造的分析。对社会主义经济构造的分析主要以苏联经济为对象。第九章是对阶级问题的探讨，有两个层面的内容：一是对科学的阶级观的阐发，包括阶级的概念、形成和发展等内

[①] 汪信砚主编：《李达全集》第十二卷，人民出版社2016年版，第50页。

容；二是对现实社会中各阶级的分析，包括现代社会中的主要阶级及其发展、现代社会中的过渡阶级和现代社会中的阶级斗争。第十章是对国家问题的阐述，主要分析了科学的国家观及对超越的国家观的批判、国家的起源及发展、近代国家即布尔乔亚国家的形成、构成的原理和构造、布尔乔亚国家的法西斯化。综上可见，这部著作对马克思主义哲学作了比较完整、系统的介绍，形成了中国第一个相对成熟的关于马克思主义哲学的知识体系或阐释体系。正是在这个意义上说，《社会学大纲》实际上是一本马克思主义哲学的教科书，在当时对于人们整体把握、系统理解马克思主义哲学意义重大。

当毛泽东将《社会学大纲》誉为"中国人写的第一部马克思主义哲学教科书"时，"中国人写的第一部"这几个字意味着李达对马克思主义哲学的阐释是带有中国人自己的特色的，至少融入了他自己的新理解。但是，有西方学者否定李达阐释的独创性。如尼克·奈特认为，"在《社会学大纲》中能找到的是作者的博学，作者对唯物辩证法复杂性的深刻且精妙的理解，以及与志同道合的中国知识分子交流唯物辩证法的渴望"，但却"找不到对原创性的探求，这种原创性隐含着一定程度的怀疑精神；甚至李达在该书的某些部分批判德波林、普列汉诺夫和布哈林等人时所采取的论辩式的语言风格不过是同时期苏联哲学著作的语言风格的反映"①。这种观点是错误的。《社会学大纲》虽然受到了同一时期苏联哲学的影响，但绝非只是传递所谓正统苏联马克思主义哲学的"传声筒"。在具体内容的理解上，特别是对唯物辩证法的理解上，李达不仅提出了自己独到的见解，而且为中国马克思主义哲学传统的生成奠定了重要基础。其中，最具原创性的认识是从"实践的唯物论"出发理解和阐释唯物辩证法。在此书中，李达对唯物辩证法作了多视角的理解和分析，如"人类认识史的综合""哲学的科学""认识论和论理学"。如前所述，李达分析了唯物辩证法的前史、生成史及发展史，

---

① ［澳］尼克·奈特：《李达与马克思主义哲学在中国》，汪信砚、周可译，人民出版社2018年版，第137页。

第四章　恩格斯晚年的马克思哲学阐释对早期马克思主义哲学中国化的影响

而他之所以对唯物辩证法进行历史主义的分析，目的在于阐明它是"摄取了人类认识的全部历史的成果而积极地创造出来的东西"，意在指出这一哲学是"人类认识史的总计、总和与结论"①，表明了马克思哲学已站在了那个时代认识的制高点。在对唯物辩证法之生成的分析中，李达把它定位于"崭新的科学的哲学"②。其"新"之表现是：相对于费尔巴哈的唯物论和黑格尔的辩证法，它有新质、新生命、新内容和新的历史使命。在此多种"新"之上，李达提出："唯物辩证法，是科学的历史观与科学的自然观的统一，而两者统一的基础，是社会的——生产的实践。"③ 在此，他把唯物辩证法本身也是当作一个体系来理解的。关于这个体系原初的生成逻辑，李达将之概括为三个方面：从历史辩证法到自然辩证法，再从二者的实践统一中创生唯物辩证法。

正是由于实践的基石作用，李达把辩证法的唯物论理解为"实践的唯物论"。李达对实践范畴的认识具有以下两大特征：一是强调实践优于理论，认为劳动、物质的生产和社会斗争等形式的实践是精神生产的基础。二是突出实践的哲学认识论的意义，认为实践不仅仅是一个社会范畴，还是哲学的认识论范畴。"实践的唯物论"使唯物论发生了本质性的变化，带来了哲学的革命："由于把实践的契机导入于唯物论，使从来的哲学的内容起了本质的变革。"④ 对于这种革命可以概括为两个方面的"克服"。一方面，克服了形而上学唯物论的认识论的缺陷。这一旧唯物论的认识论不知道实践对于认识生成发展的本体论意义，而"实践的唯物论"揭示了实践对于发展和检验认识的不可替代的作用。另一方面，克服了观念论哲学的弱点。观念论虽然重视实践概念，但把实践理解为抽象的精神活动或意识活动，而忽视了实践本来是一个社会、历史范畴。"实践的唯物论"则从社会、历史范畴视域看待实践及

---

① 汪信砚主编：《李达全集》第十二卷，人民出版社2016年版，第8页。
② 汪信砚主编：《李达全集》第十二卷，人民出版社2016年版，第42页。
③ 汪信砚主编：《李达全集》第十二卷，人民出版社2016年版，第42页。
④ 汪信砚主编：《李达全集》第十二卷，人民出版社2016年版，第45页。

其与认识发展的本质关系。按照李达的理解，马克思哲学把实践理解为物质的生产及社会斗争本身也带有革命意义。总之，没有"实践的唯物论"，就没有辩证唯物论或唯物辩证法。正是感性实践使唯物论的"辩证法"与辩证法的"唯物论"成为了可能。李达的这种独到的见解，既超越了瞿秋白关于唯物辩证法的认识，也超越了同一时期苏联学者对唯物辩证法的理解。这也有力证明了尼克·奈特把李达对马克思主义哲学的理解和阐释看作"复制"所谓"正统"的苏联马克思主义哲学的观点是完全错误的。

李达探索建构的第一个中国化的教科书性质的马克思主义哲学体系，可以理解为以知识形态存在的马克思主义哲学体系。这个体系的基本范畴、核心命题、思想观点、话语表达等共同塑造了中国马克思主义哲学传统及其特征，为实现中国哲学从传统向现代的转换、为之后建构更为完备的中国马克思主义哲学教科书体系积累了经验和资源，也为马克思主义哲学大众化提供了条件。

三 中国马克思主义哲学体系化与大众化的有机统一

艾思奇是自觉将马克思主义哲学体系化与大众化有机统一起来的理论家。这种有机统一，集中体现在他专为普通大众而写的《大众哲学》中。作为曾经起过"火炬"作用的哲学大众化的典范之作，《大众哲学》是为大众而建构的一个马克思主义哲学的知识体系。李公朴认为，这本书对马克思主义哲学作了"一个完整的大纲"，读者根据这个大纲可以把握马克思主义哲学"正面的全貌"，确立正确的世界观。[①] 这也意味着就《大众哲学》来说，大众化的诉求规约着体系化的建构。那么，马克思主义哲学为何要大众化？其大众化何以可能？这一大众化的马克思主义哲学知识体系有何特征与意义？

在马克思那里，哲学并不是个人的事业，而是大众的事业。《大众

---

① 《艾思奇全书》第1卷，人民出版社2006年版，第590页。

第四章　恩格斯晚年的马克思哲学阐释对早期马克思主义哲学中国化的影响

哲学》是哲学大众化运动的产物，反过来又推进了哲学大众化运动。哲学大众化是继文艺大众化、社会科学大众化、科学大众化之后发展起来的。20世纪30年代，继"中国左翼作家联盟"提出革命文艺大众化的任务之后，中国社会科学界提出了社会科学大众化、柳湜提出了科学大众化问题，并有一些人致力于推进这些大众化的实践。在这个过程中，人们不禁思考哲学是否也可以大众化进而掌握群众并被群众掌握？当时的革命群众迫切需要科学世界观的指导，革命需要哲学的大众化、通俗化。但当时还没有人敢于进行哲学大众化、通俗化的尝试，由此有人质疑大众化的可能性，有人干脆认为哲学的大众化、通俗化根本不可能，通俗化会走向庸俗化。艾思奇非常清楚进行这种尝试的困难，特别是在当时由于言论自由的限制，"要说的话不能直接说，要用的字不能不用别的字代替，要举的例子也只好不举"[①]。尽管有这些困难，为了革命的需要，艾思奇还是不顾一切怀疑、迎难而上，勇敢进行了尝试，《大众哲学》就是这种尝试的产物。《大众哲学》所要大众化的哲学并不是一般哲学，而是新哲学——新唯物论——马克思主义哲学。从价值立场上看，与那种有意"避免群众"、只满足"小众"的哲学不同，这一新哲学本来就是服务大众、启蒙大众的哲学。新哲学要发挥改变世界的作用，就必须掌握大众；大众要成为改变世界的主体，就必须掌握新哲学。新哲学掌握大众与大众掌握新哲学是一体之两面，不可分割。对于普通大众学习哲学的必要性，艾思奇从两个层面进行了分析。从大众个体层面看，大众学习哲学既不是为了"求得哲学知识"，也不是为了"建立一个新的哲学"，而是找到正确的、"极着实"的生活道路。从民族解放运动层面看，学习哲学是为了找到民族解放的道路并最终实现民族解放。大众是民族解放运动的主体，需要正确的哲学理论的指导。借助这个哲学理论为大众提供一种共同的世界观，把中国广大民众的力量激发出来，形成一股强大的革命洪流。

---

① 《艾思奇全书》第1卷，人民出版社2006年版，第594页。

由于承载着大众化的理论任务，所以《大众哲学》所建构的马克思主义哲学知识体系具有如下特征：

第一，从核心内容上看，《大众哲学》实质上是一个辩证唯物论体系。《大众哲学》全书共有四章，除第一章绪论阐发哲学与生活的关系、哲学是什么问题外，第二章到第四章的内容，即本体论（世界观）、认识论和方法论都属于辩证唯物论的内容，不涉及历史唯物论的内容。本体论部分，以世界观为核心和切入点，着重探讨了唯物论和唯心论、物质的特点、哲学的物质与科学的物质等问题。认识论部分，主要分析了唯物论的认识论、感性认识与理性认识的矛盾、认识与实践的关系、实践和哲学的党派性、真理问题。方法论部分，重点阐发了唯物辩证法的三大规律即"矛盾的统一律""质量互变律""否定之否定律"，以及诸对范畴。由此可见，《大众哲学》建构的这个大众化的哲学体系可以理解为"通俗版"的辩证唯物论体系，而不是一个完备的马克思主义哲学体系。这与艾思奇的哲学观有关，特别是与他对哲学的本质与任务的认识有关。首先，艾思奇从"根本思想"的高度定义哲学："哲学思想是人们的根本思想，也可以说是人们对于世界一切的根本认识和根本态度。"[1] 思想、认识和态度的"根本性"决定了哲学可以最为普遍地应用于一般事物的认识。其次，艾思奇从哲学与科学的区别中界定哲学的对象。他提出，哲学研究的是最普遍的法则，科学研究的是各种具体领域内事物的法则。因此，二者研究的对象存在层次性的、领域性的差异，并由此决定了在适用范围上的不同。最后，艾思奇从改变世界的维度定位哲学的功能。让大众掌握哲学的目的就是能够正确地改变世界。只有这样，才能证明哲学是"事实上的真理"[2]。这样的哲学观使艾思奇必然重视辩证唯物论的内容。

第二，从叙事逻辑上看，《大众哲学》按照本体论、认识论、方法论的致思理路构架起辩证唯物论的体系。李公朴高度肯定这一叙事逻辑

---

[1] 《艾思奇全书》第1卷，人民出版社2006年版，第448页。
[2] 《艾思奇全书》第1卷，人民出版社2006年版，第450页。

第四章　恩格斯晚年的马克思哲学阐释对早期马克思主义哲学中国化的影响

的合理性，认为"新哲学的'重要问题就在于改变世界'，所以这里的叙述秩序是最适当的"①。那么，艾思奇当时为什么会以本体论、认识论和方法论的逻辑结构设置此书？李公朴的评价已经给出了答案的线索即改变世界的问题逻辑和实践逻辑。根据艾思奇的理解，正确的哲学一定是能够成功改变世界的哲学。要把握这种改变世界的哲学为什么比其他的哲学更正确，可以分三步来讲：第一步讲的是本体论问题，即先讲世界本身是物质的还是精神的；第二步讲的是认识论问题，即讲我们是怎么样认识世界的；第三步讲的是方法论，即讲世界是依据什么样的法则变化运动的。在此，艾思奇的创新之处在于把本体论、认识论和方法论当作一个相互联结的有机整体来理解。《大众哲学》不仅明确提出本体论问题，而且把本体论问题放到"第一步"去讲，凸显了本体论对于认识论问题、方法论问题的基础性地位。本体论是哲学的内在规定，也是哲学之为哲学的独特标识。突出强调哲学的本体论问题及其根本性意义，为回击叶青的"哲学消灭论"提供了学理依据，为探讨马克思主义哲学的本体论问题奠定了坚实基础。正是《大众哲学》，使"马克思主义哲学的本体论内容，在中国马克思主义哲学发展中第一次被鲜明地凸显出来，被解释成为马克思主义哲学的最为重要的内容"②。

第三，从写作风格上看，《大众哲学》具有"用语浅显""出浅入深"的特点，体现了鲜明的大众化、生活化色彩。在艾思奇看来，哲学不仅具有大众化的必要性，而且具有大众化的可能性。这种可能性就在于哲学并不神秘，哲学本身与大众生活有密切的联系。艾思奇认为，人类生活是哲学的来源，没有人类生活，就没有哲学。"如果哲学会从天上掉下来，那么猪狗和蚁群里也应该有哲学了，实际上猪狗和蚁群里决没有哲学，哲学非到人类生活中去找不可。"③ 哲学就存在于日常生活中，但因我们习惯了日常生活，所以觉察不到哲学的存在。为了让大

---

① 《艾思奇全书》第1卷，人民出版社2006年版，第591页。
② 何萍：《马克思主义哲学史教程》（下卷），人民出版社2009年版，第920页。
③ 《艾思奇全书》第1卷，人民出版社2006年版，第441页。

众掌握来自人类生活的哲学这一科学工具,进而达到认识世界和改变世界的目的,艾思奇使用大众常用、熟悉的话语,选用大众熟知的故事和生活中的事例,通俗化地阐释深刻的正确的哲学道理,并批判错误的哲学观点。例如,艾思奇用鸡蛋变成鸡、雷峰塔变成废墟来说明哲学上的"否定"和"量变""质变";用孙悟空七十二变的故事解释本质与现象的关系;用照相机比喻人的认识,说明人的认识的本质;用一块两面颜色不同的招牌引发的争论以及对招牌本身之所以存在的多种回答,阐明二元论及其本质问题;从魔术师的变戏法入手,阐明唯物辩证法的"变"与变戏法的"变"的本质不同,说明唯物辩证法的矛盾学说。通过这些具体生动、形象有趣的案例阐释,《大众哲学》成功地推进了马克思主义哲学在大众中的广泛传播。《大众哲学》实现了哲学的通俗化,但这种通俗化并不等同于庸俗化,也没有导致庸俗化,反而证明了那种"通俗会流于庸俗"的观点的不合理性。李公朴明确指出,"庸俗"本意指流俗的、浅薄的、错误的见解,用语浅显并不必然导致庸俗。"把正确的理论通俗化,只要理论不歪曲、不错误,是决没有庸俗的危险的。"① 艾思奇自己对通俗化有独到的理解:"通俗文并不单是要软化文体,而是要软化理论。软化理论的方法,是应用理论,把理论活用到大众的生活事实中去。"② 这表明,通俗化本身包含"软化理论"与"理论活用"的诉求。

《大众哲学》虽然是一本通俗化的哲学著作,但没有因通俗化而弱化理论的学理性与准确性,反而对新哲学作出了一些深刻的新阐释,提出许多新见解。如在认识论问题上,提出认识是一种历史,要把认识当作历史来研究。但同时又强调,认识的历史又不能说成是"认识史",而是可以理解为"认识史的理论",因此可称之为"认识论"。艾思奇以此为基础,进一步分析了认识的理论和历史的一致性与差异性问题。如在辩证法问题上,明确指出辩证法与变戏法的根本不同,强调唯物辩

---

① 《艾思奇全书》第1卷,人民出版社2006年版,第590页。
② 《艾思奇全书》第1卷,人民出版社2006年版,第364页。

证法是本体论与认识论、方法论的统一,实质是从体系与方法的统一中理解唯物辩证法的本质。

上述特征表明,艾思奇对哲学大众化的理论自觉与创造性探索,使《大众哲学》开启并成为中国马克思主义哲学大众化的成功典型,既在当时广大群众中发挥了重要的思想力量,又为后世推进马克思主义哲学大众化留下了宝贵经验。

第五节 启导创造性运用和发展马克思主义哲学

恩格斯晚年坚决反对把马克思哲学当作现成的公式,特别强调对它的运用要与具体的社会历史条件相结合。中国早期马克思主义者把马克思主义哲学与中国具体实际相结合,创造性运用和发展马克思主义哲学,是对恩格斯晚年运用和发展马克思哲学的方法论原则的继承和拓展。毛泽东在这方面的贡献尤为突出:在理论上,形成了第一个中国化形态的马克思主义理论——毛泽东思想;在实践上,带领中国人民找到了一条正确的中国革命道路。因此,这部分重点分析毛泽东的相关探索。

一 教条主义批判:创造性运用和发展马克思主义哲学的基本前提

正如霍布斯鲍姆所言:"从马克思那里能够学到的东西是他从事分析和完成行动任务的方法,而不是从经典文本中得出的现成教诲。"[①]恩格斯晚年反复强调马克思主义理论不是教条而是方法,并对把马克思主义理论教条化的错误思潮给予无情的批判,因为教条化的马克思主义已经背离了其思想的本真。自马克思主义哲学传入中国,中国人对它的认识和运用也存在教条主义现象。"当毛泽东在陕北集中精力思考和阐发马克思主义哲学的时候,他所面对的思想上的敌人,已不是唯物辩证

---

① [英]埃里克·霍布斯鲍姆:《如何改变世界:马克思和马克思主义的传奇》,吕增奎译,中央编译出版社2014年版,第82页。

法论战的发难者，而是中国共产党内的教条主义。"① 毛泽东对教条主义持明确的批判态度，并揭示了中国语境下教条主义产生的思想根源、教条主义的实质及危害，深化和拓展了恩格斯晚年的教条主义批判。

毛泽东也像恩格斯一样坚决反对将马克思主义教条化，倡导人们做实际而非空洞的马克思主义理论家。那么，什么样的理论家是实际的马克思主义理论家？毛泽东从正反两个方面给出了说明。从正面看，"只有用马克思主义观点来研究实际问题、能解决实际问题的，才算实际的理论家"②。从反面看，如果一个人仅仅是读了马克思主义经典作家的著作，或者只知道背诵他们的理论，即使背得烂熟，但完全没有用这个理论研究中国的历史实际和革命实际，也不能称其为实际的马克思主义理论家。根据毛泽东的观点，要成为这样的理论家，从认识论上看，至少要做到三个"真正领会"：一是能够真正领会马克思主义的实质；二是能够真正领会马克思主义的立场观点方法；三是能够真正领会列宁斯大林关于殖民地革命和中国革命的学说。③ 教条主义的马克思主义者做不到这"三个领会"，往往脱离中国历史与革命的实际运用马克思主义，他们把这个理论的个别字句神圣化——可以"包医百病"。毛泽东说这实质是一种"幼稚者的蒙昧"④。这些人忘记了最重要的一点，即马克思主义经典作家反复强调的他们的学说之行动指南的性质。由此，毛泽东主张对他们应该作"启蒙运动"，并且撰写系列文章，以自己的实际行动推动了这种"启蒙运动"，严厉而深入地批判了教条主义。

1930年5月，为了反对红军中的教条主义思想，毛泽东撰写了《反对本本主义》（原名为《调查研究》）一文，明确提出"反对本本主义"。当时没有使用"教条主义"这个概念，而是叫"本本主义"。"本本主义"最大的问题就是脱离实际，迷信"本本"。恩格斯晚年指

---

① 李维武：《马克思主义哲学中国化与中国哲学的现代转型》，北京师范大学出版集团、北京师范大学出版社2021年版，第477页。
② 《毛泽东文集》第二卷，人民出版社1993年版，第374页。
③ 《毛泽东选集》第三卷，人民出版社1991年版，第814页。
④ 《毛泽东选集》第三卷，人民出版社1991年版，第820页。

第四章　恩格斯晚年的马克思哲学阐释对早期马克思主义哲学中国化的影响

出,如果把唯物主义方法当成现成的公式来剪裁历史,它就会走向自己的对立面。在《反对本本主义》中,毛泽东以党内存在的具体的教条主义现象为事实依据,阐明了教条主义会使事物转向对立面的危险。一种是形式主义的危险,如不根据实际情况进行讨论和审查,"盲目地表面上完全无异议地"执行上级指示,反倒是反对上级指示或者对上级指示怠工的最妙方法。① 另一种是本本主义的社会科学研究法的危险,即"有许多专门从书本上讨生活的从事社会科学研究的共产党员"②,最后走上了反革命的道路。

在《整顿党的作风》中,毛泽东阐明了把马克思主义教条化的本质与危害。根据他的分析,教条主义本质上是一种主观主义。当时党内的主观主义有两种:教条主义和经验主义。虽然二者都具有片面性的缺陷,但在当时条件下,教条主义更具欺骗性,因而也更危险。党八股就是主观主义的一种表现形式,具有教条主义特征。在《反对党八股》一文中,毛泽东也称党八股为"洋八股""洋教条"或"新教条",并列出了它的"八大罪状":第一,"空话连篇,言之无物";第二,"装腔作势,借以吓人";第三,"无的放矢,不看对象";第四,"语言无味,像个瘪三";第五,"甲乙丙丁,开中药铺";第六,"不负责任,到处害人";第七,"流毒全党,妨害革命";第八,"传播出去,祸国殃民"③。前六大"罪状"呈现的均为教条主义的特征,后两大"罪状"反映的是教条主义的危害。毛泽东批评党八股这种"新教条"会妨害革命,因其"不但不便于表现革命精神,而且非常容易使革命精神窒息"④。教条主义不仅误导人,妨害革命,而且阻碍理论的发展。根据马克思主义哲学的认识论,理论既从实践中来,又要回到实践中去。但是,教条主义的最大弊端就是把理论与实践相脱离。就马克思主

---

① 《毛泽东选集》第一卷,人民出版社1991年版,第111页。
② 《毛泽东选集》第一卷,人民出版社1991年版,第111页。
③ 《毛泽东选集》第三卷,人民出版社1991年版,第833—840页。
④ 《毛泽东选集》第三卷,人民出版社1991年版,第840页。

义理论而言，这种脱离实际上阻断了它回到实践、接受实践检验和指导实践的可能性，也切断了它创新和发展的源头。因此，教条主义本质上是反马克思主义的。中国共产党内存在的种种反马克思主义的教条主义错误，不仅仅阻碍了马克思主义理论的创新发展，更重要的是给中国革命实践带来了灾难性的后果。这也是毛泽东极力主张"教条主义必须休息"并坚决同教条主义作斗争的根本原因。

从毛泽东的相关论述来看，我们党内之所以会出现教条主义的错误，既有认识论、方法论方面的原因，也有阶级局限方面的原因。前者属于学风问题，后者属于意识形态问题。

从认识论上看，一些共产党人以形而上学的观点看待马克思主义，没有真正领会马克思主义的方法论实质。在《中国共产党在民族战争中的地位》一文中，毛泽东认为，应当把马克思、恩格斯、列宁和斯大林的理论当作行动的指南而非教条来看待。这一理论本身是"从历史实际和革命实际中抽出来的总结论"[1]。根据这一理论，人们看问题不能从个人主观想象出发，不能从抽象的定义出发，而要从客观存在的事实出发。这样，才有可能找到解决问题的正确办法。但是，教条主义者没有抓住马克思主义理论的"行动指南"之要义，把这一理论当作了教条。毛泽东指出，马克思主义原本并非教条，是"我们读后变成了教条，这是因为我们没有读通，不会读"[2]。毛泽东批评有些人学习马克思主义的态度和方法是反马克思主义的，即理论和实践分离。例如，"教哲学的不引导学生研究中国革命的逻辑，教经济学的不引导学生研究中国经济的特点，教政治学的不引导学生研究中国革命的策略，教军事学的不引导学生研究适合中国特点的战略和战术"[3]。这种学习方法导致许多学生对中国问题不感兴趣，一心向往"从先生那里学来

---

[1] 《毛泽东选集》第三卷，人民出版社1991年版，第814页。
[2] 中共中央文献研究室编：《毛泽东著作专题摘编》（上），中央文献出版社2003年版，第202页。
[3] 《毛泽东选集》第三卷，人民出版社1991年版，第798页。

第四章　恩格斯晚年的马克思哲学阐释对早期马克思主义哲学中国化的影响

的据说是万古不变的教条"①。这种学习马克思主义的方法反映的是学风上的主观主义态度。在这种态度下，不是"有的放矢"——为了解决中国问题而学习马克思主义理论，而是"无的放矢"——或者只是为了学理论而去学理论，或者乱放一通。事实证明，这种态度不是科学对待马克思主义的态度，并在实践上使中国革命遭受了极大的损失。因此，必须要克服它、打倒它。

从方法论上看，一些共产党人对客观实际缺乏系统、周密的调查研究。不注重研究中国客观实际，也会犯教条主义的错误。中国客观实际，既包括中国的现状，又包括中国的历史。由此，不注重研究中国客观实际主要表现为以下两个方面：一是不注重研究现状。在《改造我们的学习》中，毛泽东指出，我们党虽然对于国内和国际的现状的研究有了某些成绩，但是对于国内外的政治、经济、文化、军事的具体方面则缺乏深入系统的研究，对于省内外、县内外、区内外的具体情况，也不愿意做系统周密的调查，满足于一知半解。二是不注重研究历史。许多党员对中国的历史，无论是古代史还是近代史，都不甚了解。"许多马克思列宁主义的学者也是言必称希腊，对于自己的祖宗，则对不住，忘记了。"② 不了解中国的现状与历史，即使有了先进的思想工具，也不可能解决中国实际问题。要解决中国实际问题必须了解问题所处的"历史方位"，为此毛泽东提出了"古今中外法"。所谓"古今"指"历史的发展"，所谓"中外"指中国（己方）和外国（彼方）。这个方法实际上"就是弄清楚所研究的问题发生的一定的时间和一定的空间，把问题当作一定历史条件下的历史过程去研究"③。

从阶级局限上看，教条主义是党内小资产阶级思想的反映。毛泽东认为，主观主义、宗派主义和党八股都是反马克思主义的，都是小资产阶级思想的反映，是剥削阶级而非无产阶级所需要的。这也意味着教条

---

① 《毛泽东选集》第三卷，人民出版社1991年版，第799页。
② 《毛泽东选集》第三卷，人民出版社1991年版，第797页。
③ 《毛泽东文集》第二卷，人民出版社1993年版，第400页。

主义代表了小资产阶级的意识形态。我们党内有些党员来自小资产阶级，其"狂热性和片面性，如果不加以节制，不加以改造"①，则极有可能滋生党八股或洋八股。

从上述分析中，毛泽东总结得出：要战胜教条主义，必须加强马克思主义理论学习，学会用马克思主义的立场观点方法观察和解决问题。这种学习不能单纯从书本上学，还必须联系我国的实际情况去学。要做到理论联系实际，就必须加强对实际的调查研究。

二 理论和实践的统一：创造性运用和发展马克思主义哲学的根本遵循

对教条主义的批判，为中国共产党人创造性运用马克思主义哲学廓清了思想认识、奠定了方法论基础。毛泽东指出："各国党应该根据马克思主义原则去创造性地运用，结合各国情况去实行。"② 这里所说的马克思主义原则，概括来说，就是理论与实践相统一的原则。毛泽东把这一原则看作"最基本的原则"③，由此也成为他创造性运用和发展马克思主义哲学、构建创造性的马克思主义哲学的原则。有学者认为，"毛泽东把中国马克思主义哲学的兴奋点由本体论移至了认识论"④。这一判断是正确而深刻的，毛泽东对马克思主义哲学的理论与实践相统一的方法论原则的阐释正是从认识论视角展开的。

第一，在一般意义上，毛泽东从认识论高度论证理论与实践的统一。这集中体现在《实践论》中毛泽东关于认识和实践的辩证运动的分析。《实践论》本身就是为揭露党内教条主义和经验主义错误而写

---

① 《毛泽东选集》第三卷，人民出版社1991年版，第833页。
② 中共中央文献研究室编：《毛泽东著作专题摘编》（上），中央文献出版社2003年版，第202页。
③ 中共中央文献研究室编：《毛泽东著作专题摘编》（上），中央文献出版社2003年版，第204页。
④ 李维武：《马克思主义哲学中国化与中国哲学的现代转型》，北京师范大学出版集团、北京师范大学出版社2021年版，第478页。

第四章 恩格斯晚年的马克思哲学阐释对早期马克思主义哲学中国化的影响

的。教条主义轻视实践,不了解实践对理论的基础地位,"生吞活剥马克思主义书籍中的只言片语"①,经验主义则忽视理论,不知道理论对实践的重要意义。把理论与实践相分离是教条主义和经验主义存在的共同问题。针对此问题,毛泽东通过分析认识与实践的辩证运动,阐明了理论与实践之间具体的、历史的辩证统一关系。他指出:"马克思主义者认为人类的生产活动是最基本的实践活动,是决定其他一切活动的东西。"② 这意味着物质生产实践对其他一切活动具有本体论意义。所谓"其他一切活动",当然也包括认识活动,由此物质生产实践也成为认识的本体论基础。从实践活动中,人们获得关于自然、人与自然的关系、人与人的关系的认识。毛泽东考察的认识活动和实践活动都不是就个人活动而言的,其主体可能是一个社会团体,也可能是整个社会。在马克思主义理论视野中,实践是社会的人的活动,是人所特有的存在方式。毛泽东非常强调实践的属人性和社会性,因而在使用实践概念时,常常会在前面加上"社会"这一限定或修饰语。在毛泽东看来,旧唯物主义之所以不能理解认识对实践的依赖关系,就是因为脱离人的社会性和历史发展去考察认识问题。除了物质生产活动,还有阶级斗争、政治生活、科学实验和艺术活动等实践形式。这些形式的实践便于人们把握人和人之间的多样性关系,因而也是认识的来源。同时,毛泽东提出了"真理的标准只能是社会的实践"③ 的论断。然后又通过分析认识运动过程,即在实践过程中形成感性认识、从感性认识到理性认识的飞跃、再从理性认识到革命实践的飞跃,毛泽东阐明了理论的认识怎样从实践中产生,又如何回到实践、服务于实践。这些分析充分说明了实践贯穿人类认识的全过程,进而回答了实践的观点何以能够成为认识论的"第一"的观点。这样,他就站在辩证唯物主义认识论立场深刻地诠释了理论与实践的辩证统一关系:只有理论才能解决本质问题,而理论要

---

① 《毛泽东选集》第一卷,人民出版社1991年版,第282页。
② 《毛泽东选集》第一卷,人民出版社1991年版,第282页。
③ 《毛泽东选集》第一卷,人民出版社1991年版,第284页。

解决本质问题，就离不开实践；理论从实践中产生，在实践中得到检验和发展，并指导实践。在这种统一关系中，毛泽东更强调实践对于理论的基础性、理论对于实践的依存性。毛泽东从认识论维度阐释理论与实践统一关系，具有重要的理论意义和现实意义。其一，丰富了马克思主义哲学的认识论，促进了中国马克思主义哲学认识论体系的建构。其二，拓展了马克思主义哲学的实践观，推进了中国知行观研究的现代转向。其三，为克服党内的教条主义和经验主义提供了学理依据。

　　第二，在具体层面上，毛泽东探析了马克思主义哲学理论本身与实践的统一关系，即马克思主义哲学是在实践中产生并在实践中被证明是对的理论。毛泽东认为，马克思和恩格斯能够创造出他们的理论，最关键之处在于"他们亲自参加了当时的阶级斗争和科学实验的实践"①。就是因为那时资本主义还没有发展到帝国主义阶段，帝国主义这种实践还未出现，所以马克思才无法预知帝国主义发展的特殊规律。毛泽东常常用"创造"一词表达马克思主义理论所实现的理论创新或理论飞跃之意义。例如，在《整顿党的作风》中，在谈到何为真正的理论家问题时，毛泽东说马克思主义是经典作家"根据实际创造出来的理论"②；在谈到马克思是不是知识分子问题时，毛泽东说"马克思不但参加了革命的实际运动，而且进行了革命的理论创造"③，通过研究自然、历史和无产阶级革命，他"创造了辩证唯物论、历史唯物论和无产阶级革命的理论"④。就具体语境看，毛泽东使用多个"创造"概念，至少有两层深意。第一层意在表达马克思主义哲学不是主观妄想的产物，而是有现实根基的，即革命实践是马克思主义哲学理论的创造性之源。这一点使马克思主义哲学不同于一切唯心主义哲学，同时也表明马克思主义哲学不是外在于人类历史的现实运动的"纯粹观念"。第二层意在表

---

① 《毛泽东选集》第一卷，人民出版社 1991 年版，第 287 页。
② 《毛泽东选集》第三卷，人民出版社 1991 年版，第 814 页。
③ 《毛泽东选集》第三卷，人民出版社 1991 年版，第 816—817 页。
④ 《毛泽东选集》第三卷，人民出版社 1991 年版，第 817 页。

第四章　恩格斯晚年的马克思哲学阐释对早期马克思主义哲学中国化的影响

明马克思主义哲学不是对实践的直观被动的反映,而是体现着一定的能动性和创造性的。这种能动性与创造性最终展现为改造世界的作用,阐明马克思主义哲学是人们改造世界之行动的指南和武器。这一内含革命性和实践性的功能指向使马克思主义哲学超越于一切旧唯物主义哲学。唯心主义哲学和旧唯物主义哲学,受理论哲学立场和思维方式所限,都没有解决理论与实践的统一问题。马克思主义哲学不仅对理论与实践相统一的原则给予了认识论的论证,而且以自身的实际历史生成确证和践行了此原则。

正是由于马克思主义哲学本身与实践具有内在的统一性,毛泽东把理论和实践的统一提升到党性和革命的彻底性的原则高度。他说"哲学的党性包含着理论与实践的统一"[①],并且要求党的领导干部都必须懂得这种统一是"共产党人区别于其他任何政党的显著标志之一"[②]。毛泽东把能否做到这种统一当作判断有无革命彻底性的一个标准。根据毛泽东的理解,马克思主义哲学本质区别于其他哲学理论的重要表现之一,就是在"把实践提到第一的地位"[③]的基础上坚持理论和实践的统一。西方马克思主义者柯尔施也把理论与实践的统一理解为马克思主义的原则,但他的理解与毛泽东有明显的不同,尽管他们都立足于革命的立场。首先,柯尔施并不认为这一原则是马克思主义哲学特有的原则,他还把它看作"黑格尔时代的全部哲学和科学的生存原则"[④]。其次,柯尔施并不是从认识论视角论证马克思主义哲学自身理论与实践的统一性,而是从构成论角度,在现实革命的维度,把马克思主义哲学理论视为无产阶级革命的一个组成部分、一个重要环节。最后,柯尔施试图通过重建理论与实践的统一性,证明马克思主义的哲学之"在"。不同的

---

① 中共中央文献研究室编:《毛泽东著作专题摘编》(上),中央文献出版社2003年版,第28页。
② 《毛泽东选集》第三卷,人民出版社1991年版,第1094页。
③ 《毛泽东选集》第一卷,人民出版社1991年版,第284页。
④ [德]卡尔·柯尔施:《马克思主义和哲学》,王南湜、荣新海译,张峰校,重庆出版社1989年版,第5页。

认识，带来了不同的实践，产生了不同的革命效果。

第三，在中国特定的时空场域下，毛泽东提出了马克思主义哲学理论与中国实践的统一问题，表达了把马克思主义的普遍真理同中国革命的具体实践相结合的必然要求。坚持理论与实践相统一的原则体现了中国早期马克思主义者阐释、研究、运用和创新马克思主义哲学的方法论自觉。早期西方马克思主义者也认识到了马克思主义的理论与实践相统一的原则，但他们并没有在自己的理论研究和政治实践中贯彻落实这一原则。有学者指出："西方马克思主义首要的最根本特点就是：它在结构上与政治实践相脱离。第一次世界大战以前的一代经典马克思主义者实现了理论和实践的有机统一……但从1918年到1968年这半个世纪里，这两者（理论与实践）在西欧却越来越脱离。"① 相比之下，中国马克思主义者不仅鲜明地提出了马克思主义的普遍真理与中国具体实践相结合的要求，而且身体力行按照这一要求运用和发展马克思主义哲学，成为践行此方法论原则的成功典范。在毛泽东那里，马克思主义哲学理论与中国实践的统一问题也是一个集理论逻辑和实践逻辑于一体的综合性命题。

就理论逻辑而言，这种统一是马克思主义哲学确证理论自身的伟大力量和实现自身发展的内在要求。

从理论任务和理论本性来看，马克思主义哲学是以改变世界为目的的实践哲学。哲学是时代的产物，也承载着时代所赋予的任务。马克思主义哲学的任务是指引无产阶级改变世界、解放自身。卢卡奇指出："历史唯物主义是无产阶级在其受压迫的时代里最强大的武器之一，现在，无产阶级正在准备重建社会并在其中重建文化，它把历史唯物主义运用于这个时代是自然的。"② 马克思主义哲学之为实践哲学的"实践

---

① [英]佩里·安德森：《西方马克思主义探讨》，高铦、文贯中、魏章玲译，人民出版社1981年版，第41页。
② [匈]卢卡奇：《历史与阶级意识》，杜章智、任立、燕宏远译，商务印书馆1999年版，第311页。

第四章　恩格斯晚年的马克思哲学阐释对早期马克思主义哲学中国化的影响

性"意味着它只有回到无产阶级的实践,指导无产阶级的实践,才能发挥改变世界的作用,达到改变世界的目的。也只有以实践为中介真正地改变了世界,马克思主义哲学才能证明自己作为真理的力量或作为科学理论的科学性。马克思主义哲学之所以能够"使中国革命的面目为之一新",一个很重要的原因就是它同中国人民的革命实践发生了联系。

从理论与实践的辩证关系来看,实践发展了,马克思主义哲学理论也应有新发展。否则,不仅会遮蔽马克思主义哲学的革命精神,而且会扼杀马克思主义哲学的生命力。艾思奇认为,如果一个人"只以引用过去新哲学建立者和发展者的文句为能事,而不能根据新的事实给新哲学展开新的内容",那么只能称其为"引用的卡尔主义者"而非"真正的卡尔主义者"①。他所说的"根据新的事实给新哲学展开新内容",是丰富和发展马克思主义哲学的重要途径。艾思奇所理解的"新的事实",既包括自然科学的新成果,又包括人类新实践及其经验。在他看来,"半殖民地解放斗争的实际经验:一定有许多新的宝物可以让新的哲学去发掘的"②。

从中国具体的实际情况来看,独特的中国实践不只是为马克思主义哲学提供了理论创新的巨大空间,也向理论提出了创新的紧迫要求。在《整顿党的作风》中,毛泽东批评了当时党内理论水平不能满足革命实践需要的失衡现象。他指出,尽管马克思列宁主义的书籍翻译的人多了,读的人也多了,我们党的理论水平较过去有所提高,但"我们的理论还不能够和革命实践相平行,更不去说理论应该跑到实践的前面去。我们还没有把丰富的实际提高到应有的理论程度"③,还没有"使中国革命丰富的实际马克思主义化"④。真正的理论都是"从客观实际

---

① 《艾思奇全书》第 2 卷,人民出版社 2006 年版,第 289 页。
② 《艾思奇全书》第 2 卷,人民出版社 2006 年版,第 58 页。
③ 《毛泽东选集》第三卷,人民出版社 1991 年版,第 813 页。
④ 《毛泽东文集》第二卷,人民出版社 1993 年版,第 374 页。

抽出来"的，中国革命的丰富实际或具体实践向马克思主义哲学提出了新的问题，为发展马克思主义哲学理论提供了新的内容资源，进而为建构创造性的中国马克思主义哲学提供了现实的可能性。

就实践逻辑而言，这种统一是解决中国实际问题的现实需要。中国早期马克思主义者面临的最大实际问题就是民族解放问题，就是中国革命问题。在1919年为发起成立"问题研究会"而起草的《问题研究会章程》中，毛泽东明确指出："问题之研究，须以学理为根据。因此在各种问题研究之先，须为各种主义之研究。"[①] 在毛泽东列出的"特须注重研究"的十种主义中，第一个就是"哲学上之主义"。人们研究马克思主义哲学也是要为中国的民族救亡问题提供学理依据。当然，马克思主义哲学的功用不局限于提供学理依据。如艾思奇所言："在民族运动的现状和前途的认识上，在战术和策略的问题上，在理论斗争及其他一切困难问题上，他们都需要把正确的哲学理论贯彻起来。"[②]

毛泽东极力强调马克思主义哲学这一理论"一定"要同中国革命的实践相结合，基于两个前提性认识：其一，马克思主义哲学是被实践证明了的"普遍真理"，而且是"最好的真理"。艾思奇也充分肯定马克思主义哲学的真理性和先进性，认为它不仅是"最前进的新哲学"，也是"最高的实践的真理"[③]。其二，马克思主义哲学是引领中国革命走向胜利的"最管用"的理论。毛泽东把马克思主义哲学看作实现民族解放的"最好的武器"。如果中国共产党、中国无产阶级及其他广大革命分子掌握了这一"最好的武器"，那么，"他们就能够正确地了解革命运动的发展变化，提出革命的任务，团结自己和同盟者的队伍，战胜反动的理论，采取正确的行动，避免工作的错误，达到解放中国与改

---

① 中共中央文献研究室、中共湖南省委《毛泽东早期文稿》编辑组编：《毛泽东早期文稿：1912—1920》，湖南人民出版社2013年版，第366页。
② 《艾思奇全书》第2卷，人民出版社2006年版，第56页。
③ 《艾思奇全书》第2卷，人民出版社2006年版，第57页。

第四章　恩格斯晚年的马克思哲学阐释对早期马克思主义哲学中国化的影响

造中国的目的"①。这两个前提性认识，体现了他对马克思主义哲学的理论自信，有力驳斥了那种认为马克思主义哲学不适合中国国情的错误论调。没有这种理论自信，他就不可能提出马克思主义中国化问题，也不可能有马克思主义的理论与中国的实践相统一的问题。

对于中国共产党而言，这个统一问题，就是用马克思主义解决中国革命的理论问题和策略问题。毛泽东用"有的放矢"来形容马克思主义理论和中国革命实际的相互联系，"马克思列宁主义之箭，必须用了去射中国革命之的"②。只有二者相结合，马克思主义对中国革命才是有用的，才可能指引中国革命走向胜利。反之，马克思主义之箭一直不放出去或者乱放，都不利于中国革命。前一种情况，使马克思主义与中国革命绝缘，后一种情况则会弄坏中国革命。由此，他不断重申马克思主义的普遍真理一定要同中国革命的具体实践相结合。这个过程实质上是理论与实践的辩证运动过程。整体上说，既是一般理论降落到具体实践的过程，也是具体实践上升为一般理论的过程。前一个过程是从抽象到具体，创造性而非教条式地运用马克思主义理论分析和解决中国实践问题，后一个过程是从具体到抽象，总结和提炼中国实践经验发展马克思主义理论的过程，也就是毛泽东所说的"合乎中国需要的理论性的创造"过程。通过这个过程，毛泽东使在中国的马克思主义哲学理论的面目也为之一新——创造了中国形态的马克思主义哲学，以《实践论》《矛盾论》为代表。

毛泽东关于马克思主义理论与中国实践相结合问题的论析，具有理论和现实意义，而且这种意义具有世界性。毛泽东"致力把马克思主义或马克思列宁主义运用到落后的农业国家的社会和经济的现实中，运用到中国的历史遗产中"③。这种运用，一方面，为回答马克思主义如

---

① 中共中央文献研究室编：《毛泽东著作专题摘编》（上），中央文献出版社2003年版，第32页。
② 《毛泽东选集》第三卷，人民出版社1991年版，第820页。
③ ［美］斯图尔特·R.施拉姆：《毛泽东的思想：典藏本》，田松年、杨德等译，中国人民大学出版社2013年版，第83页。

何在东方经济社会发展落后的国家落地、生长和发展问题提供了方法论指引；另一方面，为东方经济社会发展落后的国家如何在马克思主义指引下探寻适合自己的道路问题提供了方法论借鉴。

三 传统文化到现代文化：创造性运用和发展马克思主义哲学的文化自觉

毛泽东创造性运用和发展马克思主义哲学体现出了高度的文化自觉，不仅把这一哲学同中国具体实际相结合，而且把它同中华优秀传统文化相结合①。在这个结合的过程中产生的中国化的马克思主义哲学，已经成为当代中国文化生命体的灵魂部分。总体来说，毛泽东创造性运用和发展马克思主义哲学不仅仅内含创新马克思主义的理论自觉，还有发掘和彰显中华优秀传统文化的价值、继承和弘扬中华优秀传统文化的精神、推动中华优秀传统文化现代转型的文化自觉。

毛泽东的这种文化自觉源自他对待中华文化尤其是中华优秀传统文化的历史主义原则。毛泽东深受中华传统文化熏陶，但他不是文化复古主义者，也不是文化虚无主义者，虽然他对于中国传统文化的内在局限有着清醒认知。他说："我们是马克思主义的历史主义者，我们不应当割断历史。从孔夫子到孙中山，我们应当给以总结，承继这一份珍贵的遗产。这对于指导当前的伟大的运动，是有重要的帮助的。"② 这表明，其一，他强调要自觉以马克思主义的历史主义原则总结和承继自己民族的历史遗产，包括自己民族的传统文化。历史主义原则"强调以实事求是的态度看待历史、研究历史，尊重历史的事实，看到历史的发展，发现历史的规律，探寻历史的走向，以历史的唯物论和历史的辩证法说明历史、把握历史，发现'古'与'今'的联系与转化，对历史遗产

---

① 后面文中均以"第二个结合"来代替马克思主义基本原理同中华优秀传统文化相结合的表述。
② 《毛泽东选集》第二卷，人民出版社1991年版，第534页。

第四章　恩格斯晚年的马克思哲学阐释对早期马克思主义哲学中国化的影响

作出正确的总结和承继"①。历史主义原则是马克思和恩格斯开创的考察一切传统文化或文化传统的根本原则。毛泽东提出运用这一原则总结中国传统文化，不仅要求以实事求是的态度把中国传统文化放到具体的经济政治等历史环境中去考察，而且要求"用马克思主义的方法给以批判的总结"②。"批判的总结"意味着不是无条件地接受我们的历史遗产，体现了对中国传统文化的辩证分析态度："剔除其封建性的糟粕，吸收其民主性的精华。"③ 其二，毛泽东强调以马克思主义的历史主义原则总结和承继中国历史文化精华，对于当前的革命是有着重要意义的。这反映了毛泽东遵循着"古为今用"的原则去考察中华优秀传统文化的时代价值，并且表达了他对中国文化的这种时代价值的认同和自信。这种认识与"厚古薄今""颂古非今"的文化复古主义态度完全不同。对中华优秀传统文化的这种价值认同与他对文化自身作用的认识有直接关联。在他看来，"文化是反映政治斗争和经济斗争的，但它同时又能指导政治斗争和经济斗争。文化是不可少的，任何社会没有文化就建设不起来"④。正是基于对文化的社会作用的深刻认识，毛泽东主张要批判地吸收国内外一切优秀、有用的文化遗产。

毛泽东的这种文化自觉来自赋予马克思主义"民族形式"的内在要求。那么，为什么要赋予马克思主义"民族形式"？如何赋予马克思主义"民族形式"？根据毛泽东的分析，赋予马克思主义一定的"民族形式"是马克思主义中国化的题中应有之义，马克思主义只有获得"民族形式"才能实现中国化。马克思主义也只有同"民族的特点相结合，经过一定的民族形式，才有用处"⑤。也就是说，"作为一种普遍的

---

① 李维武：《马克思主义哲学中国化与中国哲学的现代转型》，北京师范大学出版社集团、北京师范大学出版社2021年版，第52页。
② 《毛泽东选集》第二卷，人民出版社1991年版，第533页。
③ 《毛泽东选集》第二卷，人民出版社1991年版，第707页。
④ 中共中央文献研究室编：《毛泽东著作专题摘编》（下），中央文献出版社2003年版，第1553页。
⑤ 《毛泽东选集》第二卷，人民出版社1991年版，第707页。

恩格斯晚年的马克思哲学阐释研究

思想方法，马克思主义哲学并非在不考虑时间、地点、条件的普适境遇中为各文明民族所因循，而以其各具特色的民族形式体现哲学的现实价值"①。从历史经验看，马克思主义的"国际内容"，如果离开了"民族形式"，就不容易被中国大众理解、掌握，那么它也就不能掌握中国大众，无法指导中国大众。这样，它对于中国大众的生活实践就发挥不了作用。所谓赋予其"民族形式"，即使其带有"为中国老百姓所喜闻乐见的中国作风和中国气派"②。从中国作风和中国气派的实质上说，毛泽东所说的"民族形式"更多的是从文化意义上来理解的，"它主要不是指中华民族的内在特征，而是涉及到其文化内涵上的规定"③。在这个意义上，所谓赋予马克思主义一定的"民族形式"，意味着使马克思主义融入中华文化或文明的血脉和传统，赋予其独特的中华文化或文明的内涵和滋养。内容与形式相统一，马克思主义与中华优秀传统文化之间在内容上存在的诸多契合点和相通性，如运思方式上的一致性，人性论问题上的相通性，辩证法观念上的会通性，历史观上的亲和性，自由观上的契合性④，则为从文化意义上赋予马克思主义"民族形式"提供了可能。当然，这些契合性与相通性也构成中国人接受和认同马克思主义的文化前提，并使中国优秀的民族文化与来自西方的马克思主义相互赋能成为可能。

毛泽东的这种文化自觉体现了我们党继承和弘扬中华优秀传统文化的使命担当。中国共产党人是我们民族一切文化、思想、道德的最优秀的继承者，把这一切优秀传统看成和自己血肉相联的东西，而且将继续加以发扬光大。中国共产党人对自身的这种文化使命担当有着自觉认识，并且将这种文化使命担当贯穿于中国革命、建设、改革的伟大实践

---

① 臧峰宇：《晚年恩格斯哲学经典文本的内在逻辑研究》，中国人民大学出版社2015年版，第188页。
② 《毛泽东选集》第二卷，人民出版社1991年版，第534页。
③ 何中华：《马克思主义中国化的历史意蕴再思考》，《哲学研究》2021年第10期。
④ 参见何中华《马克思与孔夫子：一个历史的相遇》，中国人民大学出版社2021年版，第133、148、173、191、254页。

第四章　恩格斯晚年的马克思哲学阐释对早期马克思主义哲学中国化的影响

之中。对此，习近平指出："在带领中国人民进行革命、建设、改革的长期历史实践中，中国共产党人始终是中华优秀传统文化的忠实继承者和弘扬者。"[1] 对中华优秀传统文化的继承和弘扬不是无原则的全盘复古，是以马克思主义哲学阐扬中华优秀传统文化的精神义理，挖掘其价值内涵，激活其时代价值，促进其现代转型。"第二个结合"是中国共产党人继承和弘扬中华优秀传统文化这一使命担当的展现和结果，也是其主要方法和根本路径。

毛泽东的这种文化自觉服务于建设新文化的现实需要。革命年代，毛泽东强调承继中华优秀传统文化遗产的最终目的服务于再造一个新中国。这个新中国不仅有新经济、新政治，还有新文化。毛泽东是新文化运动的积极参与者，也是新文化建设的领导者。中国共产党人所要建立的新文化是"中华民族的新文化"，这种新文化是以中华民族的新经济和新政治为根据的[2]。从文化性质上说，这种新文化就是"民族的科学的大众的文化"[3]。"民族的"强调新文化的"中华民族"之特性，体现其是"反对帝国主义压迫，主张中华民族的尊严和独立的"[4]。"科学的"强调新文化是"反对一切封建思想和迷信思想，主张实事求是，主张客观真理，主张理论和实践一致的"[5]。三个"主张"表明这种新文化的科学原则实质是马克思主义哲学的基本原则。这意味着建设中国新文化不能离开马克思主义哲学的指导。此外，毛泽东还强调："中国现时的新文化也是从古代的旧文化发展而来，因此，我们必须尊重自己的历史，决不能割断历史。"[6] 新文化从"旧文化发展而来"表明，新文化不是与旧文化即中国传统文化彻底决裂的文化，而是去其糟粕、取

---

[1] 习近平：《从延续民族文化血脉中开拓前进——在纪念孔子诞辰2565周年国际学术研讨会暨国际儒学联合会第五届会员大会开幕会上的讲话》，《孔子研究》2014年第5期。
[2]《毛泽东选集》第二卷，人民出版社1991年版，第664页。
[3]《毛泽东选集》第二卷，人民出版社1991年版，第708页。
[4]《毛泽东选集》第二卷，人民出版社1991年版，第706页。
[5]《毛泽东选集》第二卷，人民出版社1991年版，第707页。
[6]《毛泽东选集》第二卷，人民出版社1991年版，第708页。

其精华。所谓"大众的",指这种新文化是"民主"的,为人民大众服务的,"并逐渐成为他们的文化"①。这样的新文化只能是无产阶级领导的文化。这样的新文化无疑可以纳入中国现代文化的谱系。

毛泽东创造性地把马克思主义应用于传统文化的现代发展,不仅为建设新文化开辟了道路,而且为再造新文明提供了条件。历史已经证明,马克思主义为非西方文明学习、认识和应对西方文明,提供了一种强大的思想武器。只有在马克思主义的指导下,非西方文明才有可能走出一条学习西方、对抗西方、赶超西方的超常规发展之路②。

马克思主义哲学中国化从根本上改写了中国学术发展方向和图谱构成,也根本改变了世界马克思主义的谱系和版图。"中国化"不是马克思主义哲学在中国的简单运用,而是标志着一种新的研究范式的开启——马克思主义哲学中国化范式。总体来说,马克思主义哲学中国化既是一个客观的历史事实、一个动态的历史过程,也代表一种独特的理论运思范式。马克思主义哲学中国化范式恰恰是中国人创造性贯彻马克思主义哲学基本精神结出的理论硕果。

---

① 《毛泽东选集》第二卷,人民出版社1991年版,第708页。
② 吴新文:《再造文明:马克思主义与中国》,上海人民出版社2017年版,第288页。

第五章

恩格斯晚年的马克思哲学阐释对当代推进马克思主义哲学中国化的启示

推进马克思主义哲学中国化不仅仅是一个理论认识深化的问题，还关涉重要的方法论问题。恩格斯晚年立足关系论思维，从文本与历史、哲学与科学、马克思学派与其他学派、学术话语与大众话语、坚持和发展的辩证关系中理解和发展马克思哲学，为我们如何进一步推进这项工作提供了方法论启示。

第一节 合理拓展马克思主义哲学中国化的研究视域

"中国化"既是马克思主义哲学民族化、世界化和时代化的一种形式，也是坚持和发展它的一种路径。百年马克思主义哲学中国化史表明，如果不能充分理解马克思主义哲学中国化的丰富内涵、精神实质、历史经验和基本规律，在现有条件下很难使马克思主义哲学中国化取得突破性推进。虽然马克思主义哲学中国化的历程已逾百年，但这并不代表人们已经准确完整地掌握了它、能够以科学的态度对待它、以真理的精神推动它。相反，在这百余年间，不时出现关于马克思主义哲学中国化的错误认识、片面理解，教条主义与反教条主义斗争的长期存在就是一个证明。为此，需要突破传统单一研究视域局限，从历史、理论和范式维度，合理拓展理解和研究马克思主义哲学中国化的学术空间。

一 拓展马克思主义哲学中国化研究的历史视域

马克思主义哲学中国化既是已经存在的客观历史事实，也是持续推进的动态历史进程。从历史视域把握马克思主义哲学中国化的本质规定和意义，尤其是其历史已超过百年的情况下，既具合理性，又有必要性。第一，符合此哲学自身考察理论与实践及其关系的历史主义原则。马克思主义哲学中国化既是一种理论活动，又是一种实践活动，这两种活动统一于中国社会发展的历史过程之中。第二，马克思主义哲学中国化是马克思主义哲学发展史中意义非凡的一环，在马克思主义哲学民族化史与世界化史上举足轻重。第三，马克思主义哲学中国化本身是在特定历史语境中生成和展开的，蕴含客观的历史规律和深刻的历史逻辑。第四，马克思主义哲学中国化百年史，积淀了深厚的历史意蕴和丰富的历史经验。因此，把握马克思主义哲学中国化的相关理论问题，如它的必然性和可能性问题，它的合规律性与合目的性的统一问题，它的认识论、方法论和价值论问题等，都不能不依赖于历史视域。缺失历史视域，难以准确又全面地把握马克思主义哲学中国化的本质和内涵。

现实的历史是具体而多样的，理解马克思主义哲学中国化的历史视域也应该是具体而多样的。从学界研究的实际状况来看，除马克思主义哲学中国化史外，比较有代表性的研究视域，还有马克思主义发展史、马克思主义哲学史、中国哲学史视域。

马克思主义发展史视域，即把马克思主义哲学中国化置于马克思主义自身发展的整体历史和宏大谱系中，肯定其对拓展马克思主义整体的重大理论意义。这方面研究成果颇丰，如郭继严等主编的《马克思主义发展史》（1989年，中国人民大学出版社），庄福龄主编的《简明马克思主义史》（2004年，人民出版社），韩喜平、庞雅莉主编的《马克思主义发展史》（2007年，吉林大学出版社），顾海良主编的《马克思主义发展史》（2020年，北京师范大学出版集团、北京师范大学出版

第五章　恩格斯晚年的马克思哲学阐释对当代推进马克思主义哲学中国化的启示

社）等。国外学者也大多从马克思主义发展史理解马克思主义哲学中国化，如弗兰尼茨基的《马克思主义史》（2015年，黑龙江大学出版社），专辟一篇《中国和马克思主义》，分析毛泽东在革命时期、社会主义建设时期的思想。科拉科夫斯基的《马克思主义的主要流派》（2015年，黑龙江大学出版社），在第十三章的"毛泽东的农民马克思主义"一节中，主要以《实践论》《矛盾论》为依托，分析了毛泽东的"哲学要点"。但他把这些"哲学要点"理解成对"列宁主义—斯大林主义式的马克思主义几个套话的简单重复"[①]。在他眼中，毛泽东思想的创造性在于对列宁策略方案的修正。这种观点否定了毛泽东哲学思想的独创性，是不可取的。

马克思主义哲学史视域在哲学史领域内，比较有代表性，甚至可以说占有主导性，并因方法论的不同而呈现出不同的理论特色和学术价值。如黄楠森、庄福龄、林利主编的《马克思主义哲学史》（修订本）（2005年，北京出版社）第六卷、第七卷，坚持历史和逻辑相统一、理论和实际相统一的原则和方法，系统梳理了马克思主义哲学在中国的传播史和发展史，以及它同各种非马克思主义和反马克思主义的哲学思潮的斗争史，"着重地突出反映毛泽东哲学思想的产生、形成和在各个历史时期的发展线索，恰如其分地评价它的理论价值、历史意义和历史局限，从而科学地阐明它在马克思主义哲学史和中国现代哲学史上的重要地位"[②]。何萍的《马克思主义哲学史教程》（2009年，人民出版社）则采用文化哲学的研究范式，从"哲学传统"和"哲学形态"出发，在历时性维度上，"研究不同时代哲学发展的特点和独特的形态，并通过哲学形态的变革揭示哲学发展的质变"；在共时性维度上，比较"研究不同国家、民族哲学传统的形成及其历史演变，并通过这些不同的哲

[①] ［波兰］莱泽克·科拉科夫斯基：《马克思主义的主要流派》第三卷，侯一麟、张玲霞译，唐少杰、魏志军校，黑龙江大学出版社2015年版，第480页。
[②] 黄楠森、庄福龄、林利主编：《马克思主义哲学史》（修订本）（第六卷），北京出版社2005年版，编者的话。

学传统叙述哲学发展的世界化和多元化"①。此种纵横交织、立体化的哲学史创新分析，力图展示马克思主义哲学中国化在创造中国马克思主义的哲学传统和哲学形态中的重要地位，突出其对塑造中国哲学现代传统与现代形态的重大意义。

中国哲学史视域，根据研究选取的中国哲学发展的历史阶段，这一视域又可以分为三种情况。第一，从中国哲学现代转型的视域研究马克思主义哲学中国化，如李维武的《马克思主义哲学中国化与中国哲学的现代转型》（2021年，北京师范大学出版集团、北京师范大学出版社）很有代表性。此书着重从历史观与文化观、政治哲学、本体论与认识论诸层面分析了马克思主义哲学中国化对于中国哲学现代传统形成的重大贡献。这一研究视域把马克思主义哲学中国化纳入中国哲学发展史的宏阔图景中，把生成的中国马克思主义哲学看作中国哲学的一个有机组成部分，为回答中国马克思主义哲学何以是"中国的哲学"开辟了新的致思方向。第二，从中国现代哲学史的视域研究马克思主义哲学中国化，以许全兴、陈战难、宋一秀合著的《中国现代哲学史》（1992年，北京大学出版社）为代表。此书按照中国革命发展的历史逻辑，详细论述了从新文化运动到中华人民共和国成立这一时段，马克思主义哲学在中国传播、发展的历程及理论成就，突出了中国现代哲学史的主线——马克思主义哲学中国化。这也意味着只有紧紧围绕这一主线，才能抓住中国现代哲学史的核心思想，更好地理解中国现代哲学史的基本精神。第三，从1949年以来的当代中国哲学史的视域研究马克思主义哲学中国化，既有在当代中国哲学史总体性研究视野下梳理和总结新中国成立以来马克思主义哲学中国化的历史与逻辑，又有对毛泽东哲学思想和中国特色社会主义理论的哲学思想的专题性研究；既有对当代马克思主义哲学中国化的历史进程、理论成果的总体性研究，又有对这一时段中的代表人物及其哲学思想的研究。在当代中国历史上，改革开放是

---

① 何萍：《马克思主义哲学史教程》（上卷），人民出版社2009年版，第Ⅳ页。

第五章　恩格斯晚年的马克思哲学阐释对当代推进马克思主义哲学中国化的启示

一个特殊又重要的时间节点，马克思主义哲学中国化也由此进入一个新阶段。孙正聿等人合著的《改革开放以来的当代中国哲学史（1978—2009）》（2019年，人民出版社）一书，以"问题"为导向，概括总结了改革开放30多年马克思主义哲学中国化的历程、经验及其新世纪发展的前景与使命："针对当代人类尤其是中华民族生存发展所面临的重大现实问题，特别是其中的文化与精神问题，植根中华优秀传统文化探寻哲学创新发展的文化根基，探索马克思主义哲学中国化的新思维、新范畴、新思想，创造属于中华民族自己的且能对人类有思想贡献的当代中国哲学。"[1] 当代中国哲学史不是现成的静态不变的，而是面向未来、持续生成和动态发展的。因此，这个领域的研究也应该延伸到当下，保持并展现其当下性。

不可否认，上述三大视域，使我们在更为宏大开放的视野深入理解马克思主义哲学中国化的本质规定、历史逻辑和学术价值。对马克思主义哲学中国化研究的历史视域不止于上述三种，学界还从党史、文化史、思想史、革命史等其他视域展开研究。但每一种视域都应有深化和拓展的空间与意义，而且要合理开掘新的视域，如人类文明史、中华民族发展史、社会主义思想史、现代化史视域。所谓合理，意在强调两点：一是马克思主义哲学中国化研究要有一个相对明确的理论边界[2]，不是什么问题都可以纳入其中。二是不是所有的历史视域都适合于马克思主义哲学中国化的研究，那些质疑、曲解其合理性或容易造成对其误读的历史视域就是不可取的。

二　拓展马克思主义哲学中国化研究的理论视域

马克思主义哲学的中国化是这一哲学于中国场域实现理论自我创新

---

[1] 孙正聿、杨晓、丁宁：《改革开放以来的当代中国哲学史（1978—2009）》，人民出版社2019年版，第563页。
[2] 任平等：《当代中国马克思主义哲学创新学术史研究》，人民出版社2021年版，第444页。

的过程。从理论视域把握马克思主义哲学中国化的精神实质和价值，既有充足依据又有重要意义。第一，马克思主义哲学中国化的现实可能性植根于马克思主义哲学的理论本性，如科学性、实践性、开放性等。第二，马克思主义哲学中国化既体现了马克思主义哲学理论创新的本质要求，又构成了其理论创新的重要路径。第三，马克思主义哲学中国化既具有理论创新之特质，又负有理论创新之使命。第四，马克思主义哲学中国化已经产生了比较成熟且有深远影响的理论形态。因此，从理论视域理解马克思主义哲学中国化是合理的，也是必要的。从继续推进马克思主义哲学中国化的理论任务和当前研究存在的问题来看，这一视域的拓展和推进可以从理论创新反思、理论对话构建两个方面入手。

马克思主义哲学中国化的历史进程是立足中国实践、历史和文化丰富马克思主义哲学的理论创新过程。所谓理论创新反思就是围绕这一理论创新过程及成果而展开的反思。这种反思呈现多重目的与意义。第一，客观揭示马克思主义哲学于中国语境发展创新的规律。既包含其世界化民族化的一般规律，又包含其中国化自身的独特规律；既包括蕴含于整个中国化历史进程的基本规律，又包括在中国革命、建设、改革各具体阶段所呈现出来的特殊规律。第二，总结百年来中国马克思主义者探索如何把马克思主义哲学创造性运用于中国具体实际的丰富经验，为进一步推进理论创新提供借鉴启示。第三，从生成、发展与创新的根本途径层面深刻把握中国马克思主义哲学的思想特质。"只有中国化的马克思主义哲学才有资格被称为中国的马克思主义哲学。"[①] 第四，合理评价马克思主义哲学中国化的学术创新功能和价值。马克思主义哲学中国化内蕴的多重论域、论题及其引发的诸多思考，催生了一些新的理论生长点。这些理论生长点，使马克思主义哲学与中国哲学研究的内容与形式更加丰富、视角与方法更加多样，为中国哲学整体进步奠定了坚实的理论基础。

[①] 汪信砚：《马克思主义哲学中国化：理论与方法》，人民出版社2021年版，序第1页。

第五章　恩格斯晚年的马克思哲学阐释对当代推进马克思主义哲学中国化的启示

马克思主义哲学中国化是一个复杂的理论创新过程，关涉多种影响因素。因此，围绕它的理论创新反思，包含十分丰富的内容，可以从多个方面展开。如对其理论创新目标与使命的反思，对其实现理论创新的理论前提、思想来源的反思，对其理论创新的方式方法的反思，对其创新过程中生成的多种形态的理论体系、理论话语特色的反思，对其引发的理论或学术创新效应的反思，对其研究存在的理论盲点的反思，等等。透过这些反思，我们可以更为深入地理解马克思主义哲学中国化之理论创新的动力、特征、方法及意义。对这些方面的反思应该坚持理论性的反思与历史性的反思的结合。就历史性的反思而言，要把马克思主义哲学中国化置于中国革命、建设、改革的具体实际，立足于当时特定的具体条件反思马克思主义哲学中国化的理论创新问题。就理论性的反思而言，对马克思主义哲学中国化的理论创新不能停留于感性的经验描述的层面，而要上升到理性分析的高度。

从哲学史上看，理论与理论之间平等、真诚的对话催生理论创新，理论创新又促动理论对话。马克思主义哲学的理论创新就是以实践为基础的各种理论之间对话的结果，包括哲学理论与自然科学、社会科学理论之间的对话，哲学理论与哲学理论之间的对话。理论对话促进理论创新，理论创新又驱动理论对话。马克思主义哲学中国化的百余年历程始终贯穿着马克思主义哲学与其他理论之间的对话，如它与中国哲学、西方哲学、历史学、社会学、经济学、政治学、文化学、伦理学、人类学等的对话。没有这些理论对话，创造中国马克思主义哲学理论形态、学术体系的理论资源条件是不充分的。那么，理论对话的创新功能体现在哪些方面？为实现理论创新，理论对话应该遵循什么样的原则？当代条件下如何提升理论对话的创新境界、合理且创造性地拓展理论对话的范围？

马克思主义哲学中国化视野中理论对话的创新功能体现在多个维度。第一，理论对话具有的开放性、灵活性、多样性，有助于学界打破学科壁垒，营造自由、多元、开放的学术氛围，从而为马克思主义哲学与中国多元思想主体的交流交锋和融会贯通创造有利条件，推动建构中国马克思主义哲学新形态。第二，实践创新是理论创新之源，实践创新不仅必然要求理论创新，而且必然带来理论创新。立足于中国独特实践、以重大现实问题为导向的理论对话，必然会随着中国实践主题的创新、范围的扩展，推进马克思主义哲学中国化在探讨的话题或主题、问题域等方面的创新，从而为获得创新性的理论成果提供了可能。第三，理论创新包括表达理论的话语创新，话语创新既深植于实践创新与时代发展之中，又可生成于开放的理论对话中。马克思主义哲学同中西哲学的深层对话，马克思主义哲学与历史学、政治学、经济学、社会学等科学的多元对话，有利于中国马克思主义哲学话语创新。此外，这些理论对话还可以带来研究方法创新、研究思路创新、研究视角创新，等等。

不是所有的理论对话都能够带来理论创新，而且不同模式的理论对话，其创新程度是有差别的。有学者将中国学界马克思主义哲学、中国哲学和西方哲学之间的对话概括为三种模式：第一种是"独白式的哲学对话"，双方"只注重宣讲自己的哲学理念，他方则只是作为听众聆听与接受"[1]。此模式的对话无平等性，也无交互性，不可能实现理论创新。第二种是"工具式的哲学对话"，对话各方虽然相互承认并尊重对方哲学的独立价值，但对话的目的是达到"殊途同归"，最后各方都被某一方哲学同化，从"异"和"多"走向"同"和"一"，如全盘西化论。这种理论对话当然也无法产生新的理论，因为"和实生物，同则不继"。第三种是"叙事—阐释式的哲学对话"，对话各方以一种理性的批判与自我批评的态度对待自己的哲学，以建设性的批判精神对待"他者"[2]，坚持和而不同，推动各方理论进行自我修正、自我完善和创新创造。从这三种对话模式的核心特征与创新效果的关联来看，能

---

[1] 任平等：《当代中国马克思主义哲学创新学术史研究》，人民出版社2021年版，第243页。
[2] 任平等：《当代中国马克思主义哲学创新学术史研究》，人民出版社2021年版，第246页。

第五章　恩格斯晚年的马克思哲学阐释对当代推进马克思主义哲学中国化的启示

够带来实质性的理论创新的理论对话，应该坚持以下基本原则：一是平等真诚原则，这是理论对话得以展开的基本前提。二是差异认同原则，这是理论对话能够取得创新成果的重要基础。三是视域融合原则，这是提升理论对话创新效果的根本要求。四是问题中心原则，这是理论对话主题创新的重要来源。

拓展理论对话的主体，挖掘理论对话的主题。从主体维度来看，有必要加强四个维度的对话：一是马克思主义哲学与经济学、社会学、历史学等具体社会科学的对话。二是马克思主义哲学与中国哲学、西方哲学的对话。三是中国马克思主义哲学与世界其他民族马克思主义哲学的对话。四是中国马克思主义哲学各理论形态之间的对话。从这些理论主体存在的时空场域来看，它们之间的理论对话既要从历时性的维度展开，也要从共时性的维度展开。有效推进这些不同理论主体之间的对话，需要建构对话的平台，深度挖掘对话的主题。从主题方面来看，马克思主义哲学中国化之理论目标和现实目标的统一性，决定了理论对话的主题既可以是理论性的问题，又可以是实践性的问题。马克思主义哲学中国化之事实与价值的统一性，意味着理论对话的主题既可以是规律性的问题，也可以是规范性的问题。马克思主义哲学中国化之普遍性与特殊性的统一性，说明了理论对话的主题既可以是中国性的问题，又可以是世界性的问题。马克思主义哲学中国化之抽象与具体的统一性，决定了理论对话的主题既可以是宏观的问题，又可以是微观的问题。总之，理论对话的主体是多元化的，理论对话的主题是开放性的。

三　拓展马克思主义哲学中国化研究的范式视域

马克思主义哲学中国化既作为一个研究领域而存在，又作为一种研究范式而存在。总结百年马克思主义哲学中国化的哲学贡献，可以概括为两个方面：一是产生了中国马克思主义哲学理论形态；二是开创了马克思主义哲学中国化研究范式，而且这一研究范式已经成为当代中国马克思主义哲学创新的重要范式。但是，20世纪90年代之后，中国学界才将这一研究范式作为一种自觉的反思对象。新时代推进中国马克思主义哲学"系统创新"的思想任务，对马克思主义哲学研究范式创新提出了更高要求。在学界对此要求的积极回应中，出现了两种代表性的观点：一种是主张突破单一范式局限、实现多元范式综合创新的观点①；另一种是主张"认祖归宗"即从多元范式回归马克思主义哲学中国化范式的观点②。这两种主张都强调应该重视马克思主义哲学中国化研究范式，因为这一研究范式引发的理论创新效应改变了中国原有的学术格局，塑造了中国学术新图景和新风格。

把马克思主义哲学中国化提升为哲学创新的一种范式，或者从范式维度理解马克思主义哲学中国化及其创新意义，既合理又必要。第一，从学术传统与学术研究范式的关系来看，此研究范式既是催生中国马克思主义哲学传统的核心范式，又是构成这一哲学传统的主要标识。"学术研究的范式本身就是一定学术传统的核心，学术传统不过是学术共同体成员按照共同的范式进行学术研究而形成的传统。"③ 在此意义上，马克思主义哲学中国化范式是中国马克思主义哲学传统的核心，也是其赖以生成和发展的关键。深刻把握这一哲学传统的独特本质，马克思主义哲学中国化研究范式是切入点，也是关键点。第二，从学术创新与学术研究范式的关系看，学术研究范式是学术创新的"根"与"魂"，每一种新的重要研究范式的出现，都会引发学术思想、观点、命题、术语的创新，甚至带来整个"学术史图景"的变革。马克思主义哲学在哲学史上所实现的学术创新，归根结底在于其从实践出发开创了新的哲学研究范式。马克思主义哲学中国化之所以能够产生创造性的马克思主义哲学，引发整个中国哲学的学术风格、学术形态、学术体系的转变，也

---

① 任平等：《当代中国马克思主义哲学创新学术史研究》，人民出版社2021年版，第14页。
② 汪信砚：《认祖归宗与当代中国马克思主义哲学创新》，《哲学研究》2016年第5期。
③ 汪信砚：《马克思主义哲学中国化：理论与方法》，人民出版社2021年版，第147页。

第五章　恩格斯晚年的马克思哲学阐释对当代推进马克思主义哲学中国化的启示

在于它开辟了一种新的哲学研究范式。研究范式的维度更有助于深度把握马克思主义哲学中国化在整体哲学发展史上的学术创新价值，深刻认识中国马克思主义哲学创新机理和规律，从而切实助力马克思主义哲学深度中国化。

近些年，这一研究范式越发受到学界关注，且研究视角不尽相同。其中，有两种代表性观点值得重视。一种是从当代中国马克思主义哲学创新学术史视角研究马克思主义哲学中国化范式[①]的生成、发展、特征、功能、局限、创新与转换。在这一创新学术史视野下，马克思主义哲学中国化研究范式与马克思主义哲学教科书研究范式、马克思主义哲学原理研究范式、马克思主义哲学史研究范式、马克思主义文本文献学研究范式、对话范式、反思的问题学范式、部门哲学研究范式、马克思主义出场学研究范式，共同构成了当代中国马克思主义哲学创新学术史的范式图谱，成为全面、系统把握当代中国马克思主义哲学创新学术史图景的重要依托。在这个创新学术史的图景中，马克思主义出场学研究范式、马克思主义哲学教科书研究范式、马克思主义文本文献学研究范式、反思的问题学范式是四大"轴心范式"，马克思主义哲学中国化研究范式可归入反思的问题学研究范式的"纵轴"。这种理解把马克思主义哲学中国化研究范式的创新功能看作执行轴心范式指派的创新功能，具有从属性。另一种则从当代中国马克思主义哲学研究的理论使命视角提出："当代中国马克思主义哲学研究要坚持和发展马克思主义哲学，要完成它所肩负的理论使命，就必须自觉以马克思主义哲学中国化为研究范式。"[②] 虽然李达等中国早期马克思主义者已经开启了马克思主义哲学中国化研究范式，但学界还没有真正自觉地确立起马克思主义哲学中国化研究范式，反而呈现出对其不同程度的偏离。因此，有必要重新确立这一

---

① 本部分所说的范式，均指研究范式，有时为行文方便会直接表述为"范式"。
② 汪信砚：《马克思主义哲学中国化：理论与方法》，人民出版社2021年版，第148页。

"应有"研究范式。这种理解实际上是把此研究范式提升为当代中国马克思主义哲学研究的核心范式。

上述两种代表性观点主要聚焦于哲学创新问题探讨马克思主义哲学中国化研究范式的价值和地位。从视域上看，这种研究主要在当代中国马克思主义哲学"内部"即中国视域下思考马克思主义哲学中国化及其相关问题，尽管它所关涉的现实问题具有时代性。马克思主义哲学中国化是马克思主义哲学时代化、世界化与民族化历史进程中的重要一环，构成了世界马克思主义哲学整体图景演变的重要力量。与其他国家马克思主义哲学研究范式的比较研究，更能凸显马克思主义哲学中国化研究范式的特质。因此，马克思主义哲学中国化范式研究不能仅仅局限于中国视域，还有必要拓展世界视域。世界视域下的比较研究，一是有助于理解马克思主义哲学中国化的普遍性与特殊性的统一，凸显马克思主义哲学中国化的学术贡献：既有中国价值，又有世界价值。二是有助于澄清国内外学界关于马克思主义哲学中国化或中国马克思主义哲学传统的一些误解。如尼克·奈特由对李达的《社会学大纲》的误读走向对中国马克思主义哲学的误读，他认为："《社会学大纲》首先是关于马克思主义哲学和理论的文本，它的首要任务是让马克思主义哲学的读者相信苏联哲学界的正统话语。这部著作具有相当的抽象性，强调它的推论的普遍意义；它认为哲学和理论是没有国界的。中国马克思主义的经典著作所具有的这一特征再一次凸显了中国马克思主义的哲学和理论向度与正统马克思主义和国际无产阶级运动的主流之间的一致性。"[①] 尼克·奈特把中国马克思主义哲学混同于苏联正统马克思主义哲学，完全忽略了二者之间质的差异。世界视域的比较重在表明马克思主义哲学中国化及其生成的中国马克思主义哲学传统的原创性与自主性。

拓展马克思主义哲学中国化研究的历史视域、理论视域和范式视域

---

① [澳]尼克·奈特：《李达与马克思主义哲学在中国》，汪信砚、周可译，人民出版社2018年版，第254页。

是为了继续推进马克思主义哲学中国化。这种拓展必须坚持理论与实践相统一或学术与现实相统一的原则,这样,我们的研究才能不迷失于为纯粹的学术创新而创新,又不会把理论创新沦为实践的附庸。

第二节 多维挖掘马克思主义哲学中国化的思想资源

善于吸收借鉴一切思想文化精华是马克思主义哲学的理论品格和理论优势,也是其不断创新发展的思想文化基础。恩格斯晚年对马克思哲学思想来源、理论基础的阐释也有力印证了这一点。无论是从理论创造的维度看,还是从实践发展的角度说,推进马克思主义哲学中国化都需要融汇古今中外各种优秀思想资源。习近平指出:"要按照立足中国、借鉴国外,挖掘历史、把握当代,关怀人类、面向未来的思路,着力构建中国特色哲学社会科学"[①]。遵循这一基本思路,推进马克思主义哲学中国化,从时间维度上看,既要借鉴传统资源,又要吸收现代资源;从空间维度上看,既要重视开掘本土的思想资源,又要重视吸收非本土的思想资源;从内容维度上看,既要深入挖掘"马中西"哲学资源,又要深度融合现代科学知识。这些面向"未来"的"本来""外来"的思想资源也是认识中国、理解世界的重要资源,而对中国与世界的认识和理解程度又直接影响到马克思主义哲学中国化时代化的实现程度。

一 本土与根脉:深入挖掘中华优秀传统文化资源

内在于马克思主义哲学中国化的"第二个结合",也可以理解为两种异质文化相互激活、相互赋能、相互成就进而造就新的文化生命体的思想运动。中华优秀传统文化是马克思主义哲学中国化的本土的、基础性资源,赋予其深厚历史文化底蕴。深入挖掘中华优秀传统文化资源是

[①] 习近平:《在哲学社会科学工作座谈会上的讲话》,人民出版社2016年版,第15页。

马克思主义哲学中国化的应有之义，并应该贯穿其整个过程。

从文化创新的维度看，这一过程展现为以马克思主义哲学为指导，考察和评价中国传统文化，促进优秀的中国传统文化的创新发展。如前所述，马克思主义哲学之所以有资格用来考察和评价中国传统文化，根本原因在于它"吸收和改造了两千多年来人类思想和文化发展中一切有价值的东西"[1]，它不仅是时代的"精神上的精华"，而且是"文化的活的灵魂"[2]。马克思主义哲学对待传统文化的辩证分析态度，考察文化的唯物史观原则，为人们客观评判其他文化提供了科学的方法论原则。以马克思主义哲学重新审视并激活中国传统文化，赋予中华优秀传统文化新的时代内涵和时代价值，增强文化自信和历史自信。

从理论创新的维度看，这一过程展现为以中华优秀传统文化扩展马克思主义哲学的形式与内容，推进它在中国的创新发展。"只有植根本国、本民族历史文化沃土，马克思主义真理之树才能根深叶茂。"[3] 中华优秀传统文化对于创新发展马克思主义哲学的价值，不仅在于用民族语言"表达"马克思主义哲学，赋予马克思主义哲学"民族形式"方面的特色，还在于丰富、补充、拓展马克思主义哲学的思想内容。不同时期生成的中国化马克思主义理论在内容方面对马克思主义哲学的原创性贡献，都包含有对中华优秀传统文化的继承和弘扬。如毛泽东的《实践论》继承和发展了中国传统知行观，习近平生态文明思想秉承了中国传统文化中"道法自然""天地与我并生，而万物与我为一"的天人合一思想，坚持以人民为中心的思想，则汲取了中华传统文化中"民惟邦本，本固邦宁""以百姓心为心"的民本理念。以往研究往往重视中华优秀传统文化对马克思主义哲学"形式"方面的价值，而忽略了对其内容方面的贡献。以中华优秀传统文化丰富马克思主义哲学的

---

[1] 《列宁专题文集·论社会主义》，人民出版社2009年版，第167页。
[2] 《马克思恩格斯全集》第1卷，人民出版社1995年版，第220页。
[3] 习近平：《高举中国特色社会主义伟大旗帜 为全面建设社会主义现代化国家而团结奋斗：在中国共产党第二十次全国代表大会上的报告》，人民出版社2022年版，第18页。

第五章　恩格斯晚年的马克思哲学阐释对当代推进马克思主义哲学中国化的启示

内容和形式，在另一种意义上也可以理解为中华优秀传统文化被马克思主义化——用马克思主义的语言表达和阐释中华优秀传统文化的思想智慧。

从实践创新的维度看，这一过程展现为以实践为基础融合中华优秀传统文化与马克思主义哲学两种智慧，并以生成的新思想指引中国特色社会主义实践的创新和健康发展。中华优秀传统文化是中国历史实践的文化积淀，理解中国特色社会主义实践的中国特色，必须了解中华优秀传统文化，特别是其中的哲学，因为哲学是一个民族的文明与文化的活的灵魂。罗素认为，要了解一个民族，就必须了解它的哲学。一个民族的哲学与一个民族的生活环境具有交互作用："人们生活的环境在决定他们的哲学上起着很大的作用，然而反过来他们的哲学又在决定他们的环境上起着很大的作用。"① 因此，要把握当下中国人的生活环境，理解当下中国特色社会主义实践，必须了解中国的哲学。这里所说的中国哲学是广义的，包括中国的传统哲学、中国的现代哲学和中国化的马克思义哲学。这些哲学构成当代中国文化之魂。同时，这种交互作用也决定了解决一个民族的实践或现实问题也需要从它的哲学中寻求智慧。中国传统文化所蕴含的丰富哲学思想为治国理政实践提供重要启示，当代中国治国理政的实践智慧就蕴含着强大的中国传统哲学文化基因。如全面深化改革体现了"周虽旧邦，其命维新""苟日新，日日新，又日新"的变革思想，构建人类命运共同体理念吸收了"天下一家""协和万邦"的和合智慧。

由此可见，马克思主义哲学中国化内含三重"创新性发展"要求：马克思主义哲学、中华优秀传统文化和中国特色社会主义实践的创新性发展。这些创新性发展必将促进人类文明的创新性发展。从中我们可以捕捉到中华优秀传统文化的重要思想资源意义：创新发展马克思主义哲学离不开中华优秀传统文化资源支撑；中国特色社会主义伟大实践之

---

① ［英］罗素：《西方哲学史》上卷，何兆武、李约瑟译，商务印书馆1963年版，第12页。

"中国特色"植根于源远流长的中华文明和中国文化；解决中国重大现实问题需要挖掘、吸纳中华优秀传统文化智慧。

深入挖掘、吸纳这种智慧，前提是加强对它的研究。习近平指出："人们在学习、研究、应用传统文化时坚持古为今用、推陈出新，结合新的实践和时代要求进行正确取舍，而不能一股脑儿都拿到今天来照套照用。"① 从中我们可以把握研究中华优秀传统文化应该秉持的原则和态度：古为今用、推陈出新、辩证取舍。为此，要坚决反对两种绝对主义态度：只看到中国传统文化的不足并由此完全否定其价值的文化虚无主义；只看到中国传统文化的优点进而完全肯定其价值的文化复古主义。此外，对中华优秀传统文化研究要侧重价值挖掘，但要反对单纯从工具理性视角挖掘传统文化资源的观点和做法。从时代维度看，不仅要重视对其历史价值的深入挖掘，更要加强对其当代价值的多重阐释。从内容维度看，中华优秀传统文化蕴含着丰富的历史智慧、政治智慧、生态智慧、家国情怀、人文精神、道德思想、哲学思想等。因此，要根据人民生活现实需要和治国理政实践需要，多方面开掘中华优秀传统文化的价值，特别是其对构筑、丰富当代中国人的精神世界的重要价值，对增强中国道路自信、理论自信、制度自信、文化自信的独特意义，对创新发展21世纪马克思主义的理论意义，对构建人类文明新形态、推进人类文明进步的时代价值。

以推进马克思主义哲学中国化为目的的中华优秀传统文化研究，不能仅仅局限于中华优秀传统文化本身的研究，还要延展到其与革命文化、社会主义先进文化的关系、与马克思主义哲学的关系的深入研究。研究中华优秀传统文化与革命文化、社会主义先进文化的关系，从方法论的层面上说，要学会运用唯物辩证法和唯物史观，科学地、历史地对待三者之间的关系，特别要反对那种片面强调三者之间的差异而把三者割裂开来的做法。一方面，这三种文化是中国文化不同发展阶段的产

---

① 习近平：《在纪念孔子诞辰2565周年国际学术研讨会暨国际儒学联合会第五届会员大会开幕会上的讲话》，人民出版社2014年版，第11页。

第五章　恩格斯晚年的马克思哲学阐释对当代推进马克思主义哲学中国化的启示

物,每一种文化都产生于特定的社会经济和政治条件下,各有其独特的历史性的内容和形式,因而都有历史的合理性。另一方面,这三种文化产生于不同的时代背景下,它们之间的关系也可以理解为中国文化的古今关系,三种文化的演进历史可以理解为中国文化的"古今之变"——由"古"到"今"的发展,呈现出历史的连续性。研究三种文化历史的、本质的关联及其各自的特质,可以深入理解中国文化创新和发展的经验、逻辑与规律。如果不能全面理解中华优秀传统文化与马克思主义哲学的关系,就难以准确找到能够把它们结合起来的恰当的"结合点"和方法。二者不结合或结合得不好,也就无法孕育出新思想、新文化、新理论。为此,研究中华优秀传统文化与马克思主义哲学之间关系的着力点要放在以下三个方面:一是挖掘二者之间可能的"结合点"。这个"结合点"也相当于把二者联结起来的中介。以往学界更多立足于文本,从马克思主义哲学与中华优秀传统文化之间的"同一性"或"契合性""贯通性"中探寻彼此结合的中介或"结合点",如方法论、价值理想、思想观点、思维方式等方面的同一性。实际上,人们还可以立足于中国社会现实、世界发展问题,从二者的"差异性""互补性"中挖出"结合点",这样的"和而不同"更有利于推动理论创新与实践创新。而且,正因为二者存在"差异性""互补性"的一面,彼此才有存在的价值,才有结合的必要。二是探索二者相结合的方法论原则。找到"结合点"只是使马克思主义哲学与中华优秀传统文化的结合有了可能,并不代表一定就能够实现结合并结出硕果,这其中还涉及方法论原则问题。方法论原则直接关系到二者能否实现结合、结合程度及效果如何。总体来说,一定要坚决摆脱教条主义束缚,坚持问题导向和目标导向的统一,不偏离马克思主义哲学中国化方向。三是加强马克思主义哲学与中华优秀传统文化结合史研究,重在提炼中华优秀传统文化与马克思主义哲学互化的宝贵经验,其意义在于坚定历史自信、把握历史规律、吸取历史智慧,推进二者更深度地结合,创造新理论和新文化。

二 自然科学与社会科学：深度融合当代科学知识

根据恩格斯的分析，自然科学是推动从笛卡尔到黑格尔、从霍布斯到费尔巴哈的近代哲学家前进的主要因素。[①] 而推动作为哲学家的马克思和恩格斯前进的科学，不仅有自然科学，还有社会科学。马克思和恩格斯都非常关注自然科学和社会科学及其新发展，他们的新哲学就充分吸收、融合了当时最新的科学知识。恩格斯晚年对马克思哲学与科学关系的阐释，深刻揭示了马克思主义哲学的生成发展逻辑与科学发展逻辑的相互交织。这也启示我们，推进马克思主义哲学中国化、推进"两个结合"，需要吸收借鉴当代自然科学和社会科学新成果。

关注自然科学新成果，深度融合自然科学知识，是丰富和检验马克思主义哲学的必然要求。哲学是对科学知识的总结和概括。马克思和恩格斯关注、研究自然科学的目的不是使自己成为自然科学家，而是认识和揭示世界发展规律，丰富和检验自己的理论。在《反杜林论》中，恩格斯说："要确立辩证的同时又是唯物主义的自然观，需要具备数学和自然科学的知识。"[②] 在谈到证明辩证法是正确的方法时，恩格斯指出："自然界是检验辩证法的试金石……现代自然科学为这种检验提供了极其丰富的、与日俱增的材料。"[③] 为此，他们不仅追踪自然科学研究发展前沿，而且根据自己理论研究需要，也会对一些自然科学进行深入、细致的研究，涉足领域十分宽泛。马克思的自然科学研究涵盖数学、生理学、地质学、农业化学、古生物学等。根据马克思的女儿爱琳娜的描述，恩格斯"精通自然科学、化学、植物学、物理学、语言学、政治经济学"[④]。根据曼·克利姆的说法，19世纪60年代以后，马克思和恩格斯似乎在自然科学研究方面形成了某种分工，马克思大量从事地

---

① 《马克思恩格斯文集》第4卷，人民出版社2009年版，第280页。
② 《马克思恩格斯文集》第9卷，人民出版社2009年版，第13页。
③ 《马克思恩格斯文集》第9卷，人民出版社2009年版，第25页。
④ [德]曼·克利姆编著：《恩格斯文献传记》，中央编译局译，湖南人民出版社1986年版，第4页。

第五章　恩格斯晚年的马克思哲学阐释对当代推进马克思主义哲学中国化的启示

质学和进化论研究，恩格斯研究物理学和化学方面的著作。善于从哲学高度总结、概括自然科学成果是恩格斯研究自然科学的一大特点："他研究自然科学是为了把它的基本论点融入科学的世界观，因此他非常重视从哲学上概括自然科学的知识。"[①] 恩格斯从哲学上概括自然科学知识，实际上是从普遍意义来理解自然科学成就，并将其综合成为新世界观，促进了哲学的发展。自然科学知识为马克思主义哲学的自然史和人类史及其统一研究奠定了科学基础，特别是为其辩证唯物主义的创立与发展提供了科学前提。当代自然科学发展，无论从速度上还是从规模上看，都已经远远超过马克思和恩格斯所处的时代，因而有能力并且已经为马克思主义哲学创新提供了更为丰富的知识资源。这些知识资源具有双重价值：既可以丰富马克思主义哲学，又可以检验马克思主义哲学。

马克思主义哲学对于自然科学发展也有积极意义。文德尔班认为，哲学与科学的相互作用可能产生两种结果：一种是"哲学处理包括在特殊科学中的问题时，哲学运用它更广阔的远见和趋于统一的倾向性，为解决问题贡献出有价值的因素"；另一种是"哲学表现为因循抄袭，在此时，如哲学得到的是与科学相同的结论，哲学就显得无用"[②]。马克思主义哲学对于科学的关系属于第一种结果。辩证唯物主义的发展离不开自然科学，自然科学的进步也不能脱离辩证唯物主义，二者具有共生关系。"如果一门自然科学要完全成为科学的，那么，它一定应该是唯物主义的。根据这种观点，任何对变化的历史发展和可能性的研究都不能脱离对自然—物理科学的研究。"[③] 列宁也认为自然科学与唯物主义具有共生关系，并进一步提出，自然科学家应该做一个现代唯物主义者、一个辩证唯物主义者，因为任何自然科学离开了"坚实的哲学论

---

① [德] 曼·克利姆编著：《恩格斯文献传记》，中央编译局译，湖南人民出版社1986年版，第392—393页。
② [德] 文德尔班：《哲学史教程》上卷，罗达仁译，商务印书馆1987年版，第13页。
③ [美] 约翰·贝拉米·福斯特（John Bellamy Foster）：《马克思的生态学：唯物主义与自然》，刘仁胜、肖峰译，刘庸安校，高等教育出版社2006年版，第244—245页。

据",就没法同资产阶级"思想的侵袭"和"世界观的复辟"作坚决斗争。

辩证吸收自然科学知识也是马克思主义哲学同错误思潮作斗争的客观需要。马克思和恩格斯关注、研究自然科学也是为了批驳错误的理论,特别是把自然科学作为批驳资产阶级唯心主义思想的论据。其中也包括对各种"科学"唯心主义的批判,如"生理学"唯心主义、"热力学"唯心主义、"数学"唯心主义。① 这些"科学"唯心主义本质上是用唯心主义观点解释科学成果的产物。一些资产阶级学者把这些伪科学、假科学当作"科学利器",用来对抗马克思主义。为驳斥这些谬论,马克思和恩格斯需要从辩证唯物主义立场吸收、概括、阐释真正的科学研究成果。在1876年5月28日致马克思的信中,恩格斯明确说研究自然科学对他批判杜林大有益处。② 在对抗唯心主义问题上,列宁还特别强调"战斗唯物主义"与自然科学家的联盟,因其"倾向于唯物主义,敢于捍卫和宣传唯物主义,反对盛行于所谓'有教养社会'的唯心主义和怀疑论的时髦的哲学倾向"③。正是出于上述目的,马克思和恩格斯特别注重哲学与自然科学的联盟。今天,马克思主义哲学依然要面对一些错误思潮的挑战和冲击,依然要同各种反马克思主义思潮作斗争,因此它依然需要自然科学知识的理论支撑。

作为一种"历史科学",马克思主义哲学也要重视与社会科学的联盟,拓展和深化社会历史认知,充实社会历史理论内容,推动历史唯物主义创新发展。就马克思和恩格斯而言,这种联盟自觉使他们能够既具体又整体地把握人类的世界与历史。阿塔利认为马克思思想非常重要的一个特征就是"普遍全面性"。霍布斯鲍姆高度认同此观点,并进一步

---

① 参见张云飞主编《马克思主义发展史》第三卷,人民出版社2018年版,第23—24页。
② 《马克思恩格斯文集》第10卷,人民出版社2009年版,第416页。
③ 《列宁专题文集·论辩证唯物主义和历史唯物主义》,人民出版社2009年版,第327页。

第五章　恩格斯晚年的马克思哲学阐释对当代推进马克思主义哲学中国化的启示

指出，这种"普遍全面性"是对"所有学科的整合"。这使马克思成为"第一个把世界作为政治、经济、科学和哲学的整体来理解的人"①。马克思的《资本论》吸收借鉴了哲学、历史学、经济学、政治学、法学等很多学科的知识。也因如此，马克思对资本主义世界的研究呈现出具体性与整体性相统一的辩证方法论特征，也才能够全面、立体、透彻地把握资本主义，进而切中资本主义的内在矛盾与本质。在列宁看来，真正的马克思主义者都应该具有利用一切可资利用的社会科学新成果认识不断变化的世界的理论自觉，包括批判性地利用资产阶级学者的研究成果。他把经济学教授看作"资产阶级手下的有学问的帮办"，把哲学教授看作"神学家手下的有学问的帮办"，认为马克思主义者"要善于汲取和改造这些'帮办'所获得的成就……并且要善于消除它们的反动倾向，善于贯彻自己的路线，同敌视我们的各种力量和阶级的整个路线作斗争"②。

马克思主义的哲学与社会科学联盟这一传统对中西方马克思主义产生了重要影响，如法兰克福学派明确主张"哲学与社会科学联盟"，中国早期马克思主义者也非常重视哲学与社会科学之间的联盟，如李大钊、李达、瞿秋白、蔡和森等人不仅从经济学、政治学、社会学、历史学、民族学、人类学维度阐释唯物史观，还将唯物史观方法扩展应用于这些领域的研究中。艾思奇明确提出学习哲学与学习社会科学要相统一。他认为，要在生活中建立哲学就必须对生活有真实的了解，这既需要随时全面地观察生活，又需要懂正确的社会科学——认识现实社会的利器。只有认清了当前的现实，我们才知道到底需要什么样的哲学。推进马克思主义哲学中国化，正确而全面地了解当前中国的具体实际是基本前提。要做到这一点，"有赖于马克思主义诸领域的整体联动和各门

---

① ［英］埃里克·霍布斯鲍姆：《如何改变世界：马克思和马克思主义的传奇》，吕增奎译，中央编译出版社 2014 年版，第 11 页。
② 《列宁专题文集·论辩证唯物主义和历史唯物主义》，人民出版社 2009 年版，第 125 页。

人文社会科学学科的协同攻关"①。此外，中国是世界中的中国，认识当代中国的具体实际还包括认识当代中国所处的时代背景和世界环境，特别是认识资本主义世界的新变化新发展。由此，我们还需要借鉴吸收国外社会科学研究成果。但在采用这些研究成果时，不能忘了老祖宗，不能生搬硬套，不能失去科学判断力。

总之，在今天，推进中国化马克思主义哲学创新，认识当代世界及其发展变化，同各种反马克思主义思潮作斗争，坚持和捍卫马克思主义哲学基本原理的真理性，都需要各种科学知识的支撑。因此，马克思主义哲学与自然科学和社会科学的联盟在当代依然重要，甚至更加有意义。遗憾的是，当代中国马克思主义哲学研究与自然科学、社会科学发展之间存在脱节的现象，这也是当代中国马克思主义哲学研究的一个短板、弱项。学科壁垒是造成这种脱节的最大原因。因此，打破学科壁垒，构建学科对话平台，是重建马克思主义哲学与具体科学联盟的重要切入点。

三 一般哲学与部门哲学：辩证汲取各种哲学思想精华

推进马克思主义哲学中国化，既要吸收借鉴一般哲学思想资源，又要积极利用部门哲学思想资源。吸收借鉴一般哲学思想资源，要充分利用马克思主义哲学和包括中国化马克思主义哲学在内的中国本土哲学资源。同时，也要有分析、有鉴别地汲取非本土哲学思想资源，重点在于利用有价值的西方哲学思想资源。从理论渊源看，马克思主义哲学本身就是对西方哲学思想精华的继承和发展。从历史发展看，西方哲学始终是驱动、刺激马克思主义哲学不断自我超越的思想源。从当前我国社会发展所处的地位与环境来看，无论是以对话的方式，还是以批判的态度，我国马克思主义哲学研究始终都无法脱离西方哲学思想理论和方法的影响。这种影响是多方面的，既有主导的术语、范畴、议题的影响，

---

① 汪信砚：《马克思主义哲学中国化：理论与方法》，人民出版社2021年版，第146页。

第五章　恩格斯晚年的马克思哲学阐释对当代推进马克思主义哲学中国化的启示

又有观念、方法、范式的影响。西方哲学的维度，可以拓宽中国马克思主义哲学探讨的视角和内容，并使这种探讨及时捕捉、追踪到学术研究的热点、前沿，保持学术探索的世界历史视野。但是，如果中国马克思主义哲学研究放弃中国主体性，完全跟着西方哲学跑，并在此过程中迷失"中国自我"或"中国方向"，就有可能在事关中国的重大理论和现实问题上失去"话语权"、患上"失语症"，无法向世人展现"学术上的中国"进而提升中国国际学术话语权，更无法证明自身存在的必要性与合法性。这就要求汲取西方哲学思想精华必须以马克思主义哲学为指导，立足中国立场和中国问题，遵循"西为中用"的原则。

改革开放以来，中国马克思主义哲学研究的一大变化是由重视教科书体系建构转向关注重大现实问题。这种转向的重大理论意义就是随着中国特色社会主义理论与实践的双重推进，形成了经济哲学、政治哲学、文化哲学、社会哲学、发展哲学、生态哲学等部门哲学或领域哲学（以下统称部门哲学）。这些部门哲学的兴起与发展，在一定意义上也是马克思主义哲学中国化的产物。马克思主义哲学内蕴经济哲学、政治哲学、文化哲学、社会哲学、生态哲学、发展哲学等内容，马克思主义哲学中国化本身就包含这些内容的中国化。部门哲学对推进马克思主义哲学中国化的意义是多重的。

第一，部门哲学是表征当代中国马克思主义哲学存在的一种方式。任何一种哲学理论都有其自身的存在方式。哲学的存在方式也曾经成为一些西方学者判断一种哲学形态是否具有合法性的重要依据。例如，有些西方学者不承认中国哲学的合法性，就是片面地按照西方哲学的存在方式标准进行判断的结果；有些西方学者以苏联"正统"马克思主义哲学存在方式为标准否认中国马克思主义哲学的原创性；有些西方学者完全按照西方传统哲学的存在方式标准错误地判定马克思学说中没有哲学思想。作为一种关于"存在"、追问"存在"的理论，依据研究的是一般"存在"还是特殊"存在"，哲学的存在方式既可以呈现为一般哲学，包括本体论、认识论、价值论等哲学问题，也可以呈现为具体的经济哲学、政治哲学等部门哲学。从学理上说，哲学的存在方式应该是一般哲学与部门哲学或一与多相统一。但是，从现实上看，落实到具体的哲学流派或哲学家那里，哲学的存在方式则或者以一般哲学为主，或者以部门哲学为要。部门哲学是哲学体系内容具体化的展现，一个具体的、实存的哲学体系可以包括多种部门哲学。1843年恩格斯在谈到黑格尔哲学体系时指出："自从人们有思维以来，还从未有过像黑格尔体系那样包罗万象的哲学体系。逻辑学、形而上学、自然哲学、精神哲学、法哲学、宗教哲学、历史哲学，全都结合在一个体系内，归纳成为一个基本原则。"① 就黑格尔哲学而言，法哲学等部门哲学既构成其哲学的重要内容，也是其哲学存在的一种方式。因此，把握黑格尔哲学的精神实质，评价黑格尔哲学的理论价值，历史哲学、宗教哲学、法哲学等这些部门哲学是绝不可或缺的考察维度。但是，部门哲学并不是黑格尔哲学唯一的、最重要的呈现和存在方式。相比之下，从整体上看，一般哲学更能表达、体现黑格尔哲学及其存在方式的特性。从哲学史上看，不同的哲学体系涵盖的部门哲学种类并不相同，各个部门哲学在不同的哲学体系中所处的地位也不尽相同。例如，在黑格尔哲学中，宗教哲学的地位就高于自然哲学，而在费尔巴哈哲学中却是自然哲学比宗教哲学更为重要。

　　近年来，中国学界不仅有一批学者着力挖掘马克思主义理论中蕴含的经济哲学、政治哲学、文化哲学、社会哲学、价值哲学、生态哲学等诸多部门哲学思想，而且从部门哲学视角探讨马克思哲学存在方式的革命。例如，在《恩格斯辩证唯物主义哲学体系论纲》一文中，宫敬才提出："马克思哲学是哲学史意义的伟大革命，这种革命既包括内容也包括存在形式。二者有机统一使马克思哲学以领域性哲学的形式表示存在，如经济哲学、历史哲学、政治哲学、法哲学和工艺哲学等。"② 此文不仅以部门哲学概括马克思哲学的存在形式，而且打破了传统认知，

---

① 《马克思恩格斯全集》第3卷，人民出版社2002年版，第489页。
② 宫敬才：《恩格斯辩证唯物主义哲学体系论纲》，《现代哲学》2020年第1期。

第五章　恩格斯晚年的马克思哲学阐释对当代推进马克思主义哲学中国化的启示

以辩证唯物主义来表征恩格斯哲学的体系，以此强调马克思哲学与恩格斯哲学之间存在的思想差异。但文章同时也指出，由于这种区别长期被研究者忽略，导致"马克思经济哲学和工艺哲学等领域性哲学在以辩证唯物主义和历史唯物主义形式表现出来的马克思主义哲学理论逻辑中得不到表示存在的机会"①。不可否认，传统的"辩证唯物主义和历史唯物主义"框架下的哲学教科书体系，的确没有突出马克思主义的经济哲学、政治哲学、文化哲学等部门哲学向度。当然，在一定意义上，这个哲学教科书体系也是中国马克思主义哲学的存在方式，甚至在特定历史时期，成为主导的中国马克思主义哲学存在方式。直到今天，这种存在方式依然是人们系统、整体地把握马克思主义哲学"知识体系"的重要工具，依然有其存在的价值，这一点是不能否定的。20世纪90年代以来，中国马克思主义哲学研究的理论视野转向社会实践的具体领域，价值哲学、经济哲学、政治哲学、发展哲学、社会哲学、文化哲学、生态哲学、管理哲学、教育哲学等部门哲学兴起并蓬勃发展，逐渐成长为当代中国马克思主义哲学的另一种存在方式。在此，特别要指出的是，本书所说的作为马克思主义哲学存在方式的部门哲学，并不是指所有形态的部门哲学，主要指马克思主义哲学研究视野中的部门哲学，特别是指马克思主义部门哲学，如马克思主义的经济哲学、文化哲学、政治哲学、社会哲学、生态哲学等。作为表征当代中国马克思主义哲学存在的一种重要方式，这些部门哲学的发展也表征着我们这个时代中国马克思主义哲学的发展，是我们把握当代中国马克思主义哲学发展脉络和图谱的重要参照系。

部门哲学的兴起与发展，不仅标志着当代中国马克思主义哲学存在方式走向多元化，而且意味着当代中国马克思主义哲学研究领域的分化。这种分化不仅没有导致中国马克思主义哲学的"贫困化"，反而使马克思主义哲学走向具体化和现实化，学术视野更宽广，理论话题更多

---

① 宫敬才：《恩格斯辩证唯物主义哲学体系论纲》，《现代哲学》2020年第1期。

样,思想资源更丰富。中国马克思主义部门哲学的蓬勃发展体现了中国马克思主义哲学与时代同行、与实践同行的客观要求和理论品格。每一部门哲学的历时性发展与多种部门哲学的共时性发展,特别是经济哲学、政治哲学、文化哲学、社会哲学、生态哲学的历时性发展与彼此之间的共时性发展,不仅折射出中国马克思主义哲学与新时代中国特色社会主义经济建设、政治建设、文化建设、社会建设和生态建设实践的动态交互作用,而且深刻表明当代中国马克思主义哲学研究具有积极顺应时代、回应社会生活现实的理论自觉和主体意识,是对马克思主义哲学"改变世界"的实践精神的传承和发扬。中国形态的马克思主义经济哲学、政治哲学、文化哲学等是马克思主义哲学中国化的理论成果,它们对具体实践领域与现实问题的哲学观照证明、彰显了马克思主义哲学强大的解释力、思想力和引领力,为增强中国马克思主义哲学的理论自信和学术自信提供了思想支撑。

  第二,部门哲学为推进当代中国马克思主义哲学创新提供方法论智慧。总结新中国成立70多年来中国马克思主义哲学发展成就,一个突出表现就是马克思主义哲学研究方法论创新。哲学方法论创新不同于哲学形态、哲学观念、哲学范畴、哲学话语、哲学体系的创新,但又与这些方面的创新密不可分,而且可以推进这些方面的创新,进而推进哲学的"系统创新"。马克思主义哲学中国化理论创新的目的是使哲学更好地切近现实,更好地发挥哲学的社会功能。部门哲学提供了把哲学与现实联结起来的"接口"。不同的部门哲学提供了不同的"接口",因而也提供了多样的把握现实的方法论原则。而且,部门哲学在自身的发展过程中也有着方法论自觉。如新时代发展哲学要有所作为,"在增强方法论自觉的同时,需要拓展研究的视野,这就是要用世界的眼光来审视我国的发展,注意吸收国外发展理论研究的新成果、新方法,加强文明交流、文明互鉴"[①]。因此,在学界对当代中国马克思主义哲学

[①] 丰子义:《面向新时代的发展哲学》,《北京大学学报》(哲学社会科学版)2019年第5期。

第五章　恩格斯晚年的马克思哲学阐释对当代推进马克思主义哲学中国化的启示

方法论创新诉求的积极回应中，无论是主张突破单一方法论局限、实现多种方法论综合创新的观点，还是主张确立一种主导的、引领性的方法论原则的观点，都非常注重借鉴部门哲学方法论创新的经验智慧和资源。部门哲学本身就是哲学方法论创新的产物，即一般哲学与具体科学相结合的产物。因此，从方法论运用上，具有中介性、学科交叉性、综合性特征的部门哲学，既可以借鉴具体科学方法论，又可以运用一般哲学方法论，并在此基础上进行方法论的整合与创新。当然，在现实的研究实践中，这种整合与创新的效果还不尽如人意。部门哲学对于当代中国马克思主义哲学方法论创新的重大意义，突出表现在为人们提供了一种新的解释原则或阐释视域，即经济哲学、政治哲学、文化哲学、生态哲学等具体的部门哲学跃迁为一种重要的解释原则或阐释视域，既被运用于对马克思主义哲学相关理论的理解之中，也被运用到对具体的社会实现问题的阐释之中。

第三，部门哲学是构建中国化马克思主义哲学学术体系的资源。刘梦溪指出："学术思想是人类理性认知的系统化，是民族精神的理性之光；学术思想发达与否是一个民族文化是否发达的标志。"[①] 那么，如何判断一种学术思想是否发达？作为人类理性认知的系统化，一门学术思想成熟、发达的一个重要标识是体系化——形成适应时代需要、反映时代精神、引领时代发展的学术体系。按照这个逻辑，一个国家、一个民族哲学社会科学成熟、发达的重要标识也应该是建构起一个与国家发展水平相应的学术体系。习近平总书记指出，我国"目前在学术命题、学术思想、学术观点、学术标准、学术话语上的能力和水平同我国综合国力和国际地位还不太相称"[②]。构建中国特色哲学社会科学的学科体系、学术体系、话语体系成为当前重大的理论任务和理论使命，而构建中国特色的马克思主义哲学学术体系是其题中应有之义。这一哲学学术

---

① 刘梦溪：《中国现代学术要略》（修订版），生活·读书·新知三联书店2018年版，第1页。
② 习近平：《在哲学社会科学工作座谈会上的讲话》，人民出版社2016年版，第15页。

体系构建也是由哲学自身发展的内在要求所决定的，包括马克思主义哲学在内的哲学演进就展现为旧的哲学学术体系不断被解构和超越、新的哲学学术体系不断生成和发展的过程。当然，这些新哲学体系的生成和发展是哲学家适应时代需要自觉建构的结果。

构建当代中国马克思主义哲学学术体系是我国实践发展提出的客观要求，是马克思主义哲学自我提升诉求的时代回应，是改革开放以来中国马克思主义哲学研究成果总结、整合的必然逻辑。任何哲学学术体系的构建都需要借助一定的理论遗产或思想资源。构建当代中国化马克思主义哲学学术体系需要吸收借鉴多方面的思想资源。其中，部门哲学是不可或缺的重要资源，而且应该是这个哲学体系内容的重要组成部分。善于把一切可资借鉴的经济哲学、政治哲学、文化哲学等部门哲学"为我所用"是马克思和恩格斯哲学研究的一大特色。如前所述，中国马克思主义部门哲学已经成为表征当代中国马克思主义哲学存在的重要方式，这决定了构建当代中国马克思主义哲学学术体系必然要吸纳部门哲学研究的最新思想成果，特别是毛泽东思想和中国特色社会主义理论体系所蕴含的经济哲学、政治哲学、文化哲学、社会哲学和生态哲学思想。中国马克思主义部门哲学体系建构的理论自觉和多种探索，对构建当代中国马克思主义哲学学术体系具有多重意义。有些学者积极尝试以政治哲学、文化哲学等部门哲学重构当代中国马克思主义哲学。相较而言，当前关于当代中国马克思主义政治哲学体系构建的探讨最为热烈，涉及的内容也非常广泛。如对构建当代中国马克思主义政治哲学的可能性问题、前提性问题、关键性问题、原则性问题的多维度思考，对构建路径的多样化探索，对构建的现实基础、理论意义、理论目的、理论资源、理论困难等问题的具体性分析。这些问题也是哲学学术体系构建的共性问题，因而对这些问题的反思与探讨对于推进构建当代中国马克思主义哲学学术体系具有借鉴和启示意义。由此，部门哲学不仅成为构建当代中国马克思主义政治哲学的重要内容来源，而且也有着重要的方法论意义。

第五章　恩格斯晚年的马克思哲学阐释对当代推进马克思主义哲学中国化的启示

综上可见，部门哲学对于推进马克思主义哲学中国化具有不可替代的作用，并在一定程度上影响和规约着中国化马克思主义哲学的未来走向和发展水平。正因如此，我们不能低估部门哲学研究的学术价值。但是，部门哲学不是表征当代中国马克思主义哲学的唯一方式，不是推进当代中国马克思主义哲学方法论创新的唯一力量，不是构建当代中国马克思主义哲学学术体系的唯一资源。由此，我们又不能过于高估部门哲学研究的学术价值，更不能以部门哲学研究代替其他哲学研究，而是要把部门哲学研究与其他哲学研究结合起来，互相取长补短，合力推动当代中国化马克思主义哲学创新发展，更好地发挥其改变世界的社会功能。

第三节　主动深耕马克思主义哲学中国化的实践场域

马克思主义哲学中国化的过程也是实践创新的过程。脱离实践，马克思主义哲学理论就会失去生命力、创造力，也失去改变世界的力量。习近平指出："我国哲学社会科学应该以我们正在做的事情为中心，从我国改革发展的实践中挖掘新材料、发现新问题、提出新观点、构建新理论，加强对改革开放和社会主义现代化建设实践经验的系统总结，……提炼出有学理性的新理论，概括出有规律性的新实践。"[①] 这也是推进马克思主义哲学中国化要做的事情。但是，要从当代中国实践中"挖掘新材料、发现新问题、提出新观点、构建新理论"，必须深刻、全面、系统理解当代中国实践，即深耕马克思主义哲学中国化的实践场域。

[①] 习近平：《在哲学社会科学工作座谈会上的讲话》，人民出版社2016年版，第21—22页。

一 马克思主义哲学中国化的实践规定性

从学理上说,这是由马克思主义哲学中国化的实践规定性所决定的。将马克思主义哲学与中国实践相结合是使这一哲学中国化的内在规定,也是中国马克思主义哲学的基本生成机制。从百余年马克思主义哲学中国化史来看,这种结合包括两个向度的思想运动:一是从一般降落到特殊,即运用马克思主义哲学立场观点方法研究和解决中国革命、建设和改革实践中的重大问题;二是从特殊上升到一般,系统总结中国革命、建设和改革实践智慧并上升到规律性认识,形成中国马克思主义哲学理论。这两个向度的思想运动,都内在包含中国实践反思。"凡是把理论引向神秘主义的神秘东西,都能在人的实践中以及对这种实践的理解中得到合理的解决。"① 从此论述中也可以逻辑地引申出,理论创新也可在实践以及对它的理解中得到合理说明。历史与逻辑都证明,中国实践以及对中国实践的理解,直接影响着马克思主义哲学中国化能否实现理论创新以及理论创新的程度。一方面,中国独特的革命、建设和改革实践,为马克思主义哲学在中国的创造性运用和创新性发展提供了现实的沃土。另一方面,马克思主义哲学中国化的主体对中国革命、建设和改革实践及其独特性的深刻理解,为中国实践的马克思主义哲学化和马克思主义哲学的中国化奠定了基础。如果中国人民所进行的实践与创造了原生形态的马克思主义哲学的实践没有异质性,那么,这一哲学在中国是不可能实现真正意义上的理论创新的,具有原创性的中国化马克思主义哲学也是不可能形成的。同样,即使中国人民所进行的实践带有独特性,但是如果不能被正确、全面理解,实践经验总结很难上升到规律、理论的高度,也无法创造中国化的马克思主义哲学。总之,要实现马克思主义哲学与中国具体实践的有机结合,并达到预期效果,深刻认识中国具体实践是必要环节。

---

① 《马克思恩格斯文集》第 1 卷,人民出版社 2009 年版,第 501 页。

第五章 恩格斯晚年的马克思哲学阐释对当代推进马克思主义哲学中国化的启示

马克思主义哲学与中国具体实践相结合的过程，也是实践马克思主义哲学或马克思主义哲学现实化的过程。运用马克思主义哲学分析和解决中国实践的重大现实问题，最终落脚点是促进社会的全面进步和人的全面发展。摆脱奴役和贫困，实现每个人自由全面发展，是马克思和恩格斯的价值理想。在他们那里，这种价值理想的实现是在现世而非来世。恩格斯曾说："基督教和工人的社会主义都宣传将来会从奴役和贫困中得救；基督教是在死后的彼岸生活中，在天国里寻求这种得救，而社会主义则是在现世里，在社会改造中寻求。"① 关注现世而非来世的幸福与解放，正是马克思主义哲学不同于基督教的地方，也是它批判一切宗教的原因。由于此种区别，理查德·罗蒂认为《共产党宣言》是比《新约》更值得向年轻人推荐的著作。马克思主义哲学视野中现世的幸福、现世的解放要靠人类自身的力量，特别是要靠无产阶级的力量。

另外，这种价值理想的实现不能仅仅靠精神力量、靠理论，更要靠物质力量，靠实践。马克思和恩格斯是"实践的唯物主义者"，他们把实践看作人独有的存在方式，提升了它在人类社会生活中的地位和作用，强调"实践的观点"对于"理论的观点"的优先性。从"实践的观点"出发，马克思主义哲学得出："只有在现实的世界中并使用现实的手段才能实现真正的解放。"② 围绕现世的"解放何以可能"问题，马克思和恩格斯探讨了解放的现实道路、解放的现实主体、解放的物质条件、解放的精神武器等。这些探讨突出了关于共产主义的两点认识：一是关于共产主义本质存在的认识，即"不是应当确立的状况"，而是"消灭现存状况的现实的运动"③；二是关于共产主义者的当下使命的认识，即"全部问题都在于使现存世界革命化，实际地反对并改变现存

---

① 《马克思恩格斯文集》第4卷，人民出版社2009年版，第475页。
② 《马克思恩格斯文集》第1卷，人民出版社2009年版，第527页。
③ 《马克思恩格斯文集》第1卷，人民出版社2009年版，第539页。

的事物"①。共产主义的价值理想最终必须通过实践的方式来实现，也只有在实践场域中才能获得现实性。共产主义的价值理想与中国"大同"理想的契合性，人的自由全面发展的目标与中国"成人"目标的相通性，是促使中国人广泛接受马克思主义哲学的一个重要因素。中国共产党人把这一哲学与中国具体实际相结合的目的是为人民谋幸福、为民族谋复兴、为世界谋大同。这实质是在践行共产主义的价值理想，而且在革命、建设和改革实践的不同场域中，具体践行路径、阶段性目标等方面呈现出统一性与差异性相统一的特征。

马克思主义哲学与中国具体实践相结合的过程，也是运用实践检验这一哲学的真理性和现实力量的过程。中国实践对于马克思主义哲学的意义，既表现在为马克思主义哲学的理论创新提供新的生长点，也体现在为检验马克思主义哲学的真理性提供客观的标准。马克思和恩格斯等经典作家既不是"先哲"，也不是"先知"，他们的理论也不是尽善尽美的绝对真理，个别论断、观点有可能是错的，因而需要通过实践来验证。而且，针对反马克思主义思潮对马克思主义哲学的歪曲、误解，也需要依靠实践予以有力驳斥和回击。更重要的是，马克思主义哲学作为无产阶级解放的"精神武器"或"头脑"，它要被无产阶级自觉主动地当作"精神武器"，它要战胜种种迷惑、误导无产阶级的错误思潮，就必须证明自身理论的科学性与真理性。在证明马克思主义哲学的真理性问题上，实践最有发言权，最具权威性。当然，这并不意味着否定从理论上对马克思主义哲学进行辩护的意义。无论从何种意义上说，理论辩护都是必要的。

在《马克思为什么是对的》一书中，伊格尔顿以大量实证材料特别是西方资本主义的事实驳斥了西方十种最常见的反马克思主义的观点，如"马克思主义结束了""马克思主义是一种宿命论""马克思主义不过是乌托邦之梦""马克思主义将世间万物归结于经济因素"等，

---

① 《马克思恩格斯文集》第1卷，人民出版社2009年版，第527页。

第五章　恩格斯晚年的马克思哲学阐释对当代推进马克思主义哲学中国化的启示

主要从西方视角证明了马克思主义哲学的正确性，拓展了人们理解马克思主义哲学之真理性的理论视野，尽管伊格尔顿的有些观点并不完全准确，还有待商榷。中国共产党人则在中国语境下，以中国革命、建设和改革的实践及其取得的历史性成就雄辩地证明了马克思主义哲学的真理性、现实性和力量。当然，这种证明不是说马克思和恩格斯所有的哲学论断都是正确的，而是指其哲学的立场、观点、方法的普遍真理性，或其世界观和方法论的普遍适用性。这种普遍适用性又为进一步推进马克思主义哲学与中国具体实践相结合提供了合理性和必然性依据。

二　实践的观点：知与行的统一

马克思主义理论创新史证明："迄今马克思主义的任何创造性思想，总是以一定的批判性历史实践为前提的。"[①] 读懂中国实践是构建创造性的中国化马克思主义哲学的必然要求。从实际情况来看，读懂中国实践，深耕马克思主义哲学中国化的实践场域，不能仅仅停留于"实践的观点"主张，还要化主张为行动——走进感性的实践活动本身。当代中国马克思主义哲学研究的创新力不能满足实践发展要求，与马克思主义哲学研究者们对实践的态度、认知的程度和理解的深度有极大关联。在主观认识上，学者们都强调要坚持实践的观点，在实践中创新发展马克思主义哲学。但在实际行动上，真正走向、走进感性的实践活动，把实践问题课题化的马克思主义哲学研究者却不具有普遍性。大部分研究者存在走向实践的意志，但是缺少走向实践的行动。如果不主动拉近与实践的距离，就难以透彻把握实践、准确抓住实践中的问题，难以提出解决实践问题的新方案、推动实践创新发展，当然也就难以实现理论创新。

马克思主义哲学在哲学史上所实现的革命性变革体现在本体论、认

[①] ［南斯拉夫］普雷德拉格·弗兰尼茨基：《马克思主义史》第一卷，胡文建、李嘉恩、杨达洲、韩宗翃、吴仕康、刘晖星、贾泽林译，衣俊卿校，黑龙江大学出版社2015年版，第4页。

识论、价值论、方法论等多个方面，而把实践范畴确立为哲学的核心范畴，从实践的观点出发研究人与世界及其二者的关系，是这些方面的革命性变革得以可能的根本前提。马克思之所以把实践范畴确立为哲学的核心范畴，基于他对实践在人类社会发展中所具有的基础性地位和革命性作用的深刻体认和充分肯定。在马克思看来，无论是黑格尔的唯心主义，还是费尔巴哈的唯物主义，都没有理解实践的本质及真正意义，因而都没有在哲学中给予其恰当定位。这从《关于费尔巴哈的提纲》中马克思对二者的批判就可以看出来。在第一条中，马克思首先就明确了实践是"感性的人的活动"，表达了实践的两重规定性。

第一，实践的属人规定性。人是实践的真正主体，实践是真正人的活动。为什么说实践是真正人的活动？实践何以成为真正人的活动？根据马克思的论述，"全部社会生活在本质上是实践的"①。此处所说的社会生活指的是人的社会生活。在《德意志意识形态》中，马克思又进一步说："为了生活，首先就需要吃喝住穿以及其他一些东西。因此第一个历史活动就是生产满足这些需要的资料。"② 正是通过生产生活资料这第一个历史活动，人把自身和动物区别开来，使人成为人，并开启了人类的历史。而就个人来说，个人"什么样"，既取决于其生产了什么，又取决于其是怎样生产的。因此，无论是在人类的意义上，还是在个体的意义上，实践都是人所特有的活动方式。人与人类社会的本质特征都要到人的实践活动中去探寻，人类历史的一切发展都要以人的实践活动的发展为前提。据此，实践也成为马克思主义哲学理解人类社会历史及其发展的逻辑起点。正是从实践的观点理解社会历史，马克思主义哲学将唯物主义从自然界拓展到社会历史领域，将辩证法从精神世界拓展到自然界和人类社会。这两个拓展，使马克思主义哲学超越了一切旧哲学。

第二，实践的感性规定性。实践是现实的物质性活动，而非抽象的

---

① 《马克思恩格斯文集》第1卷，人民出版社2009年版，第501页。
② 《马克思恩格斯文集》第1卷，人民出版社2009年版，第531页。

第五章　恩格斯晚年的马克思哲学阐释对当代推进马克思主义哲学中国化的启示

精神性活动。"感性"表明实践具有直接的现实性,是一种现实的物质力量。这种现实的物质力量会产生现实的物质结果,不仅能够改变人自身、人的认识,而且能够改变人生存于其中的自然和社会。正因如此,马克思说实践是革命的、批判的活动。对于这种革命的、批判的实践,唯心主义一点也不了解,因为它只关注意识、思维等精神活动,并只从这个层面理解人的主体性,不知道这种主体性的真正基础是人的物质性的实践。由此,它只是抽象地发展了人的主体性。费尔巴哈倒是知道现实的、感性的实践,但他"只是从它的卑污的犹太人的表现形式去理解和确定"①,而没有从其他积极的表现形式去把握实践。这种对实践的狭隘和片面的认知,使费尔巴哈根本看不到实践本有的批判的、革命的力量和意义,并由此否定实践是真正人的活动。费尔巴哈自身哲学的诸多缺陷,无不与他对实践的"不了解"有关。如他的宗教批判的不彻底性,对人的宗教感情的社会性的无知,对人的本质的抽象认识,对理论与现实的关系的单向度理解,割裂历史与唯物主义的关系,他的唯物主义的直观性。由于唯心主义和费尔巴哈的唯物主义都不理解感性的实践及其内在的批判性和革命性,所以在这些哲学体系中,理论的地位往往高于实践。这也决定了这些哲学最终只是解释世界,而无力改变世界。而且,这种解释世界之"解释",始终隐含着为现实世界辩护的意味。马克思和恩格斯则深刻揭示了实践的基础性地位与革命性力量,并坚信通过革命的实践可以改变世界。马克思主义哲学就是要为无产阶级提供科学的世界观和方法论,增强其改变命运、改变世界历史的信心和能力。

综上所述,实践的观点应该包括知和行两个方面的自觉。知的自觉即认识自觉,指"从物质实践出发来解释各种观念形态"②,解释一切"对象、现实、感性"。在此,实践成为普遍性的解释原则,适用于一切产生于实践中的存在。行的自觉即行动自觉,指在科学解释"对象、

---

① 《马克思恩格斯文集》第1卷,人民出版社2009年版,第499页。
② 《马克思恩格斯文集》第1卷,人民出版社2009年版,第544页。

现实、感性"的前提下改变对象的、现实的、感性的世界。这种行动自觉内在要求对当下现实实践本身的认知，即对当下正在做的事的理解和把握。从实践活动的结构上看，这种理解和把握包括对实践的主体、实践的客体、实践的中介的认识。从实践活动的环节上看，这种理解和把握又包括对实践的目的、实践的过程、实践的结果的评价。对当下现实实践本身的整体把握、深度理解，是有效解决现实问题、推进实践发展以及理论创新的关键一环。事实证明，缺失这关键一环，就难以提出解决问题的有效方案，难以保证实践健康发展，难以促成满足实践需求的理论创新。总的来说，马克思主义哲学的实践的观点是知和行的有机统一，而且在这种有机统一中内在包含对当下实践本身的"知"。

　　从"应然"的逻辑上说，马克思主义哲学中国化的本质规定性与现实指向性，决定了当代马克思主义哲学中国化研究应该遵循实践的观点，坚持知和行有机统一的原则，深耕当代中国实践的实体性内容。从"实然"的角度看，当前马克思主义哲学中国化研究对当代中国实践现实本身的关注更多的是停留在理论主张、理论建构层面，而真正切入实践实体性内容本身的研究则相对薄弱。20 世纪 80 年代兴起的实践唯物主义大讨论，推动中国马克思主义哲学界注重从实践的观点或实践观点的思维方式探索重构马克思主义哲学原理教科书体系问题。但这种探索"只是以'实践观点'为基础重构了马克思主义哲学知识体系，并未向感性的实践活动本身迈出实质性步伐"[1]。中国问题反思学研究范式、部门哲学研究范式的兴起，特别是马克思主义部门哲学的发展，推进了马克思主义哲学中国化研究迈向感性的实践活动的步伐。但这种研究还远未跟上实践活动本身快速发展的节奏。为此，需要当代马克思主义哲学中国化研究主动走进中国实践，进一步加强中国实践问题研究。这实际关涉到当代马克思主义哲学中国化研究如何解决理论与实践的统一问题。

---

[1] 单继刚：《"中国马克思主义哲学"何以可能》，《中国社会科学》2022 年第 5 期。

第五章　恩格斯晚年的马克思哲学阐释对当代推进马克思主义哲学中国化的启示

三　深耕人民的创造性实践

马克思主义哲学植根于人民的实践，是对人民的实践经验和规律的哲学表达。马克思主义哲学中国化的实践场域是一个动态开放、复杂多变的"感性活动"空间，要准确把握当下中国实践的现实、本质、必然，总结提炼中国实践的经验和规律，必须聚焦于人民的创造性实践。习近平指出："党的理论是来自人民、为了人民、造福人民的理论，人民的创造性实践是理论创新的不竭源泉。"① 因此，深耕马克思主义哲学中国化的实践场域，重点是全面、深刻、准确把握中国人民的创造性实践。这也是推动马克思主义哲学中国化研究从"实践的观点"向感性的实践活动本身迈出实质性步伐的必然要求。重点深耕人民创造性实践，既要深入剖析其内在的逻辑理路，又要积极探索切实推进的现实进路。

从理论逻辑上看，马克思主义哲学把人民看作历史的主体，主张人民是历史的创造者。马克思和恩格斯强调全部人类历史的"第一个前提"是"有生命的个人"的存在。② 所谓"有生命的个人"，指"现实中的个人"而非想象出来的"虚幻的人"。这种现实的人的现实规定性，主要来自其所从事的活动的物质性：在一定的物质条件下进行物质生产的人。当马克思主义哲学把这样现实的人看作社会历史存在和发展的前提时，一方面否定了神创造历史或观念创造历史的唯心史观，另一方面肯定了人民创造历史的决定作用。人民群众是历史活动的主体，历史活动不过是人民群众有目的的活动。马克思和恩格斯所批判的"抽象的经验主义者"把历史本身看作死的——"僵死的事实"的汇集。唯心主义者虽然把历史看作活的，但历史活动被理解为思想活动，即

---

① 习近平：《高举中国特色社会主义伟大旗帜　为全面建设社会主义现代化国家而团结奋斗：在中国共产党第二十次全国代表大会上的报告》，人民出版社2022年版，第19页。
② 《马克思恩格斯文集》第1卷，人民出版社2009年版，第519页。

"想象的主体的想象活动"①。马克思和恩格斯既反对把历史看作僵死事实的汇集,又反对把历史活动当作纯粹的思想活动。在他们的语境中,有目的的历史活动是包括生产在内的社会性的、物质性的实践活动。人民群众是这种活动的主体,其活动构成人类社会历史的基础。马克思主义哲学揭示并肯定人民群众的历史创造者地位,必然会重视人民群众的创造性的实践活动。

马克思主义哲学是人民性的哲学,为人民谋幸福、实现人民自身解放是这一哲学的价值目标和根本使命。人民群众既是解放的对象,又是解放的主体,即人民群众自己解放自己。而且,人民群众只有使用实践的方式而非思想的方式才能实现自身的解放。以鲍威尔为代表的青年黑格尔派坚持存在和思维、实践和理论的抽象同一性,把解放看作一种思想活动,主张通过改变思维、改变意识的思想方式改变现实的世界,达到解放的目的。对此,马克思和恩格斯批判地指出:"当我改变了我自己的主观意识而并没有用真正对象性的方式改变对象性现实,即并没有改变我自己的对象性现实和其他人的对象性现实的时候,这个世界仍然还像往昔一样继续存在。"②用对象性的方式改变对象性的现实,实质就是用实践的方式改变对象性的现实,因为实践本身就是对象性的活动,而且是创造性的对象性活动。由此,在马克思主义哲学理论视野中,创造性实践是人民群众通向自身解放的现实道路。

从历史逻辑上看,马克思主义哲学中国化的历史是探索、研究和推进人民的创造性实践的过程。由此产生的中国马克思主义哲学,既是马克思主义哲学普遍真理同中国人民具体实践相结合的经验的哲学总结,也是人民创造性实践的规律和经验的哲学化表达。如毛泽东的哲学思想,既是对中国革命和建设实践的经验提升和总结,又是指导中国人民实践创造的认识工具。《反对本本主义》《中国革命战争的战略问题》《实践论》《矛盾论》《论十大关系》《关于正确处理人民内部矛盾》等

---

① 《马克思恩格斯文集》第1卷,人民出版社2009年版,第526页。
② 《马克思恩格斯文集》第1卷,人民出版社2009年版,第358页。

第五章　恩格斯晚年的马克思哲学阐释对当代推进马克思主义哲学中国化的启示

重要文献，无不是以中国人民的创造性实践为内容源泉的。邓小平理论、"三个代表"重要思想、科学发展观和习近平新时代中国特色社会主义思想蕴含的哲学思想，是对改革开放和社会主义现代化建设伟大实践的经验和智慧的哲学总结。而且，坚持人民至上、尊重人民主体地位、发挥人民首创精神全面贯穿于这些哲学思想之中。西方学者否定中国马克思主义哲学的独特性，其根源在于片面抓住了马克思主义哲学演进的理论逻辑，而忽略了中国人民独特的创造性实践对于中国马克思主义哲学的"存在论"和"本质论"的根基性价值。根据马克思主义哲学与中国具体实践相结合的本质规定性与中国主体性，中国马克思主义哲学必然是关于中国人民创造性实践、生长于中国人民创造性实践、作为中国人民创造性实践的环节而存在的理论，必然是带有中华优秀传统文化基因和特色的哲学。独特的实践存在场域与民族文化传统，塑造了中国马克思主义哲学独特的生成逻辑、叙事结构、话语体系、学术范式、核心议题。

从现实进路上看，聚焦人民的创造性实践必须坚持问题导向和加强中国主体意识。聚焦中国人民的创造性实践，实际是发现、分析和解决人民社会生活实践中的各种问题。问题是哲学创新的生长点，也是哲学创新的动力源。从某种意义上说，哲学理论创新的过程就是发现问题、筛选问题、研究问题、解决问题的过程。坚持问题导向是中国哲学创新的共同原则，马克思主义哲学中国化史就是创造性运用马克思主义哲学解决中国现实问题的历史过程。"中国化"是马克思主义哲学发展中的一个重要转折点，这种转折不仅仅是空间场域的变化，更多的是问题与问题域的变化。问题与问题域的变化源于实践的变化，并由此带来理论体系的变革。"哲学的每一伟大体系一开始着手解决的都是新提出的问题。"[①] 中国化马克思主义哲学体系是中国重大现实问题的哲学表达，解决中国人民在发展中遇到的重大理论和

---

① ［德］文德尔班：《哲学史教程》上卷，罗达仁译，商务印书馆1987年版，第17页。

实践问题是马克思主义哲学中国化的现实目的。因此，马克思主义哲学中国化研究是学术关切和现实关切的辩证统一。但正如有学者指出的，"现在学术界的一个危险是，学者可以对现实世界一点不了解，只要有好的方法、好的理论、好的数据，就能做出好的研究"①。一些学者的学术研究从形式上很"规范"，甚至可以说很"精致"，但由于现实关切的淡化或弱化，往往在内容上使人体会不到"深切的经验质感"。而现实关切淡化或弱化，往往与不了解人民的创造性实践、不关注人民自身或人民关注的问题有直接关系。就当下而言，中国式现代化是人民的创造性实践的集中体现，从哲学高度捕捉和研究在此实践场域中出现的重大问题，为整体推进中国式现代化发展提供理论支撑，是中国马克思主义哲学的理论任务。

百余年马克思主义哲学中国化过程表现出鲜明的中国主体意识。加强中国主体意识，从肯定性维度说，聚焦人民的创造性实践，无论是在理论立场还是在价值立场上，都要始终坚持中国立场。从否定性维度说，主要指既不能用西方知识体系解读中国人民的创造性实践，也不能用西方价值体系评价中国人民的创造性实践，因为中国人民的创造性实践有其中国特殊性。同时，也不能以西方马克思主义哲学传统的标准，评判源自中国人民创造性实践的中国化马克思主义哲学的价值与意义。这一哲学的独特性是内生性的，一切外在于中国实践、背离中国文化精神的马克思主义哲学都没有资格被纳入中国马克思主义哲学谱系之中。中国文化浸润的中国人民的创造性实践在判定中国化马克思主义哲学是否具有合法性与独创性问题上具有优先权。反之，在对中国人民的创造性实践的学理性阐释中，中国化马克思主义哲学也比外来哲学更有解释力和话语权。但要注意一点，中国化马克思主义哲学的创新是"守正创新"，并未忘本——与原初形态的马克思主义哲学在立场观点方法上保有内在的一致性。也正因为如此，所

---

① 周晓虹主编：《重建中国社会学：40位社会学家口述实录：1979—2019》下，商务印书馆2021年版，第1128页。

以马克思主义哲学中国化或中国化马克思主义哲学不仅具有特殊性价值，还有普遍性意义。加强中国主体意识，不是完全拒斥西方，不是反对世界眼光，不是消解国际主义视野。恰恰相反，马克思主义哲学中国化要正视西方，立足于中国问题有选择地吸收、消化西方的思想资源。它不仅要立足中国问题、具有中国立场，而且要关注世界问题、具有人类立场。

第四节　有效提升马克思主义哲学大众化的价值功能

大众的哲学素养关联着一个民族思想的深度和精神的高度。在中国，马克思主义哲学受众规模最大，它的大众化由此也成为提升中国大众哲学素养最为通用的方式。恩格斯晚年开启的哲学大众化道路，为中国马克思主义哲学大众化探索提供了建设性的指引。从学理上说，不断推进马克思主义哲学的大众化是坚持和发展这一哲学的内在本有之义。马克思主义哲学既是实践的哲学，又是人民的哲学。只有大众化，它才能化为大众内在的信仰和锐利的武器，进而化为实践的物质力量。新时代推进马克思主义哲学大众化，重在有效提升其价值功能。为此，需要把握其价值的整体性、拓展其主体的多元性和提升其中介的契合性。

一　把握马克思主义哲学大众化价值的整体性

深刻分析马克思主义哲学大众化的历史进程与现实要求，我们可以更为清楚地把握马克思主义哲学大众化之"化"的本质规定性，尤其是其核心内容和价值目标的发展性与整体性。把握这种发展性与整体性是提升马克思主义哲学大众化价值功能的前提。

马克思主义哲学大众化语境中的"马克思主义哲学"，其内容不是一成不变的，而是与时俱进、动态发展的。恩格斯晚年向无产阶级工人大众传播的马克思主义哲学，主要指他和马克思共同创立的辩证唯物主义和历史唯物主义。虽然马克思说"人民的最美好、最珍贵、最隐蔽的精髓都汇集在哲学思想里"①，但不是每一种哲学都为大众服务、都有大众化的要求和可能。像马克思所批判的"爱好宁静孤寂""追求体系完满""喜欢自我审视"的德国哲学就没有大众化的自觉。马克思和恩格斯的新哲学是为无产阶级工人大众谋幸福、求解放的哲学，他们有将其大众化的理论自觉和行动自觉。而且，不是这一哲学所有的内容都需要大众化，具体要根据无产阶级革命运动的需要而定。

20世纪30年代，因著《大众哲学》一书而被誉为中国"哲学大众化"第一人②的艾思奇，向中国大众读者介绍的马克思主义哲学，又被他称为"现代哲学"或"新哲学"。针对大众日常生活中遇到的问题和困惑，在《大众哲学》中，艾思奇向大众读者介绍的主要是辩证唯物主义的本体论、认识论和方法论。同一时期，李达所著的《社会学大纲》也发挥着马克思主义哲学大众化的作用。这本著作以"社会学"之名向大众传播了"唯物辩证法"和"历史唯物论"。从其涉及的思想内容的"主体"来看，它"不仅具有列宁、恩格斯的'元素'，而且具有更多的马克思的'元素'，尤其是阐述了《1844年经济学哲学手稿》、《关于费尔巴哈的提纲》、《德意志意识形态》的一些重要观点"③。

新中国成立后，马克思主义哲学教科书成为普及马克思主义哲学知识、实现马克思主义哲学大众化的主导载体和范本。20世纪50年代，我国基本沿用的是苏联马克思主义哲学教科书模式。20世纪60年代，全国通用的比较有代表性的马克思主义哲学教科书是教育部委托艾思奇主编的《辩证唯物主义 历史唯物主义》，1961年由人民出版社出版。全书包括绪论（第一章）、辩证唯物主义（上篇）和历史唯物主义（下

---

① 《马克思恩格斯全集》第1卷，人民出版社1995年版，第219—220页。
② 参见张立波《〈大众哲学〉：马克思主义哲学大众化的经典范本》，《北京师范大学学报》（社会科学版）2022年第1期。
③ 杨耕主编：《马克思主义哲学体系研究：历史演变与基本问题》上，四川人民出版社2019年版，第175页。

第五章　恩格斯晚年的马克思哲学阐释对当代推进马克思主义哲学中国化的启示

篇）三个部分。绪论部分主要介绍了"哲学的一般问题",包括:哲学思想的产生;哲学的世界观本质;唯物主义和唯心主义的产生、发展及"哲学史上的两军对战"即这两个哲学派别或两条相反路线的斗争史;"马克思主义哲学的产生是哲学上的革命变革";学习这一哲学的目的和方法。上篇辩证唯物主义部分,从第二章到第九章,包括的内容有:"世界的物质性""物质和意识""对立统一规律""质量互变规律""否定之否定规律""唯物辩证法的基本范畴""认识和实践""真理"①。下篇历史唯物主义部分,从第十章到第十六章,涵盖的内容有:"历史唯物主义和历史唯心主义的根本对立""生产力和生产关系""经济基础和上层建筑""阶级和国家""社会革命""社会意识及其形式""人民群众和个人在历史上的作用"。②从上述各部分的内容设置及结构安排可以看出,此版本的教科书主要包括唯物论（本体论）、辩证法（方法论）、认识论和唯物史观四个板块。

从"板块"视角来看,我国出版的多种版本的马克思主义哲学教科书,在总体内容结构与逻辑体系上大多都沿用了此书设定的基本框架。而且,马克思主义基本原理教科书中的马克思主义哲学部分,也是基本按照这个框架设置的。不过,个别版本板块顺序有所调整,一些板块中的内容有所增减。如改革开放尤其是进入 21 世纪之后,马克思主义哲学教科书在具体内容上有所变化,基本都增加了"实践观"和"价值论"的内容,在"唯物史观"板块增加了改革、文化的作用、科学技术的作用等内容。像李秀林等人主编的《辩证唯物主义和历史唯物主义原理》,从第一版到第六版,其变化主要体现在内容随时代、实践和认识的发展而不断地扩充。如《辩证唯物主义和历史唯物主义原理》（第五版）,把实践的观点贯穿于全部哲学原理中,增加了实践是人的存在方式、交往关系及其制度化、非理性因素在认识中的作用、传统文化与社会现代化等内容。这种变化标志着人们对马克思主义哲学的

---

① 《艾思奇全书》第 7 卷,人民出版社 2006 年版,第 566—716 页。
② 《艾思奇全书》第 7 卷,人民出版社 2006 年版,第 734—879 页。

基本原理、精神实质及其整体逻辑、教育规律等认识的深化和发展，也是马克思主义哲学教科书适应并体现时代和现实发展要求的结果，并体现了及时将党的理论创新成果融入其中的理论自觉。

表5-1　　改革开放以来马克思主义哲学教科书列表①

教科书名称	编者	出版时间	出版社
《辩证唯物主义原理》	肖前等	1981年	人民出版社
《历史唯物主义原理》	肖前等	1983年	人民出版社
《马克思主义哲学原理》（上下册）	肖前等	1994年	中国人民大学出版社
《辩证唯物主义和历史唯物主义原理》	李秀林等	1982年	中国人民大学出版社
《辩证唯物主义和历史唯物主义原理》（修订本）	李秀林等	1984年	中国人民大学出版社
《辩证唯物主义和历史唯物主义原理》（第三版）	李秀林等	1990年	中国人民大学出版社
《辩证唯物主义和历史唯物主义原理》（第四版）	李秀林等	1995年	中国人民大学出版社
《辩证唯物主义和历史唯物主义原理》（第五版）	李秀林等	2004年	中国人民大学出版社
《辩证唯物主义和历史唯物主义原理》（第六版）	李秀林等	2022年	中国人民大学出版社
《辩证唯物主义与历史唯物主义》	陶德麟等	1983年	湖北人民出版社
《马克思主义哲学原理》	陶德麟、汪信砚	2010年	人民出版社
《马克思主义哲学基础》上册	高清海	1985年	人民出版社
《马克思主义哲学基础》下册	高清海	1987年	人民出版社
《马克思主义哲学原理》（本科试用本）	陈先达、杨耕	1999年	中国人民大学出版社

---

① 此表只列出了几个比较有代表性的版本的马克思主义哲学教科书，包括涉及马克思主义哲学内容的"马工程"教材，没有列出全部的马克思主义哲学教科书。

第五章　恩格斯晚年的马克思哲学阐释对当代推进马克思主义哲学中国化的启示

续表

教科书名称	编者	出版时间	出版社
《马克思主义哲学原理》（第2版）	陈先达、杨耕	2004年	中国人民大学出版社
《马克思主义哲学原理》（第3版）	陈先达、杨耕	2010年	中国人民大学出版社
《马克思主义哲学原理》（第4版）	陈先达、杨耕	2016年	中国人民大学出版社
《马克思主义哲学原理》（第5版·数字教材版）	陈先达、杨耕	2019年	中国人民大学出版社
《马克思主义哲学高级教程》	陈晏清等	2001年	南开大学出版社
《马克思主义哲学教程》	赵家祥等	2003年	北京大学出版社
《马克思主义哲学》	《马克思主义哲学》编写组	2009年	高等教育出版社、人民出版社
《马克思主义哲学》（第二版）	《马克思主义哲学》编写组	2020年	高等教育出版社、人民出版社
《马克思主义基本原理概论》	本书编写组	2007年	高等教育出版社
《马克思主义基本原理概论》（2008年修订版）	本书编写组	2008年	高等教育出版社
《马克思主义基本原理概论》（2009年修订版）	本书编写组	2009年	高等教育出版社
《马克思主义基本原理概论》（2010年修订版）	本书编写组	2010年	高等教育出版社
《马克思主义基本原理概论》（2013年修订版）	本书编写组	2013年	高等教育出版社
《马克思主义基本原理概论》（2015年修订版）	本书编写组	2015年	高等教育出版社
《马克思主义基本原理概论》（2018年版）	本书编写组	2018年	高等教育出版社
《马克思主义基本原理》（2021年版）	本书编写组	2021年	高等教育出版社
《马克思主义基本原理》（2023年版）	本书编写组	2023年	高等教育出版社

恩格斯晚年的马克思哲学阐释研究

最新版的《马克思主义基本原理》（2023年版）和《马克思主义哲学》（第二版）（2020年，高等教育出版社），相比之前的版本，在内容上均有所增补。《马克思主义基本原理》（2023年版）的马克思主义哲学部分，"唯物论"板块增加了"物质世界的二重化"内容，并在这部分内容中加入了"如何认识元宇宙"的问题。"唯物史观"板块增加了"文明及其多样性""社会进步与人的发展"内容。如《马克思主义哲学》（第二版）一书，依然按照一般哲学观、唯物论、辩证法、唯物史观、认识论和价值论的逻辑顺序编排，但第二章"马克思主义哲学的创立与发展"增加了"马克思主义中国化历程及其哲学贡献"内容，尤其是增加了"习近平新时代中国特色社会主义思想的哲学贡献"的内容，主要从哲学观、发展观、文化观、生态观、全局观、知行观和文明观七个方面概括了这一思想对哲学发展作出的贡献。[①] 第八章"社会基本矛盾运动及其规律"增加了"社会主义社会主要矛盾及其转化"内容；第九章"生产力在社会发展中的作用"增加了"先进生产力与经济社会的全面发展"内容；第十一章"文化在社会发展中的作用"增加了"发展中国特色社会主义文化"内容；第十四章"价值与价值观"增加了"培育和践行社会主义核心价值观"内容；第十五章"人类解放与人的自由全面发展"增加了"共产主义远大理想与中国特色社会主义共同理想"内容。这标志着马克思主义哲学大众化的内容越来越丰富，且富有时代性。可以说，马克思主义哲学教科书成为中国大众理解马克思主义哲学的主导范式。恩格斯晚年对马克思主义哲学的体系化阐释影响着不同版本的马克思主义哲学教科书体系的内容与结构。

关于马克思主义哲学大众化，人们一直存有误解。其中一个误解是对大众化语境中的马克思主义哲学作狭隘理解。有些人认为需要"大众化"的只是马克思和恩格斯的"原生形态"的马克思主义哲学，而把列宁哲学、毛泽东哲学等"发展形态"的马克思主义哲学排除在外。

[①] 参见《马克思主义哲学》编写组《马克思主义哲学》（第二版），高等教育出版社、人民出版社2020年版，第49—53页。

第五章　恩格斯晚年的马克思哲学阐释对当代推进马克思主义哲学中国化的启示

此外，面对"原生形态"的马克思主义哲学，往往比较重视其观点和方法的大众化，忽视了价值立场的大众化，直接影响到了这一哲学大众化的整体实践效果。新时代要推进马克思主义哲学大众化取得实质性进展，至少要从三个维度理解所要"大众化"的马克思主义哲学的整体性。其一，"内容"的整体性，即辩证唯物主义和历史唯物主义的整体性；其二，"形态"的整体性，即"原生形态"和"发展形态"的马克思主义哲学的整体性；其三，"精髓"的整体性，即马克思主义哲学之立场、观点和方法的整体性。

上述整体性直接关联着马克思主义哲学大众化的价值的整体性。一般认为，马克思主义哲学大众化，"就是以通俗易懂的大众语言和人们喜闻乐见的方式，宣传普及马克思主义哲学的基本思想和方法，使之成为人们普遍掌握、灵活运用的基本生活原则，使之转化为人民群众的思想观念和价值取向，并内化为他们自觉的思维方式和行动指南"[①]。这一论述包括了对马克思主义哲学大众化的条件和价值的理解。其中，通俗化是马克思主义哲学大众化的重要条件。但是，通俗化只是大众掌握马克思主义哲学理论的一个前提条件，而不是充分条件。真正的大众化需要在这个基础上，让马克思主义哲学的立场观点方法进入大众的头脑并发生"转化"：转化为"基本生活原则"，转化为"思想观念和价值取向"，转化为"自觉的思维方式和行动指南"。这三个"转化"表达了马克思主义哲学大众化的基本价值目标。从理想性维度来看，新时代条件下这一价值目标应该是一个具有价值整体性的目标。一是理论目标与实践目标的统一，即把马克思主义哲学的立场观点方法化为大众认识和改造世界、辨识和应对错误思潮的锐利工具。马克思主义哲学始终面对各种反马克思主义思潮的挑战攻击，中国特色社会主义也始终面对各种反社会主义思潮的恶意攻击。当代马克思主义哲学大众化的一个重要功能就是指引大众同这些错误思潮作斗争，帮助大众划清是非界限、澄

[①] 朱荣英：《马克思主义哲学大众化的当代视域及践行路径》，中央编译出版社2019年版，第1—2页。

清模糊认识，即"用真理揭露谎言，让科学战胜谬误"①。这也是巩固马克思主义在意识形态领域的指导地位、坚定理论自信和推进实践发展的需要。当年恩格斯向工人大众宣传马克思哲学，也有服务于意识形态领域斗争需要的考量。二是知识目标与信仰目标的统一，即不仅使大众接受并掌握马克思主义哲学的科学的世界观和方法论，而且认同并坚定共产主义理想信念和中国特色社会主义共同理想。这也意味着马克思主义哲学不仅是作为一个科学的知识体系对大众发挥作用，而且是作为一个价值体系对大众产生影响，既武装头脑又固本铸魂。马克思主义哲学大众化，不仅要深入分析和解答与人民大众利益休戚相关的现实问题，而且要解决人民大众内在的精神需要和信仰信念问题。在马克思主义哲学大众化初期，科学启蒙是主导价值。但是随着我国教育事业的快速发展，中国大众的文化知识水平已经得到普遍提升。由此，科学启蒙已经不再是主导价值，反而是理想信念教育变得尤为重要。习近平指出："理想信念教育不仅要在党员干部中开展，而且要面向全社会开展。"②面向全社会就包括面向大众在内。

总之，在"应然"层面，马克思主义哲学大众化的价值具有整体性特征。但中国马克思主义哲学大众化的理论与实践，往往更关注理论目标、知识目标，而对实践目标和价值目标重视程度不够，影响大众化的方向、边界及达到的高度和深度，从而制约其整体效果。因此，提升马克思主义哲学大众化的价值功能，首先必须充分把握其价值的整体性。

二　拓展马克思主义哲学大众化主体的多元性

任何活动都有活动的主体。马克思主义哲学大众化既是理论活动，

---

① 中共中央文献研究室编：《习近平关于社会主义文化建设论述摘编》，中央文献出版社2017年版，第28页。

② 中共中央文献研究室编：《习近平关于社会主义文化建设论述摘编》，中央文献出版社2017年版，第23页。

第五章　恩格斯晚年的马克思哲学阐释对当代推进马克思主义哲学中国化的启示

又是实践活动。由此,对主体的要求,既有理论维度的,又有实践维度的。马克思主义哲学大众化主体的状况,如主体的构成、主体的理论素养、主体的认知水平、主体的价值选择、主体与大众的关系等,将不同程度影响着马克思主义哲学大众化的价值实现。提升马克思主义哲学大众化的价值功能,有必要加强主体认识,拓展主体空间,提升主体能力。

主体与客体是一对矛盾,深入把握马克思主义哲学大众化的主体,离不开对其客体即对象的理解。确立的对象不同,对主体的要求就不同,路径建构也会有别。从已有研究来看,学界对马克思主义哲学大众化的对象和主体的认识都存在分歧。关于其对象的争议主要表现在这一命题的两个核心词上,即马克思主义哲学大众化的对象是"马克思主义哲学"还是"大众"?由此,形成了两种不同的观点。第一种观点认为,大众是马克思主义哲学大众化的对象,马克思主义哲学大众化即向大众宣传马克思主义哲学,使之成为掌握马克思主义哲学立场观点方法的马克思主义者。有学者明确反对此观点,理由有两点:一是如果把马克思主义哲学大众化的对象定位于大众,认为"大众化"就是"化大众",就是使大众都成为马克思主义者,并由此在大众与马克思主义者之间画上等号。其可能的消极后果是"在评估马克思主义大众化的实效时,我们就可能重蹈'左'的或右的错误的覆辙,即要么把不是马克思主义者的人排除于人民大众或人民群众的范畴之外,要么把马克思主义者的标准降格于普通大众的水准"[①]。这两种情况对马克思主义哲学大众化事业都是有损无益的。二是这种观点提出的"大众化"的现实路径即把马克思主义哲学强行塞进大众头脑的"灌输"方法,有悖于大众化的初衷:大众自觉地把马克思主义哲学当成认识、改造世界的思想武器。第二种观点认为,马克思主义哲学自身是大众化的对象,把马克思主义哲学大众化的实质理解为这一哲学的具体化,即把马克思主

---

① 汪信砚:《马克思主义大众化的实质、对象和主体》,《社会科学动态》2017年第1期。

义哲学转化为大众所需要的东西,增强马克思主义哲学对大众的吸引力。由此,持这种观点的学者往往把马克思主义哲学大众化归结为马克思主义哲学理论自身建设问题。① 这两种不同观点反映出人们对马克思主义哲学大众化之本质的差异理解。本书认同第二种观点,理由是马克思主义哲学大众化内在于马克思主义哲学中国化之中,它们二者的对象具有一致性。

马克思主义哲学的大众化与中国化对象的一致性,并不代表二者主体的绝对同一性。中国化与大众化在层次、内容、目标等方面存在明显的差异性,这就决定了它们对主体的要求也是有差别的,所以二者的主体不可能完全同一。但不可否认的是,对象的一致性必然会使它们的主体有重叠和交叉。在马克思主义哲学中国化的主体问题上,学界也没有统一的认识。有一些学者依据中国共产党在马克思主义哲学中国化过程中所扮演的"主角"地位,把中国共产党看作马克思主义哲学中国化的主体。但有学者认为不应该把马克思主义哲学中国化的主体仅仅局限于中国共产党群体,人民群众也可以包括进去②。也有学者把党外拥护党的路线和政策的知识分子也纳入其中③。还有学者将马克思主义哲学中国化的主体划分为三类群体,分别是政治领袖、知识分子和人民群众,他们彼此之间"虽有交叉",但边界又基本分明。④

综合学界上述观点可以得出,马克思主义哲学中国化的主体不是一元的,而是具有多元性特征的。那么,马克思主义哲学中国化的多元主体是否都有资格成为马克思主义哲学大众化的主体?从学界已有研究来看,大部分学者都认同马克思主义理论工作者或知识分子、中国共产党、领袖人物在马克思主义哲学大众化中的主体作用。但也有学者反对

---

① 汪信砚:《马克思主义大众化的实质、对象和主体》,《社会科学动态》2017年第1期。
② 参见张泽强《理解马克思主义中国化主体需要注意把握的几个关系》,《思想理论教育》2014年第2期。
③ 参见俞吾金《对马克思主义中国化主体的反思》,《探索与争鸣》2009年第1期。
④ 单继刚:《"中国马克思主义哲学"何以可能》,《中国社会科学》2022年第5期。

第五章　恩格斯晚年的马克思哲学阐释对当代推进马克思主义哲学中国化的启示

把马克思主义理论工作者看作马克思主义哲学大众化最重要的主体,认为这种主张片面地把马克思主义哲学大众化等同于马克思主义哲学通俗化即马克思主义哲学的宣传普及。① 在对主体问题的理解中,比较有争议的是人民大众能否承担起马克思主义哲学大众化主体的功能。对此,形成了两种对立的观点。第一种观点持肯定态度,认为人民大众自身就是马克思主义哲学大众化的主体。依据有二:一是人民大众也是理论的创造者和贡献者,其实践是马克思主义之源。② 二是人民大众是历史的创造者,只有鼓励人民大众自我教育,马克思主义哲学大众化才有坚实基础。③ 持此种观点的学者,不但承认人民大众作为马克思主义哲学大众化之主体的地位,而且主张马克思主义哲学大众化是"人民群众自己的事业",并由此提出必须激发人民大众自身的"主体性",这样"大众化"的事业才能成功。④ 第二种观点持否定态度,认为人民大众不可能成为马克思主义哲学大众化的主体。其论证逻辑是批判、解构第一种观点的立论基础,主张"人民大众的实践经验和价值诉求决不会自己升华为马克思主义"⑤,只有用科学理论武装起来的人民大众才能够自觉地创造历史,成为历史的主体和创造者。由此,马克思主义哲学大众化最为重要的主体只能是马克思主义理论研究者。

无论是从人民大众的主体内容还是文化水平来看,我们今天所面对的人民大众与19世纪马克思和恩格斯所面对的工人大众已经完全不同,与20世纪30年代艾思奇所面对的人民大众也有所不同。随着我国教育特别是高等教育的普及和发展,人民大众的整体文化水平和理论素养比

---

① 汪信砚:《马克思主义大众化的实质、对象和主体》,《社会科学动态》2017年第1期。
② 参见陈占安《试论马克思主义大众化的历史经验》,《学校党建与思想教育》2012年第31期。
③ 崔耀中:《重视总结和运用马克思主义大众化的历史经验》,《人民日报》2013年6月25日。
④ 单继刚:《"中国马克思主义哲学"何以可能》,《中国社会科学》2022年第5期。
⑤ 汪信砚:《马克思主义大众化的实质、对象和主体》,《社会科学动态》2017年第1期。

过去都大有提升,其中的一部分人完全有能力自学马克思主义哲学理论,已经具备进行马克思主义哲学理论自我教育的条件。因此,马克思主义哲学大众化的主体可以是多元的,既包括中国共产党及其领袖人物又包括人民大众,还可以包括马克思主义哲学理论的普及者、宣传者和研究者。领袖人物也可能是马克思主义哲学理论研究者、普及者和宣传者,如毛泽东就集三者于一身,《实践论》和《矛盾论》既是他结合实践进行马克思主义哲学研究所取得的重要成果,也是他向中国广大党员和民众宣传马克思主义哲学的经典文献。在这多元主体中,人民大众是不可或缺、不可忽视的一支力量。在这个意义上,前述学者所提出的必须激发人民大众自身的"主体性"的建议是合理的、有意义的。

　　提升马克思主义哲学大众化的价值功能,必须充分发挥马克思主义哲学大众化多元主体的主体性。为此,需要从价值认知和能力提升方面入手。第一,提升各类主体对马克思主义哲学大众化的价值的理性认知。既要深刻认识马克思主义哲学大众化的必要性及意义,又要全面把握马克思主义哲学大众化的价值功能、价值目标的整体性,尤其要重视马克思主义哲学大众化的方法论功能和意识形态功能。第二,提升各类主体对马克思主义哲学的核心内容和精神实质的正确理解和深入把握。这是保证马克思主义哲学大众化方向正确性的前提。如果某一主体对马克思主义哲学的理解有误或者认识肤浅,就有可能误导大众,难以让大众掌握马克思主义哲学的思想精髓,甚至还会陷入思想陷阱。第三,激发各类主体充分发挥自身的独特优势。中国共产党、领袖人物、马克思主义理论工作者、人民大众,或者是理论的创造者,或者是理论的研究者,或者是理论的阐释者,或者是理论的传播者,或者是理论的学习者。他们的作用是有差别的,并且各自呈现出不同的优势。中国共产党成立之后,系统推进了马克思主义著作在中国的翻译、出版、研究与传播,并由此正式开启了中国马克思主义哲学大众化的进程。回顾马克思主义哲学大众化百年来的历史,中国共产党及其领袖人物的推动和引领优势更为突出和重要。相比之下,马克思主义理论工作者的理论研究和理论

第五章 恩格斯晚年的马克思哲学阐释对当代推进马克思主义哲学中国化的启示

阐释优势比较明显,人民大众的理论自我学习和自我教育优势对于提升马克思主义哲学大众化的效果具有重要意义,不可忽视。充分发挥各类主体优势并形成合力,有助于提升马克思主义哲学大众化的实效和境界。

三 提高马克思主义哲学大众化中介的契合性

从现实逻辑看,真正有效的马克思主义哲学大众化包含两次递进的思想转变:一次是马克思主义哲学由自在的思想存在转变为自为的思想存在;另一次是马克思主义哲学由自为的思想存在转变为现实的物质力量。这两次转变都是需要中介的。按照黑格尔的理解,正是借助于中介直接性的自在存在变成间接性的自为存在。历史经验启示我们,要推进马克思主义哲学大众化,必须提升其中介的契合性。本书所说的马克思主义哲学大众化的中介是在比较宽泛的意义上理解的,重点探讨马克思主义哲学大众化的文本中介、方法中介和话语中介的契合性。

文本中介主要指为便于人民大众熟练掌握和运用马克思主义哲学而编写的新时代的"大众哲学"通俗读本。在我国,在马克思主义哲学大众化的历史上,革命、建设和改革不同时期曾出现过不同版本的关于马克思主义哲学的通俗读本,见表5-2。

表5-2　　　　　　马克思主义哲学通俗读本列表

书名	编者或著者	出版时间	出版社
《大众哲学》	艾思奇	1936年	读书出版社
《通俗哲学讲话》	沈志远、平心等	1937年	一心书店
《通俗辩证法讲话》	陈唯实	1936年	新东方出版社
《通俗唯物论讲话》	陈唯实	1936年	上海大众文化出版社
《历史唯物论浅说》	莫英	1949年	士林书店
《工农哲学通俗课本》	中共赣南区党委党校	1958年	赣南人民出版社
《历史是奴隶们创造的 马克思主义哲学通俗讲话》	辽宁大学哲学系哲学教研室	1973年	辽宁人民出版社

续表

书名	编者或著者	出版时间	出版社
《通俗哲学》	韩树英	1982 年	中国青年出版社
《新大众哲学》	林青山、刘春建	1990 年	华龄出版社
《漫步遐思：哲学随想录》	陈先达	2006 年	中国人民大学出版社
《大众哲学对话录：当代中国马克思主义哲学通俗读物》	郝立新等	2009 年	贵州人民出版社
《通俗哲学简编》	陈昌曙	2010 年	辽宁人民出版社
《通俗哲学新编》	刘景旺	2011 年	吉林出版集团、吉林文史出版社
《马克思主义哲学通俗读本》	钟健	2013 年	新疆生产建设兵团出版社
《新大众哲学》	王伟光	2014 年	中国社会科学出版社、人民出版社
《撬动世界的支点：〈新大众哲学〉少儿启蒙读物》	王伟光	2020 年	浙江少年儿童出版社
《穿越时空的真理：马克思主义哲学通俗读本》	肖治国、姚季冬	2020 年	中国文史出版社

无论是哪一个版本的通俗哲学读本，要想真正高效推进马克思主义哲学大众化，至少要做到三个层面的契合：一是与马克思主义哲学内容的本真相契合。这是要求马克思主义哲学的通俗读本在形式上要做到通俗化，在内容上要保持"严正化"①。这样才能保证人民把握到的是"真马克思主义哲学"而非"假马克思主义哲学"。否则，如果只做到了通俗化，但内容偏离了马克思主义哲学的本真精神，就会误导大众对马克思主义哲学的理解，起不到武装头脑、凝心聚力铸魂的作用。庸俗

---

① 参见罗竹风主编《平心文集》第一卷，华东师范大学出版社1985年版，第134页。

第五章　恩格斯晚年的马克思哲学阐释对当代推进马克思主义哲学中国化的启示

化就是对马克思主义哲学的浅薄的、错误的、流俗的理解，为此，必须清醒认识到通俗化不是庸俗化，更不能在大众化实践中把通俗化沦为庸俗化。二是与时代相契合。这主要强调马克思主义哲学的通俗读本必须适应时代的发展变化，特别要与所处时代的社会现实相结合，积极回应社会现实发展提出的新问题、新挑战。这既符合马克思主义哲学的理论本性，也是马克思主义哲学大众化研究始终保持"当代性"的必然要求。艾思奇指出："单单在理论上文句上研究新哲学是不够的。因为这不是新哲学的真精神。新哲学的真精神，是在于它的极现实的方法，在于它决不脱离现实的人类历史。"[①] 时代的现实问题是联结马克思主义哲学与大众的桥梁，正是因为理解和解决时代现实问题的诉求，大众才会关注哲学、走近哲学。不能反映时代精神、缺乏问题意识的通俗哲学读本会走向教条主义。三是与那个时代的大众相契合。这是突出马克思主义哲学通俗读本的内容体系要充分观照到所处时代的大众的知识结构、文化程度、思想观念、价值诉求、真实需要等因素，从而使大众化的马克思主义哲学读本成为名副其实的"大众哲学"。这样的"大众哲学"才容易被大众接受和理解。否则，忽略这些因素、远离大众生活的通俗读本，是很难对大众产生吸引力和影响力的。总之，新时代的"大众哲学"读本必须要有意识地增强这三重契合性，实现科学性、时代性与大众性的统一。

方法中介主要指马克思主义哲学普及宣传教育的方式方法。反映时代精神、契合大众需求的马克思主义哲学的通俗读本要真正发挥本有的作用，必须借助恰切的宣传教育方式方法。方法中介是把人民大众同马克思主义哲学理论结合起来的关键性的环节。如果缺失这一环节，或者选择的宣传教育方式方法不符合大众的实际需求和接受能力，都会不同程度降低马克思主义哲学大众化的质量和实效。为此，需要马克思主义哲学大众化主体"以人民大众为中心"，不断提升马克思主义哲学宣传

---

① 《艾思奇全书》第 2 卷，人民出版社 2006 年版，第 292 页。

教育本领，拓展和创新宣传教育中介。"以人民大众为中心"就是要明确马克思主义哲学宣传教育是"为了谁"，在此基础上，要求马克思主义哲学宣传教育的方式方法一定要与大众的实际境况相契合。人民大众是一个动态变化的群体，当下中国的人民大众与马克思主义哲学大众化初始时期的人民大众已经不可同日而语。由于时代条件和历史环境的历时性差异，他们在主体构成、文化程度、思想观念、利益诉求等方面存在显著差异，如果简单套用过去的宣传教育方式方法，效果肯定大打折扣。而且，今日中国的人民大众虽然是共时性存在，但具体到不同的阶层和群体，由于生活环境、教育背景、价值追求等诸多差异，他们的需求呈现出多样化特征。因此，为更好满足人民大众的多样化需求，马克思主义哲学宣传教育一定要采取多样化的方式方法，而且要有针对性、适合性和可操作性。从受众对象方面来说，要坚持普遍性与特殊性相统一的原则。既要深刻把握马克思主义哲学宣传教育对于人民大众整体的意义普遍性，又要充分考虑到不同群体具体理论需求的特殊性。无论是从普遍性的角度还是从特殊性的角度，都要保证宣传教育内容的整体性、系统性，切忌碎片化和片面化。特别是不能因为某个特殊群体的特殊需求，而有选择性地宣讲马克思主义哲学的内容。但是，可以根据不同群体的具体情况，坚持两点论和重点论相结合的方法，做到灵活施教、重点突出。从传播媒介方面来说，要坚持传统与现代相结合的原则。一方面，传统的传播媒介，如书籍和报刊，仍然是不容忽视的重要载体，需要充分运用好，激活其固有优势。另一方面，充分利用现代的传播媒介，借助现代信息技术和新媒体传播方式，提升马克思主义哲学宣传教育的吸引力和实效性。具体采取哪一种传播方式，要根据人民大众的具体情况而定。但是，无论采用哪种传播媒介，都要坚持内容与形式的统一。既要坚决杜绝脱离内容、只追求形式花样翻新的形式主义，又要极力反对只重视内容、不讲究任何形式的"形式虚无主义"。

话语中介主要指面向大众宣传马克思主义哲学思想所使用的话语体系。话语是思想的载体，任何思想都必须借助一定的话语才能得以传达。

第五章　恩格斯晚年的马克思哲学阐释对当代推进马克思主义哲学中国化的启示

马克思主义哲学思想也只有借助于相应的话语才能传达给大众。而且，话语的契合性会影响思想传达的准确性与思想的接受度。马克思主义哲学大众化本身就是一个话语转换的过程，即从抽象的专业的理论话语、学术话语转换为通俗生动的生活话语、日常话语的过程。新时代要推进马克思主义哲学大众化，必须构建"面向大众现实生活，符合大众思维方式、认知特点和言说方式的通俗化、生活化的话语表达系统"[1]。这个话语体系只有与大众高度契合，才能提升马克思主义哲学大众化的实效。从构成上说，话语一般包括两个方面，即话语的思想内容和话语的表达形式。与此相应，建构马克思主义哲学大众化的话语体系，既要在话语的思想内容上与人民大众高度契合，又要在话语的表达形式上与人民大众高度契合。由此，必须明确一点，马克思主义哲学大众化不等于让马克思主义哲学"汉语化"。"汉语化"还仅仅停留于话语表达形式上的中国化大众化，而非达到思想内容上的中国化大众化。对于理论与大众的关系而言，单一的话语表达形式上的大众化，意味着马克思主义哲学依然只是一种外在化的思想，没有融入大众内在化的生活。

话语思想内容的契合性，不仅表现在话语的言之有物而非空洞无物，而且所言之物切近大众而非远离大众。话语表达形式的契合性，不仅有助于话语能够让大众听得懂，而且能够让大众听进去，入脑入心入魂。话语的力量彰显的是思想的力量。只有借助既反映马克思主义哲学本真精神又契合大众境况的话语，才能使马克思主义哲学的思想伟力真正转化为大众抵御错误思想诱惑的思想武器，转化为大众改变世界的物质力量。美国学者博登赫恩比较研究认为，"艾思奇努力以他的目标读者能懂的声音说话"，而国民党或自由阵营中的"许多中国作家却明显地不愿意向评议习惯不同于自己的人讲话：他们不说'当地的方言'"[2]。结果，

---

[1] 王立胜：《论中国马克思主义哲学大众化——基于百年进程的回顾与展望》，《中共中央党校（国家行政学院）学报》2021年第5期。

[2] ［美］泰瑞·博登赫恩：《一位美国学者对〈大众哲学〉的社会学分析》，李金山主编：《大众哲学家：纪念艾思奇诞辰百年论集》，顾问王丹，中共党史出版社2011年版，第364—366页。

艾思奇的著作在人民大众中具有一定的权威性，并助力他打败"思想意识上的对手"，而那些中国作家却因为语言的障碍而削弱了其所要传达的"信息的力量"。可以说，正因其所使用的话语与大众的契合性，使大众不必费很大气力就能够理解，从而助推艾思奇在思想意识上战胜对手。这也启示我们，要提升马克思主义哲学大众化的话语的契合性，也需要走"群众路线"。既要到人民大众中去，深入了解其思想、文化及需要实际，又要从人民大众中来，学习、熟悉人民大众的话语表达习惯和规律。只有这样，才能够创造出规范、高效的"大众化"的马克思主义哲学话语体系。

结束语

马克思哲学是时代精神的精华，表征着人类精神的进步。恩格斯晚年对马克思哲学的阐释，凝结着他对马克思哲学与时代发展、人类命运之间关系的深切思考，集中展现了他在当时的历史境遇下对马克思哲学的生成和发展、本质和形态、功能和意义等问题的深刻反思。这种反思具有多重辩证特征。

第一，从认识动机上看，这种反思内蕴两个向度：解释和辩护。就肯定性意义而言，这两个向度重在向人们宣传马克思哲学"是什么"；就否定性意义而言，这两个向度意在向人们澄明马克思哲学"不是什么"。正是在"是什么"与"不是什么"的对照中，昭示出恩格斯晚年对马克思哲学的阐释具有正本清源的作用。这也表明，我们对马克思哲学的质的规定性，既可以从"是什么"的角度进行肯定性的诠释，又可以从"不是什么"的角度进行否定性的诠释。一"正"一"反"，更为全面地刻画马克思哲学的本质形象。

第二，从身份定位上看，这种反思立足于两种身份：旁观者和行动者。旁观者身份是由理论阐释活动本身的构成特点决定的。一般阐释活动都包含阐释主体—阐释中介—阐释客体（对象）的逻辑结构。按此逻辑结构反观恩格斯晚年的马克思哲学阐释活动，恩格斯是阐释主体，马克思哲学是阐释客体或阐释对象，文本等是阐释中介。在这一阐释活动中，马克思哲学对于恩格斯而言是一个外在于自身的客体、对象，恩格斯是作为一个旁观者而对它进行反思的。相对来说，这种旁观者身份的反思更为客观、公正。行动者身份与理论阐释活动的实践诉求直接相关。任何理论阐释活动都是有目的的，这种目的既可以是认识论的，也可以是实践论的，还可以是两者的结合。恩格斯晚年投入大量精力阐释马克思哲学，既有认识论维度的正本清源的意图，更有实践论维度的推动无产阶级革命事业发展的考量，而且前者服务于后者。恩格斯晚年阐释马克思哲学最终落脚于推进实现马克思哲学的价值理想和历史使命。这种行动者身份的反思更关注理论如何切中和指引实践。正是旁观者与行动者的双重身份，使恩格斯对马克思哲学的阐释始终坚持理论与实践相结合的原则，体现了思与行的统一。

第三，从功能指向上看，这种反思包含两种指向：内化与外化。提升无产阶级运动的自觉性与科学性的现实诉求，决定了恩格斯晚年主要是面向广大工人群众阐释马克思哲学。恩格斯希望通过这种阐释，推进理论掌握群众和群众掌握理论的有机统一。一方面，广大工人群众把马克思哲学的世界观和价值观内化为方法论原则、理想信念和价值追求。另一方面，在此基础上，把马克思哲学外化为实现理想信念和价值追求的具体思路和实践方法。前者可以理解为对解放之"道"的信仰自觉，后者可以理解为对解放之"路"的探寻行动。

恩格斯晚年对马克思哲学的阐释，在目的上具有多重性，在内容上带有"主体性"，在方法上蕴含独创性，在意义上呈现出历史性与当代性的统一。正是这些特征，使恩格斯晚年关于马克思哲学的阐释产生了影响深远的思想史效应。探讨恩格斯晚年哲学探索活动的思想史效应，需要把它放到一定的思想史坐标体系中去。马克思哲学思想的开放性和影响的广泛性，决定了思想史坐标的选择可以是多元、多样的。由于论题所限，本书主要从马克思和恩格斯哲学自我发展史、马克思主义哲学中国化史两个思想史坐标，深入分析了恩格斯晚年的马克思哲学阐释，对丰富、发展和捍卫马克思主义哲学的重大贡献，对马克思主义哲学中国化的奠基、规范、引领和启示意义。这两个思想史坐标是把握恩格斯晚年哲学探索价值不可或缺的维度。否则，就会弱化或低估恩格斯晚年哲学探索的重大意义。反过来，理解马克思和恩格斯哲学自我发展史，理解马克思主义哲学中国化史，不能忽视恩格斯晚年哲学探索活动的内容。否则，对马克思和恩格斯哲学自我发展史的理解就有可能是不完整的，对马克思主义哲学中国化史的"前提反思"也将是不全面的。就后者而言，恩格斯晚年关于马克思哲学的阐释与马克思主义哲学中国化的关系是一个值得探讨的课题。这个关系是客观存在的，割裂二者的关系，或者否定这种关系的客观性，将可能造成以下消极后果。第一，离开马克思主义哲学中国化史这个思想史坐标，就看不到其在现代中国哲学思想发展史上的价值，进而不可能全面把握恩格斯晚年阐释马克思哲学的意义整体性。第二，抛开恩格斯晚年对马克思哲学的阐释这一前提性资源，就不可能真正捕捉到中国马克思主义哲学的核心观念、概念体系、思维方式、存在形态、演进逻辑、创新机制等问题原初的"影响源"。这也启示我们，未来可以从这些更为微观的层面探讨恩格斯晚年关于马克思哲学的阐释对于马克思主义哲学中国化的影响，特别是其对于建构中国马克思主义哲学阐释体系和知识体系的多方面意义。

总的来说，恩格斯晚年对马克思哲学的阐释，不仅为我们理解这一哲学的精华要旨与进步意义构筑了根基，而且为我们坚定理论自信，弘扬、拓展和践行这一哲学的基本精神和时代价值提供了遵循。可以说，正是在恩格斯的阐释中，敞开了一个动态的马克思哲学的意义空间，也塑造了一个立体的恩格斯晚年哲学活动的意义图景。这个意义空间和意义图景是照亮人类当下生活的真理之光，是引领人类走向更美好未来的智慧之帜。

参考文献

一 经典文献

《马克思恩格斯全集》第35卷，人民出版社1971年版。
《马克思恩格斯全集》第38卷，人民出版社1972年版。
《马克思恩格斯全集》第33卷，人民出版社1973年版。
《马克思恩格斯全集》第39卷，人民出版社1974年版。
《马克思恩格斯全集》第30卷，人民出版社1975年版。
《马克思恩格斯全集》第1卷，人民出版社1995年版。
《马克思恩格斯全集》第11卷，人民出版社1995年版。
《马克思恩格斯全集》第3卷，人民出版社2002年版。
《马克思恩格斯全集》第47卷，人民出版社2004年版。
《马克思恩格斯全集》第28卷，人民出版社2018年版。
《马克思恩格斯全集》第29卷，人民出版社2020年版。
《马克思恩格斯文集》第1卷，人民出版社2009年版。
《马克思恩格斯文集》第2卷，人民出版社2009年版。
《马克思恩格斯文集》第3卷，人民出版社2009年版。
《马克思恩格斯文集》第4卷，人民出版社2009年版。
《马克思恩格斯文集》第5卷，人民出版社2009年版。
《马克思恩格斯文集》第6卷，人民出版社2009年版。
《马克思恩格斯文集》第7卷，人民出版社2009年版。

《马克思恩格斯文集》第 9 卷，人民出版社 2009 年版。
《马克思恩格斯文集》第 10 卷，人民出版社 2009 年版。
《列宁全集》第 55 卷，人民出版社 2017 年版。
《列宁专题文集》，人民出版社 2009 年版。
《毛泽东选集》第一卷，人民出版社 1991 年版。
《毛泽东选集》第二卷，人民出版社 1991 年版。
《毛泽东选集》第三卷，人民出版社 1991 年版。
《毛泽东文集》第一卷，人民出版社 1993 年版。
《毛泽东文集》第二卷，人民出版社 1993 年版。
《习近平谈治国理政》第三卷，外文出版社 2020 年版。
《习近平谈治国理政》第四卷，外文出版社 2022 年版。
《艾思奇全书》第 1 卷，人民出版社 2006 年版。
《艾思奇全书》第 2 卷，人民出版社 2006 年版。
《艾思奇全书》第 7 卷，人民出版社 2006 年版。
《蔡和森文集》（上），人民出版社 2013 年版。
《蔡和森文集》（下），人民出版社 2013 年版。
《陈独秀文集》第二卷，人民出版社 2013 年版。
广东省社会科学院历史研究所、中国社会科学院近代史研究所中华民国史研究室、中山大学历史系孙中山研究室合编：《孙中山全集》第九卷，中华书局 1986 年版。
《瞿秋白文集：政治理论编》第二卷，人民出版社 2013 年版。
《瞿秋白文集：政治理论编》第四卷，人民出版社 2013 年版。
《瞿秋白文集：政治理论编》第八卷，人民出版社 2013 年版。
汪信砚主编：《李达全集》第二卷，人民出版社 2016 年版。
汪信砚主编：《李达全集》第四卷，人民出版社 2016 年版。
汪信砚主编：《李达全集》第五卷，人民出版社 2016 年版。
汪信砚主编：《李达全集》第七卷，人民出版社 2016 年版。
汪信砚主编：《李达全集》第九卷，人民出版社 2016 年版。

汪信砚主编：《李达全集》第十一卷，人民出版社 2016 年版。
汪信砚主编：《李达全集》第十二卷，人民出版社 2016 年版。
汪信砚主编：《李达全集》第十五卷，人民出版社 2016 年版。
《李大钊全集》第二卷，人民出版社 2013 年版。
《李大钊全集》第三卷，人民出版社 2013 年版。
《李大钊全集》第四卷，人民出版社 2013 年版。
《卢森堡文选》上卷，人民出版社 1984 年版。
《普列汉诺夫哲学著作选集》第一卷，生活·读书·新知三联书店 1959 年版。
习近平：《高举中国特色社会主义伟大旗帜 为全面建设社会主义现代化国家而团结奋斗：在中国共产党第二十次全国代表大会上的报告》，人民出版社 2022 年版。
习近平：《在哲学社会科学工作座谈会上的讲话》，人民出版社 2016 年版。
中共一大会址纪念馆编：《中共一大代表早期文稿选编（1917.11—1923.7）》上册，上海人民出版社 2011 年版。
中共中央马克思恩格斯列宁斯大林著作编译局编译：《恩格斯论历史唯物主义书信选编》，人民出版社 2021 年版。
中共中央文献研究室编：《毛泽东著作专题摘编》（上），中央文献出版社 2003 年版。
中共中央文献研究室编：《毛泽东著作专题摘编》（下），中央文献出版社 2003 年版。
中共中央文献研究室编：《习近平关于社会主义文化建设论述摘编》，中央文献出版社 2017 年版。
中共中央文献研究室、中共湖南省委《毛泽东早期文稿》编辑组编：《毛泽东早期文稿：1912—1920》，湖南人民出版社 2013 年版。

二 中文专著

安启念主编：《马克思主义哲学中国化研究》，中国人民大学出版社

2006 年版。

陈启修：《社会科学研究方法论》，好望书店 1932 年版。

陈唯实：《新哲学体系讲话》，上海作家书店 1937 年版。

陈学明、王凤才：《20 世纪马克思主义发展史》第四卷，中国人民大学出版社 2020 年版。

陈学明、吴晓明、张双利、李冉主编：《世界马克思主义研究前沿理论追踪》（第一辑）（上），天津出版传媒集团、天津人民出版社 2022 年版。

单继刚：《中国知识分子的马克思哲学》，中国社会科学出版社 2013 年版。

冯友兰：《中国哲学简史》，涂又光译，北京大学出版社 1985 年版。

顾海良：《20 世纪马克思主义发展史》第一卷，中国人民大学出版社 2020 年版。

郭湛波：《近五十年中国思想史》，岳麓书社 2013 年版。

郝立新主编：《马克思主义发展史》第一卷，人民出版社 2018 年版。

何萍：《马克思主义哲学史教程》（上、下卷），人民出版社 2009 年版。

何中华：《重读马克思：一种哲学观的当代诠释》，山东人民出版社 2009 年版。

贺来：《马克思哲学的当代性研究》，中央编译出版社 2021 年版。

贺麟：《五十年来的中国哲学》，商务印书馆 2002 年版。

胡大平：《回到恩格斯：文本、理论和解读政治学》，江苏人民出版社 2011 年版。

李季：《我的生平》，上海亚东图书馆 1932 年版。

李金山主编：《大众哲学家：纪念艾思奇诞辰百年论集》，顾问王丹，中共党史出版社 2011 年版。

李维武：《马克思主义哲学中国化与中国哲学的现代转型》，北京师范大学出版集团、北京师范大学出版社 2021 年版。

刘梦溪：《中国现代学术要略》（修订版），生活·读书·新知三联书店

2018年版。

陆剑杰：《掌握命运创造历史的哲学：对中国马克思主义哲学范式的研究》，南京出版传媒集团、南京出版社2014年版。

罗竹风主编：《平心文集》第一卷，华东师范大学出版社1985年版。

倪志安等：《马克思主义哲学中国化的方法论问题研究》，人民出版社2015年版。

聂锦芳主编：《马克思的"新哲学"：原型与流变》，中国社会科学出版社2013年版。

任平等：《当代中国马克思主义哲学创新学术史研究》，人民出版社2021年版。

孙荣：《恩格斯与马克思主义哲学》，黑龙江人民出版社2004年版。

孙正聿、杨晓、丁宁：《改革开放以来的当代中国哲学史（1978—2009）》，人民出版社2019年版。

孙正聿：《哲学观研究》，吉林人民出版社2007年版。

唐正东：《青年恩格斯哲学思想的形成与发展》，上海人民出版社2022年版。

田子渝等：《马克思主义在中国初期传播史（1918—1922）》，学习出版社2012年版。

汪信砚：《范式的追寻：作为范式的马克思主义哲学中国化研究》，人民出版社2014年版。

汪信砚：《马克思主义哲学中国化：理论与方法》，人民出版社2021年版。

王金福：《马克思的哲学在理解中的命运：对马克思主义哲学史的解释学考察》，苏州大学出版社2003年版。

王立胜主编：《中国哲学知识体系建设文选》，中国社会科学出版社2020年版。

吴家华、任瞠、侯衍社：《马克思恩格斯思想比较研究》，中国人民大学出版社2015年版。

吴晓明：《形而上学的没落：马克思与费尔巴哈关系的当代解读》，人民出版社2006年版。

吴新文：《再造文明：马克思主义与中国》，上海人民出版社2017年版。

谢辉元：《唯物史观与中国马克思主义史学（1919—1949）》，海峡出版发行集团、福建教育出版社2021年版。

徐琳：《恩格斯哲学思想研究》，北京出版社1985年版。

许全兴、陈战难、宋一秀：《中国现代哲学史》，顾问张岱年，北京大学出版社1992年版。

杨耕主编：《马克思主义哲学体系研究：历史演变与基本问题》（上、下），四川人民出版社2019年版。

叶青：《哲学到何处去》，上海辛垦书店1934年版。

余其铨：《恩格斯哲学思想新探》，北京大学出版社1992年版。

臧峰宇：《恩格斯晚年哲学经典文本的内在逻辑研究》，中国人民大学出版社2015年版。

张东荪：《唯物辩证法论战》，民友书局1934年版。

张一兵主编：《马克思哲学的历史原像》，人民出版社2009年版。

张云飞主编：《马克思主义发展史》第三卷，人民出版社2018年版。

张允熠：《四百年中国思想文化之大变局：中国化视域下"中西马"哲学的互动与融通》，商务印书馆2021年版。

赵敦华：《现代西方哲学新编》（第二版），北京大学出版社2014年版。

赵汀阳：《天下体系：世界制度哲学导论》，中国人民大学出版社2023年版。

赵一萍：《社会哲学概论》，上海生活书店1933年版。

周晓虹主编：《重建中国社会学：40位社会学家口述实录：1979—2019》下，商务印书馆2021年版。

朱传启、曹玉文、马云鹏、曹林：《马克思恩格斯哲学思想比较研究》，河南人民出版社1995年版。

朱荣英：《马克思主义哲学大众化的当代视域及践行路径》，中央编译出版社 2019 年版。

三　中文译著

[澳] 尼克·奈特：《李达与马克思主义哲学在中国》，汪信砚、周可译，人民出版社 2018 年版。

[波兰] 莱泽克·科拉科夫斯基：《马克思主义的主要流派》（第三卷），侯一麟、张玲霞译，唐少杰、魏志军校，黑龙江大学出版社 2015 年版。

[德] 爱德华·伯恩施坦：《伯恩施坦文选》，殷叙彝编，人民出版社 2008 年版。

[德] 恩斯特·卡西尔：《人论》，甘阳译，上海译文出版社 1985 年版。

[德] 弗·梅林：《德国社会民主党史》Ⅳ，青载繁译，生活·读书·新知三联书店 1966 年版。

[德] 黑格尔：《小逻辑》，贺麟译，商务印书馆 1980 年版。

[德] 黑格尔：《哲学史讲演录》第一卷，贺麟、王太庆译，商务印书馆 1959 年版。

[德] 卡尔·柯尔施：《马克思主义和哲学》，王南湜、荣新海译，张峰校，重庆出版社 1989 年版。

[德] 马克斯·舍勒：《世界观与政治领袖》，刘小枫主编，曹卫东、朱雁冰等译，北京师范大学出版集团、北京师范大学出版社 2017 年版。

[德] 曼·克利姆编著：《恩格斯文献传记》，中央编译局译，湖南人民出版社 1986 年版。

[德] 文德尔班：《哲学史教程》上卷，罗达仁译，商务印书馆 1987 年版。

[德] 沃尔夫冈·弗里茨·豪格主编：《马克思主义历史考证大辞典》第二卷，俞可平等编译，商务印书馆 2021 年版。

[德] 尤尔根·哈贝马斯：《重建历史唯物主义》，郭官义译，社会科学文献出版社 2000 年版。

［法］汤姆·洛克曼：《马克思主义之后的马克思：卡尔·马克思的哲学》，杨学功、徐素华译，东方出版社 2008 年版。

［加］本·阿格尔：《西方马克思主义概论》，慎之等译，中国人民大学出版社 1991 年版。

［加］凯·尼尔森：《马克思主义与道德观念：道德、意识形态与历史唯物主义》，李义天译，人民出版社 2014 年版。

［美］L. J. 宾克莱：《理想的冲突：西方社会中变化着的价值观念》，马元德、陈白澄、王太庆、吴永泉等译，商务印书馆 1983 年版。

［美］R. W. 米勒（Richard W. Miller）：《分析马克思：道德、权力和历史》，张伟译，高等教育出版社 2009 年版。

［美］伯特尔·奥尔曼（Bertell Ollman）：《马克思的异化理论》，王贵贤译，北京师范大学出版集团、北京师范大学出版社 2018 年版。

［美］赫伯特·马尔库塞：《单向度的人：发达工业社会意识形态研究》，刘继译，上海世纪出版集团 2008 年版。

［美］理查德·罗蒂：《后形而上学希望：新实用主义社会、政治和法律哲学》，黄夏编，张国清译，上海译文出版社 2003 年版。

［美］罗伯特·C. 塔克：《卡尔·马克思的哲学与神话》，刘钰森、陈开华译，天津出版传媒集团、天津人民出版社 2018 年版。

［美］诺曼·莱文（Norman Levine）：《马克思主义与恩格斯主义中的黑格尔》，臧峰宇译，北京师范大学出版集团、北京师范大学出版社 2018 年版。

［美］斯图尔特·R. 施拉姆：《毛泽东的思想：典藏本》，田松年、杨德等译，中国人民大学出版社 2013 年版。

［美］特雷尔·卡弗（Terrell Carver）：《马克思与恩格斯：学术思想关系》，姜海波、王贵贤等译，中国人民大学出版社 2008 年版。

［美］梯利：《西方哲学史》增补修订版，伍德增补，葛力译，商务印书馆 1995 年版。

［美］托马斯·库恩（Thomas S. Kuhn）：《科学革命的结构》（第四

版),伊安·哈金(Ian Hacking)导读,金吾伦、胡新和译,北京大学出版社2003年版。

[美]约翰·E. 罗默:《在自由中丧失:马克思主义经济哲学导论》,段忠桥、刘磊译,经济科学出版社2003年版。

[美]约翰·贝拉米·福斯特(John Bellamy Foster):《马克思的生态学:唯物主义与自然》,刘仁胜、肖峰译,刘庸安校,高等教育出版社2006年版。

[南斯拉夫]普雷德拉格·弗兰尼茨基:《马克思主义史》第一卷,胡文建、李嘉恩、杨达洲、韩宗翃、吴仕康、刘晖星、贾泽林译,衣俊卿校,黑龙江大学出版社2015年版。

[日]广松涉:《唯物史观的原像》,邓习议译,南京大学出版社2009年版。

[匈]卢卡奇:《历史与阶级意识》,杜章智、任立、燕宏远译,商务印书馆1999年版。

[意]安东尼奥·葛兰西:《狱中札记》,曹雷雨、姜丽、张跣译,河南大学出版社2014年版。

[意]理查德·贝洛菲尔、罗伯特·芬奇主编:《重读马克思:历史考证版之后的新视野》,徐素华译,东方出版社2010年版。

[意]马塞罗·穆斯托:《马克思的晚年岁月》,刘同舫、谢静译,人民出版社2022年版。

[英]E. P. 汤普森:《英国工人阶级的形成》(上、下),钱乘旦等译,译林出版社2013年版。

[英]埃里克·霍布斯鲍姆:《如何改变世界:马克思和马克思主义的传奇》,吕增奎译,人民出版社2014年版。

[英]艾瑞克·霍布斯鲍姆(Eric Hobsbawm):《帝国的年代:1875—1914》,贾士蘅译,中信出版集团2017年版。

[英]艾瑞克·霍布斯鲍姆(Eric Hobsbawm):《革命的年代:1789—1848》,王章辉等译,中信出版集团2017年版。

［英］艾瑞克·霍布斯鲍姆（Eric Hobsbawm）：《资本的年代：1848—1875》，张晓华等译，中信出版集团 2017 年版。

［英］戴维·麦克莱伦（David McLellan）：《恩格斯传》，臧峰宇译，中国人民大学出版社 2017 年版。

［英］戴维·麦克莱伦（David McLellan）：《马克思传（插图本）》，王珍译，中国人民大学出版社 2006 年版。

［英］戴维·麦克莱伦（David McLellan）：《马克思以后的马克思主义》（第 3 版），李智译，中国人民大学出版社 2008 年版。

［英］卡尔·波普尔：《开放社会及其敌人》第二卷，郑一明等译，中国社会科学出版社 1999 年版。

［英］罗素：《西方哲学史》下卷，马元德译，商务印书馆 1976 年版。

［英］佩里·安德森：《西方马克思主义探讨》，高铦、文贯中、魏章玲译，人民出版社 1981 年版。

［英］史蒂文·卢卡斯（Steven Lukes）：《马克思主义与道德》，袁聚录译，田世锭校，高等教育出版社 2009 年版。

［英］特里·伊格尔顿：《马克思为什么是对的》，李扬、任文科、郑义译，新星出版社 2011 年版。

四　期刊论文

陈占安：《试论马克思主义大众化的历史经验》，《学校党建与思想教育》2012 年第 31 期。

单继刚：《"中国马克思主义哲学"何以可能》，《中国社会科学》2022 年第 5 期。

丰子义：《历史阐释的限度问题》，《哲学研究》2019 年第 11 期。

丰子义：《面向新时代的发展哲学》，《北京大学学报》（哲学社会科学版）2019 年第 5 期。

宫敬才：《恩格斯辩证唯物主义哲学体系论纲》，《现代哲学》2020 年第 1 期。

顾海良：《恩格斯的思想、精神与风范——纪念恩格斯诞辰200周年》，《思想理论教育导刊》2020年第9期。

顾海良：《"重读"马克思与马克思主义发展史的思想资源和学理依循——恩格斯晚年对马克思主义发展史的开创性研究》，《马克思主义理论学科研究》2019年第1期。

何中华：《马克思主义中国化的历史意蕴再思考》，《哲学研究》2021年第10期。

李双套：《马克思的话语革命与当代中国话语的建构》，《江海学刊》2017年第5期。

刘同舫：《恩格斯思想的历史地位与伟大贡献》，《福建师范大学学报》（哲学社会科学版）2020年第4期。

刘影：《论马克思哲学话语革命》，《马克思主义理论学科研究》2020年第6期。

任平：《真理标准大讨论：出场之路与重要启示》，《武汉大学学报》（哲学社会科学版）2018年第5期。

汪信砚：《马克思主义大众化的实质、对象和主体》，《社会科学动态》2017年第1期。

汪信砚：《认祖归宗与当代中国马克思主义哲学创新》，《哲学研究》2016年第5期。

汪信砚：《陶德麟对李达的继承与发展：马克思主义哲学中国化的百年思想接力》，《哲学研究》2021年第1期。

汪信砚、韦卓枫：《唯物史观中国化的标志性成果——李达的〈现代社会学〉探论》，《山东社会科学》2014年第9期。

王立胜：《论中国马克思主义哲学大众化——基于百年进程的回顾与展望》，《中共中央党校（国家行政学院）学报》2021年第5期。

王南湜：《李大钊对马克思主义内在张力的意识及其意蕴》，《南京大学学报》（哲学·人文科学·社会科学版）2012年第6期。

王南湜：《理论与实践的多重关系或理论的多重用途析论——一个基于

马克思主义哲学在中国早期发展历程的考察》,《马克思主义与现实》2013 年第 1 期。

徐军:《深刻认识恩格斯晚年对马克思主义的重大贡献》,《思想理论教育》2020 年第 11 期。

徐伟轩、吴海江:《恩格斯晚年对资本主义变化的认识及其时代意义》,《马克思主义研究》2020 年第 4 期。

叶险明:《马克思哲学的话语革命与中国哲学的话语危机——兼论"中国问题意识"》,《哲学研究》2012 年第 12 期。

俞吾金:《对马克思主义中国化主体的反思》,《探索与争鸣》2009 年第 1 期。

袁秉达、卢肖文:《恩格斯晚年坚持和发展马克思主义的新贡献》,《科学社会主义》2020 年第 5 期。

张立波:《〈大众哲学〉:马克思主义哲学大众化的经典范本》,《北京师范大学学报》(社会科学版) 2022 年第 1 期。

张文喜:《历史唯物主义的功能与影响——基于政治哲学视域的思考》,《哲学动态》2019 年第 8 期。

张雄:《"数字化生存"的存在论追问》,《江海学刊》2022 年第 4 期。

张泽强:《理解马克思主义中国化主体需要注意把握的几个关系》,《思想理论教育》2014 年第 2 期。

[德] 雷娜特·默克尔-梅利斯:《论 MEGA^2 中恩格斯晚期著作的编辑》,李莉娜译,《马克思主义与现实》2012 年第 3 期。

[日] 大村泉:《关于唯物史观形成时期的考证》,盛福刚译,《国外理论动态》2022 年第 6 期。

五 中文报纸

崔耀中:《重视总结和运用马克思主义大众化的历史经验》,《人民日报》2013 年 6 月 25 日。

邓云特:《形式逻辑还是唯物辩证法》,《新中华》第 1 卷第 23 期,

1933年10月20日。

汉俊:《唯物史观不是什么?》,《民国日报》副刊"觉悟",1922年1月23日。

严清华:《何以称"学派"》,《中国社会科学报》2021年12月21日。

杨洪源:《马克思与蒲鲁东主义》,《光明日报》2016年5月11日。

六 外文专著

Christopher J. Arthur, *Engels Today: A Centenary Appreciation*, London: Macmillan Press, 1996.

Cyril Smith, *Marx at the Millennium*, London: Pluto, 1996.

Daren Webb, *Marx, Marxism and Utopia*, Aldershot: Ashgate, 2000.

David McLellan, *Engels*, Stanford Terrace: Harvester Press, 1977.

Edward Sad, *Orientalism*, London: Routledge, 1995.

Gareth Stedman Jones, *Karl Marx: Greatness and Illusion*, Harvard: Harvard University Press, 2016.

Gregory Claeys, *Marx and Marxism*, London: Penguin, 2018.

Isaiah Berlin, *Karl Marx: His Life and Environment*, London: Oxford University Press, 1963.

Jonathan Sperber, *Karl Marx: A Nineteenth-Century Life*, New York: Liveright, 2013.

Norman Levine, *The Tragic Deception: Marx Contra Engels*, Santa Barbara: Clio Press, 1975.

Terrell Carver, *Engels: A Very Short Introduction*, New York: Oxford University Press, 1980.

Vesa Oittinen, *Marxism, Russia, Philosophy*, London: Palgrave, 2020.

William Otto Henderson, *The Life of Friedrich Engels*, 2 Volume, London: Cass, 1976.

后 记

本书是我 2020 年 4 月申报的国家社会科学基金项目"恩格斯晚年关于马克思哲学的阐释及其对马克思主义哲学中国化的影响研究"（项目批准号：20BKS013）的最终研究成果。为简洁起见，成书时名称有所变动。

笔者长期关注哲学观即哲学的自我理解问题，尤其是马克思哲学的自我理解问题。恩格斯晚年开创了马克思哲学的阐释传统，也开启了马克思哲学的理解史。恩格斯晚年所作的阐释，不仅影响了马克思哲学在"理解"中的命运，而且影响了其在"世界"中的命运。一方面，恩格斯晚年对马克思哲学的阐释，提升了其在世界的传播力和影响力，也深刻影响了中国马克思主义哲学的自我理解、大众化探索、体系化建构和创造性运用。这种贡献不可低估，更不容忽视。另一方面，恩格斯晚年遭遇的质疑和攻击大多数都与他对马克思哲学的阐释有关。一些西方学者认为，恩格斯晚年对马克思哲学所作的经典性诠释是一种"误读"或"修正"，由此提出了"恩格斯反对马克思"和"马恩对立"的观点，甚至有人把马克思被误解也归因于恩格斯的阐释。为批驳这些错误认识，深入挖掘并正确评价恩格斯哲学探索的意义，有必要对恩格斯晚年关于马克思哲学的阐释作系统深入探讨，把这一问题研究推向更高层次。这也是本书研究的初衷。

马克思哲学本身的丰富性决定了无论是关于恩格斯晚年对马克思哲学的阐释的研究，还是关于这种阐释对马克思主义哲学中国化的影响的研究，所涉及的内容都是多方面的，且都有较大拓展空间。本书所做的只是初步探索，而且由于研究水平所限，书中尚且存在一些不足和疏漏之处，敬请读者批评指正。

感谢"恩格斯晚年关于马克思哲学的阐释及其对马克思主义哲学中国化的影响研究"课题组成员，他们为课题研究的顺利完成作出了多方面的贡献；感谢湖北大学马克思主义学院田仕兵、孙美玲两位博士生，他们对课题最终研究成果的初稿进行了认真的校对；感谢本书的责任编辑中国社会科学出版社刘艳女士，她为本书的编辑出版付出了辛勤劳动！

本书的出版得到了湖北大学马克思主义理论一级学科建设基金的资助，在此也表示由衷的感谢！

于桂凤

2024 年 3 月于武汉